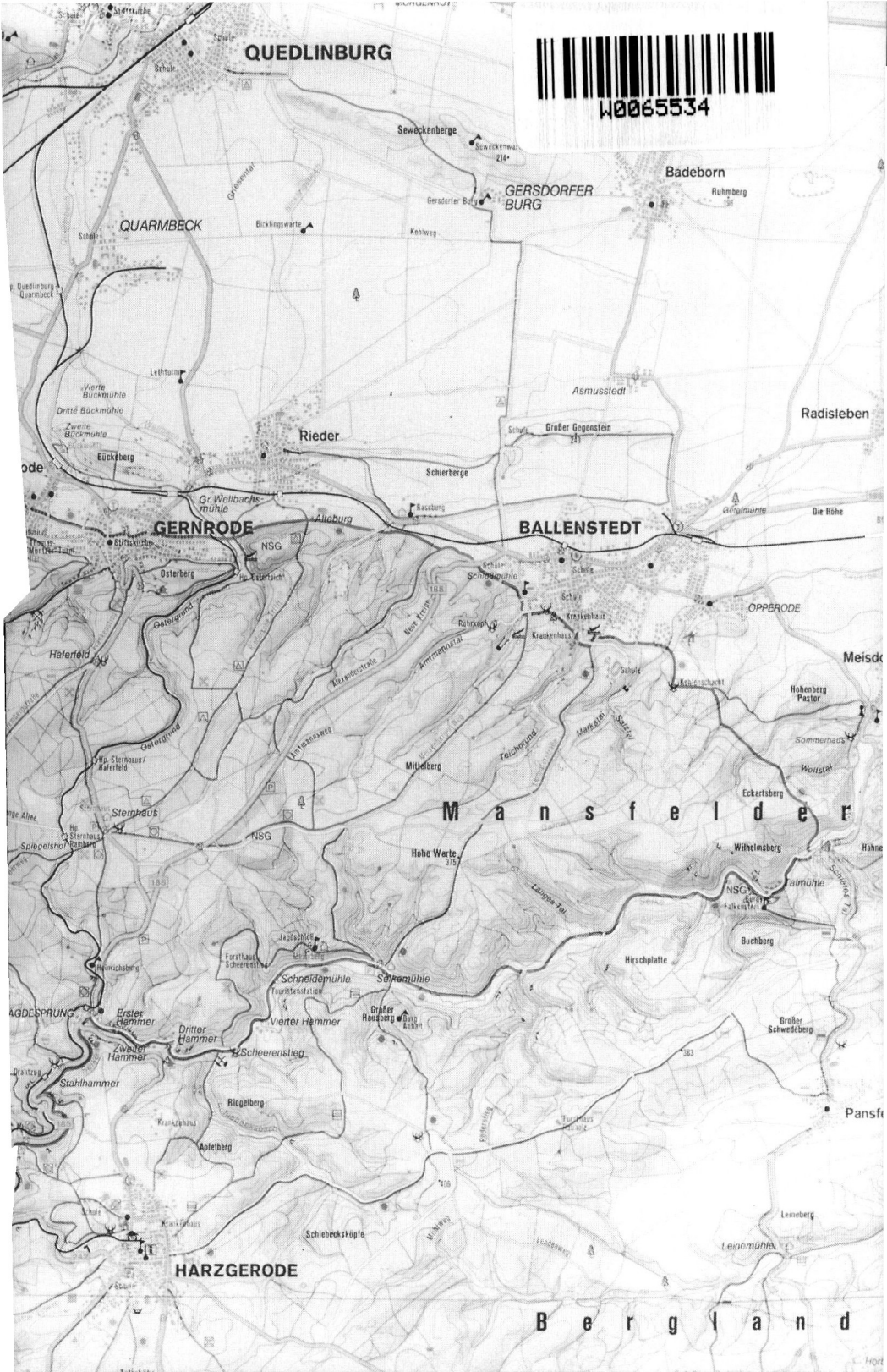

Erinnerungen
aus dem Leben des Alten Mannes

Wilhelm v. Kügelgen

Erinnerungen aus dem Leben des Alten Mannes

Tagebücher und Reiseberichte

Herausgegeben
von
Hans Schöner und Anton Knittel

Koehler & Amelang

2., überarbeitete Auflage 1996
© 1994 Koehler & Amelang Verlagsgesellschaft mbH, München/Berlin
Alle Rechte, auch diejenigen der Übersetzung, der fotomechanischen Wiedergabe und
des auszugsweisen Abdrucks, vorbehalten.

Layout und Satz: Buch u. Grafik Design, Günther Herdin GmbH, München
Lithographie: Kodweiß & Fröhlich, München
Druck: Jütte-Druck GmbH, Leipzig
Bindung: Kunst- und Verlagsbuchbinderei GmbH, Leipzig
ISBN 3-7338-0193-8

Bildnachweis:
Anhaltische Gemäldegalerie Dessau: S. 214, 215
Städtisches Heimatmuseum Ballenstedt: S. 213, 216, 271, 272
Eberhard Nier, Ballenstedt: S. 273, 274

Abbildungen auf dem Umschlag, Vorderseite: Wilhelm v. Kügelgen, Ölgemälde von
Eberhard v. Otterstedt, 1947 (Ballenstedt, Rathaus)
Rückseite: Wilhelm v. Kügelgen, Scherenschnitt von Mathilde Krummacher

Vorderer Vorsatz: »Ausschnitt aus KOMPASS-Karte K 1019 Ostharz,
© Heinz Fleischmann GmbH & Co., Geographischer Verlag, D-82319 Starnberg.«
Hinterer Vorsatz: Stadtplan von Ballenstedt um die Mitte des 19. Jahrhunderts
(auf der Grundlage des Plans in Dehio, Handbuch der deutschen Kunstdenkmäler,
Der Bezirk Halle).

Die Deutsche Bibliothek – CIP-Einheitsaufnahme
Kügelgen, Wilhelm von: Erinnerungen aus dem Leben des Alten Mannes :
Tagebücher und Reiseberichte / Wilhelm von Kügelgen. Hrsg. von Hans Schöner und
Anton Knittel. – 2. Aufl. – München ; Berlin : Koehler und Amelang, 1996
ISBN 3-7338-0193-8
NE: Schöner, Hans [Hrsg.]; Kügelgen, Wilhelm von: [Sammlung]

Inhalt

Einleitung

Nach der Lektüre eines Aufsatzes über Urteile in »Kunstsachen« im »Morgenblatt für gebildete Stände« schrieb Wilhelm v. Kügelgen einen leidenschaftlichen Gegenartikel und vermerkte am 8. April 1834 in seinem Tagebuch:

»Bei einem ungeschlachten Aufsatz im Morgenblatt über Künstlerkritik entbrannte ich heftig, auch über diesen Gegenstand etwas zu schreiben, u. wählte mir zum Thema die Frage: In wiefern können Laien in Kunstsachen kompetente Richter werden? Ich schrieb den ganzen Tag mit vieler Lust.«

Schreiben war für Kügelgen, den Hofmaler des Herzogs Alexander Carl von Anhalt-Bernburg, eine Kraftquelle, ein geradezu elementares Bedürfnis, das ihn immer wieder veranlaßte, zur Feder zu greifen. Ein Jahr vor seinem Tode ließ er seinen Bruder Gerhard in einem Brief vom 14. Februar 1866 wissen:

»Mehr als halbtodt bin ich zwar, weniger als Halbmensch, kann nichts mehr leisten – selbst zeichnen greift zu sehr an; aber freilich schreiben, das geht noch und ist meine einzige Resource, arbeite auch jetzt an einem Märchen, das mich amüsirt.«

Zwischen den beiden Äußerungen des jungen und des »Alten Mannes« liegt ein Leben, das der Kunst, aber auch den Fragen des Glaubens und vor allem schriftstellerischen Neigungen gewidmet war. Davon zeugen außer Hunderten von Briefen verschiedene Reiseberichte, wissenschaftliche Schriften, umfangreiche Tagebücher, zahlreiche Gedichte und ausführliche Schilderungen besonderer Lebensabschnitte. So hat Kügelgen in einer Fülle von Texten festgehalten, was er als Hofmaler oder Kammerherr, als politischer Berater der Herzogin von Anhalt-Bernburg, als Bürger des kleinen Harzstädtchens Ballenstedt oder als sorgender Familienvater erlebt hat. Bekannt gemacht haben ihn aber erst seine »Jugenderinnerungen eines alten Mannes«, die drei Jahre nach seinem Tod 1870 erschienen sind und bis heute nichts von ihrer Faszination verloren haben. Daß das Interesse an Kügelgens Memoiren ungebrochen ist, zeigt auch die Neuausgabe der »Jugenderinnerungen« im Verlag Koehler & Amelang im Jahre 1992, der bereits ein Jahr später eine zweite Auflage folgte.

Die hier erstmals aus dem Nachlaß vorgelegten Texte können sich zwar mit dem Sprachkunstwerk der »Jugenderinnerungen« nicht messen, aber sie bezeugen Kügelgens geistvolle und liebenswerte Persönlichkeit und sind auch als kulturhistorisches Dokument aufschlußreich. Sie geben vor allem einen Einblick in Kügelgens Leben in späterer Zeit.

Unter den Tagebüchern verdienen die Aufzeichnungen aus den Anfangsjahren in Ballenstedt besondere Aufmerksamkeit. Die Eintragungen beginnen am 18. Oktober 1833, dem ersten Tag nach Kügelgens Ankunft in der damals etwa 2 500 Einwohner zählenden Residenzstadt der Herzöge von Anhalt-Bernburg. Sie reichen bis ans Ende des Jahres 1836. Bis ins einzelne notiert Kügelgen Abend für Abend große und kleine Begebenheiten, Eindrücke und Stimmungen des Tages. Wanderungen und Ausfahrten, Familienfeste und Kirchgänge, Einladungen und Arztbesuche finden ebenso ihren Platz wie Berichte über Lektüren, über Gespräche und Dispute mit Freunden und Verwandten. Anschaulich werden Kügelgens Schwierigkeiten, sich mit dem Ballenstedter Hofleben anzufreunden und seiner neuen gesellschaftlichen Rolle gerecht zu werden. Die Lebensweise der Hofgesellschaft empfindet er als oberflächlich. Unter den Aristokraten und Honoratioren der Stadt sucht der junge Hofmaler lange Zeit vergebens nach adäquaten Gesprächspartnern. Zudem befriedigt ihn seine Arbeit als Maler, über die er detailliert Auskunft gibt, selten. So wird die wachsende Familie mehr und mehr zu seinem Refugium. Ihr wendet er sich in seinen Beschreibungen im Nachklang des Tages immer wieder zu. Liebevoll und oft bis ins kleinste Detail werden die Streiche und Aussprüche der Kinder nacherzählt. Nebensächliche und alltägliche Dinge mischen sich mit Reflexionen und geistigen Auseinandersetzungen. Niedergeschlagenheit und Beängstigungen wechseln häufig mit Phasen des Glücks und euphorischer Lebensfreude. Erkennbar wird gleichfalls das hoffnungs- wie auch verzweiflungsreiche Glaubensleben eines Christen, der die Ansprüche von »Geist und Herz« ernstnimmt. So wird ein Leben beschrieben, das für die bürgerliche Kultur des Biedermeier vielfach paradigmatische Züge aufweist.

Das gilt auch für das Hermsdorfer Tagebuch, das mit dem 30. Geburtstag beginnt und mit dem Umzug nach Ballenstedt endet. Hier wird die Abgeschlossenheit biedermeierlichen Lebens noch deutlicher. Nur selten werden politische Ereignisse vermerkt. Die Familie, der Beruf und der gesellige Verkehr mit den Nachbarn und Freunden stehen im Mittelpunkt. Aber die Biedermeierzeit war keine heile Welt, Tod und

Krankheit brechen immer wieder in das friedliche Leben ein und bedrohen die Idylle.

Von den Tagebüchern aus späterer Zeit haben sich Aufzeichnungen über den Kuraufenthalt des Herzogs in Bad Homburg und Bad Kreuznach, über eine Reise zu den Inseln Föhr und Sylt und über eine längere Krankheit im Jahr 1864 erhalten. Auch fünf weitere Schriften, nach Reisen und besonderen Erlebnissen entstanden, bezeugen, wie sehr es Kügelgens Bedürfnissen entsprach, seine Eindrücke schriftlich zu formen und zu bewahren.

Übersicht und politischen Durchblick bewies Kügelgen als selbstloser Berater der Herzogin »bei Gelegenheit der Differenz« mit dem Ministerium. In den Machtkämpfen und Intrigen am Ballenstedter Hof, die auch bei Kügelgens Ernennung zum Kammerherrn hervortraten, spiegelt sich ein Stück anhaltisch-bernburgischer Geschichte wider. Nur mit Mühe gelang es dem Kreis um die Herzogin, die Selbständigkeit des kleinen Landes gegenüber den Ansprüchen Anhalt-Dessaus noch einige Jahre zu bewahren. Die Ursache der Auseinandersetzungen lag in der Person des kranken Herzogs, der de facto nicht regierungsfähig war. Kügelgen war ihm trotz seiner Launenhaftigkeit herzlich zugetan und konnte seinem skurrilen und bizarren Wesen durchaus positive Seiten abgewinnen. Auch der historisch interessante Bericht über den Tod des Herzogs und seine Bestattung zeigt in aller Deutlichkeit Kügelgens Fähigkeit, anschaulich und detailgenau zu erzählen.

Alle Texte – bis auf den ersten – lagen im Original vor und werden wortgetreu in Kügelgens Orthographie wiedergegeben. Allerdings machte der Umfang der Hermsdorfer und Ballenstedter Tagebücher Auslassungen notwendig. In allen Texten sind Kürzungen mit drei Punkten in eckigen Klammern vermerkt. Ergänzungen der Herausgeber stehen ebenfalls in eckigen Klammern. Zur besseren Lesbarkeit wurden allerdings die Kommasetzung behutsam dem heutigen Gebrauch angeglichen und an manchen Stellen Absätze eingefügt. Die Anmerkungen basieren zum Teil auf den Angaben in den von Johannes Werner herausgegebenen Erinnerungsbänden.

Herausgeber und Verlag danken Wilhelm v. Kügelgen, dem Urenkel des Alten Mannes, für die Genehmigung zur Veröffentlichung der Texte und für die verständnisvolle Hilfe bei der Entstehung des Buches. Tatkräftige Unterstützung bei der Transkription der Manuskripte leisteten Almut Bahn, Harro v. Krause, Helga v. Kunowski, Ilse Schacht und Helene Schöner †. Weitere Hilfe und viele Anregungen und Informationen erhielten die Herausgeber von Prof. Dr. Dieter Ebel, Inka K. Kording, Ursula v. Kügelgen, Dietrich Schmalfuß und Eberhard Nier, dem Leiter des Städtischen Heimatmuseums in Ballenstedt.

Die Herausgeber danken besonders dem Familienverband v. Kügelgen, der die Drucklegung entscheidend förderte, wie auch dem Verlag Koehler & Amelang, der mit dieser Edition die Reihe seiner Kügelgen-Ausgaben fortsetzt.

Hans Schöner und Anton Knittel

Reise zu den rheinischen Verwandten nach Rhens im Mai/Juni 1824

[Spätere Niederschrift]

Um eine kleine Erbschaft zu erheben, die mir von einem verstorbenen Jugendfreunde meines Vaters, dem Weinhändler Nebrich, zugefallen war, reiste ich im Mai 1824 nach der freien Reichsstadt Frankfurt a.M. mit der Absicht, nach beendigtem Geschäft von da aus auch meine rheinischen Verwandten aufzusuchen.

Da die Art und Weise, wie ich in Frankfurt meinen Zweck erreichte, für die damaligen Zustände bezeichnend ist, so will ich ihrer hier etwas ausführlicher gedenken. Die Behörde, bei welcher das mir zufallende Capital deponiert war – wenn ich nicht sehr irre, war es die Stadtvogtei – machte mir eine Schwierigkeit, die mich in große Verlegenheit brachte. Um die Identität meiner Person nachzuweisen, hatte ich außer einem eigenhändigen Schreiben des Nebrich, in welchem er mich noch selbst von seiner Absicht, mich erben zu lassen, in Kenntnis gesetzt hatte, meine akademische Matrikel vorgelegt, ferner meine vom Dresdener Oberamt ausgestellte Mündigkeitserklärung, meinen Paß, mein Confirmations- und mein Taufzeugnis. Nur das letztere, das von Petersburg datiert war, wurde beanstandet, weil die Unterschrift des Pastors von keiner Behörde konstatiert war; diese fehlende Bescheinigung sollte ich beschaffen, andernfalls mir mein Geld nicht verabfolgt werden könne. Ich wandte ein, daß Petersburg dreihundert Meilen weit entfernt sei und daß meine Confirmation und Mündigsprechung in Dresden ja auch nur auf Grund der Anerkennung des beanstandeten Zeugnisses habe erfolgen können. Vergebens – entweder ein korrektes Taufzeugnis oder kein Geld!

Da ich nun sehr wenig Neigung empfand, der Petersburger Antwort wegen drei bis vier Wochen in einem theuren Frankfurter Hotel zu liegen, und sehr überzeugt war, daß man mich bloß schikaniere, so wandte ich mich an einen Advokaten. Dieser sagte mir, wenn ich das Zeugnis eines Frankfurter Bürgers erlangen könne, so wolle er versuchen, was sich damit ausrichten ließe; aber der Erfolg würde zweifelhaft bleiben, da die Behörde, wenn sie pointilleus sein wolle, allerdings ein Recht zu ihrem Verlangen habe. Mir fiel Rat Schlosser[1], Goethes Freund, ein, der vor nicht langer Zeit unser Haus besucht und meine Dienste als Führer durch die Museen Dresdens gar sehr in Anspruch genommen hatte. Ich ging zu ihm. Er empfing mich freundlich und hörte mich an, dann aber erklärte er, er wolle gern bezeugen, daß ich ein Sohn von Gerhard v. Kügelgen sei, ob aber der ältere, in Nebrichs Testament genannte oder der jüngere, dafür habe er nur sein moralisches Bewußtsein, das bekanntlich vor Gericht nichts gelte. Er riethe mir daher, nach Petersburg zu schreiben und, bis ich Antwort hätte, sein Haus recht viel zu besuchen. Schlosser hätte um so eher für mich zeugen können, als ihn der Erblasser Nebrich selbst mit mir bekannt gemacht hatte, im übrigen schon die Einsicht in meine Papiere ihn vollständig beruhigen konnte. Ich war sehr ärgerlich, antwortete ihm kein Wort und verließ ihn mit einer kurzen Verbeugung.

Was aber nun? - Da schoß mir plötzlich noch auf der Treppe ein rettender Gedanke durch den Sinn. Ich eilte ins Hotel zurück, ließ anspannen und fuhr mit einem Lohnbedienten zum russischen Gesandten, damals einem Herrn v. Arnstetten. Dieser empfing mich gleich mit den Worten: »Ihre Mutter ist eine Zoege v. Manteuffel?« Ich bejahte. »Ich habe sie wohl gekannt zu Kaiser Pauls Zeit; auch Ihren Vater habe ich gekannt. Freut mich, wenn ich Ihnen mit etwas dienen kann.« Hierdurch ermutigt, setzte ich dem wohlwollenden Manne die Verlegenheit auseinander, in der ich mich befand, ihn schließlich ersuchend, mir mein Taufzeugnis zu vidimieren. Arnstetten lachte. »Solche Ehre – sagte er – wollen wir diesen schafsköpfigen Pedanten doch nicht anthun!« Setzte sich darauf an seinen Schreibtisch und schrieb einige Worte auf einen offenen Streifen Papier, den er mir dann mit den Worten überreichte: »Gehen Sie mit Gott, mein junger Freund, man wird Ihnen hierauf Ihr Geld nicht länger vorenthalten.« Der Gesandte hatte mir außerordentlich gut gefallen, ein jovialer frischer Mann, ein Gott im Vergleich zu all den Steckenpferden, mit denen ich bis dahin in Frankfurt zu schaffen gehabt. Ich dankte ihm freudig und fuhr sofort zur Stadtvogtei, indem ich unterwegs den Zettel las. Da stand denn Folgendes geschrieben: »Ich erwarte, daß dem Vorzeiger dieses, Herrn Wilhelm v. Kügelgen aus St. Petersburg, keine weiteren Schwierigkeiten gemacht und demselben die für ihn deponierten Capitalien ohne Verzug ausgezahlt werden. v. Arnstetten.«

Ich zeigte meinen Talisman vor. Die Herren steckten die Köpfe zusammen, und ich hörte die Worte: »Das ist echt russisch!« Man beriet ein Weilchen, darauf ward ich gefragt, wann ich mein Geld wolle. Ich bat um sofortige Zahlung und nach einer Viertelstunde war ich befriedigt. – Es war allerdings ein trauriges Zeichen für unsere deutschen Zustände, daß der Gesandte einer fremden Macht und noch dazu am Vorort des Deutschen Bundes mit Erfolg so auftreten konnte, wie Herr v. Arnstetten es für mich gethan. Ich aber hatte den Vorteil davon, verzieh es daher großmütig und begab mich nun mit frohem Herzen auf die Reise zu den rheinischen Verwandten.

Von Mainz aus gelangte ich mit einem Paquetboot stromabwärts nach Rhens, allwo auf altem Familienbesitz in der sogenannten Wackelburg die Witwe des älteren Bruders meines Vaters mit einigen Töchtern hauste.[2] Brennenden Herzens trat ich dort ein. Eine ältliche, wohl conservierte Frau mit einnehmenden Gesichtszügen saß arbeitend am Fenster, umgeben von ihren Kindern, zwei blühenden jungen Mädchen, Mine-Bas und Lise-Bas, wie sie von den rheinischen Vettern genannt wurden, und einem auffallend schönen jungen Menschen in studentischer Kleidung, ihrem einzigen Sohne, dem Vetter Joseph. »Ich wünsche Madame Kügelgen zu sprechen«, sagte ich. Die alte Dame erhob sich und trat mir freundlich entgegen. Mein Gefühl überwältigte mich, mit den Worten: »Meine liebe, liebe Tante!« umarmte und küßte ich sie. Erschrocken taumelte sie in ihren Stuhl und sah mich zweifelnd an. Der Sohn aber rief: »Das ist gewiß der Vetter Wilhelm aus Dresden!« – und der war es auch und leugnete nicht und fiel allen um den Hals, und die Tante weinte und streichelte mir Gesicht und Haare und sagte: »Bist Du's denn auch wirklich, lieber Wilhelm?« und ich antwortete: »Nun ja, wer denn sonst?!« Es wurde Wein gebracht vom besten selbstgezogenen Gewächs und brauner Tabak, ich mußte rauchen, trinken und erzählen und erzählen hören, daß die Stunden bis zum Abendessen wie Minuten hinflogen. Im Laufe des Gespräches entfuhr mir die Bemerkung, es habe mir geschienen, als wenn die Tante mich anfänglich für einen Wechselbalg gehalten und mit einigem Mißtrauen angesehen hätte. Da erfuhr ich als Erklärung die folgende, allerdings recht sonderbare Geschichte.

Die Tante hatte einen Bruder, der in frühester Jugend nach Rußland auswanderte, dort geheiratet hatte und seit einer langen Reihe von Jahren als Baumeister in Reval domiziliert war. Die Geschwister hatten sich nicht wieder gesehen und nur spärliche Nachrichten von einander gegeben. Nun war vor etwa einem Jahr ein fremder Herr mit einem leichten Reisetäschchen in der Wackelburg erschienen, hatte seine Arme ausgebreitet und war (gerade so wie ich) der Tante um den Hals gefallen, sie mit Küssen bedeckend, indem er weinend ausrief: »Aber Lottchen! Kennst du denn deinen einzigen Bruder nicht mehr? Ja, die Zeit verändert die Leute, und auch du bist nicht mehr das kleine muntere Lottchen, das ich verließ. Arme Schwester! Ich weiß es, es ist seither manches bittere Herzeleid über dich weggegangen!« Lottchen brach nun auch in Tränen aus und erwiderte die Zärtlichkeit des Bruders und es dauerte eine Weile, bis sie zum näheren Erzählen kamen.

Da zeigte es sich denn, daß der arme Bruder ein Pechvogel gewesen. Durch angestrengte Arbeit war seine Gesundheit in die Wicken gegangen, er hatte sich deshalb zu einer Ausreise bequemen müssen, um Wiesbaden zu brauchen, und bei dieser Gelegenheit die theure Schwester überraschen wollen. In Köln aber war ihm sein Koffer abhanden gekommen, was um so schmerzlicher war, als dieser Koffer außer allen Reiseeffekten und seinen Wertpapieren auch die kostbaren Geschenke enthielt, welche er für die Schwester und deren Kinder mitgebracht hatte. Jetzt müßte er nun den Verwandten schon zur Last fallen, bis der Koffer aufgefunden oder neue Geldmittel von Rußland bezogen seien. – Das alles hätte freilich etwas auffällig klingen können, allein der Herr Bruder erging sich gleichzeitig in so reichen Jugendreminiszenzen und war so vertraut mit allen Verhältnissen, daß Bedenken nicht aufkamen und die ganze Familie sich unbefangen der Freude hingab, endlich einmal den fernen geliebten Onkel in ihrer Mitte zu sehen.

Während nun die nötigen Schritte wegen des verlorenen Koffers gethan wurden, lebte das geliebte Brüderchen in Herrlichkeit und Freuden bei der entzückten Schwester. Durch das Gerücht seiner Anwesenheit wurden auch andere Verwandte, die ihn früher gekannt hatten, nach Rhens gezogen. Deren Erinnerungen wollten aber nicht immer zu denen des Revaler Onkels stimmen, und so entstand Verdacht. Man unterzog den Fremden allerlei Proben, die er schlecht bestand, und gewann bald die Überzeugung, daß man es mit einem wildfremden Gauner zu thun habe. Jetzt wurde polizeiliche Hilfe in Anspruch genommen, und in einer schönen Nacht drangen plötzlich zwei bis an die Zähne bewaffnete Gendarmen in das Zimmer des Verdächtigen, um ihn festzunehmen. Aber siehe da! Das Nest war leer, der Verdächtige, der ebenfalls Verdacht geschöpft haben mochte, war verschwunden samt seiner Reisetasche. Steckbriefe flogen jetzt nach allen Seiten und schon nach acht Tagen fand man den Verschwundenen zu Köln in den Armen einer Frau, für deren in Amerika verschollenen Eheherrn er sich ausgegeben hatte.

Nach solchen Erfahrungen war es der armen Tante freilich nicht zu verdenken, wenn es ihr anfänglich bei meiner Umarmung etwas zweifelhaft zu Muthe gewesen war. Inzwischen mußte aber doch mein ehrliches Gesicht ausreichend für mich gezeugt haben, denn man frug mich – so wenig wie der russische Gesandte in Frankfurt dies gethan hatte – weder nach Paß noch sonstiger Legitimation, sondern erkannte mich schnell und vollständig als vollberechtigten Vetter an und fütterte mich wie einen Prinzen.

In dieser schönen Zeit nun hörte ich ab und zu eines gewissen Herrn Sommer Erwähnung thun, eines reichen jungen Ackerbürgers, welcher kürzlich von einer der Cousinen einen Korb bekommen hatte und seitdem nicht aufhörte, die Familie auf alle Weise zu necken und zu schikanieren. Als wir nun eines Mittags bei Tisch saßen, fiel plötzlich ein Schuß dicht unter den Fenstern. Die Tante fuhr heftig zusammen und verfärbte sich. »Das ist der Sommer wieder – sagte Lise-Bas – und das thut er nur aus Bosheit, weil er weiß, daß er die Mutter damit erschreckt.«

Paff! fiel der zweite Schuß. »Dem wollen wir aber abhelfen!« sagte ich und eilte ans Fenster. Die Cousinen wollten mich zurückhalten: »Er schießt Dir gerade ins Gesicht, so ein gottvergessener Mensch, wie er ist!« Ich aber hatte schon das Fenster aufgestoßen und schrie hinunter: »Wer untersteht sich da zu schießen!« Aus einer Gruppe von Schiffern trat ein junger Mann mit der rauchenden Flinte: »Ich – sagte er – unterstehe mich's!« und dabei lud er das Gewehr von neuem. Es entspann sich nun ein Wortwechsel. Sommer behauptete, er sei Jagdpächter, und kein Teufel solle ihn hindern, hier nach Schwalben oder wonach er sonst wolle zu schießen. Ich dagegen erklärte ihm, daß wenn er es sich weiter beikommen ließe, die Jagd hier unter den Fenstern auszuüben, ich Sorge tragen würde, daß er beides, Jagd und Gewehr, verlöre.

Als Antwort folgte ein dritter Schuß. Ich schlug das Fenster zu und proponierte meinem Vetter Joseph, gemeinschaftlich mit mir den Schlingel abzuprügeln. Der aber meinte, er würde alle Schiffer für sich und überdem für jeden von uns einen Lauf haben, eine Klage würde wirksamer sein. So schrieb ich denn einige Zeilen an den Bürgermeister des Ortes, ihn ersuchend, meine Tante vor weiterer Ungebühr zu schützen.

Darauf erschien denn auch ein ansehnlich breitspuriger Ratsdiener mit dem Magistratsbefehl, das Schießen bei den Häusern sofort einzustellen.

Sommers Antwort war: »Der Herr Bürgermeister könne ihm sonst was« und er fuhr fort zu schießen. Nun ging ich in Begleitung Vetter Josephs persönlich zum Bürgermeister, teilte ihm den Effekt seines Verfahrens mit und forderte ihn auf, seiner Würde Geltung zu verschaffen. Der aber sagte lächelnd, wenn der Sommer den Weisungen des Magistrats nicht nachkommen wolle, so seien seine Mittel erschöpft, und es bleibe nur übrig, ihn höheren Orts zu verklagen; solches gerichtliche Verfahren sei aber eine weitläufige Sache, die mir nur Zeitverlust, Unkosten und Ärger verursachen und den Sommer immer geneigter machen würde, die Familie, die ich schützen wolle, erst recht zu kränken; zudem sei der Erfolg im vorliegenden Falle fraglich. Er riethe mir, meinerseits die Sache fallen und den ganzen Handel ihm zu überlassen, er werde den jungen, etwas wilden Menschen gewiß in guter Stunde zur Einsicht bringen; sich vertragen sei immer besser als sich schlagen. Ich war aufs äußerste empört. »Herr Bürgermeister! – sagte ich endlich – ich sehe nur zwei Wege: Entweder Sie verklagen Sommer, oder ich wende mich morgenden Tags nach Coblenz und verklage Sie. Und nun ersuche ich Sie zum letzten Male, meine Klage zu Protokoll zu nehmen.« Da langte der Beamte nach Feder und Papier, schrieb nieder, was ich ihm erzählte, und durfte nichts auslassen, selbst nicht die Antwort, die der Schwalbenschütze dem Amtsboten gegeben hatte; endlich Punktum und Streusand drauf, das Protokoll wurde vorgelesen, genehmigt und unterschrieben.

Inzwischen hatte der Bürgermeister, wahrscheinlich in der wohlmeinenden Absicht, noch einen letzten Sühneversuch zu machen, den Sommer aufs Rathaus zitiert. Ob er kommen werde, mußte freilich abgewartet werden, aber siehe da – nach Verlauf einer Viertelstunde trat der Friedensstörer wirklich im Amtslokale ein, in einer runden Stalljacke und Reiterstiefeln, die Peitsche in der Hand; er sah trotzig und verbissen aus. Der Bürgermeister sagte ihm, es sei soeben eine Klage wider ihn zu Protokoll gegeben worden, ehe sie aber ihren Weg nach Coblenz ginge, möge er sich äußern, ob er die Wahrheit der Aussage in allen Punkten anerkenne. Das Schriftstück ward nun noch einmal verlesen. Sommer hatte nicht das Geringste einzuwenden, der Bürgermeister reichte ihm die Feder und zu unser aller Erstaunen setzte Sommer seinen Namen unter die unsrigen.

Jetzt wandte ich mich an ihn: Es thäte mir aufrichtig leid, nicht in der Lage gewesen zu sein, seine Bekanntschaft auf angenehmere Weise zu machen. Meiner Meinung nach hätten wir beide gefehlt, er hätte nicht schießen und ich ihn auf höflichere Weise ersuchen sollen, das Schießen einzustellen. Er möge mir meine Aufwallung verzeihen, so wie ich erbötig sei, die Klage gegen ihn fallen zu lassen, wenn er hier in Gegenwart des Herrn Bürgermeisters auf Ehrenwort erklären wolle, daß er sich in Zukunft ähnlicher Neckereien gegen das Haus meiner Tante enthalten wolle. Darauf erwiderte er, es sei ihm nicht entfernt eingefallen, meinen Verwandten, die ihm herzlich gleichgültig seien, necken oder beleidigen zu wollen, es hätte ihm nur Vergnügen gemacht, nach den dort zahlreichen Schwalben zu schießen; er würde daher gern das gewünschte Versprechen gegeben haben, wenn nicht eine Drohung damit verbunden wäre. So aber würden die Leute sagen: Nun hat der Sommer doch zu Kreuze kriechen müssen, und solchen Reden sich auszusetzen, sei er nicht der Mann. Bei dieser Negation blieb er unerschütterlich trotz aller Bemühungen des Bürgermeisters. »Der Sommer kriecht nicht zu Kreuze!« – »Nun – sagte ich – so geht morgen der Bericht nach Coblenz ab.« – »Mir ganz egal! - erwiderte Sommer – ich hab Geld, und die Herren in Coblenz thun mir nichts, das weiß auch der Bürgermeister aus Erfahrung. Die Sache kann mich nur aufs angenehmste unterhalten.«

Da vermaß ich mich zu sagen: an Geld fehle es auch mir nicht, und was gute Freunde anlange, so schmeichle ich mir, deren einflußreichere zu haben als Herr Sommer. Meine Verwandten vor Beleidigungen zu schützen, sei ich fest entschlossen und verpfände hiermit mein Ehrenwort, daß ich nicht eher ruhen würde, bis die Jagdgerechtigkeit einem Menschen genommen wäre, der sie so arg mißbrauche. Ich würde nötigenfalls zu diesem Zweck bis an den König gehen – und damit verließ ich samt meinem Vetter das Rathaus.

So standen nun die Sachen und ich war ganz zufrieden mit mir selber. Als ich aber des Abends auf mein Zimmer kam, um mich zu Bett zu legen, fiel mir das Verrückte meines Benehmens wie eine Last aufs Herz. Ich hatte mich in einen ärgerlichen, vielleicht sehr kostspieligen Handel eingelassen, der mich an der Weiterreise hindern und unterdes die Lage meiner schutzlosen Tante nur verschlimmern konnte; hatte sogar mein Wort gegeben, nicht nachzulassen, bis jenem die Jagd genommen sei. Hatte ich mich nicht so zweckwidrig betragen wie ein rechter Dummkopf? Warum war ich, statt jenen übermütigen Flegel, dem ich nicht das Geringste zu befehlen hatte, so großbrotig anzuherrschen, nicht lieber zu ihm hinuntergegangen, um ihn durch ein vernünftiges Wort von seinem Unfug abzubringen? Und nötigte er mich wirklich zur Klage, hätte ich es dann nicht ruhig der öffentlichen Gerechtigkeit überlassen sollen, auf welche Weise sie ihn zur Ordnung führen wollte, ohne ihm meinerseits eine bestimmte Strafe im voraus zuzusichern? Doch alle diese Erwägungen kamen nun zu spät – ich mußte die Suppe ausessen, die ich mir eingebrockt, und keine Macht der Erde konnte, ohne meine Ehre zu verletzen, wieder gut machen, was ich verdorben. Morgen, dachte ich, wird der freche Schlingel wiederkommen und wieder schießen, und was wird dann?

Ratlos ging ich im Zimmer auf und nieder. Gab es denn niemand, der mir helfen konnte, die Sache auch jetzt noch zu einem gedeihlichen Ausgang zu führen? Aber nein – hier war kein russischer Gesandter und Zettelschreiber, und wenn auch einer dagewesen wäre, so war doch mein Ehrenwort verpfändet und mußte eingelöst werden, so oder so. Trotz aller Connaissancen, deren ich mich gerühmt hatte, kam ich mir unbeschreiblich hilflos vor. – Da gedachte ich eines Freundes, der sogar noch mächtiger als der russische Gesandte ist, und dessen ich in den Zerstreuungen der letzten Zeit nur zu wenig gedacht hatte. Das Schriftwort trat mir ins Gedächtnis: »Rufe mich in der Not, so will ich dich erretten«, ich warf mich auf die Knie, und betete inbrünstig zu Gott. Da kam eine große Ruhe über mich, und ich wußte, daß Er mir helfen würde. Nun riß ich das Fenster auf, unter welchem der Rhein vorüber rauschte, und meine jubelnde Seele ergoß sich in heißem Danke gegen ihren himmlischen Vater.

Als ich am andern Morgen, nachdem ich noch einige Stunden süß geschlafen, mich eben fertig machte, um mich wohlgemuth beim Familienfrühstück einzufinden, klopfte es an meine Thür, und ein freundlicher alter Herr trat ein, der sich mir als den Ortsgeistlichen vorstellte. Ich möge entschuldigen, sagte er, daß er zu so ungehöriger Stunde beschwerlich falle, aber es führe ihn eine Mission zu mir, die keinen Aufschub gestatte. Wir setzten uns, und nun erfuhr ich folgendes: Sommers Mutter hatte gestern abend zufällig etwas von meinem Handel mit ihrem Sohne erfahren, hatte diesem Vorstellungen gemacht und, da sie ihn nicht bewegen konnte nachzugeben, schon am frühesten Morgen nach ihrem Beichtvater geschickt und diesen beschworen, den Frieden zwischen mir und ihrem Sohne herzustellen, ehe die Klage abgehe. Es sei eine liebe gute Frau, die Madame Sommer, aber sie habe ihren Sohn die Rute zu wenig fühlen lassen und ernte jetzt die Früchte ihrer Schwäche in mannigfachem Verdruß, den er ihr mache. Diese Sache aber habe sie ganz besonders angegriffen; wie er (der Pfarrer) vermute, weil ich vom Könige gesprochen, von dessen Einmischung sie die entsetzlichsten Folgen fürchte, eine Auffassung, bei welcher er sie gern gelassen. Übrigens sei er durch den Herrn Bürgermeister schon am Abende zuvor ganz au fait gesetzt gewesen und müsse gestehen, daß meine Forderung ihm recht und billig erscheine. Das sehe denn auch endlich der junge Sommer ein und sei jetzt ganz erbötig, mir das geforderte Versprechen abzulegen, wenn ich als Zeichen meiner versöhnlichen Gesinnung es nicht verschmähen wollte, heute morgen das Frühstück bei ihm einzunehmen. Ich sagte das zu, indem ich erwiderte, daß ich überhaupt nichts anderes bezweckt habe, als meinen Verwandten Ruhe zu verschaffen, und wenn ich dies in Frieden erreichen könne, so würde ich natürlich deshalb keinen Krieg führen.

Wie schwoll mir doch das Herz voll Dankbarkeit gegen Gott, der mir so treulich geholfen! – Fröhlich ging ich hinab zu den Meinigen, die sich über den Zweck jenes geistlichen Besuches bereits den Kopf zerbrochen hatten, um sie von der günstigen Wendung meines Handels in Kenntnis zu setzen. Da sah ich denn erst recht, wie übel mein Freund Sommer bei ihnen angeschrieben stand, denn sie wollten mich durchaus nicht gehen lassen: er würde mich vergiften, von seinen Knechten durchprügeln lassen oder sonst zu Schaden bringen; den Herrn Pfarrer, der durchaus kein lux mundi sei, habe er jedenfalls nur als Lockvogel gebraucht. Ich aber wußte, was ich wußte, und ging getrosten Muthes. Sommer empfing mich in der Hausthür und führte mich in ein schönes Zimmer, wo bereits eine imposante Collation für uns beide aufgetragen war. Wir setzten uns. Mein Wirth war heute wie ausgetauscht. Gern hätte er schon gestern meiner Forderung genügt, sagte er, wenn nicht das Rathaus gewesen wäre und das lauernde Gesicht dieses schafsköpfigen Bürgermeisters; es wäre wider sein Ehrgefühl gewesen, sich zwingen zu lassen, aber heute thäte er's freiwillig. Und damit reichte er mir die Hand: »Ich schieße dort nimmer wieder, auf Ehre nicht! Sind Sie zufrieden?« Ich schlug freudig ein, und Sommer überbot sich in Artigkeiten, stellte mir sogar ein Pferd, seine Gewehre und sein Jagdrevier zur Verfügung, wovon ich allerdings keinen Gebrauch machte. Wenige Tage darauf verließ ich Rhens, um mit leichterem Herzen meine Reise fortzusetzen.

Tagebuch der Hochzeitsreise vom 16.-30. Juli 1827

[Aufgezeichnet für Julchen]

Montag, den 16ten Juli 1827

Heute früh halb 6 stand ich auf, kleidete mich mit meinen Reise-
kleidern u. weckte dann meine Frau, die mit leisen dem Weinen
ähnlichen Klagetönen den Tag begrüßte, der sie von ihrem geliebten
Vater und von all den Ihrigen trennen sollte.[3] Unsre Packerei war bald
beendet u. das unerwartet lange Außenbleiben des Wagens zog unsre
Gedanken wohlthätiger Weise von dem Abschied etwas ab. Vater war
bei Weitem gefaßter als gestern Abend, u. auch meine Julie hielt die
Thränen zurück bis zur letzten Umarmung, die stumm u. herzlich das
Zusammenleben meiner Frau mit ihren Aeltern beendete. Als der Wagen fortrollte über das Pflaster u. durch die engen Straßen von Elberfeld, war mir meine geliebte Julie laut schluchzend in die Arme gesun-
ken u. weinte sich satt an meiner Brust. Endlich, als wir die Stadt
schon weiter im Rücken hatten, richtete sie sich auf und sagte: ich
freue mich, daß ich dich so lieb haben kann, u. begleitete diese Worte
mit einer herzlichen Umarmung u. heißen Küssen, u. mir war es, als
wenn sie in diesem Augenblicke erst ganz mein Weib geworden wäre
– wir schwatzten munter u. freundlich miteinander, und die Trauer,
die mein armes Weib empfand, von den Ihrigen nun ganz los u. ge-
schieden zu sein, berührte doch unsre Unterhaltung auf keine Weise
unangenehm. Ich war glücklich, mich mit meinem geliebten Weibe
ganz allein und ungestört zu sehen u. hielt sie fest in meinen Armen
als mein bestes Theil auf Erden.

Mittag speisten wir in Limburg an der [Lenne] an der table d'hôte in
Gesellschaft der Wirthsleute u. einem jungen Barmer Kaufmann namens Overbeck. Nach Tische unternahmen wir einen Spatziergang,
das wunderschöne Thal zu sehen. Es war einer der lieblichsten Gänge,
die ich in meinem Leben gemacht habe, in Rücksicht auf die herrliche
Gegend wie auch auf die Worte, die wir miteinander wechselten. Wir
setzten uns nieder auf den grühnen blumigen Boden eines waldigen

20

Hügels, den wir erstiegen hatten, u. meine liebe Frau erzählte mir aus ihrer Brautgeschichte Vieles, was mich äußerst ergötzte. Am Ende mußte ich denken, wenn diese Ehe nicht im Himmel geschlossen ist, so ist es keine. Das ist mein jetziger Gedanken. Herr, Du wollest es geben, daß ich am Ende meines Lebens eben so denke und sagen möge – ja u. Amen.

Dienstag, den 17ten Juli

Müdigkeit und Schlaf zwangen mich gestern Abend, meine Erzählung zu unterbrechen, so fahre ich denn heute in Beschreibung des gestrigen Tages fort. Wir hatten uns durch ein Schläfchen im Wagen von den Strapatzen der Malzeit und des darauf folgenden Spatzierganges erholt u. erwachten zu Gesprächen, die es uns zum Bedürfniß machten, die heilige Schrifft aufzuschlagen und uns gemeinschaftlich zu erbauen an dem heiligen Worte Gottes. Wir lasen einige Kapitel aus der Ep. Jacobi, die denn unsrer ferneren Stimmung und den daraus entspringenden Gesprächen auf dem ganzen übrigen Nachmittag und Abend die Richtung gaben. Mir war es so wohl an der Seite meines liebenden Weibes u. im Anschauen der herrlichen Landschaft um mich her, daß mein Herz laut zu Gott jubelte u. auch Mund u. Zunge, die ein Abendlied begleiteten, das meine Frau mit ihrer reinen schönen Stimme in die freie Luft hinaus sang. Wir nächtigten in der Poststation Schlieden, wo ich bald nach unsrer Ankunft von einer heftigen Uebelkeit befallen wurde, so daß ich meinte, die Vorboten einer tüchtigen Krankheit zu verspühren, indessen besserte es sich doch mit mir auf den Gebrauch von Eau de Cologne hin bald in so weit, daß ich noch mit meiner Frau unsre gewöhnliche Abendandacht halten konnte u. hernach noch im Stande war, mein Tagebuch zu führen.

Donnerstag, den 19ten

Ich habe jetzt auf einmal 3 Tage nachzuholen, da wir ein Paar Mal des Abends zu spät ins Quartier kamen, als daß ich noch eine Feder hätte anrühren können. Du wirst daher, geliebte Leserin, verzeihen, wenn mein Bericht nicht ganz umständlich ausfallen sollte. Dienstag, den 17ten hatten wir alle Ursache, zufrieden mit unserm Tage zu sein, wir sangen u. schwatzten, fuhren und gingen zu Fuß, bis wir zu Mittag, durch das Rütteln des Wagens Beide etwas übel, zu Meschede im Wirthshaus anlangten, wo wir uns kümmerlich nährten von etwas

Sallat u. kaltem Braten, uns dann nebeneinander aufs Kanapée legten und kräftig schliefen, so daß uns der Kutscher durch starke Faustschläge an der Thür endlich wecken mußte. Da wir spät ausfuhren, so kamen wir bei der starken Tour, die wir noch vorhatten, bald in die Nacht, fuhren durch öde, gebirgige Wüsten u. durchwandelten dürre Steppen, so daß ich aus Vorsorge meinem guten Hirschfänger die Kappe von den Augen zog u. ihn neben mich stellte. Wir waren mehrere Stunden gefahren, ohne eine Spur von Gebäuden oder menschlichem Anbau wahrnehmen zu können, als wir endlich beim düsteren Schimmer der Nacht ein großes, aber halb verfallenes Gebäude vor uns erblickten, vor welchem zu unserm Erstaunen der Kutscher anhielt und uns erklärte, dies sei unsre Herberge für die Nacht. Die hohen Mauern, geschmückt mit ihren Scheibenlosen Fenstern u. halb verfallenen Zinnen, hoben sich schauervoll in die Nacht, beschirmt durch sehr waldige Berge, die das Gebäude eng einschlossen. Die Stille der Nacht ward nur unterbrochen durch das Brausen eines Strohmes, der sich dem Schalle nach unter den Fundamenten des vor uns liegenden Schlosses durch zu arbeiten schien. Die Mitternacht mochte durch sein, als man uns die Treppe hinauf in ein hohes großes Gemach mit 6 Fuß dicken Mauern u. kirchlichen Fenstern führte. Das Meublement bestand aus ein Paar Stühlen, einem eichen Tisch und einer dunkel flammenden Oellampe. Hier bat man uns die Wirthin abzuwarten, die dann unsre weiteren Befehle in Empfang nehmen wollte. Die Wirthin entsprach den Erwartungen, die wir uns von ihr gemacht hatten u. sah einer Hexe so ähnlich wie ein Ei dem Andern, so daß ich in Versuchung gekommen wäre, sie um einen Kopf kürzer zu machen, wenn ich mich nicht vor ihrem Leichnam gefürchtet hätte. Die Speisen, die sie uns vorsetzte, beschädigten wir wenig und verfügten uns bald eine Treppe höher in unser Schlafgemach, zu welchem wir durch den Kreutzgang des alten Klosters gelangten und das selbst ehemals die Zelle eines Klosterbruders gewesen sein mochte. Da die Versuche, unsere Thüre zu schließen, vergebens waren, so rückten wir einen Stuhl dagegen, um beim Einbruch der Räuber oder Gespänster durch dessen Umfallen wenigstens geweckt zu werden, dann legte ich mit wahrer Wollust mein gutes Jagdmesser an die Seite des Bettes u. kroch dann hinein und entschlief in der traulichen Umarmung meines treuen Weibes.

Mittwoch, den 18ten Juli
würden uns wahrscheinlich die hellen Strahlen der freundlichen Mor-

22

gensonne geweckt haben, wenn ihnen nicht Trutschen, die stämmige Nymphe des Kuhstalls, die uns den Kafée brachte, zuvorgekommen wäre. Der Schlaf hatte uns Beide aufs Beste erquickt, u. wir standen auf, so weit als möglich das große alte Gebäude, in dem wir übernachtet hatten, näher zu untersuchen. Es hatte bei Tage bei Weitem nicht das grausige Ansehen, indem es von einer großen Menge Arbeiter belebt wurde, die beschäfftigt waren, das Ganze in ein großes Eisenwerk umzuwandeln u. den ehemaligen Schmelzofen der Herzen, die Kirche, in einen Schmelzofen für Eisensteine um zu gestalten. Wir hatten hier weiter keinen Unfall gehabt, als daß uns der Kutscher unsern schönen Malaga, den wir im Wagen gelassen, bei Nacht und Nebel halb ausgetrunken hatte.

Bis Cassel durchfuhren wir eine schöne Gegend, in der uns alles reitzend erschien bis auf die Wirthshäuser, die auf uns wirkten wie der Südpol des Magnets auf Eisenspähne. Wir kamen ziehmlich spät in Cassel im Kronprinzen an, wo wir in die Arme der hoch erfreuten Marqeurs sanken, die uns aus dem Wagen hoben u. auf unsre Zimmer führten mit einer Ehrfurcht, als wären wir ihre angestammten Fürsten und mit einer Freude, als wenn wir Herzensfreunde wären. Auch wurde ich noch denselben Abend baronisirt von diesem Geschmeiß, das mir ergötzlich, dir aber, meine liebe Leserin, sehr zuwieder war. Von der Traulichkeit, mit der wir neben einander saßen, Thée tranken, schwätzten u. mit einem Capitel aus der Schrifft unsern Tag beendeten, sag ich dir, mein Herz, nun weiter nichts.

Heute nun, Donnerstag den 19ten verbrachten wir in Saus und Braus mit Essen u. Trinken, Spatzierenfahren usw. Ich nahm einen Lohnbedienten an, der uns zu erst ins Museum führte. Hier gefielen mir besonders die kleinen Korkmodelle der Römischen Ruinen von einem gewissen Cighi oder Chighi, in Rom selbst angefertigt. Noch war mir interessant die antique Statue eines römischen Senatoren, so wohl wegen der edlen freien Stellung als auch wegen des reichen ausgezeichnet schönen Faltenwurfs, eine ziehmlich große Silbermünze von Constantin. magn. mit ausgezeichnet schönem Gepräge, auf die der Professor einen ganz besondern Werth legte, u. 2 Muscheln von enormer Größe, die man in der Casseler Gegend im Thonflötz aufgefunden hatte, es waren 2 wohl conservierte unversteinerte Austernschaalen, von dem Jede 150 Pfd. wog.

Das Marmorbad mißfiel uns Beiden. Die Statue des Pan, die darinnen steht, kostet 30.000 Thaler u. die des Narzissus 25000. Wenn man bei Jeder eine Null striche, so meine ich, wären sie immer schon bezahlt gewesen. Nach Tische nahmen wir die schöne Equipage unseres Wirthes, des Herrn Müller, in Beschlag und fuhren nach der Wilhelmshöhe, in Begleitung unseres trefflichen Lohnbedienten, der auf dem Bock saß u. sich den Hals fast ausdrehte, um uns auf die vorüberfliegenden Merkwürdigkeiten aufmerksam zu machen – wir hatten indessen für nichts anderes Sinn, als uns über unsern schönen Wagen und statiösen Kutscher mit Schnurrbart und Tressenhut zu freuen. Beim Gasthause stiegen wir aus und wandelten zu Fuß den Berg hinan bis an das achteckige Gebäude, auf welchem der Herkules steht. Drei Fremde hatten auf diesen Nachmittag das Springen der Wasser bestellt, und wir hatten also auch die Freude, es mit ansehen zu können. Am Steinhöferschen Fall fanden wir den alten Steinhöfer selber; dieser Wasserfall gefiel mir jedoch unter allen am wenigsten, weil die Masse des Wassers durch die vielen kleinen Fälle zu sehr vereinzelt wird.

Sehr schön fand ich den Fall vom Aquaduct u. ganz besonders prächtig die große untere Fontaine, die Steinhöfer selbst aufzog u. die 196 Fuß hoch springen soll. Die Löwenburg fanden wir außerordentlich geschmackvoll angelegt, besonders interessierte mich das Bildniß der weißen Frau, welches einen unbeschreiblich gespenstischen Eindruck auf mich machte, u. eine alte Rüstung, die in der Rüstkammer aufbewahrt wird u. in welcher, wenn der Landesfürst stirbt, ein Edelmann des Landes allemal dessen Leiche voranreiten muß. Fünf Mal ist die Rüstung zu diesem Zwecke schon gebraucht worden, u. man sagt, daß jedes Mal der Cavalier, der sie trug, kurz darauf gestorben sei. Wir kehrten sehr befriedigt von unserer Spatzierfahrt wieder nach Cassel zurück, verzährten unser Abendbrot, und ich begab mich ans Schreiben.

Freitag, den 27. Juli

So eben in Oschatz angekommen, habe ich mich hingesetzt, die Geschichte einer Reihe von Tagen nachzuholen, wo ich leider verhindert ward zu schreiben. Von Cassel aus nahmen wir eine ausgezeichnet hübsche Equipage, die uns so wohl gefiel, daß wir sie hernach bis Leipzig behielten. Wir kamen den ersten Tag bis Kreutzburg vor Eisenach, wo wir im Stern ein leidliches Unterkommen fanden, u. den zweiten bis Erfurth, den dritten machten wir uns nach Hummelshain auf. Als wir von Jena, wo wir Mittag gemacht hatten, ungefär ein Viertelstündchen wieder weg waren, ereignete es sich, daß meine Frau sich

24

auf dem Laster der Vergesslichkeit ertappte, indem sie entdeckte, daß sie etwas in Jena im Gasthaus zur Sonne zurückgelassen hatte, was es aber war, wollen wir nicht auf die Nachwelt kommen lassen, denn wenn diese erführe, daß jene Julie in den ersten Tagen ihrer Ehe schon ihren Verlobungsring in einem fremden Schrank hätte liegen lassen (so eben da ich dieses schreibe, wirft meine gute Julie das Tintenfaß über den Tisch, so daß ich nur mit genauer Noth mein Buch der bösen schwarzen Tünche noch entziehen konnte, doch dies beiläufig), die Nachwelt also würde sagen, es war gut, daß der liebe Gott ihr ihre Nase hatte anwachsen lassen, sonst würde sie selbige auch beiläufig verloren haben. Es war also am 22ten dieses, als der arme Wilhelm in der größten Hitze nach Jena wieder zurücklaufen mußte u. nach Vergießung von bedeutenden Schweißströhmen der kleinen Frau die beiden Ringe, denn es waren 2, worunter ein sehr dicker, wiederbrachte.

Als wir durch den Hummelshainer Wald fuhren u. ich neben dem Wagen herging, sah ich durch die Bäume langsam einen hohen Reuter herkommen, der auf Einmal seine Arme weit ausstreckte und mich beim Nahmen rief, – es war Otto [v. Ziegesar] u. wir hatten uns umarmt, noch ehe er vom Pferde steigen konnte. Leider mußte er nach Jena zurück, er begrüßte meine Frau herzlich u. schwang sich wieder auf sein Pferd. In Hummelshain fanden wir Anton Ziegesar u. den Herrn v. Schwarzenfels, die des andern Tages mit Oncle Ziegesar nach Karlsbad abreisen wollten. Die ganze Familie^4 kam uns im Hof entgegen, u. ich freute mich herzlich, den alten Herrmann einmal wieder zu umarmen, der einst mein so treuer Spielgenosse war u. den ich auch gewiß jezt recht lieb haben würde, wenn ich wieder eine längere Zeit mit ihm zusammen leben sollte. Da der Oncle des andern Tages verreiste und Natalie [v. Berg] auf die liebenswürdigste Weise mir mein Frauchen ganz in Beschlag nahm, so hielt ich mich vorzüglich an Herrmann u. besuchte an seiner Seite, meine Pfeife im Mund, all die lieben Plätze, den Hetzgarten, das alte Schloß mit seinen vielen Gemächern, alle Winkel des Hofes, kurz alle die Plätze u. Plätzchen, wo ich als Kind so ungemein glücklich gewesen war u. deren Anblick mir das Bild jener goldenen Zeit wieder ganz lebendig vor die Augen führte. Ueberall vermißte ich meine unvergessliche s. Tante Marie [v. Ziegesar] mit Schmerzen, freute mich aber zu sehen, daß sich Norchen Mühe gab, bestmöglichst ihre Stelle zu ersetzen u. das Hauswesen in dem alten, einfach schönen Geiste fortzuführen. Wärend unserer Anwesenheit in H. starb die alte Frau v. Schmerzing eines sehr qualvollen Todes an der Wassersucht.

Den 24ten Abends schlugen wir im Hummelshainer Thale Frösche todt u. schmausten sie zum Nachtmahl. Es waren meine ersten Frösche, u. so sei ihrer denn hier auch rühmlichst gedacht.

Den 25ten Morgens verließen wir wieder das alte gute Hummelshain in unserm Casslerwagen u. fuhren auf Naumburg in Herrmanns Gesellschaft. Als wir in Jena in der Sonne abgespeist hatten, erschien Otto, um uns zu Tante Z. zu führen; als ich mich fertig machte, mit ihm zu gehen, trat noch zu den Uebrigen Wilhelm Meier herein mit bloßer Brust, in einem sonderbaren Studentenhaften Aufzug. Es kam mir unschicklich vor, diesen mir fremden Menschen, der so abendtheuerlich aussah, mit meiner Frau allein zu lassen, u. ich ersuchte Otto, bei ihnen zu bleiben, da ich mit Herrmann durchaus zur Tante müßte; Otto aber weigerte sich u. gestand mir, es sei ihm dieß ein unerwartetes und unangenehmes Zusammentreffen, in dem er grade mit diesem Meier in einen Ehrenhandel verwickelt sei. Da besann ich mich, daß Wilhelm ja ein naher Vetter sei, welcher Gedanke mir bei seiner plötzlichen Erscheinung durchaus fremd geworden war, und ließ ihn so ruhig bei meinem geliebten Weibe. – Die Tante Ziegesar empfing mich außerordentlich freundlich u. führte mich gleich zu Mariechen, die eben erst vom Scharlachfieber erstanden war u. sich noch häutete, daher ich sie denn auch nicht anfassen durfte, welches mich bei der ersten Begrüßung sehr genierte. Sie hat sich hübsch ausgebildet und scheint ein interessantes Geschöpf zu sein.

Den 26ten kamen wir des Abends um 5 Uhr nach einer heißen Fahrt im Birnbaum zu Leipzig an. Als wir uns etwas zu recht gemacht hatten, um zu Volkmann zu gehen, sah ich Julius, der bei unserm Fenster vorbei spazierte. Er kam auf meinen Ruf sogleich heraufgestiegen, u. wir hatten gegenseitig große Freude, uns wieder zu sehen. Da Volkmanns in Stötteritz wohnten, so hohlte Julius gleich einen Wagen, der uns schnell hinausbrachte. Vater Volkmann kam uns mit Klärchen in der Gartenthür entgegen und empfing uns väterlich. Im Garten fanden wir außer den Volkmanns noch den Domherrn Weiß, der sich aber sogleich entfernte, u. den Pfarrer Linden, der keinen ganz angenehmen Eindruck auf mich machte, weil sich, wie mir vorkam, eine Eitelkeit oder doch sonst etwas unächtes, das mir mißfällig war, in seinem Gesichte aussprach. Vater Volkmann gefiel mir sehr wohl, u. seine Herzlichkeit bewegte mich ein Paar Mal tief. Wir aßen bei ihm im Garten zu

Abend, u. nach her begleitete er uns noch nach unserm Wagen, den wir in der Pappiermühle gelassen hatten, und führte dabei mein Frauchen sorgsam über das Stoppelfeld. Der Abschied von Volkmann wurde mir schwehr. Julius kam noch mit uns in den Birnbaum u. wir verschwatzten bei einer Flasche Franzwein ein Stündchen noch gar angenehm.

Heute, den 27ten sind wir nun ohne alle weitere Fährlichkeit bei Sturm und Regenwetter glücklich hier in Oschatz angelangt, und ich bin so schläfrig, daß ich mich trotz Tagebuch u. Reisebeschreibung nun sogleich ohne Alles Weitere niederlegen werde.

Sonnabend den 28ten

Heute Morgen fuhren wir bei guter Zeit von Oschatz aus, so daß wir schon vor 10 Uhr in Meißen in der Sonne anlangten. Wir besahen, da wir Löben[5] und Kerstings[6] nicht zu Hause fanden, die Porzellanfabrik, welche ein Personal von 500 Menschen beschäfftigt, worunter allein 100 Maler sind, unter denen sich besonders einige bucklige im landschaftlichen u. im Blumenfache auszeichnen. Es werden jetzt eine Menge Vasen u. Gefäße aller Art im Geschmacke und nach den alten Formen der Perückenzeit für England verfertigt, und dieß beschäfftigt die Fabrik nun schon seit 5 Jahren. Den Dom besahen und bestiegen wir auch bis zum durchbrochenen Turme – das Altarbild im Chore soll von Albrecht Dürer sein, ich glaube es aber nicht. Als wir Mittags in der Sonne eben abgegessen hatten und weiter fahren wollten, kam noch Löben zu uns, der von unsrer Ankunft gehört hatte, wir begleiteten den lieben Jungen noch Einmal auf den Dom zurück, um seine liebe Frau u. mein Patchen zu sehen. Das Kindchen hatte sich allerliebst ausgebildet und war mir rührend anzusehen, wir wären gerne länger geblieben, hatten aber Eile u. mußten machen, daß wir wieder nach unserm Wagen kamen.

Als wir uns nun Dresden nahten, wurde ich vergnügt, meiner lieben Frau aber wurde es natürlich beklommen um das Herz bei dem Gedanken, daß sie nun in einigen Stunden eine Mutter u. Schwester umarmen sollte, die sie noch gar nicht kannte. Wir fuhren gar nicht in die Stadt, sondern stiegen am Löwen ab, wo wir sogleich unsere Sachen auf Hempels Wagen umpackten u. nun in scharfem Trabe nach Loschwitz hinausfuhren. Unten bei der Pforte stiegen wir ab u. gingen zu Fuße den Weinberg hinan. Meine Kniee versagten mir fast den Dienst, als ich Mutter auf der Terasse sitzen sah; Marie[7] spatzierte mit ihrem Strickstrumpf auf und nieder. Beide bemerkten uns nicht, bis wir schon ganz nahe waren; da sahen wir, daß Mutter plötzlich aufstand, auf Marien zueilte und sie in die Arme schloß, u. darauf lief sie uns entgegen den Berg herunter, so eilig u. schnell wie ein junges Mädchen. Die gute Mutter umarmte uns mit einer einzigen Umarmung beide zusammen u. segnete so unsern Bund mit ihrem mütterlichen Segen, dann nahm sie Julien, dich meine geliebte Freundin, Frau, dich kleinen Inbegriff meiner Glückseeligkeit, unter den Arm und führte sie nach dem Hause in Adelhaids Zimmer, die nichts ahnend auf der Harfe übte, ich hinkte hinten nach mit pochendem, sehr bewegtem Herzen. Adelhaid erkannte so gleich Julien und flog ihr um den Hals mit lautem Jubel u. dann auch mir – die liebe treue Schwester! – Courtanchen[8] u. Marie begrüßten uns als unsre alten lieben Hausfreundinnen und verschönerten durch ihre Gegenwart das Fest unserer Ankunft. Wir speisten bald zu Abend und legten uns darauf ziemlich zeitig nieder, da wir beide doch recht ermüdet waren. Es mochte für meine Julie ein schwehrer Abend sein, weil er sie natürlich sehr lebendig an die Trennung von ihren Eltern erinnern mußte, u. so hörte ich sie denn noch still u. klaglos in ihrem Bettchen weinen und mochte Nichts zu ihrem Troste unternehmen, als daß ich sie noch einmal umarmte und küßte.

Sonntag, d. 29ten Juli

Heute Morgen lasen wir miteinander zu unserer Erbauung die beiden ersten Cap. aus dem zweiten Briefe Petri, und dann verstrich der Vormittag unter allerlei Gesprächen und Erzählungen, wie sie unter Leuten vorfallen, die sich lange nicht gesehen haben. Den Nachmittag setzte sich mein Frauchen allein, um ihren lieben Aeltern Nachricht von sich zu geben. Da ich besorgte, es möchte in der Einsamkeit Betrübniß über sie kommen, so ging ich ihr balde nach, u. fand sie auch richtig in Thränen über ihrem Briefchen sitzen. Ich ließ sie sich erst ausweinen, und dann beredete ich sie, heute nicht mehr weiter zu schreiben, suchte sie aufzuheitern, so gut ich irgend konnte, und führte sie dann zu den Uebrigen, die auf der Terasse saßen u. Thée tranken, und da wurde sie denn auch wieder heiter und vergnügt zu meiner größten Freude. Wir besuchten gegen Abend noch das alte Fräulein Poncet, die heiter und aufgeräumt war wie immer, und machten dann noch einen Spaziergang auf die Kuhkanzel, wo du, meine geliebte Frau, in eine stumme Freude über das herrliche Land, das du unter dir ausgebreitest sahst, ausbrachst. Wir sahen den Sonnenuntergang, und ihre goldenen Strahlen verklärten dein mir so liebes Gesicht, so daß ich über deinem Auge die schöne Gegend vergaß, der ich, um dich zu sehen, den Rücken zuwandte u. die ich vergaß, weil du mir eingefallen warst, wie ein Goldtropfen ins Herz. Als wir nach Hause gekommen waren, sangen wir noch miteinander das Lied: immer muß ich wieder lesen [...] u. ein Paar andere der Courtan vor, setzten uns zum Essen u. sprachen von der vortrefflichen Regierung unseres neuen Landesvaters[9], der sich wirklich auf eine seltene Art dem Volke gefällig zu zeigen sucht. Nun endigte sich der Tag wie alle Andern mit einem kräftigen Abwerfen der Kleider.

Montag, d. 30ten Juli

Gegen Mittag hörten wir ein starkes Pochen an der Pforte, und auf Mutters Frage: Wer da? antwortete des alten Rollers[10] wohlbekannte Stimme: Gut Freund. Wie ein Blitz war ich über die Mauer u. lag meinem treuen Lehrer in den Armen. Obgleich er eingeladen war, heute mit uns Großmutters Geburtstag zu feiern, so konnten wir ihn, da er hatte absagen lassen, doch nicht erwarten, u. waren nun durch sein plötzliches Erscheinen königlich überrascht. In seinem ganzen Benehmen sprach sich Treue und Zärtlichkeit aus, und aus einigen Worten, die er über den uns bevorstehenden Abschied sagte, sprach sich ein sehr treu liebendes Herz aus. Nach Tische beim Kafée breitete uns Mutter ein großes Tuch auf der Terasse aus, worauf wir, Roller, Benno[11] u. ich, uns bequem ausstreckten und unsere Pfeifen rauchten, wobei Adelhaid sich bewegen ließ, uns etwas auf der Harfe vorzuspielen, auch meine gute Julie sang, als sie aufgefordert wurde, obgleich sie betrübten Herzens war und das Heimweh ihr fast die Stimme erstickte – dieß merkte Roller u. fing an, sie lieb zu haben. Nach 6 begleitete ich noch Roller, der von uns schied, bis ins Dorf und fand, als ich zurückgekehrt war, Teucher mit seiner Frau vor, die uns auf Uebermorgen zu Tische u. zur Nacht nach Pillnitz eingeladen hatten, um uns den folgenden Tag nach der Bastei[12] zu führen, ich begleitete auch diese guten Leute noch den Berg hinunter ziehmlich bis an die Presse und beschloß dann den Tag traulich mit den Meinen.

Mit dem Dampfschiff von St. Petersburg nach Travemünde 9.-14. August 1829

[Spätere Niederschrift]

Den dritten August reisten wir von Poll[13] ab u. kamen den 6ten Abends in Petersburg an, wo wir in einem großen Hotel am Admiralitäts Platz, dem Winterpalais gegenüber, abstiegen. Wir hatten gehört, das Dampfschiff Georg IV sollte den 9ten abgehen. Bis dahin hatten wir allenfalls Zeit, unsre Pässe in Ordnung bringen zu lassen. Zu unserm Schrecken erfuhren wir nun, daß es schon den 8ten abginge, u. meinten im ersten Augenblicke, wir würden wieder nach Poll zurück u. unsre Reise zu Lande antreten müssen. Ich trieb bald meinen Freund Sengbusch[14] auf, von dem ich hörte, daß das Schiff allerdings schon den 8ten abginge, sich aber den Tag u. die Nacht über in Kronstadt aufhielte, von wo es den 10ten früh um 3 Uhr weiter ginge. So konnten wir nach Kronstadt den 9ten mit einem Russischen Dampfschiffe, das Mittags von Petersburg abgeht, noch nachkommen.

Nun ging ich mit Sengbusch an Bord des Georg, um mich einschreiben zu lassen u. den für uns bestimmten Platz einzusehen. Ich fand den 2ten Platz, den allein wir bezahlen konnten, sehr unter meiner Erwartung, er war klein, u. vom Kapitain erfuhr ich, daß er fast ganz von Bedienten gefüllt sei. Im ersten Augenblick wollte ich abermals von der Seereise abstehen – mein Freund aber überredete mich, u. da für die Frauenzimmer eine separierte Kajütte da war und außer den Meinigen für den 2ten Platz sich keine Frauenzimmer gefunden hatten, so schlug ich zu u. mietete die nöthigen Plätze. Nun gab es noch tausend Besorgungen wegen der Pässe, u. ich mußte von Pontio zu Pilato laufen. Die Stadt konnte ich meiner Frau u. Schwester nur ganz flüchtig zeigen wegen Mangel an Zeit, indeß durchkreutzten wir sie doch zu Wasser u. zu Wagen.

Während dessen war das Dampfschiff abgegangen, u. wir wollten den folgenden Tag nach. Es gab noch viel zu thun u. zu besorgen, daß wir erst $\frac{1}{2}$12 die Droschken besteigen konnten, um nach der Neva zu fahren. Wir eilten und kamen auf $\frac{3}{4}$12 am Ende des engl. Kais an, wo

das [russische] Dampfschiff lag u. wohin wir unsre Koffer schon vor-
ausgeschickt hatten. Wie erschraken wir aber, als man uns sagte, wir
seien an ein falsches Schiff gekommen, welches erst den folgenden Tag
abging. Das rechte Schiff lag sehr weit davon entfernt. Wir ließen nun
den Kutscher jagen, was die Pferde nur laufen konnten, u. weil wir
die Koffer nicht mit auf die Droschken nehmen wollten, so brachte
sie Sengbusch auf einem Umwege zu Wasser nach. Wir fanden am
Dampfschiff, welches eben abgehen wollte, ein tolles Gedränge von
Menschen u. Packereien, so daß das Miethen der Plätze allein mir tausend Noth machte. Endlich kam ich damit zu Stande – aber nun fehlte
Sengbusch mit dem Gepäck, u. wir wagten es nicht, an Bord zu gehen
aus Furcht, bei der plötzlichen Abfahrt des Schiffes von unsern Sachen
getrennt zu werden. Da gab die Schiffsglocke das erste Zeichen zum
Aufbruch. Alle, die nicht auf das Schiff gehörten, verließen es eilig. Ein
jeder griff nach seinen Sachen, es war ein gräulicher Thumult, u. unsre
Angst und Unruhe erreichten ihren höchsten Gipfel. Da endlich sahen
wir Sengbusch auf seinem Kahn um eine Ecke biegen, wir winkten mit
Tüchern, er winkte wieder, der Kahn flog daher, die Koffer wurden
aufs Schiff geworfen, wir sprangen nach, Sengbusch, der uns bis Kronstadt begleiten wollte, mit, und in dem selben Augenblick gab die
Schiffsglocke das zweite Signal. Die Taue wurden eingerafft – das
Schiff gab eine Menge Dampf von sich, viele Stimmen schrien vom
Ufer aufs Schiff, vom Schiff nach dem Ufer, das rechte Raad setzte sich
langsam in Bewegung u. gab dem Schiff eine kleine Richtung vom
Ufer ab; nun bewegte sich auch das linke Raad, beide Räder immer
schneller und schneller, die Neva brauste auf, als wenn sie kochte, u.
in wenigen Minuten sahen wir Petersburg weit hinter uns, als wäre es
auf Wasser gebaut. Ich hatte in dieser Stadt viel gelitten und drehte ihr
gerne den Rücken zu.

Wir kamen den Abend bei tiefer Dämmerung in Kronstadt an, wo
wir mit all unserm Gepäck am Lande abgesetzt wurden. Wir dachten,
wir würden nun gleich ein Boot nehmen und nach Georg dem IV., den
wir in der Ferne liegen sahen, abgehen können. Ein Offizier aber be-
nachrichtigte uns, daß unsre Pässe erst noch bei 7 verschiedenen
Behörden visirt werden müßten. Dieß war mir ein Donnerschlag, ich
wußte keinen Bescheid u. erfuhr auch, daß alle Bureaus schon geschlossen wären u. man die Herren in ihren Wohnungen aufsuchen u.
sich käuflich gefällig machen müßte. Da standen wir nun abends am
kalten Strande, meine kränkliche Mutter, meine Frau, die guter Hoff-

nung war, meine Schwester und Bertha, mein kleines Kind, auf den Armen unsrer treuen Magd Mienchen, ich u. mein Freund ohne Rath. Endlich erbot sich ein junger Offizier, der deutsch verstand, wenn ich ihm einen Ducaten geben wollte, mir alle die nöthigen Visas zu besorgen und mir vor 10 Uhr Abends die Pässe aufs Schiff nachzubringen. Mit Freuden willigte ich ein – ich gab meine Pässe, meine einzige Legitimation, in einer so kritischen Lage einem wildfremden Menschen.

Mein Freund mietete einen Kahn, u. wir fuhren ab. Der Kahn tauchte auf u. nieder, ein frischer Wind bließ uns in die Nase, u. wir kamen dem Schiff immer näher, das uns heim führen sollte nach deutschem Lande. Endlich lag es vor uns wie ein schwarzer Riese, u. einzelne Lichter bewegten sich darauf hin und her. Nun legten wir an der Schiffstreppe an. Die See ging aber so hoch, daß ein jeder nur durch einen gewagten Schritt oder Sprung die Treppe erreichen konnte. Das Kind hinüber zu bringen, war das Aengstlichste; endlich wagte ichs, der Steuermann half u. Gott sei Dank – wir brachten das arme Würmchen glücklich an den Bord des großen Schiffes. Nun suchten wir unsre Kajütte auf. Wir fanden darin gute Beleuchtung u. mehrere Leute, die am Tische saßen u. schmaußten u. unsern Gruß freundlich erwiederten.

Die Meinigen nahmen Besitz von ihren separierten Kämmerchen, und ich suchte mir in der großen Kajütte eine bequeme Koje, die wie Wandschränke in 2 übereinander laufenden Reihen in den Wänden angebracht waren, aus; und zwar auf Rath von Sengbusch eine von den Oberen, damit bei Eintreten der Seekrankheit ich durch das Brechen meines Obermanns nicht inkommodirt werden möchte. Nachdem wir uns nun eingerichtet hatten, stiegen Sengbusch u. ich, während die Meinigen sich schlafen legten, wieder aufs Deck u. suchten den Kapitain, den Sengbusch unsrer Pässe wegen fragte. Er sagte, wenn die Pässe kämen, so wäre es gut, wo nicht, so wäre er genöthigt, uns vor der Abfahrt wieder ans Land zu setzen, in welchem Falle unsre Unkosten uns gesetzlich nicht wieder zurückerstattet werden dürften. Ich konnte leider gar nicht mit ihm reden, weil er nur englisch sprach.

Nun gingen wir beiden Freunde in großer Unruhe auf dem Schiffe hin und her. Die Wellen spühlten an den Bauch des Schiffes, dieses aber lag an seinem Ankertau so fest wie eingemauert. In einiger Entfernung um uns herum lagen große Lienienschiffe, die ihre ungeheuren Masten schwarz in die graue Farbe der Nacht hinausstreckten. Einzelne Boote kamen und gingen zu und von uns, der arme Sengbusch, der nach Petersburg zurück wollte, konnte sich aber immer noch nicht entschließen, uns zu verlassen, bis er wußte, welchen Ausgang es mit uns nehmen würde. Endlich wurde die Schiffstreppe aufgezogen, u. die Kommunikation mit dem Lande war abgeschnitten. Alles begab sich zur Ruhe, u. wir waren die einzigen lebenden Wesen auf dem Deck, ausgenommen einen Matrosen, der am Ankertaue auf der Wacht stand. Die Uhr in Kronstadt schlug 11, sie schlug 12, unsre Pässe kamen nicht – aber wir gaben die Hoffnung nicht auf, wir meinten, Gott würde schon helfen u. vertrauten ihm. Arm in Arm gingen wir auf u. nieder u. ich fühlte, wie ein süßer Trost ein Freund sei. Nun schlug es 1 Uhr, da hörten wir Ruderschlag u. unterschieden in den dunklen Wellen ein Boot. Das Herz schlug mir hoch. Die Treppe wurde herunter gelassen, ein Paar russische Offiziere kamen herauf. Sengbusch frug, ob sie Pässe für Herrn v. Kügelgen brächten. Sie verneinten, nannten ein Paar andere Nahmen u. stiegen in die erste Kajütte zum Kapitain hinab. Sengbusch flog ihnen nach. Ich blieb in großer Erwartung. Die Offizianten kamen zurück u. fuhren ab. Nun kam auch Sengbusch. Er umarmte mich u. sagte, er hätte meine Pässe gesehen, aber das Boot war fort – auf dem Schiffe alles still – seine letzte Hoffnung, ans Land zu kommen, war gescheitert. Vom Dampfschiff konnte er kein Boot bekommen u. wir verabredeten, daß er im schlimmsten Falle als mein Bedienter mit nach Deutschland müßte bis Bremen, wo er bekannt war und sich einen Paß verschaffen konnte, um dann mit dem Dampfschiff zurückzukehren. Auch hatte er eine leise Hoffnung, bei anbrechendem Tage von einem benachbarten Kriegsschiffe ein Boot herbeirufen zu können oder vom Kapitain noch ausgesetzt zu werden. Ich überließ mich nun ganz der Freude, in wenigen Stunden eine Seefahrt an zu treten u. eine Fahrt nach Deutschland, meinem lieben Vaterlande. Wir stiegen in die Kajütte, um noch etwas zu ruhen. Diese war ganz leer, weil sämtliche Reisegenossen in ihren Wandschränken unsichtbar geworden waren. Hier schenkte mir Sengbusch seinen goldenen Uhrschlüssel zum Andenken, weil meiner schadhaft war. Ich überredete den theuren Freund, sich in meine Koje zu legen, um sie einzuweihen, u. ich legte mich auf den großen Tisch, der mitten im Zimmer stand. So schliefen wir beide ein.

Wir mochten eine Stunde geschlafen haben, so wurden wir aufgeschreckt durch ein gräuliches Stöhnen der Schiffsmannschaft auf dem Verdeck, das sich taktmäßig hören ließ, untermischt mit einem schrecklichen Gepolter gerade über unsern Köpfen. Im ersten Augenblick wußte ich nicht, wo ich war, dann kam mir schnell der Gedanke: das Schiff u. es geht fort! Der Morgen eines der genußreichsten Tage meines Lebens brach herein. Ich eilte mit Sengbusch aufs Verdeck u. fand die Matrosen beschäfftigt, den großen Anker vermittelst einer ungeheuren Winde heraufzuziehen. Schwehr fielen die großen Glieder der Ankerkette aufs Verdeck nieder, u. die Walze, die durch große eiserne Hebel gedreht wurde, krächzte grausig durch die Stille des Morgens, aber harmonisch zu dem wunderlichen Stöhnen der Matrosen. Die Meinigen kamen alle aufs Verdeck. Der Augenblick war höchst interessant – wir wurden nun los von russischen Landen, ja von allem Lande, u. einem anderen uns gänzlich fremden Elemente hingegeben. Freude, Schauer u. die gespannteste Aufmerksamkeit beseelten uns – nur beim Antritt der ersten Seereise kann man so was empfinden – danach stumpft sich alles ab. Als der Anker in Travemünde niedergelassen wurde, sahen wir gar nicht hin. Ich konnte aber damals nicht begreifen, wie in einem solchen Augenblick die ganze übrige Gesellschaft ruhig in ihren Nestern liegen bleiben konnte.

Der Tag dämmerte stark, u. im Osten war eine schöne helle Röthe, der Himmel war ganz heiter u. ein leichter Südwind wehte. Das Schiff stand mit der Spitze nach Osten gegen den Strohm der Neva u. nach Petersburg zugewandt. Als der Anker sich hob, fühlten wir an einer leichten Bewegung des Fußbodens, daß das Schiff flott wurde. Der Kapitain stand außerhalb des Schiffsrandes auf dem Dache des linken Raades u. kommandierte. Es wurde an einem Tau, das von der Spitze des Bugspreets nach dem Vordermast ging, ein ganz kleines länglich schmales, dreieckiges Seegel aufgezogen. Da legte sich der Wind hinein u. trieb das Schiff mit der Spitze nach Norden od. Kronstadt hin, zugleich setzte sich das rechte Raad in Bewegung u. vollendete die völlige Kehrung des Fahrzeugs. Jetzt fing auch das linke Raad an zu arbeiten. Das Seegel wurde eingerafft, die Rääder gingen immer schneller, das große Schiff nahm eine zitternde Bewegung an, ungefähr der Bewegung eines sehr guten Federwagens ähnlich, der rasch über gutes Pflaster fährt, u. so schossen wir Vorwärts fort u. glitten über die Reede von Kronstadt hin. Rechts von uns lag eine lange Lienie von 21 großen Lienienschiffen, die wir passierten, eins immer ohngefähr eine halbe Stunde vom andern postirt. Dieser Anblick war schön. Die Neva oder der Anfang des Meerbusens ist hier so breit, daß wir blos rechts die Küste von Finnland in der Ferne sahen. Die Küste von Ingermanland war unsern Augen entrückt. Ich stand mit Sengbusch am Bugspreet – was aus ihm werden sollte, war uns dunkel. Er hatte sich drein ergeben, mit nach Deutschland zu kommen. Er hatte seine Noth dem Steuermann geklagt, allein dieser lachte ihn aus.

Mit unglaublicher Schnelle hatten wir die ganze Lienie von schwimmenden Festungen passiert u. nahten uns nun der letzten, einem kolossalen Dreidecker von 100 Kanonen, der als Wachtschiff oder Brandwache die Lienie schloß. Hier hielten wir plötzlich an. Vom Schiff stieß eine Schaluppe ab u. brachte einige Offiziere zu uns herüber, die unsre Pässe und Gepäck besahen. Dieß war die letzte Paßschuhriegelei. Mit diesen Offizieren konnte nun Sengbusch an Bord der Brandwache zurückkehren u. von da das erste einlaufende Schiff benutzen, um nach Petersburg zurückzukehren. Wir lagen uns lange in den Armen, er stieg mit seinen Begleitern in das Boot, das von den Wellen hoch gehoben wurde. Da stand er, den Blick nach uns gewendet. Er war ein schöner Mann, gewachsen wie ein Palmbaum, von sanftem Aussehen. Lange winkte er mit dem Tuche – da tauchte die Sonne hinter Kronstadt auf u. ein gewaltiger Schuß von der Festung verkündete den Anbruch des jungen Tages – wir gingen fort mit allen Seegeln; noch ein Paar mal umsehen u. alles war verschwunden, was hinter uns lag, wir sahen nichts als Wasser vor u. hinter uns u. an den Seiten.

Die Natur verlangte ihr Recht u. wir gingen schlafen in unsre Kojen bis zum Frühstück, welches uns um 8 serviert wurde. Das Frühstück bestand nach Engl. Weise in Kaffée, Thée, Eiern, Beefsteks, Schinken, u. wir hatten Alle guten Appetit. Nach dem Frühstück begaben wir uns alle auf Deck, wo sich nach u. nach der größte Theil der Gesellschafft aus beiden Kajüten einfand. Das Deck war geräumig u. bequem u. wir hatten Erlaubniß, überall umher zu gehen. Das Schiff maß 77 von meinen Schritten in der Länge u. 15 in der Breite. Das Verdeck war schön gedielt und mit Fenstern von Faustdickem Glas versehen, die das Licht in die Kajüten gaben. Das ganze Deck war mit einer Brustwehr von ungefähr 2 Ellen Höhe umgeben, die breit und massiv war. Außerhalb der Brustwehr hingen auf jeder Seite des Schiffes 1 Boot, das ungefähr 20, höchstens 30 Menschen fassen mochte. Die beiden Räder, die das Schiff trieben, waren außerhalb nach vorn zu angebracht, gingen fast bis zur Axe im Wasser u. waren oberhalb mit einem kleinen Dach versehen, doch wohl um den Einfluß der Sonnenstrahlen auf das beständig nasse Holz zu verhüten. Das Schiff mochte 10 bis 12 Fuß über Wasser gehen. Es hatte 3 volle Masten mit allem Tau- und Seegelwerk wie ein Seegelschiff u. war auf den Kiel gebaut.

Unter dem Mittelmast nach dem Steuer zu war die erste Kajütte, die aus 2 voneinander separirten Säälen bestand, die durch einen Gang mit einander verbunden waren, welcher jedem seinen separierten Ausgang verstattete. Der eine Saal war für Damen, der Andere für Herren bestimmt. In den Wänden beider Sääle waren eine Menge Thüren, die zu eben so viel separirten Kajüten mit Betten führten, von denen jeder Gast in der ersten Kajüte seine separierte zum Schlafen erhielt. Die beiden großen Zimmer waren zum gemeinschaftlichen Aufenthalt der Passagiere bestimmt u. zum Essen, wobei Herren u. Damen sich vereinten. Die Wände waren mit weißer feiner Oelfarbe angestrichen u. mit goldnen Leisten u. Schnörkeln verziehrt, auch Jedes der beiden Zimmer mit einem großen Spiegel versehen. Aus dem Herrnzimmer gelangte man in ein drittes zum Büffet eingerichtetes Gemach, welches Alles enthielt, was irgend durch den Schlund des Menschen gern eingehen mag. Dahinter nach dem Steuer zu war die Kajüte des Kapitains, die ich nicht gesehen habe. Aus der Kajüte der Herrn führte eine Treppe unterwärts in den unteren Raum, der nur schwaches Licht erhielt, aber auch gedielt u. mit Schlafstellen für Bediente versehen war. Hier befand sich auch die Kammer für das Gepäck. Die Matrosen Kajüte war ganz in der Spitze des Schiffs, u. ihr zunächst bei dem Vordermast lag die 2te Kajüte, die wir bewohnten u. die ich schon beschrieben habe.

Es war noch ein Pferdestall im Schiff u. ein Kuhstall, der eine Milchende Kuh enthielt. Auch war ein Behältniß für Schaafe da, darin wir eine Menge lebendig bei uns führten. Oben auf dem Verdeck unter dem Mittelmast nach dem Bugspreet zu stand ein kleines etwas über Mannshohes Häuschen, welches die Küche enthielt. Der Herd u. die Geschirre waren von Metall u. war Alles so gestellt, daß beim Schwanken des Schiffs Nichts in Unordnung kommen u. durcheinander fallen konnte. Der Herd wurde durch Dämpfe erhitzt, so daß sie kein Feuer brauchten. Neben der Küche stand eine große Hühnersteige, voll von Federvieh. Zwischen der Küche u. dem Vordermast war der Fußboden 4 eckig ausgesägt, u. man blickte da hinunter in die Maschiene, die sich im Bauche des Schiffs befand, u. sah die großen eisernen Räder u. Hebel sich untereinander bewegen. Bei Nacht brach ein starker Feuerschein aus diesem Loch hervor u. stets eine große Hitze, die bei dem kalten Wetter oft sehr wohlthätig war. Ganz am Steuerende des Schiffs stand ein kurzes Postament, auf welchem der Kompaß lag, der Nachts durch eine Laterne beleuchtet war. Dicht hinter dem Kompaß bewegte sich ein senkrecht stehendes Raad, durch welches sehr leicht das Steuer dirigirt wurde u. bei welchem immerwährend Tag u. Nacht ein Matrose stand, der die Direktion des Schiffes hielt.

Die Meisten also der Passagiere hatten sich auf dem Deck eingefunden, so daß wir ungefär 60 Personen, Herren und Damen, oben herumspatzieren mochten. Bertha aber war das einzige Kindchen. Sie war damals anderthalb Jahre alt u. zog durch ihre Niedlichkeit aller Blicke auf sich. Sie lief wie ein kleines Hündchen auf dem Verdeck herum u. hatte immer großes Verlangen, wenn ich sie in die Höhe hob u. ihr das Meer zeigte, hinein zu springen und zu baden. Pitsa Patsa rief sie aus u. streckte ihre Händchen nach dem gewaltigen Wasser. Der Tag war sonnig u. heiter u. das Meer so still geworden, daß die Taue u. Ketten des Bugspreets sich im Wasser spiegelten.

Um 10 Uhr sahen wir die Insel Hochland auftauchen u. zu Mittag kamen wir dicht daran vorbei. Der Anblick war ungemein reitzend. Die Insel mochte nicht mehr als 2 Stunden im Umfang haben u. hebt sich überall mit 2 bis 300 Fuß hohen Felsen aus dem Wasser heraus. Man kann sich nicht denken, wie reitzend der Anblick einer Insel ist vom Schiff aus u. wenn man ringsumher kein festes Land sieht. Es gleicht einem Zauberspiel, man möchte hinüber u. da wohnen. Hochland ist von einem kühnen Fischervölkchen bewohnt, die nach Ehstland einen Schleichhandel mit Salz treiben, welches sie von Schweden holen. Mit unglaublicher Keckheit durchschneiden sie den Meerbusen auf ihren kleinen Seegelbooten u. sind nicht selten das Opfer von plötzlich eintretenden Stürmen. Wir waren nahe genug, um einen Menschen unterscheiden zu können, besonders da wir vortreffliche Fernrohre hatten, wir konnten aber weder Menschen noch irgend eine Art von Anbau entdecken. Die Insel sah aus, als wenn Gott sie eben erst aus der Tiefe des Meeres emporgehoben hätte, noch unverdorben u. unbeschimpft von dem Fluche des Menschen, von der Arbeit, welche der freien Erde das engstliche Gepräge einer Schulstube aufdrückt. Da unsre Augen sich an dem reitzenden Anblick dieser allerliebsten Insel gesättigt hatten, verlangte auch der Magen sein Recht, u. wir aßen mit großem Apetit derbe englische Kost, Pudding, Rostbeef u.s.w.

Den Nachmittag passierten wir einen Felsen, der steil u. etwa 50 Fuß hoch aus dem Meere herausragt. Man würde ihn bequem in einer Viertel Stunde umrunden können. Oben drauf steht ein Leuchtturm, auf welchem Nachts Feuer unterhalten wird, um die Schiffe vor dieser

Klippe zu warnen. Ich beneidete den Wächter, der dort seine Wohnung hat. Er ist aller ärgerlichen Colisionen mit seinen lieben Nebenmenschen überhoben, kann sorglos den ganzen Tag malen u. treiben, was er will, kann zum Fenster heraus angeln u. allerlei Wasserjagd üben, entgeht vielen Sünden, zu denen die Gesellschaft reitzt u. das sind fast alle Sünden u. hat Nichts zu thun als Nachts sein Feuerchen zu unterhalten. Wird er dann abgelöst, so geniest er die Freuden der Gesellschaft, die Süßigkeit der Arbeit u. das lebendige Leben u. Treiben der Natur auf dem Festlande doppelt u. dreifach. Das waren die kindischen Ideen, die mich beim Vorbeifahren amüsirten. Ich hätte vieles andere denken können, aber mein Herz war damals sehr todt in Gott u. ich bewegte mich gern in romantischen Ideen.

Wir bekamen flüchtig noch einmal die Küste von Ehstland zu Gesicht. Wir blickten mit Wehmuth hinüber, wir mochten jetzt Poll gegenüber sein, da hatten wir viel, sehr viel erlebt, was uns jetzt durch die Seele ging, da hatten wir ein Bleibens gehabt u. Obdach gefunden, getrauert u. gelacht. Jetzt gingen wir einer Zukunft entgegen, die uns völlig dunkel war – wir wußten nicht, wie Gott uns führen würde.

Der Abend brach nun herein. Die Meisten Passagiere verließen das Verdeck, auch die Meinigen begaben sich nach u. nach zur Ruhe. Ich blieb zuletzt allein übrig mit einem Herrn Gerri, russischem Consul in Odessa u. wir sprachen manches ernste Wort, zu erst von der Kunst, dann vom Glauben, u. wäre ich damals wärmer gewesen, so hätte Gott durch meine Rede wohl einen Eindruck auf das empfängliche Herz dieses Mannes machen können. Aber ich ging wie die Katze um den Brei herum u. wagte es nicht, ihn irgendwo fest zu packen. Es war ein reitzender Abend u. der Mond schien hell. Wir fuhren Westwärts, u. dort erhob sich am Himmel eine schwarze Wolkenwand, die zuletzt den Mond versteckte. Es erhob sich etwas Wind u. ein ungeheures Seegel wurde am Vordermast aufgezogen. Es war 12 Uhr. Gerri verließ mich u. ging schlafen. Nun war ich ganz allein außer einem Matrosen, der still bei seiner Lampe am Steuer stand, u. einem andern, der forn auf dem Schiffsschnabel saß u. seine Pfeife rauchte. Man hörte nichts als das Rauschen der Räder u. das Stönen der Maschienen, das taktmäßig aus dem tiefen Bauch des Schiffes herauf erklang. So wie die schwarze Wolke über uns stand, so stand sie im Spiegel auch unter uns, des Meeres Horizont war in der Dunkelheit ganz verschwunden u. es sah aus, als wenn unser Schiff den Mittelpunkt einer großen Himmelskugel bildete u. in der Luft zitternd stünde, denn von der Bewegung merkt man nichts, wenn man nicht außerhalb feststehende Körper gewahr wird. Das große vom Kohlenrauch geschwärzte, vom matten Wind halb angeschwellte Seegel sah majestätisch aus, u. mir war's, als ich auf dem leeren Deck einherging, ganz wundersam u. ernst zu Muthe. Ich konnte mich lange nicht entschließen, schlafen zu gehen. Endlich aber wurde es zu kalt u. ich ging u. legte mich in meine Koje.

Kaum war ich eingeschlafen, so wurde ich durch die Stimme des Steuermanns wieder geweckt, den ich den Nahmen Reval öfter nennen hörte. Ich sprang auf, stieg aufs Deck u. sah in der ferne die Feuerbake von Reval. Das Licht dieses Thurmes unterscheidet sich von andern dadurch, daß es minutenweise unterbrochen wird, indem sich durch ein Uhrwerk eine Metallscheibe, die einen starken Ausschnitt hat, davor hindreht, so daß das Licht minuten lang erscheint u. verschwindet. Mit großer Sehnsucht schaute ich nach diesem Lichte. Dort wohnte meines seel. Vaters Zwillingsbruder mit seiner lieben Familie, unter dessen Dach wir so lange geherbergt hatten. Noch viele andere lieben Verwandten wohnten dort in Reval u. in der Nähe mein guter Bruder. Jetzt lagen sie alle in tiefem Schlaf u. ahnten nicht, daß wir uns auf der Höhe ihrer Stadt befanden. Mich bewegte eine große Sehnsucht nach meinen lieben Verwandten, noch lange blickte ich nach dem Lichte von Reval, bis mich der heftiger werdende eißkalte Wind wieder in meine Koje trieb. Ich schlief bald ein.

Gegen Morgen träumte ich sehr unruhig u. als ich endlich erwachte, hörte ich die Ribben u. Balken des Schiffes wunderlich knacken u. die Wellen, von denen ich nur durch eine Wand getrennt war, klatschten energisch gegen den Bauch des Fahrzeugs mir dicht am Ohr. Mein erstes Gefühl war Freude. Aha, dachte ich, nun wirst du die bewegte See sehen. Ich sprang rasch aus meinem Schränkchen u. war nicht wenig verwundert, als ich fand, daß ich schwindlich u. fast unvermögend war, auf meinen Füßen zu stehen. Ich war so albern, mich ungemein zu freuen, daß das Gefühl der Seekrankheit, von dem ich so viel gehört, nun auch von mir sollte erprobt werden. Nun schwindelte ich schnell die Treppe hinauf aufs Verdeck. Die See brauste tüchtig u. trieb Lämmer, so weit man sehen konnte. Der Himmel war dunkel überzogen, es regnete fein u. der Wind pfiff mir gehörig in die Nase. Das Schiff ging mit vielen Seegeln, machte aber sehr unangenehme Bewegungen, weil der Wind kontrair war. Beim Bugspreet spritzte der Schaum der Wellen über die Brustwehr herüber. Dies konnte ich alles nur flüchtig bemerken, u. darauf mußte ich rasch zwei gespannte Taue umklammern, mich über Bord legen u. tüchtig brechen. Quo facto ging ich wieder hinab, um zu sehen, was die meinigen machten u. ich fand sie semtlich krank u. sehr herabgestimmt, ausgenommen meine Mutter, welche leidlich wohl u. guten Muths war, auch das Kind zu sich genommen hatte.

Dieser Tag war erbärmlich u. deckte überall die Schande der menschlichen Natur auf. Nach u. nach versammelten sich sämmtliche Herrschafften wieder auf dem Verdeck, um zu promenieren, welches nicht ohne fallen u. torkeln abging. Gestern sahen sie alle aus wie aus dem Ei geschält u. trieben viel Kurzweil u. Artigkeiten. Heute hatte sich kein Mensch waschen können, die Kleidungsstücke saßen schief, der Artigkeiten vergaß man, weil ein Jeder nur seines Elends gedenken mochte – bis auf einige sehr robuste Herren, die sich ein Vergnügen draus machten, den Damen beim Brechen beizustehen, bis sie selbst davon ergriffen wurden, u. nun hörten alle Artigkeiten auf, u. alle Rücksichten wurden vergessen. Die Eitelkeit verschwand so gänzlich, daß ich es nicht für die Mühe werth fand, meine Überziehhosen, die mir herunter gerutscht waren, wieder aufzuziehen. Einige Matrosen gingen beständig herum mit einer Stange, an welcher ein großer, zottiger Wedel od. Pinsel befestigt war, womit sie die materia peccans hier und da aufwischten u. ins Meer schnellten. Der vernünftigste war ein alter reicher Jude, der auf einem Teppig lag u. fortwährend betete. Diese selbe Rolle hatte er aber auch gestern schon bei der guten Zeit gespielt, daher war in seinem Betragen nichts verändertes. Wenn er's ehrlich meinte, so haben wir vielleicht seinem Gebete unsre Erhaltung zu danken. Der arme Alte brach so entsetzlich viel, daß er Mitleiden erregte, endlich war er ganz abgestumpft u. lag 3 Tage lang wie ein Klotz auf seinem Teppig. Sein Sohn war ein Geck. Weil er seines Vaters wegen seine jüdische Abkunft nicht verleugnen konnte, so wünschte er wenigstens seiner Gesinnung nach für einen Christen gehalten zu werden u. gab sich daher alle Mühe, sich so albern u. flach als möglich zu betragen, indem er über die Bedenklichkeiten seines Vaters die Axeln zuckte.

Meine ganze Aufmerksamkeit erregte ein junger Russe, der mit in unsrer Kajüte wohnte. Sein Äußeres hatte etwas Auffallendes, denn er war klein u. trug an einem großen Kopfe eine ungeheure, krumme, etwas windschiefe Nase, die ihm ein sehr dummes Ansehen gab. Eine schöne, hohe Mütze trug er auf dem Kopf u. eine Pfeife hing ihm im Munde. Er gab sich mit Niemand ab, sondern studierte beständig sehr emsig in allerlei Büchern, unter denen er sich an Geßners Idillen auch in der deutschen Sprache übte. Ohne Zweifel war er ein Gelehrter, denn er sah aus, als ob er nicht bis 3 zählen könnte. Sein poetisches Talent konnte er nicht verbergen u. war alle Augenblicke genöthigt, sein Taschenbuch herauszuziehen u. einige Verse hinein zu schreiben. Ich hatte eine stille Gutheit für ihn u. mußte ihn viel ansehen. Er stand am Vorderende des Schiffes stundenlang unbeweglich, als wenn er ganz allein wäre u. blickte in die Wellen. Er mochte sehr seekrank sein, denn plötzlich übergab er sich gewaltig, ohne jedoch dabei aus seiner gewöhnlichen Stellung zu kommen. Seine Pfeife fiel ihm aus dem Munde und fiel ins tiefe Meer. Wehmüthig blickte er hinunter in das schäumende Element, aber er änderte seine Stellung nicht. Siehe, da nahm ihm der Sturm seine schöne Mütze, noch ein Paar mal wurde sie sichtbar auf den Wellen, dann verschlangen sie die Fluthen. Die Haare des hartgeprüften flogen im Winde. Da griff er in die Tasche, zog ein seidenes Taschentuch hervor u. band sich's um den Kopf, so daß 2 lange Zipfel, vom Winde getrieben, ihm hinten flatterten u. schnurrten, aber er blieb stehen, auch nachdem er sich noch einmal übergeben hatte. Meine Mutter, die ihn im Verborgenen beobachtet hatte, habe ich lange nicht so lachen sehen. Es war ein Bild einer völligen Hingebung in ein scheußliches Schicksaal.

Weil die See so hoch ging, daß wir fast nicht vom Fleck kamen, indem der Wind uns konträr kam, so beschloß der Kapitain, zwischen Schweden u. Gotland durchzugehen, um unter den Wind zu kommen. So hielten wir denn auf Gotland, welches wir bald liegen sahen u. ungefähr um 4 Uhr Nachmittags erreichten, so daß wir's zur linken Hand oder im Osten hatten. Kaum waren wir um die Nordspitze der Insel herum, als wir auch merkten, wie sehr dieselbe den Wellenschlag unterbrach u. den Wind abfing. Das Meer war hier viel ruhiger, u. wir kamen wieder etwas zur Besinnung, indem das Schiff seinen alten ruhigen Gang wieder annahm. Wir fuhren nun längst der Küste hinunter, die wir etwa 5000 Schritt links behielten. Da plötzlich machte das Schiff eine kleine Wendung nach der Insel, indem das linke Raad stockte, nun stockte auch das Rechte u. das Schiff stand u. wurde von den Wellen matt geschaukelt. Alle stürzten erschrocken durcheinander. In der Mitte des Schiffes war eine hohe, breite Blechröhre angebracht, die dem Steinkohlenofen als Schornstein diente u., wenn frisch aufgeschüttet wurde, viel Rauch von sich stieß. Neben dieser ging aus dem Fußboden eine andre, schmälere, aber massiv gegossene eiserne

Röhre in die Höhe, die mit dem Dampfkessel in Verbindung stand, so daß der selbe seinen überflüssigen Rauch durch sie ausstoßen konnte, welches allemal mit einer großen Explosion, mit Krachen u. Knallen geschah. Durch diese Röhre entlud sich jetzt der Kessel, entweder von selbst, weil durch die Stockung sich zu viel Dampf gesammelt hatte, oder auf Veranstaltung des Maschinisten, um das Platzen des Kessels zu verhüten, das weiß ich nicht. Der weiße Dampf schoß mit furchtbarem Tosen aus der engen Röhre u. verhüllte die Gegend in Rauch u. Wolken mit einem Krachen u. Poltern, als berste das ganze Schiff auseinander. Der Kapitain sprang überall selbst umher u. gab seine Befehle, u. es vergingen nicht 5 Minuten, als wir das Rauschen der Räder wieder hörten u. das Schiff seine feste zitternde Bewegung wieder annahm. In wie fern Gefahr bei der ganzen Sache war, weiß ich nicht, aber wir Passagiere konnten unsre Lage nicht beurtheilen u. glaubten einen Augenblick, in die Luft gesprengt zu werden.

Als wir ein derbes Stück an Gotland hingefahren waren, so erklärte der Kapitain seinen Willen, bei Gotland vor Anker zu gehen, um einem Sturm zu entgehen, den er erwartete, denn Gotlands hohe Küste konnte uns nicht lange mehr Schutz gewähren, da wir bald wieder hinaus auf die hohe See mußten. Jetzt nahmen wir also die Direktion nach der Küste hin u. fuhren bis auf 7 Klafter heran. Das Senkblei ist ein bleiernes Gewicht von länglicher Gestalt wie ein Keil. Es wiegt circa 15 Pfund u. ist mit dem schmaleren Ende an einer langen Schnur befestigt, an welcher die Klafter durch deutliche große Knoten angegeben sind. Nun ließ sich der Kapitain am Hintertheil des Schiffes außerhalb des Bordes auf einem hinausgehangenen Brettchen stehend, anbinden, faßte die Schnur über dem Gewicht ungefär einen Klafter lang, schwang dieses schwere Gewicht dann einige Male im Kreise herum u. ließ es dann nach vorne hin fahren, so daß es fast bis an den Schiffsschnabel fuhr, ehe es ins Wasser ging. Da das Schiff schnell fuhr, so befand sich das Gewicht, indem es den Grund erreichte, senkrecht unter dem Werfenden, der nun bemerken mußte, bis zu welchem Knoten das Seil oder die Schnur hinabgefahren war u. danach die Tiefe des Wassers beurtheilen konnte. Wir bewunderten Alle die Stärke u. Gewandtheit unsres Capitains, mit welcher er das schwere Gewicht warf u. handhabte. Er ließ das Blei mal auf, mal ins Wasser schießen, bis der Grund des Wassers sich bedeutend hob u. wir die Tiefe von 7 Klaftern hatten. Hier wurden die Räder gehemmt u. der große Anker ausgeworfen. Wir dankten Alle Gott, daß das Schaukeln aufhörte u.

wir etwas Ruhe bekamen. Das erste, was ich that, war, daß ich mich etwas säuberte u. ordentlich machte u. mir dann die Meinigen besah, ob an ihnen auch noch Alles ganz u. unverrückt sei. Wir gingen zusammen aufs Verdeck, um den schönen Abend zu genießen u. uns Gotland aus der Nähe zu besehen, denn wir waren bis auf tausend Schritt herangefahren, so daß wir deutlich die Fischer am Strande sehen konnten.

Da bemerkte ich, daß Boote ausgesetzt wurden u. der Kapitain sich anschickte, mit Passagieren ans Land zu gehen. In mir erwachte eine ungeheure Sehnsucht nach dem Lande, ich sprang in einen der Kähne, u. es dauerte nicht lange, so fußten wir am Strande, der mir sehr wohl gefiel. Unten am Sande lagen einige Fischerhütten, dann stieg ein felsiger Klint in die Höhe, u. oben darauf war Tannenwald.

Wie anders u. wie viel lieblicher war hier die Luft als auf der See. Die ganze Atmosphäre war angefüllt mit dem Geruche würziger Waldkräuter, u. die Luft war warm u. lieblich. Der herrliche Geruch des Landes im Sommer wird einem erst dann recht auffallend, wenn man von der See kommt, wo man von allen diesen Gerüchen entwöhnt ist. Ich erstieg den Klint und wälzte mich eine Weile im warmen Heidekraut. Die Aussicht war sehr schön auf den in mancherlei Krümmung sich hinziehenden Strand der Insel u. auf unser Schiff, das einer Fregatte ähnlich vor mir im Meer lag.

Unsre Gesellschaft hatte sich an Land zerstreut, u. ich sah den Kapitain mit einem Fischer als Führer, 3 Matrosen u. ohngefähr 6 Passagieren wald einwärts gehen. Ich lief ihnen nach u. erfuhr, daß sie auf ein benachbartes Gut gehen wollten, um Schafe einzukaufen. Unser Weg führte immer durch Wald, der sich bis weilen nach der See zu öffnete u. die herrlichsten Aussichten gewährte. Wir gingen über Hügel u. kleine Thäler u. kamen nach einer kleinen Stunde an die Gutsgebäude, die hart an den Wald stießen u. hinter sich landeinwärts ihre Felder liegen hatten. Der Hof war 4 eckig, geräumig u. ganz grühn bewachsen mit gepflegtem Rasen. Die fordere Seite, die das Entrée bildete u. nach dem Meere zu stand, das man durch einen Durchhau im Walde tief unten liegen sah, war mit einem niedrigen Staket eingefaßt. Die beiden Seiten rechts u. links bestanden aus sehr reinlichen, wohlgebauten Wirthschafftsgebäuden u. waren mit viereckig beschnittenen Linden bepflanzt, die also eine breite Allée nach dem Wohngebäude bildeten. Das Wohngebäude, welches den Hof schloß und zu beiden Seiten Stakethüren hatte, welche den dahinter liegenden freundlichen blumen Gemüsgarten durchblicken ließen, war einfach u. massiv gebaut, u.

machte einen alterthümlichen etwas Schloßartigen Eindruck. Ueber der Thür befand sich ein großes, altes steinernes Wappen. Die Abendsonne beleuchtete diesen freundlichen, friedlichen, reinlichen Hof, der nicht wie die deutschen Höfe durch einen großen Misthaufen verunreinigt war u. mehr Aenlichkeit mit einem Klosterhof als mit einem deutschen Wirthschafftshofe hatte.

Der Hausherr kam uns entgegen u. hieß uns freundlich eintreten. Er war ein untersetzter Mann in einem langen gelbgrauen Ueberrock. Er hieß Schneider. Sein Vater war aus Halle gebürtig u. hatte sich hier angekauft. Der Sohn verstand noch etwas deutsch, so daß ich mit ihm reden konnte u. er freute sich, da ich ihm sagte, daß ich in Halle bekannt sei. Dieser Mann war unverheirathet u. lebte mit ein Paar alten Schwestern, die ein sehr gutes, frommes Ansehen hatten u. das Haus in seltener Reinlichkeit erhielten. Ich hatte schon auf dem Gange meine Uebelkeit verloren, da ich aber ins Haus und Zimmer kam, war mir's, als schwanke der Fußboden u. ich fragte Herrn Schneider in Allem Ernst, ob vielleicht seine Dielen hohl lägen u. schwankten. Wir waren Alle sehr verhungert, weil wir der Seekrankheit wegen den ganzen Tag nichts zu uns genommen hatten, u. die beiden freundlichen, reinlichen Schwestern schickten sich an, uns eigenhändigst ein Mal zu bereiten. Das Zimmer war geräumig u. mit reinlichen altfränkischen Möbeln schmucklos besetzt. An den Wänden liefen Bänke hin. Auch bemerkte ich an dem einen Theil der Fensterwand 34 Meerschaumpfeifen von allen Größen mit spiegelnden silbernen Beschlägen künstlich aufgereit u. aufgehangen. Darunter stand ein Tisch mit Tobacksdosen, Feuerzeug u. Pfeifenräumern. Dieses brachte mir einen guten Begriff von Herrn Schneider bei u. ich lernte u. erkannte daraus, daß er nicht allein einen guten Geschmack hatte, sondern auch ein geruhiges, glückliches u. gemüthliches Leben führen mochte. Er zeigte zum Fenster hinaus auf die See, die man mit dem Walde u. der übrigen Gegend über den niedrigen Zaun hinaus bequem sehen konnte – da unten, sagte er, liegen meine Bööte, die bringen mir eben so viel ein als meine Felder, u. ich habe wenig Mühe damit u. viel Freude daran. Die einzigen Bücher, die ich bemerkte, waren die Bibel u. ein Paar schwedische Predigt Bücher, die ein höchst ortodoxes Ansehen hatten.

Während dem hatten die Schwestern das Essen herangeschleppt, auch Branndtwein, Meth u. Wasser u. saure Milch in großen Kummen. Wir aßen mit vieler Lust. Ich hätte gern meiner Frau ein Volksbrodt mit gebracht, welches hier nach ehstnischer Art od. nach Art des Pumpernickel gegessen wurde u. ganz besonders erquickend bei Krankheiten ist – auch hätte ich gerne der Merkwürdigkeiten halber ächten Schwedischen Knackabrö gehabt. Ich stellte mich daher vor die Schwestern hin, die blos Schwedisch sprachen u. sagte Knackabrö, Knackabrö, Knackabrö, indem ich mit bittender Gebärde auf meine Taschen wieß. Die eine winkte mir u. führte mich in eine Kammer, deren Wände mit Regalen ganz bebaut waren – welche voll von Volksbröten aller Größen lagen, woraus ich auf den ungeheuren Heißhunger der Schweden schloß, u. der Knackabrö hing in Scheiben an Nägeln. Die Dame gab mir zu verstehen, daß ich ungestraft hier meine Finger ausstrecken dürfe. Ich nahm ein Brötchen u. eine Scheibe Knackabrö, bedankte mich mit einem Handkuß u. ging sehr froh über meinen Schatz wieder zur Gesellschaft, die sich sämmtlich über mein großes Knackabrö verwunderte. Der Kapitain bezahlte für unsre Malzeit einen Ducaten u. wollte uns nichts zurücknehmen. Wir nahmen Abschied. Die Matrosen, die den Garten tüchtig geplündert hatten, der mit Himbeeren, Johannis u. Stachelbeeren prunkte, luden die Schaafe auf den Rücken, u. so schieden wir von diesem allerliebsten Gütchen, an das ich immer noch gerne zurückdenke u. das mir als ein Ideal ländlicher Einsamkeit erschien. Ich wäre gern dageblieben mit Weib u. Kind u. die Lage des Herrn Schneider erschien mir damals höchst beneidenswerth. Doch wird er auch sein Kreutz gehabt haben u. wäre vielleicht gerne mit uns übers Meer gefahren, um Gothland nieh wieder zu sehen – doch nein, seine vielen Pfeifen, alle in so guter Ordnung, die zeigten, daß es ihm gemüthlich war in seinem Nest.

Auf dem Rückwege nach dem Schiffe hielt ich mich mit einem Herrn zusammen, dessen Nahmen u. Stand ich nicht erfahren habe, er war aber sehr wissenschaftlich gebildet u. hatte einen hellen Verstand, auch schien er wohlhabend zu sein, denn er trug sehr feine Kleider, reich gestickte Persische Stiefel u. rauchte einen mangnificen Meerschaum. Wir blieben, in genußreichen Gesprächen vertieft, etwas zurück u. verloren so endlich die Gesellschafft u. mit ihr den Weeg. Es war Nacht geworden u. der Mond von Wolken verborgen. Da der Wind sich gelegt hatte, so mußten wir fürchten, daß das Schiff abgehen würde, so bald der Kapitain an Bord war. Wir konnten zwar im Allgemeinen die Richtung nicht verfehlen, allein da wir ohne Weg durch dick u. dünn mußten, so war es leicht möglich, daß wir zu spät kamen, auch konnten wir, da wir das Meer u. die Ausladungen des Strandes nicht sahen, leicht große Umwege machen, in dem wir uns aus Aengstlichkeit so viel als möglich nach der Seeseite hielten. Wäre ich allein gewesen, so wäre mir am Ende dieses Abendtheuer gleichgültig geworden. So aber dachte ich mit unbeschreiblicher Besorgniß an die Meinigen. Wir liefen wie die Postpferde, rizten uns an Dornen u. unsre dünnen Morgenstiefel ließen uns alle Unebenheiten des Bodens durchfühlen, als wären wir in Strümpfen gewesen. Endlich erreichten wir eine Höhe, der Mond blickte durch die zerstreuten Wolken, u. wir sahen zu unsrer großen Freude in einiger Entfernung den Georg ruhig im Gewässer liegen. Nun rannten wir, was wir konnten, u. holten einen Matrosen ein, welcher durch den schwehren Schöps, den er auf dem Rücken trug, auch genöthigt gewesen war zurückzubleiben. Dieß war uns unbeschreiblich tröstlich, denn wenn der Kapitain uns auch im Stiche gelassen hätte, da er unsre Fracht schon in Händen hatte, so hätte er doch ganz gewiß auf seinen Schöps gewartet, den er mit schwehrem Gelde hatte bezahlen müssen. Wir hatten nun den Strand erreicht. Der Kapitain war schon nach dem Schiffe abgegangen, aber das andre Boot lag noch da u. füllte sich eben mit den übrigen Passagieren.

Ich kam neben einem Mann zu sitzen, der mit in unsrer Kajüte wohnte u. der mir früher schon sehr aufgefallen war. Er war von mittlerer Größe u. ungeheuer ramassiert gebaut. Er trug einen Scharlach rothen Mantel u. eine Soldatische Mütze, war ein Rechtsgelehrter u. wurde Herr Doctor genannt. Auf dem Schiffe saß er fast beständig auf einer Bank vor seiner Koje u. kam höchst selten aufs Verdeck. Da unten aber war er in beständigem Schwatzen u. erzählen begriffen u. bildete eine feste Grundlage für die Unterhaltung, wenn jemand zu sprechen begehrte. Er lachte u. lächelte nieh u. veränderte seine Stellung nur nothgedrungen. Dieser Mensch verwickelte mich nun auch in eine kleine Beichte u. da er hörte, daß ich aus Dresden sei u. meinen Nahmen erfuhr, schien er sich aufrichtig zu freuen, denn er war auch ein Dresdner, hieß Schirmer (ein Sohn des acteurs gleichen Nahmens) u. kannte mehrere meiner Freunde in Petersburg, durch die er mit mir vorläufig schon bekannt war. Von nun an hing er mir sehr an u. ich verdanke ihm manchen kleinen Dienst auf dem Schiffe. Es war mir der Meinigen wegen sehr beruhigend, Jemanden in der Kajüte zu wissen, der Theil an uns nahm, weil ich mich ständig auf dem Deck aufhielt, da ich die Kajütenluft fast wie den Tod fürchtete.

Auf dem Schiffe wieder angekommen, gab ich meiner Frau das Volksbrötchen, worüber sie sich freute. Bald hörten wir wieder das schauerliche Krächzen der Ankerwalze u. das Stöhnen der Matrosen,

46

das Schiff wurde flott u. Gothland verschwand sehr schnell in der dunklen Farbe der Nacht. Je weiter wir in die See hinauskamen, je höher hoben sich die Wellen u. das große Schiff fing wieder so an zu schwanken, daß man nur mit Mühe auf den Füßen stehen konnte. Ich ging mit Schirmer bis tief in die Nacht auf dem Verdeck auf u. nieder u. wir rannten bis weilen vom Schiff geworfen mit den Axeln aneinander, daß es uns braun u. blau vor den Augen wurde. Er erzählte mir viel aus seinem Leben. [...]

Wir hatten bis tief in die Nacht geschwatzt u. ich wickelte mich jetzt in meinen Mantel u. legte mich auf einer Schiffsmatratze unter dem Mittelmaste schlafen. Es war kalt u. eine unheimliche Nacht, die See brauste u. toste u. ich dankte Gott, als der Tag wieder anbrach, der neues Leben u. Wärme in den Körper bringt. Ich war an diesem Tag sehr krank u. elend, aber es ging der sämmtlichen Gesellschaft nicht besser, und im gemeinsamen Leiden liegt etwas tröstliches, wenigstens wird man doch von den Andern seines Leidens wegen nicht angefeindet, ausgelacht oder verabscheut, welches leicht vorkommt, wo man der einzige Leidende unter vielen Glücklichen ist. Meine Frau, meine Schwester u. Mienchen waren über alle Maaßen elend, aber Mutter hielt sich immer noch heldenmüthig, und ohne sie wäre die arme kleine Bertha ganz verlassen gewesen u. verabsäumt worden. Denn wenn man so recht seekrank ist, so ist es einem gleichgültig, die besten Freunde um sich sterben zu sehen, ja, ob Frau u. Kind, Mutter u. Schwester, Hab u. Gut u. man selber mit von den Wellen verschlungen würde od. nicht. Ohne die äußerste Noth thut keiner seinen Mund auf, etwas zu sprechen, doch hielt meine Frau es für gut, mir zu sagen, es wäre ihr völlig gleichgültig, ob sie jetzt ins Meer geworfen würde oder nicht u. mir schien dieß ganz in der Ordnung u. weise geredet zu sein. Große Liebe fühlten wir auch nicht gegen einander, u. jeder war froh, wenn er ruhig u. unangefochten von den Andern auf seiner Matratze liegen u. Nichts denken konnte.

Sämmtliche Schiffsgäste lagen an diesem Tage auf dem Deck herum wie die todten Katzen an den Zäunen, u. die Matrosen gingen mit dem großen Wedel herum u. reinigten die Dielen. Bertha, die noch an die Wiege gewöhnt war, blieb von der Krankheit unangefochten u. guter Dinge. Der Aufwärter in unsrer Kajütte, der James hieß u. deutsch sprach, war sehr gutwillig, freundlich u. hilfreich gegen uns u. machte es immer möglich, daß Bertha die ihr zu ihrer Nahrung nothwendige Milch erhalten konnte, obgleich die ganze übrige Gesellschafft sich sogar beim Kaffée u. Thée dieser Zuthaten entschlagen mußte, da die arme Kuh ebenso Seekrank war wie wir Alle. Ich dachte diesen Tag eigentlich Nichts, wenn ich aber was dachte, so war es Dank gegen Gott, daß meine Mutter, für die ich am Meisten gefürchtet hatte, sich doch noch so leidlich hielt und daß das Kind durch sie die nöthige Pflege hatte. Meine Mutter war, so viel ich weiß, die Einzige von allen Passagieren, die der Krankheit nicht unterlag. Denn sogar unser Doctor Schirmer, der sich den ersten Tag sehr gerühmt hatte mit seiner festen Constitution u. prahlend erzählte, er würde niehmals Seekrank, lag nun über Bord in seinem feuerrothen Mantel u. würgte nach Noten. Doch hielt er sich sonst dabei noch immer leidlich munter u. kam wenig von seiner Bank weg, wo er meine Mutter, die nun die einzige Sprechfähige in der Kajütte war, lebhaft unterhielt. Meine arme Mutter erlebte hier schreckliche Brechauftritte u. mußte doch aushalten, theils weil es oben zu windig für sie war, theils weil sie das Kind nicht allein lassen durfte, da die 3 andern Damen u. ich wie geschlachtet zu betrachten waren.

Unter andern befand sich in unsrer Kajütte ein französischer Sprachlehrer, der nach Frankreich zurück ging. Er unterlag der Seekrankheit völlig, aber sein Maulwerk blieb immer oben auf. Er schimpfte, fluchte u. schwuhr, u. weil er dabei in seinem Wandschränkchen lag u. unsichtbar war, so nahm sich dieser Lärm wunderlich aus – Dieu Dieu! brüllte er fürchterlich wie ein Ochse, u. braatz brach er sich aus seiner Koje heraus ohne alle Umstände in meiner armen Mutter Gegenwart u. nöthigte den Doctor Schirmer, dessen Bank grade unter dieser Koje stand, etwas weiter zu rücken.

Wir sahen im Westen den langen Strand der langweiligen Insel Oeland. Wahrscheinlich heißt sie Oeland, weil Oe der Laut des Ekels u. der Langeweile ist. Ich genoß an diesem Tage nichts als eine Tasse Thée, um etwas zum Brechen in den Magen zu kriegen. Denn das Bedürfniß zu Brechen wird bei ganz leerem Magen fürchterlich.

Der Abend wurde etwas freundlicher als der Tag gewesen war, u. die meinigen kamen aufs Deck, um frische Luft zu schöpfen. Wir schwankten auf u. nieder u. hatten große Mühe, uns auf den Beinen zu halten. Jetzt brach der Mond hervor, die Sterne funkelten, alle Wolken entflohen, der Wind legte sich etwas, u. es war nicht mehr so kalt als in den nördlichen Gewässern, aus denen wir kamen, u. ich entschloß mich, abermals auf dem Verdeck zu übernachten. Ich legte mich daher auf eine Matratze unter dem Mittelmast, wo das Schiff am wenigsten schaukelt, u. deckte mir eine andere Matratze über – schlief auch bald u. ruhig ein, indem ich meine Uebelkeit weniger fühlte als am Tage. Als ich ein Paar Stunden geschlafen hatte, wurden meine Träume sehr ängstlich, ich wandte mich rechts u. links, ward aber von wilden Phantasien immer ärger beunruhigt, ich ward von teuflischen Gestalten verfolgt, floh auf einem kleinen Boot, das in der Luft durch die Wolken flog, das Boot schwankte u. drohte umzuschlagen, mir ward entsetzlich schwindlicht u. hinter mir hörte ich das laute Pfeifen der Hölle. Endlich riß ich die Augen auf, war aber so gränzenlos schwindlich, daß ich nicht unterscheiden konnte, ob ich wachte oder schlief. Ich lag mit dem Kopf nach dem Steuer zu u. sah das Hintertheil des Schiffs sich hoch in die Luft heben, so daß der steuernde Matrose über den Mond zu stehen kam, den wir doch fast im Zenith hatten. Der Mond u. die Sterne flogen wild über den Himmel hin u. tauchten bald im Osten, bald im Westen unter den Horizont des Schiffs, ich hörte ein fürchterliches Brausen im Wasser u. ein gellendes Pfeifen u. Orgeln des Sturmwinds im Takelwerk, das Schiff knackte in seinen Fugen, aber das Hirnverwirrendste war der Mond, der rechts u. links hinter dem großen schwarzen Seegel, das ich vor mir hatte, hervorschoß u. bisweilen bis unter den Schiffsrand fuhr, als sei er von den Wellen verschlungen. Auch drehte er sich wohl im Kreise u. beschrieb am Himmel Zirkel u. Ovale. Plötzlich schüttete eine große Welle mit gewaltigem Brausen über das Vorderdeck – dieß brachte mich zur vollen Besinnung, ich sprang auf u. hielt mich an ein Seegeltau, denn allein zu stehen wäre unmöglich gewesen. Nun sah ich das Meer, welches in äußerster Wuth u. Bewegung war u. in ungeheuern Wellen, welche zwischen sich förmliche Thäler bildeten, daherstürmte. Mir grauste die Seele. Nun, da haben wir's, dachte ich – wenn die Sonne aufgeht, spielt die Fluth vielleicht mit unsern Leichen. Ich sah keinen Menschen außer dem Matrosen am Steuer, der bis weilen in einem kleinen Winkel von 45 Graden unter mir stand, bis weilen steil über mir. Er stand unbeweglich u. that keinen Laut – auch würde man seine Stimme nicht gehört haben. Er durfte das Steuer nicht verlassen. Ich konnte mich nicht bis zu ihm hinschleppen u. mir überhaupt nur von Tau zu Tau forthelfen. Es war mir unbegreiflich, daß der Kapitain u. die übrigen Matrosen nicht hervor kamen. Ich leugne nicht, daß ich in große Angst gerieth u. herzlich zu Gott um Rettung schrie. Alle meine Sünden traten mir in diesem Augenblicke vor's Gesicht – es war schrecklich, denn die Sünde schob sich vor's Gebet u. hinderte.

Nun endlich sah ich aus unsrer Vorder Kajüte den Steuermann schnell hervor kommen. Ehe er noch das Vorderende des Schiffs verlassen hatte, kriegte er noch einen tüchtigen Schub Wasser auf den Pelz u. kam durchnäßt bei mir vorbei. Er lachte mich an u. sagte mir einige englische Worte – darauf übernahm er das Steuer u. der Matrose lief u. trommelte seine Kameraden zusammen. Nun wurde ich ruhig, da doch Hilfe erschien u. etwas geschah. Die Matrosen, deren, so viel ich mich erinnere, 8-12 waren, stürzten hervor u. vertheilten sich an ihre Posten. Sie gingen u. liefen so sicher auf dem Schiff, als hätte es gestanden. Der Kapitain erschien u. gab seine Befehle, einige Seegel wurden eingerafft, andre gewendet, u. die großen Boote, die außerhalb hingen, wurden über die Brustwehr hereingehoben, welches mit unglaublicher Kraft u. Gewandtheit geschah, die umso mehr zu bewundern war, da der Fußboden, auf dem die Arbeiter standen, so unerhört schwankte, daß ich mit bestem Willen u. aller Anstrengung nicht stehen konnte, wenn ich mich nicht fest an die Taue klammerte.

Der Sturm wurde immer ärger u. alle Seegel eingerafft, es war auch hohe Zeit, denn später hätte es nicht mehr geschehen können. Halsbrechend sah es aus, die Matrosen an den Tauen u. Strickleitern hangen zu sehen, während die Masten bis weilen ihre Spitzen in die Wogen zu tauchen schienen u. die Matrosen oft weit über den Bord des Schiffes über der Tiefe des Meeres schwebten. Das Schiff schoß oft in solche Tiefen hinab, daß ich glaubte, nun muß es auf den Sand treffen – aber das Meer ist unbegreiflich tief. Wenn das Schiff in die Tiefe schoß, erblickte man die gegenüberliegende Welle wie einen Berg über sich, u. da der Fußboden des Schiffs bei solchem Hinunterschießen natürlich sehr schief zu stehen kam, so schien die Spitze der Welle oft im Zenith zu stehen, u. man glaubte sicher, drunter begraben zu werden. Wenn sie aber herankam, so hob sich das Schiff wieder in die Höhe, u. man sah den Bugspreet fast senkrecht über sich stehen. Der Sturm heulte gräßlich in den Tauen der Masten u. brachte bisweilen auf den verschiedenen hartgespannten Stricken förmliche Harmonien zustande, die sich aber immer wieder in ein wildes Pfeifen u. Geheul auflösten.

Für meine Person war ich nun ganz beruhigt, da ich den Kapitain so thätig sah u. auf seinem Gesicht keinen andern als seinen gewöhnlichen ruhigen, festen u. freundlichen Ausdruck lesen konnte. Aber der Gedanke an die Meinigen beunruhigte mich höchlich, ich hatte eine gewaltige Sehnsucht nach meiner armen Frau u. konnte mir gar nichts anderes denken, als daß die unten in ihrem Kasten wie Kraut u. Rüben durcheinandergeschüttelt werden müßten. Zu ihnen zu gelangen, war unmöglich, theils wegen des Schwankens des Schiffes, theils weil das Vorderdeck bis gegen den Mittelmast unter Wasser stand. Nach u. nach wurde es Tag, die Morgenröthe stand im Osten u. erhellte die schäumenden, durchsichtigen Wogengebirge – der Sturm erreichte seine größte Höhe.

Jetzt that sich die Falltüre der ersten Kajütte auf, der junge Jude wuchs eilig aus dem Loch hervor mit erschrockenem Gesicht u. kaum hatte er den Fußboden erreicht, als er auch der Länge nach hinschlug, darauf kroch er auf allen Vieren zu mir u. legte sich mit auf meine Matratze – doch kaum lag er, als das Schiff sich stark auf die Seite warf u. wir eilig sammt unsrer Matratze bis mitten aufs Deck hin schlitten fuhren, da wir früher des Windes wegen dicht unter der Brustwehr gelegen hatten – dieß war so komisch, daß wir trotz unsrer gräßlichen Uebelkeit lachen mußten. Das selbe Gesetz der Schwehre, das uns unserm schönen Asil entrückt hatte, führte uns sammt der Matratze auch augenblicklich wieder zurück. Nun stieg einer der Herren nach dem Andern aus dem Loche hervor u. ein Jeder mußte uns fußfällig seine Reverenz bezeigen, wobei manche so geschleudert wurden, daß sie ins Meer gefallen wären, hätte sie nicht die Brustwehr abgefangen. Wir kamen gar nicht aus dem Lachen, welches mit Würgübungen wechselte u. nicht Ausdruck der Freude oder irgend einer Art von Wohlgefallen war, sondern Folge des Eindrucks, den das Comische macht, welches immer seinen Einfluß auf mich u. viele Andere behielt, da doch sonst alle anderen Regungen der Seele wie todt geschlagen waren u. wir uns in einem Zustande fast gänzlicher Theilnahmslosigkeit befanden. Da an Stehen u. Gehen gar nicht zu denken war, so mußten sich sämmtliche Passagiere, die auf dem Deck erschienen, auf die Matratzen werfen, u. da es an Matratzen fehlte, so lagen immer 2 bis 3 auf Einer. Diese Matratzen, die eben so vielen beladenen Fähren glichen, setzten sich nun sämtlich in Bewegung, so bald das Schiff sich auf die Seite warf, was alle Augenblicke geschah, fuhren untereinander hin u. karambolierten mit einander, indem die Inhaber sich um die besten Plätze darauf herumbalgten. Mein Israelitischer Leidensgenosse vertrug sich aber vortrefflich mit mir. Wir suchten unsre Matratze zu halten, indem wir Taue umfaßten u. lachten auf Unkosten der Andern. Bei alle dem nahm meine Uebelkeit so überhand, daß mein Körper in eine Art von Verzweiflung gerieth. Ich mußte einen Schnaps nehmen, so viel war mir klar, u. um diesen zu erlangen, mußte ich in die erste

Kajütte hinab, deren Öffnung vor mir lag. Wie ich die Treppe hinunter kam, weiß ich nicht, wahrscheinlich passierte ich sie auf dem Rücken. Die sehr verdorbene Luft unten brachte mich einer Ohnmacht nahe. Ich stürzte, vom Schiff geworfen, durch den ganzen Kasten hin bis ans Büffet, u. hier brachte ich endlich ein Glas Rhum in den Leib mit Hilfe des Aufwärters, nachdem wir 2 Gläser verschüttet hatten.

[Hier bricht das Manuskript ab]

Julie v. Kügelgen, Bleistiftzeichnung von Wilhelm v. Kügelgen, 1846

Julie v. Kügelgen und Tochter Bertha,
Aquarell von Sophie v. Stackelberg, 1829

Die Tochter Anna, Aquarell von
Wilhelm v. Kügelgen, 1855

Schloß Hermsdorf (heute Altersheim)

Hermsdorfer Schloßteich mit Rundturm

Hermsdorfer Tagebuch 1832

[Dienstag] den 20 Nov.

Mit dem heutigen Tage ward ich 30 Jahr alt. Freund Pöschel[15] war auf meine Einladung schon gestern Abend hier in Hermsdorf angelangt, um Heute bei mir zu sein. Nach dem wir an dem von meiner guten Frau niedl. aufgeputzten u. mit kl. Geschenken besetzten Geburtstagstische gefrühstückt, zogen wir beiden Männer mit Flinten in den Wald des Grühnberger Reviers u. freuten uns des herrl. sonn. Tages. Pöschel war sehr vergnügt, obgl. wir nichts erlegten, denn es war seine erste Jagd u. auch mich erquickte der Gang durch den herrlichen Wald besonders. Als wir um Mittag zurück kamen, fanden wir unerwartet meine gute Mutter u. Adelhaid, die am heutigen Tage nicht fehlen wollten, u. brachten eine fröhliche Malzeit in Gesellschaft von Dora miteinander zu. Als Mutter um 6 Uhr Abends wieder weggefahren, erschien Rudolph in Blühers[16] Begleitung zur Zeichenstunde, auch Heinitz[17] u. Pötschke stellten sich ein, mich zu besuchen u. während Rudolph zeichnete, verschwatzten wir ein angenehmes Stündchen. Es geht jezt darum, daß England u. Frankreich durch bewaffnete Intervention Holland zur Annahme der von der Londoner Converenz verfaßten Vorschläge od. Beschlüsse zwingen wollen, u. da sich Preußen u. Rußland gegen alle Zwangsmittel erklähren, ist ein Krieg[18] zu befürchten – diese Gegenstände, die jezt alle Welt interessieren, belebten auch unser Gespräch. Von Ibrahim Pascha[19] glaube ich, daß er zu größeren Dingen bestimmt ist, als Sirien wegzunehmen u. man wird sehen, welchen Krieg er entzünden wird. – Vor 8 Uhr entfernten sich alle lieben Gäste bis auf Pöschel, in dessen Gesellschafft Julie u. ich den übrigen Theil des Abends unter angenehmen Gesprächen hinbrachten.

[Mittwoch] 21 Nov.

Heute Morgen um 8 Uhr verließ uns Pöschel bei heftigem Sturm. Ich mochte nicht anfangen, ordentl. in Oel zu arbeiten, da wir Morgen schon in die Stadt fahren wollten, um ein Paar Tage daselbst zu bleiben. Daher arbeitete ich etwas an einer Sepia Skitze, darstellend die Nacht, die ihren dunkeln Mantel ausbreitet, in dessen Falten die Träume in verschiedenen Gestaltungen sitzen. Um 10 Uhr verlockte mich

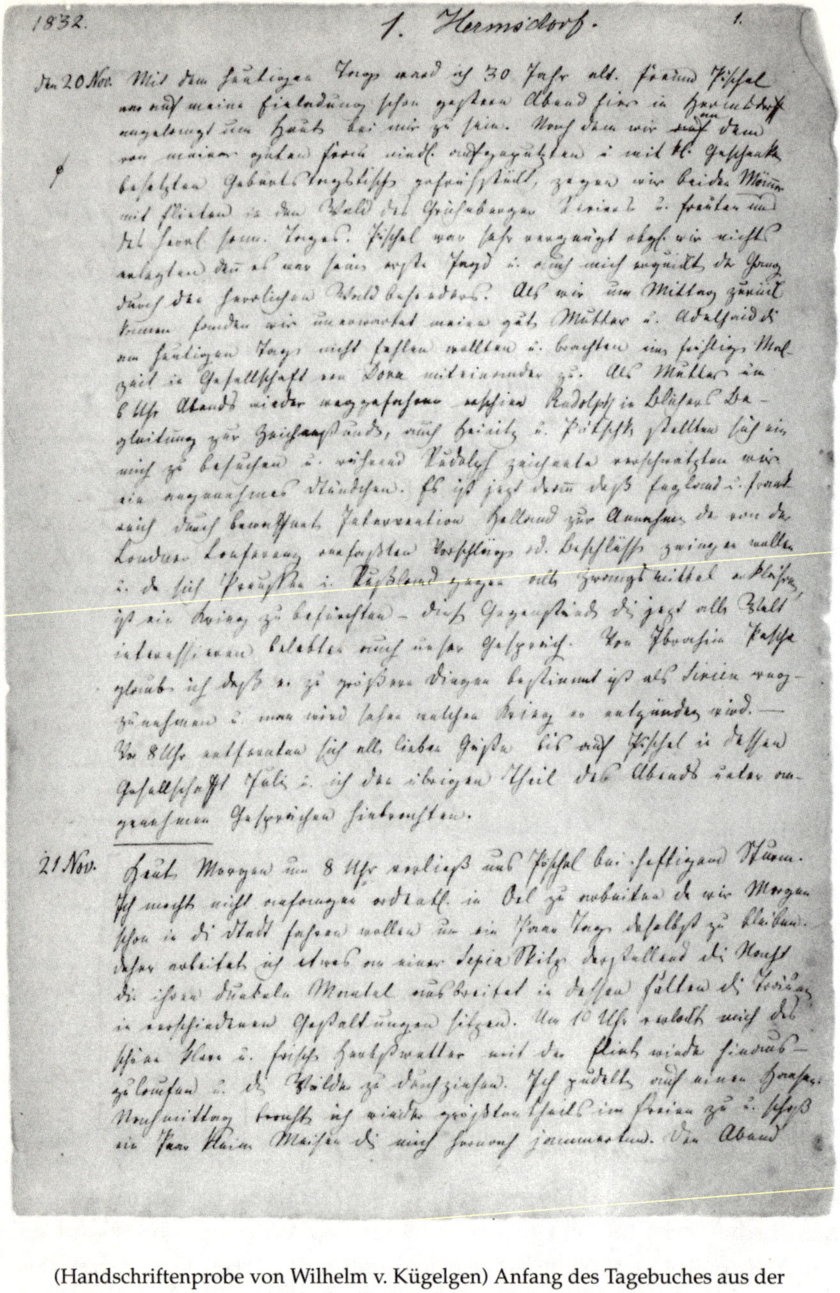
1832. 1. Hermsdorf. 1.

Den 20 Nov. Mit dem heutigen Tage ward ich 30 Jahr alt.

(Handschriftenprobe von Wilhelm v. Kügelgen) Anfang des Tagebuches aus der Hermsdorfer Zeit am 20. November 1832

_32.

21-Nov.

22- Nov.

Fortsetzung: Hermsdorfer Tagebuch vom 21. u. 22. November 1832 (2. Seite)

das schöne, klare u. frische Herbstwetter mit der Flinte wieder hinaus-
zulaufen u. die Wälder zu durchziehen. Ich pudelte auf einen Haasen.
Nachmittag brachte ich wieder größten theils im freien zu u. schoß ein
Paar kleine Meisen, die mich hernach jammerten. Den Abend saß ich
zeichnend mit meiner Julie zusammen, die mir aus Martha vorlaß, ein
Buch, von dem ich glaube, wie Viele es mit Nutzen lesen mögen, das
mich aber nicht besonders anzieht. Roller machte eine Stoßvisite von
2 Sekunden u. war blos gekommen, mir anzuzeigen, daß er Lust habe,
einmal wenn die Gelegenheit sich gebe, ein Schach mit mir zu ziehen.
Bertha, $4\frac{3}{4}$ Jahre alt, hatte mich Heute früh gefragt, wer mich getauft,
worauf ich antwortete: Pastor Hammelmann in Ptbrg. Dann fragte sie,
wer sie selbst getauft? Antw. Past. Hörschelmann in Ehstland – nun
frug sie auch die Mutter, von wem diese getauft sei, u. erhielt zur Antwort von Spies. Heute Abend nun fing sie plötzlich mit lauter Stimme
an zu singen: Hörschelmann Hammelmann Spies! Hörschel. Ham-
melm. Spies u.s.f. – Nach dem Abendessen erzählte ich Bertha allerlei
von Seiltänzern u. Teater, Dinge, von denen sie noch gar keinen Begriff
hatte u. freute mich an ihrer Aufmerksamkeit u. an der Spannung, die
sich in ihrem ganzen Gesichte aussprach, welches mich sehr an meine
eignen ersten Jugendgefühle über diese Dinge erinnerte; denn der
bloße Gedanke an die Bühne versetzte mich in eine Spannung wie
nichts Anderes.

[Donnerstag] 22ter Nov.

Ich schoß Heute Morgen auf der Jagd, die mich jezt besonders anzieht,
3 Mal vergebens auf Rebhühner. Es waren die ersten Hühner, die mir
in meinem Leben zu Schuß kamen. Heinitzens schickten uns ein Keul-
chen von einem Reh, das der alte Brandenstein in Roschütz selbst
geschossen hat. Bald nach Tische erschien der Wagen, der uns nach
Dresden bringen sollte, wo wir um 4 Uhr anlangten, Mutter aber
leider nicht so wohl antrafen, als wir gehofft hatten. Anna u. Bertha begrüßten Mutter u. Adelhaid, Mienchen u. ganz besonders Emilie mit
großem Jubel. Ich ging bald zu Berthold[20], bei dem ich den Abend zubrachte, u. zwar sehr vergnügt. Es waren Pöschel, Zimmermann[21]
u. der Leipziger Kunsthändler Börner[22] da, der von der Kupferstich
Auction des Grafen Einsiedel (Reibersdorf) kam, wo die herrlichsten
Sachen sehr wohlfeil weggegangen sind. Wir sprachen von dem einsei-
tigen Urtheile der Kunstkenner, bei welcher Gelegenheit Börner erzählte, Rumohr[23] hätte gestern in einer Gesellschaft von Richter gesagt,

er wäre ein vertrockneter Italiener. Richter ist der beste Landschaftsmaler, den wir in Sachsen haben u. Rumohr der beste Kenner. Börner hatte ausgezeichnete Lust, mir meinen kleinen Rembrandt gegen Kupferstiche zu vertauschen, wie zum B. gegen die Volpatoschen Stanzen[24], was ich gern thun würde. Heute ist die Nachricht hier eingetroffen, daß die Franzosen in Belgien eingerückt sind.

Bertha ist heute Abend auf die Erde gebettet worden neben Adelhaid u. hatte dabei nur die Besorgniß, daß die Tante in der Nacht auf sie fallen möchte. [...]

Sonnabend, 24 Nov.

Heute Morgen punkt 8 begaben wir uns sämmtlich in die Sacristei der Neustädter Kirche, wo wir in Gesellschaft des Ministers Lindenau das h. Abendmal empfingen, auch war noch ein unbekannter junger Mann mit seiner Frau zugegen. Was Schmalz[25] geredet hat, weiß ich nicht, da ich nicht Achtung gab, sondern für mich betete, es ist aber gewiß, daß eine unevangelische Rede schlimmer ist als gar keine, weil sie nur die Selbstbetrachtung stört, ohne für sich zu fesseln. Als wir aus der Kirche zurück waren, wünschten wir Mutter noch einmal Glück zu ihrem Geburtstage u. lasen einen sich auf das h. Abendmal beziehenden Aufsatz aus Kempis[26]. Ich hatte dießmal gar keine Lust zum h. Abendmal, es hat mich aber wie immer erwärmt u. zum Glauben erweckt.

Sonntag, 25. Nov.

Wir lasen heute Morgen mit Mutter in dem neu erschienenen Reich Gottes von Burg eine Abhandlung über die Parabel von den 10 Jungfrauen, die mir allen Respekt vor dem Pfarrer Burg einflößt u. mich tief in das Verderben meiner Seele einführte. Nur das tägl. Gebet kann uns das Oel in der Lampe erhalten – hier fehlt es sehr – Gott belebe doch den Geist des Gebetes. Es war psychologisch merkwürdig, daß Adelhaid trotz ihrem besten Willen von immer wiederkehrendem Lachen verhindert wurde, eine so ernste Predigt zu lesen. Ich wollte ihr das Amt abnehmen, aber auch ich mußte 3-4 Mal absetzen, weil mich das Lachen plagte. Endlich gelang es mir aber doch, u. als wir Alle ernster geworden durch den Inhalt der Lectüre, gab ich Adelh. das Buch zurück, die nun auch lesen konnte, u. ich zeichnete dabei. Ich kann viel besser den Gedanken eines Andern folgen, wenn ich dabei leicht beschäfftigt bin, soll ich aber so da sitzen u. blos hören, so ist es mir fast unmöglich, aufmerksam zu bleiben, u. meine Gedanken schweifen

ab. [...] Gleich nach dem Essen kam Jänichen mit seinem großen Planwagen, uns abzuholen. Es war mir rührend, Abschied von Mutter zu
nehmen, die sich bei diesem Besuche so besonders zärtlich gegen uns
gezeigt hatte. In Ermanglung einer Mütze band ich mir ein Tuch um
den Kopf, da ich meinen Hut in Dresden lassen wollte. Im Wagen
saßen wir trotz aller Verpackung kalt u. unbequem, besonders ich, da
sich 2 Riemen von meinem Hängesitze loslösten u. ich also balancieren
mußte, um nicht samt meinem Sitze umzuklappen, welches mir um so
schwehrer ward, da Bertha mir schlafend wie ein todter Klumpen auf
dem Schooße lag. Indessen fuhren wir schnell u. langten bald in unsrer
heimischen Behausung in Hermsdorf an, wo ich, nachdem wir Kaffée
getrunken u. die gute Dora uns freundlichst begrüßt hatte, es mein erstes Geschäft sein ließ, an Bädeker[27] zu schreiben, der mir auf meinen
schon vor 8 Wochen an ihn abgegangenen, die Parabelbilder[28] betref-
fenden Brief noch immer nicht geantwortet hatte. Auch frug ich wegen
Fortgangs der Bibelbilder an u. schrieb ihm, er sollte nicht glauben,
mich zu kränken, wenn er die Sache beim zweiten Heft schon aufgeben wollte, obgl. mir dieß leid thun würde.

Mittwoch, 28ter Nov.
Heute vollendete ich die Uebermalung der kleinen Madonna. Die graue
Untermalung thut wohl u. das Ganze ist dadurch sehr in Haltung gekommen. Haare mit Beinschwarz, gebrannter grauer Erde u. Weiß,
Mantel Lasur von Karminlack u. Kobaltblau, in die Lichter mit Neapelgelb. Grund Elfenbeinschwarz, Kobaltblau u. Ocker. [...] Als ich den
Abend von der Jagd kam, fand ich ein Päckchen von Freund Richter in
Meissen. Er schickt mir seine radierten Blätter von Salzburg u. Italien,
die mir ungemein gefallen, u. schreibt dabei sehr freundlich. Ich beant-
wortete seinen Brief u. lud ihn ein, um die Osterzeit kommenden Jahres uns zu besuchen. Heinitz besuchte mich seit langer Zeit wieder, u.
wir verschwatzten ein angenehmes Stündchen. Die Russen[29] sollen
sich in Pohlen u. an der Moldau zusammenziehen. Auf den König[30]
von Frankreich ist geschossen worden auf offener Straße, als er nach
der Deputiertenkammer ging. – Vermuthung, daß dieß auf sein eige-
nes Anstiften geschehen sei. Gestern Abend bemerkte ich außerhalb
meines Fensters im Winkel einen schlafenden Sperling, der von der
Stubenwärme profitieren wollte u. sich dicht an das Fenster ange-
quetscht hatte. Er hatte sich wegen der Kälte dick aufgepuft u. sah fast
so groß u. korpulent wie eine Wachtel aus. Heute sitzt der kleine Alt-

vater wieder da zu nicht geringer Freude für mich u. meine Frau.
Könnten wir ihm nur eine Ehre erzeigen. Bertha ward heute abend
von Georg[31] besucht, da saßen sie beide zusammen unter dem Klavier
u. spielten sehr allerliebst miteinander, sie hatten beide kranke Kinder
auf dem Schoos, die sich immer brechen mußten.

Freitag, 30ter Nov.

Bertha war Heute Morgen sehr übel, daher ließen wir Kuntsch kommen, der ihr ein Brechmittel gab. Sie brach viel Galle u. befindet sich
jezt am Abend schon wieder ganz wohl. Ich fing Heute Morgen meine
Kopie an. Ich will das Bildchen wo möglich ganz prima [ohne Unter-
malung] malen. Am Abend schrieb ich ausführlich an Timo, u. mein
Brief hatte den Zweck, die wunderliche Spannung zu heben, die zwischen uns obwaltet – ich schrieb so freundlich u. liebevoll als immer
möglich u. Gott möge diese Zeilen segnen. Gestern Abend fing ich Julius u. Evagoras von Fries[32] an zu lesen – wie abentheuerlich u. unreif
einem Christen doch diese Moralisten erscheinen – indessen ist Fries
ein Mann, der Sinn für das Schöne, für Wahrheit u. Gerechtigkeit in
hohem Maaße in sich vereint, u. man muß doch den Verfasser des läp-
pischen Buches ein wenig lieben. Heute Abend denke ich fortzufahren.
Das Wetter ist wieder gelinde geworden, wir hatten Heute Regen u.
Schnee untereinander, u. ich mochte nur kurz spatzieren gehen.

Sonnabend, 1 Decembr.

[...] Am Abend las ich im Fries, er greift das Christenthum tüchtig an
u. meint ohne Zweifel wie Alle seines Gleichen, es umgerissen zu haben – ich merke aber nicht, daß mein Glauben gelitten hätte, u. diese
Anstrengungen erscheinen mir nur lächerlich u. kindisch. Ich hoffe,
Gott wird sich über das arme Männchen erbarmen. Der dicke Sperling
stellt sich Abend für Abend ein in seiner Fensterecke. Ich erhielt Heute
3 Pfund Zacharias Toback aus Dresden. Gott schenke eine gute Nacht
für unser armes, krankes Kindchen.

Montag, 3ter Dec.

Bertha verbrachte die Nacht sehr ruhig u. wir fühlten uns sämtlich erquickt durch den Schlaf. [...] Anna stieg auf Berthas Stühlchen, legte
sich gegen die Lehne u. fiel mit dem Stuhl um, grade auf die Nase, daß
gleich das Blut herausschoß – indessen hat Gott vor Schaden behütet.
Heute teilte Anna zum ersten Male einen Traum mit. [...] Es langte ein

langer Brief von Constantin[33] aus Rom an, der mir außerordentliche Freude machte. [...]

Donnerstag, d. 6. Dec.

In der Nacht war Bertha sehr unruhig u. weinte viel. [...] Nach der Arbeit entschloß ich mich, so schwehr mir's wurde, einmal Rollern zu besuchen. Julchen hatte Lust mitzugehen. Roller freute sich über unsern Besuch, führte uns in sein Museum u. zeigte uns allerlei alten Trödel. Hernach sprachen wir über Fries, dessen Buch ich jezt lese. [...] Dann sprachen wir über verschiedene Arten, das Dasein Gottes zu beweisen u. da meinte Roller, er hätte einen ganz neuen Beweis gefunden u. der läge in dem Dasein der Sprache. Dieß ist gut u. tief gedacht u. keiner von den schwächsten Beweisen, obgleich ein ganz evidenter Beweis nicht gut denkbar ist. [...] Wenn der Alte immer so liebenswürdig wäre wie Heute Abend, so würde ich ihn recht oft besuchen. Zu Hause fand ich einen lang ersehnten Brief von Bädeker, worin er sich entscheidet, die Bilderchen zu den Parabeln ausführen zu lassen u. zu jedem Heft 8 Blatt bestellt. Dann noch einen Umriß zu einer v. Kampschen[34] Geschichte u. mir schreibt, ein andrer Buchhändler in Iserlohn wolle für sein Taschenbuch »Ließ mich« bei mir Kupfer arbeiten lassen u. ich sollte einen tüchtigen Preis fordern, denn wofür ich für ihn arbeite, brauche kein Anderer zu wissen. So sorgt mein treuer Gott für mich u. reiht an eine Arbeit die Andere an. Es erfüllt mich mit großer Freude, so viel Arbeit zu haben, Gott schenke nur die Kraft dazu. Möchte doch diese Nacht ruhig vergehen ohne Schreck u. Angst mit den Kindern!

Freit. 7 Dec.

Gott schenkte eine gute, ruhige Nacht u. beide Kinder befanden sich heute auffallend wohler als Gestern. Ich beendete das Bild der Mdme. Verbeck, welches nun auf seine Retusche wartet. Von 11-12 ging ich über Medingen nach Kunersdorf u. wieder zurück mit der Flinte, ohne etwas anzutreffen. Den Nachmittag begleitete ich meine Frau nach Grühnberg, blieb aber draußen auf dem Felde u. irrte mit der Flinte herum. [...] Nach 7 führte ich meine Frau wieder nach Hause u. der Mond leuchtete uns, von Wolken verschleiert, mit milchweißem Lichte.

Sonnabend, d. 8 Dec.

Ich machte Zezschwitzens[35] Portrait durch eine Retusche fertig, spannte Leinwand für die Rechenberg auf u. pauste das Gesicht. Spannte

Dora's Bild auf einen kleineren Rahmen u. machte noch eine Correktur an meiner Judith. [...] Am Abend schrieb ich noch an den Pastor Oesfeld, um ihm für das Sonett auf mein Bild zu danken. [...]

Montag, d. 24 Dec.

[...] Nach Tisch fingen wir sehr zeitig an, den Baum u. die Bescherung für die Kinder zurecht zu machen. Ich schliff mein kleines Beil u. behieb den starken Baum, bis er in den uns von Haase geliehenen Fuß paßte, keilte ihn ordentlich ein u. nagelte den Fuß dann an die Diele, so daß er wie angewachsen stand. Wir klebten mit großer Lust sehr viele Lichterchen auf u. hingen rothbackige u. gelbe Aepfelchen an u. freuten uns über den schönen Wuchs des Baumes so wie über seinen einfachen Schmuck; als plötzlich Pötschke erschien u. uns als Geschenk von Georg für Bertha einen ganzen Haufen Papiersternchen, Kreutzchen u. Trödel brachte, das wir an den armen Baum hängen sollten. Meine Betrübniß über diesen Vorfall war groß, auch konnten wir uns nicht entschließen, das lächerliche Zeug aufzuhängen, sondern legten es zu dem Spielzeug der Kinder auf ihre Tischchen. Für Bertha ward ein allerliebstes Schränkchen hingestellt, sehr niedlich von Trepte gearbeitet u. angefüllt mit einer reichen Puppengarderobe, von Julchen selbst gefertigt. Obendrauf saß eine reitzende Puppe ganz in Kinderproportion, auch von Julchens Händen gearbeitet. Anna hatte ein niedliches Tischchen, auch mit 2 Puppen von Julchen gearbeitet, mit Arche Noa u. anderen Kleinigkeiten. Nun fehlte noch ein Tischchen für Bertha, ihre übrigen Sachen drauf zu stellen u. es wurde zu diesem Zweck der Nachtstuhl hereingetragen u. mit einer großen Serviette wie ein Altar drappiert, so daß er sich reitzend ausnahm. Auch Lore [die Magd] bekam ein apartes Tischchen mit einem großen Stollen, 8 rth u. einer schönen Bibel. Als Alles fertig war, richteten Julie u. ich uns auch ein Tischchen ein u. legten mit vielem Lachen unsre bis dahin heimlich gehaltenen Geschenke darauf. Julchen schenkte mir einen köstlichen Tobaksbeutel, prächtigen Wachsstock u. ein eisernes Handleuchterchen. Ich ihr ein Kleid u. eine Wachsstockschere. Nun schickten wir nach Heinitzens, u. als sie da waren, zündete ich den Baum an, der sich herrlich ausnahm. [...]

Dienstag, 25 Dec.

[...] Julie ging zur Kirche u. ich blieb bei den Kindern u. schrieb an Mutter, las dann mit großer Freude in Bengel[36]. Unmittelbar nach

Tisch, als ich mich eben etwas in den Stuhl strecken u. schlummern wollte, besuchten mich Heinitz u. Pötschke, ich brachte die Unterhaltung auf Bengel, u. wir beschäftigten uns lange mit dem Buche, aus dem wir abwechselnd vorlasen. Wir sprachen vorzugsweise vom tausendjährigen Reich. Später erschien noch Roller. [...] Ich wollte nach dem Essen noch schreiben, Julie brachte die Kinder zur Ruhe u. hatte dabei tüchtig Zahnschmerzen, welche immer zunahmen, so daß ich ihr, nachdem die kleinen Katzen endlich schliefen, eine spanische Fliege hinter das Ohr setzte u. ihr eine Abführung gab. Sie legte sich darauf nieder, u. ich hatte keine Ruhe zum Schreiben, sondern setzte mich zu ihr u. las ihr aus Stillings Heimweh[37] vor, um sie zu zerstreuen. Zwischen durch hörten wir über den Vorsaal weg das Punschige Lachen der Mägde, welches einen unangenehmen Eindruck machte. Wir lasen bis 12, wo dann Julie mehr Ruhe bekam u. fester einschlief, schliefen aber beide nicht gut.

Mittwoch, d. 26ᵗᵉⁿ Dec. [Rollers Geburtstag]

Heute Morgen legte ich für Rollern die Geschenke zusammen u. versah sie mit Aufschriften u. begab mich dann damit beladen nach der Kirche. Es wurde daselbst stark posaunt. Nach der Kirche rückte unser ganzes Betstübchen bei Rollern ein, ihm heftig zu gratulieren, u. sämtliche Geschenke von Heinitzens u. von uns wurden so lange in seiner festlich mit Weimuthskiefergirlanden geschmückten Studirstube ausgebreitet. Wir zündeten die Pfeifen an u. zogen mit Rollern hierauf in sein Zimmer, dessen festlicher Anblick ihm sehr entzückend war. Nachdem Roller die Aufschriften unsrer Geschenke sehr belacht hatte, gab er sich an das Oeffnen der Zigarrenkiste, welche ihn als Raucher u. als echt amerikanisches Produkt besonders interessierte. Er bewunderte das Holz u. alles Um u. Dran u. ganz besonders aber, als der Deckel sich endlich hob, die Fülle der Zigarren. Nach einer sehr fettigen Malzeit gingen wir sogleich wieder in die Kirche, sangen u. hörten die Predigt, hielten uns auch durch starkes Schnupfen munter. Nach der Predigt füllten sämtliche Schulkinder den Chor u. sangen eine Arie aus der Tunkschen Weihnachtsmusik »Hirten aus den goldnen Zeiten«, welches mich trotz der Unvollkommenheit der Ausführung u. des Unsinns, daß alle zusammen eine Arie sangen, doch zu Thränen rührte. [...]

Donnerst. 27ten Dec.

Ich schrieb heute den ganzen Vormittag u. Abend an Vaterchen [Schwiegervater Krummacher] unter Anderem über das h. Abendmal folgendes: Die Streitsucht der Gläubigen in Glaubenssachen muß dem lieben Gott sehr lächerlich sein, weil ja doch durch keine unsrer Meinungen etwas an dem wirklichen Stande der Dinge geändert wird. Wir thun auch genug, wenn wir das h. Abendmal nur genießen, wie es der Herr verordnet hat, so werden wir durch diesen Genuß nicht mehr u. nicht weniger erhalten als den Werth, den Gott der Sache wirklich beigelegt hat. Ist dieser Werth aber relativ, so ist's eben kein Sakrament u. verliert sehr an Wichtigkeit. Ich muß gestehen, daß ich darüber sehr ketzerische u. von meiner Kirche abweichende Gedanken habe, indem ich weder das h. Abendmal noch die Taufe für Sakramente halte, obgleich ich streng bei den Worten der Bibel bleibe, u. bin, seitdem mir dies eingefallen, erstaunlich ruhig. [...]

Nach Tische, als Bertha zu Bett gebracht war, hörten wir sie sehr weinen, auch rief sie nach der Mutter, u. als Julchen hineinging, sie zu fragen, was ihr fehle, sagte sie, ihr wäre so Angst, u. als Julchen ihr ein Glas Zuckerwasser brachte, sagte sie »Mutter, wenn du mir nur wenigstens das nicht erzählt hättest, daß der Satan immer herumschliche.« Sie wurde nun des Satans wegen beruhigt u. versicherte, als sie ihr Wasser getrunken, sie wäre nun sehr froh. [...]

Sonntag, 30 Dec.

Heute Morgen fing ich die Retouche der Verbeck an u. es scheint, daß nun die Aehnlichkeit erreicht ist. Julchen kam nach 10 Uhr zu mir herüber u. las mir aus Stillings Heimweh vor, welches Buch mich nun zum drittenmale lebhaft interessiert. Das Buch hat seine großen Schwächen, aber einen schönen romantischen Schwung u. ist ermuthigend u. stärkend zu aller Tugend.

Den Abend spielte ich ein Stündchen Domino mit Julie u. Bertha, dann wurden Zeitungen studiert. Chassé verteidigt sich ruhmvoll u. wie ein Held. Schon spielen die Brechbaterien unter seinen Mauern. Es wurden an einem Tag über 4.000 schwere Kugeln in die Cittadelle geworfen, auch hat man aus dem großen Mörser eine Tausendpfündige Bombe in die Festung geschleudert. Bis zum 18^t Dec. waren schon 4.000 Franzosen geblieben ohne Gefangene. Die Häuser in Antwerpen zittern vom Kanonendonner. Die Franzosen haben durch schlechtes Schießen schon 120 Häuser in der Stadt beschädigt u. viele Menschen getödtet.

Montag, 31 Dec.

[...] Dieß liebe verflossene Jahr war das ruhigste u. glücklichste unsrer Ehe. Ich erstand von einer Krankheit zum Tode, Gott hatte meine Industrie gesegnet, Bertha hatte eine Gehirnentzündung verwunden, Anna war von einer bösen Skrofelkrankheit genesen, u. wir hatten großen Frieden gehabt u. Wachsthum in der Liebe. O gebe Gott mehr solche Jahre, wie dieses war, u. lasse sie uns dankbar nehmen aus seiner Vaterhand. Er fördere uns in Frömmigkeit u. Tugend u. sei nahe bei uns mit seiner heiligen Gegenwart.

1833

Sonnabend, d. 19ten Jan.

Ich trieb mich Heute den ganzen Vormittag mit der Flinte herum, schoß auch ein Eichhörnchen u. einen Holzheher, welches mir hintennach leid that. Ich wollte mich Heute einmal recht auswittern. [... Besuch beim Pastor in Ottendorf] Wir sprachen über Gegenstände der Philosophie, in der der alte Pastor sehr unbewandert ist u. eben so wenig Begriff von der Sache hat als vom Christenthum. Indessen kamen wir so ohne Streit durch. [...]

Freitag, d. 25 Jan.

Heute Morgen nahm ich Julchens altes Portrait wieder vor u. zeichnete eine ganz neue Gestalt, welches mir sehr viel Mühe machte u. den Vormittag einnahm. [...]

Dienstag, 29 Jan.

Heute legte ich den Kragen u. Kleid an Juliens Bilde nach dem Gliedermann an. Ich glaubte gegen Abend, es sei gänzlich mißlungen u. war tief betrübt – doch zwang ich mich, an die Luft zu gehen, das Wetter war warm u. windig, die reine Luft that mir wohl, u. ich vergaß etwas meinen Kummer über das Bild. [...]

Mittwoch, 30 Jan.

Heute Morgen in aller Frühe war tiefer Schnee gefallen u. es schneite, als wir aufstanden, noch immer zu. Als ich mein Bild von Gestern wieder ansah, war es nicht so schlecht, als ich gestern meinte, oder der liebe Gott hatte es vielleicht über Nacht etwas zugestutzt. Ich arbeitete also getrost weiter u. stickte den Kragen mit vielem Fleiß.

Sonntag, 3ter Febr.

Heute Morgen 10 Uhr trat Herr Sieler, Lehrer an der Blochmannschen Anstalt, von dem mir schon Trautner erzählt hatte, in mein Haus u. besuchte mich, um mich kennen zu lernen. Er war ganz durchnäßt. Vorerst gab ich ihm trockne Strümpfe u. Schuhe. Dann sah ich ihn an. Einige Aehnlichkeit mit Sengbusch war mir lieb in seinem Gesicht. Er unterhielt sich viel u. lebhaft mit den Kindern. Wir sprachen über Kunst u. seine Ansichten gefielen mir. [...]

Sonntag, 10ter Febr.

[... Kirchgang] $\frac{1}{2}$ 3 kam Roller mit 12 Bauern u. baten mich, das Malzimmer zu öffnen, um sich mein großes Bild zu besehen. Ich schloß blos auf u. überließ dann Roller das Weitere, da mir Bauern, besonders so viel auf einmal, so sehr zuwider sind. [...]

Sonntag, 17 Febr.

Heute Morgen 9 Uhr erschienen bei mir der Maurer Großmann aus Lotzdorf mit seinem Schwiegersohn, dem Schulmeister daselbst. Der Schulmeister affectierte ein freies Benehmen u. Bildung, welches ihm beides abging, u. wurde dadurch etwas schwehr, doch söhnte mich sein gutes Gesicht immer wieder mit ihm aus. Ich führte sie in mein Malzimmer, wo der arme Schwiegersohn, um sich als Kenner zu zeigen, entsetzlich albernes Zeug sprach. Als er sich das Altarbild lange begafft hatte, frug er, wie man wohl ein solches Kupfer transportiere. [...]

Montag, 18 Febr.

Der Pastor Richter in Ottendorf hatte sich die Tage ermattet gefühlt u. Kuntsch, der es dickem Blut zuschrieb, hatte ihm Heute zur Ader gelassen. Kuntsch ist mit seinen Aderlässen erstaunlich bei der Hand, u. hier war die Sache gewiß sehr am unrechten Ort. Der arme Pastor Richter sah sehr angegriffen aus. [...]

Dienstag, 19ter Febr.

Heute Nachmittag um 3 Uhr gingen wir in Begleitung der Heinitzen, Pötschkens u. der beiden Kinder Georg u. Bertha nach Lausa. Roller kam uns bei seiner Insel entgegen u. führte uns fröhlich ins Haus. Hier saßen wir den Abend um seinen langen Tisch, aßen Pfannkuchen u. schwatzten. Ich erzählte von Maurermeister Richter in Görlitz, ein Oncle unsres Tischlers Trepte, der ihn Heute Morgen als einen hier durchreisenden Mann in mein Malzimmer brachte, damit er mein großes Bild sehen sollte. Ich wunderte mich über die Bildung dieses Mannes. Er kannte die alten rheinischen Kirchen ganz genau aus Kupfern u. schien keine unbedeutenden Architektonischen Kenntnisse zu haben. Es war ein dicker alter Mann mit grauen Haaren u. einem ziemlich bedeutenden Gesicht. [...] Meine arme Frau u. ich waren beide heute nicht wohl. Ich hatte mich gestern auf der Ottendorfer Parthie erkältet u. hatte tüchtigen Durchfall. Wir aßen also beide zum Abend nur etwas Suppe.

Donnerst. 21 Febr.

[... Annas Krankheit, Besuch des Arztes] Am Abend ging ich noch nach Grünberg, wo Rudolph eine umgestürzte Tasse sehr schlecht zeichnete. Ich stritt mit Blühern lebhaft über mehrfache theologische Gegenstände u. ging in stockdunkler Nacht nach Hause, u. es wurde mir unterwegs ein Paar Mal fast schaurig zu Muthe, so daß ich froh wurde, als ich in den Hermsdorfer Hof endlich einbiegen konnte. [...]

Sonntag, 24. Febr.

Ich las Heute Vormittag das Evangelium Mattäi durch u. zog in meinem dogmatischen Bibelauszug die nöthigsten Stellen aus. Am Abend las ich in diesem Sinn auch die Episteln an die Epheser u. Philipper. An die Römer wollte ich auch anfangen, mußte es aber wieder weglegen, weil ich über dieser Epistel immer ganz confus werde – ich finde so viel Unsinn darin u. bin über diesem Brief sehr oft irre geworden. Wir waren zum Thée bei Heinitzens. [...]

Dienstag, 26^t Febr.

Gestern schlug mir Roller vor, Hebräisch zu lernen, u. ich bekam eine so große Lust, daß ich mir auch gleich eine Grammatik ausbat u. heute angefangen habe. Das ungewöhnliche, gänzlich fremdartige dieser Sprache interessiert mich sehr. [...]

Montag, 4^t März

Heute früh fing ich an, Tod. u. Schlaf für die Parabeln auszuführen. [...] Am Nachmittag ging ich mit Julchen nach Grünberg, um mir von Blüher Gesenius hebräisches Lesebuch zu borgen. Wir fanden dort die Ottendorfschen u. blieben eine Stunde da. Sobald wir zurück waren, machte ich mich sogleich daran, die ersten Verse im 1. Buch Mose genau im hebräischen zu betrachten. Ich schlug jedes Wort nach u. freute mich, daß ich das Lexikon so gut zu gebrauchen verstand. Mir macht diese Sprache große Freude. [...]

Sonnabend, 9ter März
Heute Abend ließ sich der Tischler mit mehreren Bauern bei mir melden. Ich führte sie in mein Zimmer u. hörte sie an. Sie wollten in Betreff der beabsichtigten Gesangbuchs Deputation meinen Rath haben.[38] Ich sprach weitläufig mit ihnen über die Sache u. legte ihnen einige Punkte vor. [...]

Sonntag, 10 März
Heute Morgen fing ich an, den 8^t Psalm im hebr. zu lesen u. die wenigen Worte, die ich übersetzte, machten einen tiefen Eindruck auf mich. Wie schön ist schon das Jehova adonai, es liegt in den Worten ein hoher Reitz. Um 11 Uhr kam Heidler[39]. [...] Später kamen auch noch Roller u. Blühers u. wir blieben den Abend zusammen, indem wir Bilder aus Napoleons Leben besahen, die Roller mitgebracht hatte.

Sonntag, 17 März
Heute Morgen um 8 Uhr ging ich wieder an Augusts [Heynitz] Bild. Ernst u. seine Frau kamen zu mir u. fanden das Bild nun vollkommen ähnlich. Um 9 Uhr kam Sieler angeritten. [... Gemeinsamer Spaziergang] Als wir wieder nach Hause gekommen, las uns Sihler ein Gedicht von Knapp auf Göthes Heimgang vor. Dieses Gedicht gefiel uns ungemein, es rührte mich tief. Knapp würdigt den Goethe vollkommen, aber er beklagt mit tiefgefühlter Trauer das irdische Prinzip, das in ihm vorwaltete, u. seinen Mangel an Erkenntniß des Göttlichen. Während des Lesens kam die Heinitzen u. blieb den Nachmittag bei uns. Als es dunkel wurde, nahm ich von Sieler u. von der Heinitzen den Schattenriß ab, welches erstaunlich viel Freude u. Spaß machte. Ich begleitete Sieler in sein Schlafzimmer, u. wir sprachen vom Gebet, so daß ich mich über ihn freute. Doch ist mir in dieser Natur etwas fremdes u. in dem Gesicht ein Zug, der mir Mißtrauen erregt.

Sonnabend, d. 23. März

Heute Vormittag arbeitete ich noch an Zezschwitzens Bilde, brachte aber nichts Gescheutes zu Stande, u. wenn er mir nicht noch eine Sitzung giebt, so weiß ich nicht, was aus diesem Portrait werden soll. Am Nachmittag ging ich mit Bertha in den Blumengarten, um unter Juliens Fenster einen Schneemann zu bauen. [...]

Mittwoch, 27ter März

Heute fing ich am großen Bilde[40] an u. zwar am Mantel des Nikodemus, den ich glücklich veränderte, dadurch daß ich ein breiteres Licht drauf brachte. Wir hatten schönes Frühlingswetter.

Freitag, 29ter März

Heute fuhr Adelhaid mit der Heinitzen nach der Stadt. Ich überarbeitete das blaue Gewand der Maria, das ich bedeutend heller hielt, es wurde mir aber etwas kalt u. zu grell, so daß ich's wohl werde dämpfen müssen, doch ist's mir noch nicht ganz klar. Gott helfe mir, dieses Bild zu bewältigen! Am Nachmittag trat ich etwas in den Garten, um die Augen zu erfrischen, u. ging mit Julchen um die Blumenbeete, den blühenden Crocus u. die Schneeglöckchen bewundernd, unter uns lag der große Teich mit völlig hellem Spiegel, die Bienen summten in den Blumenkelchen, u. die Kinderchen schaufelten Sand u. Erde in kleine Körbchen. Es war ein Augenblick wie die sind, die man nicht vergißt. Da kam ein Reuter in den Hof geritten. Ich erkannte an der breiten Hutkrempe sogleich Herrn Sieler u. ging ihn zu begrüßen. Nachdem wir das Pferd versorgt, führte ich ihn zu Julchen in den Garten u. ging dann wieder an mein Bild, das mich noch über eine Stunde beschäftigte. Dann tranken wir Thée unter der Linde u. gingen um den Teich spatzieren.

Sonnabend, 30 März

Heute übermalte ich die untere Hälfte des Kreutzes, die noch im Rückstande war, ziemlich glücklich. Julchen saß ein Paar Stündchen bei mir, um die Farbe zu beurtheilen, damit sie der oberen gleich würde.

Montag, 1 April

Heute ging ich wieder an die stehende Figur am Kreutz u. überging ihren braunrothen Schleier leicht mit Lack u. Weiß, höhte dann die fleischigen Lichter auf u. vernichtete viele kleine Fältchen so wie alle

Schwärzen im ganzen Gewande, welches wohl that. Das Wetter war ganz schön, u. ich begleitete Heidler bis Lausa. [...]

Dienstag, 2 April

Ich fuhr Heute fort, an eben besagter Figur zu arbeiten, machte den rothen Schleier fertig u. überarbeitete auch das Grün etwas heller, besonders in den Schatten. Am Nachmittag ging ich ein Paar Mal herüber, um den Damens ihre Zeichnungen zu korigieren, denn sie hielten einen Zeichenklubb. [...] Die Heinitzen erzählte Heute nach der Zeichenstunde, daß sie in Frankfurth einmal besoffen gewesen sei.

Sonnabend, 6 April

Adelhaid will ein Herbarium anlegen. Wir nahmen daher heute die die Bothanik von Ficinus[41] vor u. studierten uns etwas hinein, gingen dann an das Wehr u. untersuchten einige Bluhmen, die gelbe Sternblume Ornitogallum u. Ranunculus ficaria [Scharbockskraut], auch fanden wir den Acer [Ahorn], dessen Blüthe wir nicht gekannt hatten. [...]

Ostersonntag, 7 April

Ich träumte vergangene Nacht, daß ich nach Königshain gereist war u. dort zuerst auf dem Abtritte anlangte. Nachdem ich hier fertig war, begab ich mich sogleich unangemeldet in die Wochenstube der Lilli Heinitz, u. diese sagte zu mir: Jezt habe ich mich so erschrocken über sie, daß ich gewiß den Tod davon haben werde. [...] Ich ging heute nicht in die Kirche, sondern mit Julchen in den Garten, dann spatzierte ich ans Wehr u. untersuchte eine Pflanze, die ich aber nicht fand, u. setzte mich hernach einsam in die Jasminlaube über dem Teich, wo ich mit großem Vergnügen einen Vers hebräisch las. Gleich nach Tische ging ich in den Garten u. baute an verschiedenen Stellen in den Büschen, hohlen Bäumen u. Mauerecken 12 Nester von Heu, in welche ich die gestern gefärbten Eier legte. Nun kamen die Kinder in den Garten, Heinitzens u. wir, u. es ging an ein Suchen u. Finden, welches den Kindern unbeschreibliches Vergnügen machte. Agnes war so entzückt über ein Nest, das sie fand, daß sie laut aufschrie. Wir sezten uns, nach dem alle Nester gefunden waren, in die Ecke des Choleraturms in die warme Frühlingssonne u. schauten den Kindern zu, wie sie im Grase mit ihren bunten Eiern spielten. Nachher schleppten Heinitz u. ich das große Gemälde von Wernigerode aus dem Turm u. bauten davon den Kindern ein Zelt, das uns zugleich vollkommen vor dem Winde schützte. Die Kinder trieben einen fürchterlichen Jubel mit dem Zelte, u. die Heinitzen meinte, sie würde diesen Nachmittag nieh vergessen. Nachdem wir Thée getrunken hatten, machten wir noch einen Spatziergang um den Teich u. gingen dann zu Heinitzens, wo wir in Rollers Gesellschaft den Abend zubrachten.

Mittwoch, d. 10 April

Heute Morgen las ich mit großem Vergnügen ein Paar Verse hebräisch. Um 10 machte ich mich auf, um im Grühnberger Thale zu bothanisieren. Als ich auf den Schlangensteig kam, schaute ich mich um u. sah unten in der Tiefe einen ganzen Knauel Schlangen liegen. Ich bewaffnete mich mit Steinen u. kletterte vorsichtig den Abhang hinunter, um die Thiere nicht zu erschrecken, daß sie mir nicht in die Röder schlüpften. Als ich nahe kam, sah ich, daß es eine ungeheure, lange dicke Otter war, die von 3 andern schmächtigern ganz umschlossen war. Alle 4 züngelten mich an, u. die große ging mit erhobenem Haupte, nachdem sie sich von den andern losgemacht, grade auf mich zu. Ich traf sie indessen glücklich, daß sie sich krümmte u. ich sie bequem todtschlagen konnte, auch erlegte ich noch 2 von den kleineren, die 3te aber entkam mir, wahrscheinlich in irgend ein Loch. Von Pflanzen untersuchte ich mercurialis officinalis [Bingelkraut].

Donnerstag, 11. April

Wir fuhren heute auf der Droschke herein, Heinitz, Pötschke, Georg u. ich, bei gelindem Regen. In der Stadt wurde das Wetter angenehmer. Ich fand Mutter sehr angegriffen. Carus[42] kam u. rieth mir noch einmal Kräuter zu trinken. Sally fand ich bei Mutter, sie wollte heute mit mir nach Hermsdorf fahren. Ich besorgte unser Geldgeschäft bei Kaskel[43] u. nahm für mich 241 Rth pr.C. u. 65 rth cono [?] ein, welches leztere Geld ich bei Mutter liegen ließ, um davon meine Miete zu bezahlen. Ich hörte bei Kaskels, in Frankfurt sei ein Aufstand[44] ausgebrochen. ½7 fuhren wir mit Salli[45] von Dresden ab. Salli brachte in Hermsdorf den Abend mit uns zu u. ging dann zum Schlafen ins Schloß.

Freitag, d. 12 April

Ich retouschierte Heute den Holoferneskopf. Zu Mittag waren die Heinitzen, Pötschke, Georg u. Salli bei uns. Salli hatte eine Apfelpastete gemacht. Die arme H. hatte gestern gegen Julchen sehr rührend geklagt u. vieles in ihrer Lage unerträglich drückend gefunden. Alle diese Klagen schienen aus einer organischen Verstimmung hervorgegangen zu sein, da sie eben jezt sehr an ihrem Drüsenübel leidet. Als wir daher nach Tisch einen Spaziergang machten, ging ich mit ihr voraus u. redete mit ihr, um sie zu beruhigen u. zu trösten. Ich fand aber ihren Geist ganz verdüstert, hoffnungs- u. glaubenslos. Gott möge doch der armen Frau helfen. Gegen abend ging ich allein spazieren u. fand Korydalis fabacen [Hohler Lerchensporn], welches Blümchen ich noch nicht gesehen hatte u. das mir ungemein wohlgefiel.

Dienstag, d. 16 April

Heute um 10 kamen Thrämer u. Heidler angestiegen. Wir sprachen den ganzen Vormittag über speculative Gegenstände. Thrämer behauptete unter Anderm, Glaube u. Vernunft seien ganz identisch, dem ich wiedersprach, doch in seinem Sinne hatte auch er recht. Ferner leugnete er die eigne moralische Thätigkeit ganz hinweg, ließ Gott Alles in Allem in uns schaffen u. vollbringen u. ging hierin offenbar viel zu weit. Ich freute mich seines angenehmen Klavierspiels. Um 4 zogen die lieben Gäste wieder ab, u. ich begleitete sie bis zum Cantor Eckhardt, den sie besuchten u. der recht munter war, so elend u. abgelebt er auch aussah. Um ein angefangenes Gespräch nicht grühn abzubrechen, beschloß ich, noch weiter mitzugehen, u. vertiefte mich so, daß ich mich plötzlich auf dem Schenkhübel fand. Hier wollte ich nun umkehren, da begegnete uns der Verwalter, der von Dresden kam, u. ich bat ihn, meiner Frau zu sagen, ich sei mit nach Dresden gegangen. Wir besprachen, bis wir zur Stadt kamen, die interessantesten Materien. Ich fand Mutter nicht so wohl, als ich gehofft hatte. Sie war durch einen Besuch Rollers, der sich wie bei einer Gesunden benommen hatte, sehr zurückgesetzt. Zimmermann hatte mich ausgekundschaftet u. kam, mich zu fragen, ob er morgen mit mir nach Hermsdorf gehen dürfe. Wir stellten die Stunde auf 7 Uhr fest.

Mittwoch, 17 April

Heute früh 7 brach ich mit Zimmermann auf. Ich ging zu Härnig u. bezahlte die Miete. Wir gingen Waldwege, verirrten uns u. kamen endlich so heraus, daß uns der Großteich links lag, hatten dort auch viel mit Sümpfen zu kämpfen. Julchen erquickte uns stark mit rohem Schinken. Der arme Z. ist durch Unglück so verbittert, daß sein Umgang schwehr wird, doch möchte man ihm gerne zum Troste sein. Ich begleitete ihn am Abend noch bis zur Stundensäule.

Donnerstag, 18 April

Heute retouschierte ich das kleine Marienbildchen. Ich überarbeitete den Grund mit Beinschwarz, das ich mit Pariser blau auf den Ton von Kernschwarz u. dann mit Goldocker auf grühn stimmte, dahinein malte ich mit Goldocker den Heiligenschein – dieß wurde sehr schön. Ich fing heute meine Kräuterkur an, auf deren Fortsetzung ich mich freue.

Freitag, 19 April

Heute vollendete ich Augusts Bild, das nun recht gut geworden ist. Die Kräuter thun mir gut. Den Nachmittag lud ich die arme Heinitzen zur Zeichenstunde ein, weil ich weiß, daß sie das zerstreut. Sie kam auch, u. ich fand sie viel verändert, sie war viel weicher u. gottergebener. Gott helfe ihr, sie ist sehr krank u. auch äußerlich in keiner angenehmen Lage. Als wir noch beisammen waren, kam plötzlich Salli ankutschiert. Heinitz hatte in Dresden mit Carus gesprochen u. dieser verlangt, die Heinitzen solle augenblicklich entwöhnen. Salli kommt nun zur Pflege. Die arme Frau war wie vom Donner gerührt u. bedurfte unsres Zuspruchs.

Sonnabend, 20 April

Heute Morgen malte ich Berthas Hintergrund, der so leidlich geworden ist. Nach Tische kam Kuntsch, uns zu besuchen. Später zeichnete ich Salli auf zu einem neuen Bilde, da ich das alte verworfen habe, u. dann saßen wir noch bis zur Dämmerung bei der Heinitzen, um sie in ihrem Jammer zu trösten. Sie ist so mager geworden wie ein Skelett. Hupe, von dem ich Farben verlangt hatte, schickt diese u. dabei ächten westphälischen Käse zum Geschenk von vorzüglicher Güte.

Donnerstag, 25 April

[...] Als ich nach Hause kam u. mit meiner lieben Frau gegessen hatte, schickte mir Heinitz einen Brief von Clauß[46] zu, der unter seiner Adresse angelangt war. Clauß schrieb, Kehrer[47] in Ballenstädt sei gestorben u. ich sollte doch um die Stelle anhalten, da Baumbach dieß zu thun verhindert sei u. andre Landeskinder nicht vorhanden wären. Diese Idee ging wie eine große leuchtende Sonne in meiner Seele auf – meine Frau bezeigte große Lust, nach Ballenstädt zu gehen, u. ich konnte die Nacht über vor großer Unruhe kaum schlafen.

Freitag, 26 April

Heute Morgen machte ich mich bei Zeiten, nachdem ich noch Heinitzen u. Rollern beim Durchgang besucht hatte, nach Dresden auf die Beine. Es war mir eine Hauptsorge, wie meine Mutter die Sache aufnehmen würde. $\frac{1}{2}$11 langte ich in Dresden an u. theilte gleich Mutter meinen Plan mit. Mutter war äußerst erfreut u. rieth mir sehr dazu. Am Nachmittag setzte ich meine Supplik[48] auf u. ging am Abend zu Hübeln[49], um sie ihm mitzutheilen u. von ihm verbessern zu lassen. Hübel war die Sache unangenehm, weil er mich nicht verlieren wollte. Doch machte er mir eine ordentliche Supplik. [...]

Sonnabend, 27 April

Heute Morgen arbeitete ich die Hübelsche Supplik, die sehr steif war, um, schrieb sie ins Reine, siegelte u. schickte sie zu Mittag in Gottes Namen auf die Post. Am Nachmittag ging ich zu Berthold, den ich in einem sehr beklagenswerthen Seelenzustande fand. Er erkennt sich voller Sünde u. wird ihm kein Gebet, das ihn befreien soll von der Sünde, erhört. Er sündigt am Meisten unmittelbar aufs Gebet. Er weinte viel u. jammerte tief. Ich meinte, sein Fehler liege darin, daß er bete, Gott solle ihm die Sünde abnehmen, anstatt sie selbst abzuschütteln mit Gottes Hülfe, u. wo es dann noch fehlt, sich auf Christum zu verlassen. Doch war ich zu eilig, um recht ausführlich mit ihm zu sprechen. $\frac{1}{2}$6 lief ich von Dresden wieder weg u. kam um 8 sehr ermüdet in Hermsdorf an.

Mittwoch, 1 Mai

[...] Am Nachmittag machte ich mich, von meiner Frau begleitet, auf den Weg nach Ottendorf. Wir sprachen viel von Ballenstädt. Ich habe dadurch, daß ich mir die Schattenseite der Sache mehr ausgemalt habe, doch nun einige Ruhe gewonnen u. hoffe, es in einigen Tagen zu einer Art Gleichgültigkeit zu bringen. Wenn ich wirklich noch hinkommen sollte, so würde ich die Zärtlichkeit, die ich immer für Ballenstädt gehabt habe, für ein Vorgefühl halten. Es scheint mir, so wie sich die Umstände gefügt haben, als beriefe mich Gott auf diese Stelle, u. doch kann ich mir die Möglichkeit einer einwilligenden Antwort von Seiten des Herzogs gar nicht recht denken. Meine Frau begleitete mich bis zum Meilenstein. In Ottendorf fand ich Scheuerfest, welches die Weiber veranstaltet hatten, da der Alte verreist war. [...]

Sonnabend, 4 Mai

Heute fing ich die erste Zeichnung zum dritten Theile meines Bibel-werks[50] an, darstellend Eliezer u. Rebecca am Brunnen. Es wird eine reiche Composition. Es wird mir jezt etwas leichter als früher. Die Uebung thut viel. Die Botenfrau brachte mir einen Brief von Berthold mit, der mir sehr rührend war, mein Brief hatte ihm wohlgethan.

Montag, 13 Mai

Heute früh ¾5 stand ich auf, trank ein halbes Glas Wein u. machte mich auf dem Weg nach Dresden. Der Himmel war rein u. die Luft ange-nehm. [...]

Mir fiel ein Traum der vorigen Nacht ein, der mir die Zusicherung der Ballenstädter Stelle vorgespiegelt hatte. Allein ich hoffte doch nicht. Ich ging bis zu Mutter, die bei Süßmilchs wohnt, nur 2 Stunden. [...] Sie freute sich sehr. Deine Antwort von Ballenstädt, sagte sie, ist auch da u. überreichte mir einen Brief. Ich glaubte gewiß, es sei eine Verneinung, trat in die Gartentüre u. las die Bestätigung meiner Wün-sche, in freundlichen Ausdrücken abgefaßt. Es gab mir einen ordentli-chen Stoß innerlich – ich mußte hinaustreten u. Gott danken. Mutter war so halb wehmüthig, wenn sie an die Trennung dachte.

Ich war eigentlich zur Stadt gekommen, um zu Böttiger[51] zu gehen. Ich machte mich also bald von Mutter wieder auf, fand aber Böttiger nicht, der in Leipzig krank geworden sein soll. Nun ging ich zu Hart-mann[52], der mich sehr freundlich empfing u. mir so viel erzählte, daß ich ihm mit genauer Noth nach Verlauf einer Stunde erst von meinen Angelegenheiten sprechen konnte. Er freute sich mit mir. Da er zur Corektur in die Antiquen mußte, so begleitete ich ihn wieder nach Neustadt, u. da ich mich so unversehens mit vor der Bibliothek fand, so ging ich mit hinein. Ich war wenigstens seit 10 Jahren nicht mehr drin gewesen. Der selbe alte Aufwärter namens Graf machte mir die Thüre auf. Er kannte mich nicht mehr, da ich ihm aber meinen Namen sagte, legte er mir die Hand auf die Schulter u. sagte: Nun, Gott segne sie, sie sehen ja recht wohl aus. Es waren nur gegen 6 junge Leute an-wesend, die da zeichneten. Die meisten Sääle standen ganz lehr. Die hohen Gestalten der Vorzeit machten heute einen tiefen Eindruck auf mich. Ich sezte mich in das lezte Zimmer allein hin u. las nun noch ein-mal meinen Brief. Da saß nun der neue Hofmaler unter diesen alten Zeugen einer ungeheuren Zeit. Ich dankte Gott mit großer Bewegung meines Herzens.

Nach 10 Uhr brach ich wieder auf, um zum Russischen Gesandten zu gehen. Ich fand ihn in seinem Garten in einem Manuskript lesend. Er empfing mich sehr freundlich u. ließ mich neben sich setzen. Ich sagte ihm von meinem Rufe nach Ballenstedt u. daß ich als Russischer Unterthan es für meine Pflicht hielte, erst die Erlaubnis des Kaisers zur Annahme zu erbitten. Er nahm dieß sehr freundlich auf u. versprach, wenn ich bei ihm schriftlich einkäme, selbst an Nesselrode[53] zu schreiben u. die Antwort zu beschleunigen.

Von hier ging ich nun zu Pöschel, der sich auch mit mir freute u. mit dem ich ein Pfeifchen rauchte. Bis zu Mutter konnte ich vor der Schwühle des Mittags kaum durchdringen. [... Mit Sihler zurück nach Hermsdorf] Ich freute mich sehr, Julchen, ohne etwas zu sagen, des Herzogs Brief in die Hand zu stecken. Allein Mutter hatte ihr schon alles haarklein geschrieben. Ich fand keine rechte Freude. Adelhaid, die blos an die Trennung dachte, empfing mich mit Ausdrücken des Bedauerns u. hatte mir auch Julchen etwas verdreht. Bertha lag schon im Bett u. rief mir zu: Ach Pappa! wenn wir nur nicht nach Ballenstedt müßten. Dieß alles verstimmte mich etwas oder hemmte doch meine Freude.

Donnerstag, 16 Mai Himmelfahrt

Wir frühstückten Heute unter den alten Kastanien u. spatzierten dann noch ein Stündchen im Garten herum. Darauf gingen wir hinauf, die Weiber wirthschafteten herum, u. ich spielte Sielern einige Choräle u. etwas aus dem Requiem vor. Darauf lasen wir eine Himmelfahrtspredigt von Luther. Um 11 ging ich mit Sieler an das Wehr, wo er sich badete u. ich 3 schöne Fischchen angelte. Wir speisten unter den alten Kastanien zu Mittag. Die Gewitter standen am Himmel rund um uns herum und donnerten fürchterlich, wir aber blieben im Sonnenschein. Nach Tisch legten wir uns auf den Rasen unter die alten Bäume u. Anna, der ich Strümpfe u. Schuhe auszog, trapselte barbuß von einem zum Andern. Nach dem Kaffée fuhren wir jedoch ohne Julchen auf dem Teich, es war aber so heiß, daß wir balde wieder umkehrten. Wir nahmen unsre Plätze auf dem schattigen Rasen wieder ein u. hörten dem Donner zu. Gegen 4 Uhr kamen die Ottendorfer mit ihrer Mama u. setzten sich zu uns, auch Dora u. Mama Heinitz stellten sich ein mit Georg u. Pötschke, so daß wir eine zahlreiche Gesellschaft abgaben. Gegen Abend ging ich mit Sieler wieder ans Wehr u. angelte, so lange er sich badete. Leider darf ich noch nicht baden, da Carus mir es ausdrücklich verboten hat. [... Er angelt 6 Fischchen, Sihler fährt Sally und Adelheid auf dem Kanal, Gewitter und Regen.]

Sonntag, d. 19 Mai

Heute Morgen ging ich in die Kirche, welche unbeschreiblich lange dauerte u. durch das Zusammenwirken der Sonne mit den vielen Menschen eine entsetzliche Gluth enthielt. Ich schlief vor Hitze u. Langerweile ein. [...]

Ich konnte, nachdem ich der Heinitzen im Garten mein Compliment gemacht, vor Tische mit Heinitzen baden gehen. Wir badeten am Wehr u. zogen uns unter der schönen jungen Eiche aus, bis auf Pötschke, welcher hartnäckig behauptete, es sei zweckmäßiger, sich auf dem steinernen Bett des Wehrs selbst zu entkleiden, wie er es denn auch that. Nachdem ich nach Tisch unter den Kastanien mit den Meinigen den Kaffée getrunken u. eine Pfeife geraucht hatte, ging ich an das Wehr u. angelte hier ein Gericht Fischchen. Von hier holte mich Blüher ab, mit dem ich noch auf die Röderwiesen ging zu einem abermaligen Bade. Hier fand ich in einer von der Röder gebildeten Seitenpfütze eine niedliche Wasserblume, ranunculus aquatilis [Gemeiner Wasser-Hahnenfuß], die ich aber noch nicht untersucht habe.

Mittwoch, 22 Mai

Heute circa 10 Uhr kam Mutter mit Senff[54] u. Bertha, ich sprang gleich die Treppe hinunter u. kriegte meinen alten Senff beim Kopfe. Nachdem ich Mutter die Treppe hinaufgebracht hatte, führte ich Senff etwas im Garten herum u. ließ mir von Rom unterschiedliches erzählen, theilte ihm auch meine Lebensführung seit unsrer Trennung bis dahin kurz mit. Der arme Mann wünscht sehr in Deutschland bleiben zu können, wenn sich nur irgend ein Lebensweg hier für ihn öffnen wollte. Mein Bild, das wir noch vor Tische besahen, fand er sehr über seine Erwartung u. noch besser, schien es, gefielen ihm die biblischen radierten Sachen. Mittags mundete dem guten alten Senff besonders die vaterländische saure Milch, die er, seitdem er Deutschland verlassen hatte, nicht mehr gegessen hatte. Überhaupt rühmt er Alles, was ihm hier im Vaterlande vorkommt, u. scheint das alte Vorurtheil, als sei nur Italien ein Land, seitdem er Deutschland wiedergesehen, ganz vergessen zu haben. [... Spaziergang] Ich versprach Senffen, ihm eine Zeichnung nach Vaters Bilde[55] zu machen. Um 4 Uhr fuhr die gute Mutter mit Senff schon wieder weg, nachdem vorher noch Sieler zu Fuß hier angelangt war. Senffen fand ich viel magerer als in Rom u. doch auch etwas gealtert. Ich empfand große Liebe zu ihm, u. die schnelle Trennung wurde mir schwehr. [...]

Donnerstag, 23 Mai

Ich komponierte Heute den Kampf Jacobs mit dem Engel, indem ich den Augenblick wählte, wo Jacob ausruft: ich lasse dich nicht, du segnest mich denn. Ich glaube, daß mir diese Composition bis auf noch auszumärzende Zeichenfehler gelungen ist. Nach 8 Uhr Abends ging ich nach Ottendorf, um Adelhaid u. Dora abzuholen. Schon vom Felde erblickte ich die Mädchen in ihren weißen Kleidern, wie sie unter den alten Linden ihr Wesen trieben. [...]

Montag, 27 Mai

Gott sei Lob u. Dank! Heute wurde uns ein Söhnlein geboren! [Ausführliche Schilderung der Geburt, durch Überschreiben unkenntlich gemacht!] Es war ein tüchtiger Junge mit einem großen Schreimaul u. derber Nase. Es schrieh wie ein Kind von 8 Wochen. Julchen wurde, nachdem auch noch das lezte überstanden war, bequem gebettet u. lag da wie im Himmel. [...]

Dienstag, 28 Mai

Ich konnte die Nacht fast gar nicht schlafen. Bisweilen hörte ich den kleinen Herrn Sohn schreien wie 10.000 Ziegenböcke u. freute mich meines Glückes. [...] An Malen war nun heute nicht zu denken. Haase war auch schon da. Ich frühstückte mit ihm, u. dann machten wir zusammen einen Spatziergang. 6½ Uhr besuchte ich Julchen. Sie hatte bis gegen 4 Uhr Nachwehen gehabt, doch befand sie sich ganz wohl. Gegen 5 kam Mutter. Ich brachte Anna zu Julchen. Die Finsterniß in der Wochenstube, die Mutter im Bett u. das Geschrei des Brüderchens machten einen grausigen Eindruck auf die Kleine, so daß sie sich fürchtete u. sich an meinen Hals schmiegte. Später als ich sie wieder hinbrachte, freute sie sich aber sehr über das Brüderchen u. schwatzte fidel mit der Mutter. Julchen hat heute den Kleinen schon 2 Mal angelegt, u. er hat sich dabei so resolut u. routiniert gezeigt wie ein alter Sauger, hat auch schon Milch gekriegt. Mutter brachte mir einen Brief des Herzogs mit, in welchem er mir freundlich schreibt, ich solle nach Ballenstedt kommen, wenn es mir beliebte. Nun bin ich auch darüber ganz ruhig.

Donnerstag, 30 Mai

[...] Julchen leidet wieder viel Schmerz beim Stillen, u. ich muß mich allemal wegschleichen, wenn sie das Kind anlegt, weil ich ihre Qual nicht mit ansehen kann. Gott lob, es geht ja übrigens so gut mit meiner lieben Frau, als man es nur immer wünschen kann. Gott erhalt es so!

Freitag, 31 Mai

[... Ausschmückung des Gartensaales und der Kapelle zur Taufe des Sohnes Gerhard] Um 6 Uhr versammelte sich alles im Gartensaale u. erwartete Rollern, der auch bald erschien u. mich in die Kapelle führte, um das Nähere über die Taufe mit mir zu überlegen. Ich sagte ihm blos, ich wünschte, daß es so eingerichtet würde, daß Salli mit dem Kinde nicht nöthig hätte, zu lange zu stehen. Dieß konnte er durchaus nicht begreifen u. wußte nicht, wie ich's meinte, da er in manchen Stücken wirklich horndumm sein kann. So plagte ich mich lange mit ihm herum, bis endlich die Vettersen mit dem Kinde kam. Nun sagte er, ich will lieber gar keine Rede halten, sondern nach dem Formular taufen, da geht es am allerschnellsten. Am Schnellgehen war mir aber gar nichts gelegen, sondern nur daran, daß die arme Salli mit ihrem kranken Bein nicht nöthig hätte, zu lange zu stehen. Ich bat ihn noch, er möchte es machen wie bei den Bauern u. verfügte mich zur Gesellschaft. Hier gab ich Blüher das Pathengeld für Gerhard, u. unmittelbar zogen wir in die Kapelle. Rollern mochte es ärgern, daß er sich nun selbst durch seine Albernheit um seine Rede gebracht hatte, u. man hörte seiner Stimme, während er las, die aller äußerste Gereitztheit an. Als wir uns Alle gesezt hatten, erschien zu meinem größten Erstaunen noch Mutterchen u. sezte sich neben mich. Als der Pastor eben anfangen wollte zu reden, rief Anna, die auf Gustels Schoos saß, plötzlich ganz laut: Hopsasasa! wurde aber gleich zum Schweigen gebracht. Während der Taufe knurrte der kleine Gerhard ganz laut u. focht mit den Händen in der Luft, als ihm das Wasser über seinen Türkenschädel floß. Zum Schluß sangen wir noch: Breit aus die Flügel beide. Nach der Taufe wurden die Gäste in den Gartensaal geführt, u. ich sprang nur schnell einmal zu Julie, um sie zu küssen.

[...] Nach dem Thée, als die Weiber anfingen, den Wein herumzugeben, präsentirte ich die Pfeifen, u. Roller wurde recht vergnügt durch Wein u. Pfeife. Er bemächtigte sich des Gesprächs u. langweilte uns über eine Stunde lang mit seinen flachen Ansichten von der Naturgeschichte. Erst 9½ gingen unsre Gäste auseinander, u. ich verspeiste noch, da sonst niemand von den Meinigen Apetit hatte, einige gebratene Staarmätzchen.

Sonntag, 2 Juni
[... Julchen krank, hat Milchfieber, Haase kommt] Haase war, als er in Lausa einfuhr, etwas gesteinigt worden. Es hatte sich eine Parthie Jungens hintenauf setzen wollen, u. da der Kutscher mit der Peitsche nach ihnen geschlagen hatte, hatten sie angefangen, den Wagen mit Steinen zu beschießen. [... Spaziergang in das Grünberger Tal] Als ich zurückkam, sah ich am Wehr einen Mann im Hemd stehen, der sich eben baden wollte, u. ich erstaunte nicht wenig, als mir, da ich mich genähert hatte, Freund Sieler entgegen kam u. mir zum Sohne gratulierte. Er war heute Morgen erst von Leipzig u. Dresden wieder angekommen u. war verrückter Weise auch gleich zu uns herausgelaufen. [...]

Dienstag, 4 Juni
[...] Ich bin schrecklich ermüdet in allen Knochen u. zu aller Arbeit ungeschickt. Ich habe mich nach der Kräuterkur noch immer nicht wieder erholen können. Sie hat mir dießmal nicht gut gethan. Wenn ich die Treppe hinaufsteige, so schmerzen mir die Beine vor Müdigkeit.

Dienstag, d. 11. Juni
Carus ist heute wegen Georg befragt worden u. hat an Mutter gesagt, der Junge hätte einen Wasserkopf. Wie tief mich Heinitz jammert, kann ich nicht beschreiben, er ist von lauter Unglück u. Unsegen eingefaßt u. umgeben. Der Schneider schickte mir heute meine neuen Kleider, mit denen ich sehr unzufrieden bin, die er mir wieder umändern muß u. die mich außer den 21 Rth, die ich im Tuchladen bezahlt habe, nun für die Rechnung des Schneiders noch 36 Rth kosten. [... Bad in der Röder] Der kleine Gerhard kann schon gla sagen. Meine schwarze Kleidung kostet mich Hosen u. Frack Alles in Allem, die Elle Tuch a 3 Rth, 23 Rth 5 gr, wovon 15 Rth 11 gr auf den Frack u. auf die Hosen 7 Rth 18 gr kommen. Der Überrock kostet Alles in Allem, Elle Tuch a 3 Rth, 17 Rth 21 gr.

Donnerstag, d. 13 Juni
Heute Vormittag zeichnete ich Vaters Bild versprochener Maßen für Senffen fix u. fertig. Am Nachmittag gegen 3 Uhr machten wir uns

nach Ottendorf auf, Adelhaid u. ich. Emilie zog den Kinderwagen, es war ziemlich heiß. Wir fanden im Ottendorfer Garten schon eine ziemliche Gesellschaft beisammen, es mochten gegen 20 Kinder u. über 30 erwachsene Personen sein. Anna war anfängl. sehr blöde, doch fing sie bald an, sich an dem großen Hunde von Pastor Eras zu vergnügen, der sich (der Pastor) auch sehr gütig um ihre Liebe bewarb u. den Hund allerlei Hokuspokus machen ließ, um dem Kind zu gefallen. Sie wurde zulezt auch so vertraulich, daß sie ihm auf den Schoos kroch u. den Hund mit Kirschen fütterte. Wir wurden mit Kaffée u. kalter Küche bewirtet u. blieben bis ¾8 Uhr. Unter den Anwesenden war mir der alte Oberförster Kuhnert merkwürdig u. auch der Förster Bretemann mit seiner jungen Stiefmutter, welche beide in einem verbrecherischen Umgange miteinander leben sollen u. beide doch keine übeln Leute scheinen, daher sie mich im Herzen jammern. Der Pastor aus Lannitz erschien mir diesesmal weniger dumm als das erste Mal. Es war merkwürdig, daß unter so vielen Geistlichen das Gespräch gar nicht auf geistliche Dinge kam.

Freitag, 14 Juni
Heute Morgen retouschierte ich den gelben Mantel des Nicodemus. Ich setzte einige kräftige Lichter auf mit Neapelgelb, worunter etwas Crom. Am Nachmittag fing ich das Parabelbildchen, ein kleines Mädchen, das im Winter Vögel füttert, an, ins Reine zu zeichnen. Von 7-8 fuhr ich über den Teich, um Wasserpflanzen zu suchen. [...]

Sonnabend, d. 15 Juni
Heute Morgen überarbeitete ich den gelben Mantel der knieenden Figur mit bläulichen Tönen, hielt besonders die Lichter kalt u. brachte so die beiden Gelbe glücklich auseinander. Kalte Lichter thun in einem Gelb, das nicht brennend sein soll, sehr wohl. Julchen besuchte mich heute Vormittag zum ersten Male in meinem Malzimmer. Am Nachm. arbeitete ich an der Gestern angefangenen Zeichnung weiter. Heute ist Agnes' Geburtstag, u. Julie hat ihr aus der Stadt kleine Spielsachen, vorstellend allerlei Obst aus Marzipan, mitbringen lassen. Ich schenkte ihr das 2te Heft meines Bibelwerkes. Anna gewöhnt sich von ihr schlagen u. anspucken an, wofür ich Anna schon ein Paar Mal derb ausgeklitscht habe.

Sonntag, d. 16 Juni

Bei Heinitzens waren Kirchbachs u. gingen auch in mein Malzimmer. Bald kam Frau v. Kirchbach zu mir herunter geschossen u. sagte, sie fände Sallis Bild so ungeheuer ähnlich, daß ich ihr durchaus ihren Mann, oder wie sie sagte, ihr Männl malen müßte. Ich sollte gleich mit ihr zu ihm hingehen, um ihn breitschlagen zu helfen, da er Abneigung vor dem Sitzen habe. Wir konnten aber mit vereinten Kräften nichts gegen ihn ausrichten, u. ich kehrte wieder zu meiner Gesellschaft zurück. Am Abend spät sagte mir Adelhaid, ehe sie weggefahren wären, hätte er der Zunge seiner Frau doch noch weichen müssen u. würde übermorgen zur ersten Sitzung kommen.

Freitag, 21 Juni

Die Sitzung mit dem alten Kirchbach[56] ging gut. Die Unterhaltung war leicht, da er viel sprach. Ob er gleich viel schwuhr u. fluchte, so gefiel er mir doch nicht ganz übel. Der ächt militärische Charakter. Sprach auch Frömmigkeit aus, doch Alles auf sehr rohe soldatische Weise. Nach Tisch noch ein Stündchen Sitzung, dann begleitete ich ihn nach der Schenke, hier rauchten wir eine Zigarre zusammen. Um 4 ging ich mit Pötschke baden. Nach dem Abendessen wollten wir dem kleinen Gerhard ein Klistir setzen, welches aber mißlang.

Sonnabend, 22 Juni

Heute früh fing ich nach der Zeichnung das Gesicht des Alten an zu malen u. um 10 kam er selbst. Ich hatte ihn auf Heute zu uns zu Tische geladen, u. Julchen hatte ein gutes Mal bereitet. Der Alte war sehr liebenswürdig u. erzählte viel von seinen Kriegsgeschichten. [...] Nach Tisch schwatzte ich noch ein Weilchen mit ihm, stellte ihm dann die fast noch volle Mittagsflasche Wein hin u. beurlaubte mich, ihn schlafen zu lassen u. selbst zu arbeiten. Um 3 ging ich wieder zu ihm hinein u. fand ihn auf dem Kanapée schlafen u. die Flasche Wein völlig ausgezogen. Bei meinem Eintritt sprang er auf, war sehr fidelchens, u. Julchen besorgte uns den Kaffée, wozu Zigarren geraucht wurden. Er sprach besonders zärtlich von dem alten Brandenstein[57]. Ja, sagte er, das können sie mir glauben, das ist ein ungeschliffner roher Diamant, weiß Gott, auf Ehre ein vortrefflicher Kerl der alte Kauz der, ein ungeschliffner Diamant! Das Ungeschliffne, sagte ich, mein ich, kann man einem wohl verzeihen, der im Kriegsdienst ergraut ist. Der? im Kriegsdienst ergraut? Gott straf mich, 6 Jahre hat er im ganzen gedient, das ist seine Herrlichkeit, aber er gibt sich so ein Ansehen, als hätte er sein Lebelang im Felde gelegen. Ne! Mit dem seine Sache is es nischt – das alte Biest das! Ich ließ den Alten noch ein Stündchen sitzen u. dann heimreiten unter dem Versprechen, nächsten Sonnabend wiederzukommen. Die den Kopf gesehen haben, finden ihn ähnlich.

Sonntag, 23 Juni

Heute malte ich den Grund, Uniform u. das Um u. Dran u. habe gearbeitet wie ein Postpferd von früh 8 bis abends 8 ohne Nachmittagsruhe. Es ist mir aber dergleichen Ding noch nie so gut gelungen, u. ich habe nun Hoffnung, das prima malen recht gründlich zu lernen. Das Gold u. die Orden sind gut geworden. Während ich im stärksten Arbeiten war, kam der Apotheker aus Radeberg mit wenigstens 6 Personen, mein Bild zu sehen, sie zogen sich aber bald wieder zurück, da sie sahen, daß sie mich bedeutend störten.

Sonnabend, d. 29. Juni

Heute stand ich früh auf u. machte meine Präparationen zu der Retusche des Kirchbach, dann setzte ich mich in die Jasmin Laube u. beschäftigte mich damit, ein geistliches Lied zu entwerfen. Um 10 ging unsere Session an, Kirchbach sprach sich außerordentlich zufrieden mit dem Bilde aus. Julie u. ich aßen mit Kirchbachs bei Heinitzens. Nach Tisch erzählte mir Kirchbach im Garten viel von dem Uebergang über die Beresina, die er mit seinem Pferde durchschwommen hat. Gegen 4 kam seine Frau mit Fr. Polenz u. Fr. v. Forestier. Sie fanden alle das Bild ähnlich, doch hatte die Kirchbach noch allerlei auszusetzen, welches ich noch änderte. Sie blieb bei uns u. verlangte, ihr Mann sollte so aussehen, als wenn er eben in der Bibel läse. Denk nur an deinen Jesus u. mache solche Augen, als wenn du an ihn dächtest. Hierüber wurde er sehr verdrossen u. meinte: Potz Hühnerschwänzel! das ließe sich nicht erzwingen.

Dienstag, d. 9 Juli

Heute vormittag zeichnete ich für Bädeker. Gegen Mittag ging ich ins Grühnberger Thal, um zu baden u. nahm Bertha mit. Sie schwatzte unterwegs sehr viel von alledem, was sie im Bade zu beginnen gedächte, u. zog sich sehr vergnügt aus. Ich ging zuerst ins Wasser, u. als ich anfing zu schwimmen, hätte Bertha vor Angst fast angefangen zu weinen. Nach einem Weilchen hob ich sie auch herein u. steckte sie ins

Wasser – sie fing aber so an zu schreien u. verlangte so heftig heraus, daß ich ihr willfahren mußte. Während ich mich badete, donnerte es unaufhörlich. [...] Bei Tische fragte Julchen Bertha: »Pappa sah wohl im Bach recht närrsch aus?« B.: »O ja, er hatte Höschen an.« J.: »Was war dir denn am aller närrschten an Pappa?« B.: »Davon darf man bei Tische nicht reden.« J.: »Nun sag es nur immer.« B.: »Nun das, was an der Brust sitzt.«

Mittwoch, 10 Juli

Heute reinigte ich fast den ganzen Tag Pfeifen, um Vater, wenn er kommt, was vorsetzen zu können. – Ibrahim Pascha hat nun allen Zeitungen nach seinen Rückzug angetreten u. man glaubt, Mitte Juli, also in diesen Tagen, werde Kleinasien ganz frei werden.

Sonntag, d. 14. Juli

Kirche mit Julchen. Nach der Kirche bei Roller Heidler getroffen. Heidler überbrachte einen Abdruck der Pöschelschen Madonna von ihm. Lithographie nicht gut. Wir speisten bei Heinitzens. [...] Im Gartensaal Kaffee. Teichfahrt mit den Kindern u. Georg. Die Großmütter laufen beängstigt am Ufer herum. Später baden auf den Röderwiesen. Das Wasser war sehr groß u. reißend, so daß sich's prächtig schwamm. [...]

Sonnabend, d. 20 Juli

Ich arbeitete Heute an der Judith. Gestern Abend brachte mir Heinitz einen Brief von Gerhard mit, den ich ganz gegen meine Gewohnheit auch noch am Abend spät las. Gerhard hat Stift Finn zur Bewirthschaftung bekommen auf den Zehnten, u. so sieht Gott ihn an u. segnet ihn. Sein Brief bewegte mich innig, da er so viel brüderliche Liebe u. Treue aussprach, u. ich konnte davon die Nacht kaum schlafen. O wie schwehr ist doch solche Trennung.

Montag, d. 29 Juli

Heute bei dem so sehr schönen Wetter erwarteten wir Vater mit großer Bestimmtheit, jedoch abermals vergebens. Ich malte Heute Grühnberg vom Juliensturzel aus, das mir aber gar nicht gelingen wollte, da ich die Beleuchtung grade von vorn hatte. Als ich eine Weile gearbeitet hatte, kam Julie mit Dora, setzten sich ein bischen zu mir u. gingen dann weiter nach Grühnberg.

Dienstag, d. 30 Juli

Am Vormittag vollendete ich das Gestern angefangene Grühnberg. Am Nachmittag fühlte ich mich sehr ermattet u. faul, so daß ich bei keiner Arbeit dauern konnte u. am Ende Julie, Dora u. Anna ein Paar Stunden lang auf dem Teich herumruderte. Wir fanden unter dem wilden Gestrüpp, das sich über das Wasser in reicher Fülle herüberbiegt, auch Himbeeren u. Johannisbeeren, u. Anna u. ich ließen es uns, in der Spitze des Kahnes sitzend, ganz vortrefflich schmecken. [...] Ungemein freue ich mich über den Sieg, den der tapfere Napier gegen die Miguelistische Flotte errungen hat. Mich dünkt ein so vollständiger Sieg sei fast noch nieh gewonnen worden. Nun ist Portugal so gut als frei nach meiner Ansicht.[58]

Donnerstag, d. 1 August

Ich fing Heute die Zeichnung David unter den Schafen für Bädeker an ins reine zu zeichnen. Ich finde jezt Vergnügen daran, die Reichardtschen Lieder[59] zu spielen. Dora u. Julchen haben diese Tage zusammen Kleider für die Heinitzschen Kinder genäht. [...]

Gestern Abend, da Anna schon im Bett lag, spielte ich noch mit ihr u. sagte ihr: Es ist doch schade, Anna, daß du so einen schlechten Vater hast. Ja, sagte sie, aber ich habe eine schöne Mutter. – Dieß wiederholte sie nun heute öfters u. sagte: Ich habe einen schlechten Vater, aber eine schöne Mutter.

Sonntag, d. 4 August

Vergangene Nacht hatte ich zum ersten Mal seit meiner Krankheit wieder einen Anfall von Beängstigungen, der mich sehr bestürzt machte. Ich wachte auf, von einem Traum geschreckt, in welchem ich von vielen alten Weibern – die Vettersen an der Spitze – in einer großen Leinwand eine Menge Cholera Leichen tragen sah. Ich kam auch nicht eher wieder zur Ruhe u. aus dem Fieber heraus, bis ich mir die Magengegend mit Eau de Cologne gewaschen hatte. Heute Morgen erwachte ich ganz wohl u. ging mit Julie zur Kirche nach Lausa, die Blüher hielt, indem Roller nach Boritz gereist ist. Es waren 150 Communicanten, u. somit dauerte der Gottesdienst ganz empfindlich lange. Ich las Heute Tersteegens[60] Lebensgeschichte, die mich sehr warm anfaßte. Blüher kam am Nachmittag zu mir u. las mir aus Speners[61] Lebensgeschichte vor. Demnach erscheint mir Spener als eine durchgehend unkünstlerische Natur ohne alle Phantasie, dessen ganze Lebensweise u. Tagewerk durchweg geregelt u. geordnet war, der nieh anders ins freie kam, als wenn er seine Schulvisitationen machte, u. dann nicht einmal aus dem Wagen heraussah, sondern las u. der sich nur zwei Mal erinnerte, in seinem Leben geträumt zu haben. Es waren ihm also in vieler Hinsicht weniger Fallstricke gelegt – als unser Einem.

Montag, d. 5. August

Ich las heute den 2^t Band der Parabeln durch zum Behuf, Bilder dafür herauszufinden, doch war meine Ausbeute sehr gering, u. ich weiß nicht, wie ich 8 Bilder zusammenbringen soll. Roller ist Gestern Abend von Rüsseina zurückgekommen u. traf heute früh 9 Uhr schon im hiesigen Schloß ein, wo er denn alle seine hiesigen Bekannten zusammentrommelte u. auch mich, um seine Abendteuer zu erzählen. Die Pointe seiner Erzählung war die Art, wie sich die Rüsseinaer Gemeine bei Loebens Probe betragen hatte. Nachdem die Predigt, die Roller sehr lobte, gehalten war, wurden vor dem Altar vom Superintendenten die Deputierten der Gemeine befragt, ob sie etwas erhebliches wieder die Person, Wandel oder Lehre Loebens einzuwenden hätten, worauf sie antworteten: Wir haben ihn nicht verstanden u. können daher auch nicht wissen, ob wir wieder die Lehre was einzuwenden haben. Auf Zureden des Superintendenten redeten die Leute immer lauter, auch die Versammlung auf der Empore fing an zu murren, u. die Meisten verließen mit Geräusch die Kirche, so daß der Gottesdienst aufs abscheulichste gestört wurde. Dieses schändliche Komplott wird dem armen Loeben gewiß noch viel zu schaffen machen, zudem ist seine arme Frau nach ihren Wochen sehr krank. [...]

Sonnabend, d. 10. August

[...] Als wir uns den Abend zu Tische setzen wollten, hörten wir das Rollen einer Equipage, sprangen ans Fenster u. siehe, es waren unsre längst erwarteten Gäste. O welche Freude! Wir rannten sogleich hinunter, u. Julchen weinte laut am Halse ihres Vaters. Vater, Fritz, seine Lotte u. Adelhaid. Vater sah sehr wohl u. jugendlich, jedoch entstellt aus durch eine dunkle Perücke, die im Schnitt von seiner früheren sehr abweicht. Nach dem Essen bei der Pfeife erzählte Vater besonders viel von Eduard u. wie selbiger nun völlig überzeugt von der Homeopathie sei u. seine Praxis sich durch diese Methode erweitert habe.

Sonntag, 11 August

Vaterchen, etwas heiser u. erkältet, zog vor, nicht nach der Kirche zu gehen. Ich ging mit Fritz u. Lotte. Roller predigte sehr langweilig, u. Fritz nahm, nachdem der Gottesdienst beendigt u. wir in die Pfarre gingen, ein so kurzes u. rülspiges Wesen gegen ihn an, daß ich meinte, er würde es ganz mit ihm verdorben haben. Roller kam mit uns nach Hermsdorf zu Tisch u. begrüßte den Aetti im Garten mit Freude. Als Vater ihn zuerst ansichtig wurde, sagte er: fürwahr, ein tüchtiger Gesell! Nachmittag, nachdem wir den Garten besehen u. auf dem Teich gefahren waren, führte ich Vaterchen u. Fritz u. den alten Eckhart, der sich eingefunden hatte, zu meinem Bilde. Es war eines Gewitterregens wegen sehr dunkel im Zimmer u. das Bild passend beleuchtet u. feierlich anzuschauen. Vater war sehr ergriffen, u. ich hätte nieh gedacht, daß ein Bild so einen Eindruck machen könnte, er sprach kein Wort, u. die Thränen liefen ihm die Backen herunter, endlich kam er auf mich zu u. drückte mir die Hand. Je nachdem die Sonne sich durch die dicken Wolken wieder durcharbeitete, wurde auch das Bild immer klarer u. lebendiger u. so aus Nacht u. Dämmerung bis zu der brillantesten Gestaltung vor unsern Augen geboren. Wir tranken den Thée im Heinitzschen Gartensaal mit dem alten Eckhart. Nachher wurde oben etwas gesungen, u. Blüher fand sich zum Abendessen ein.

Dienstag, d. 13. August

Früh kam Goetsch, barbierte uns allesamt. Um 10 Kahnfahrt nach der Insel. Vater u. Fritz ruderten u. waren sehr fidel, das Wetter begünstigte uns, ich steuerte, Lottchen war lustig. Auf der Insel angekommen, wurde geraucht u. ein Fläschchen Wein ausgestochen. Es gefiel hier allen außerordentlich. Vater erzählte viel. Ich sollte mit am Kirchenboten arbeiten u. Aufsätze einliefern, welches mir lächerlich war. Wir machten dann Pläne, es müssen sich alle Kinder balde einmal um den Vater in Bremen versammeln u. wurde die Sache mit Lust näher besprochen. Auf der Rückfahrt wurde gesungen u. Vaterchen ruderte wie ein Schiffsknecht. [...]

Mittwoch, d. 14. August

Heute früh ging Fritz mit Blüher nach Dresden zum Missionsfest. Wir lasen in der Zeitung die Einnahme von Lissabon u. machten gegen Mittag einen Spaziergang auf die Röderwiesen, stiegen von da rechts den Berg hinan u. kamen den Kunersdorfer Weg zurück. Auf der Höhe feuerte ich meine Flinte ab zu Ehren der Niederlage D. Miguels, denn wenn auch D. Pedro nicht besser ist, so wird er von den Europäern viel genauer controllirt werden können. Vor Tisch besahen wir noch Handzeichnungen meines s. Vaters. Nach Tisch sollte es nach Ottendorf gehen, wo ich uns heute früh hatte anmelden lassen. Regen hielt uns anfänglich ab. Hernach aber wagten wir es darauf u. zogen mit Regenschirmen ab. Die Ottendorfer kamen uns schon im Hof entgegen u. der alte Pastor bezeigte eine ganz ungemeine Freude, den lieben Ätti bei sich zu sehen. Sie hatten uns zu Ehren Kuchen gebacken, der auf getürmten Schüsseln den Théetisch zierte. Die beiden Alten unterhielten sich sehr fleißig, besonders sprach Vater viel u. zwar sehr animirt. Die guten Menschen begleiteten uns noch den halben Weg zurück. [...] Nach Tisch hatte ich mit Vaterchen noch ein Gespräch über Gnadenwahl, in welchem er auch über Fritzens schroffe Ansichten sehr klagte.

Donnerstag, 15 August

Heute Morgen erhielt ich ein höchst originelles Einladungsschreiben von Roller für den Mittag, welches Vaterchen sehr amüsierte u. wir sagten zu. Wir besahen die Kupfer nach dem jüngsten Gericht von Michel Angelo, die ich auf der Diele zusammenlegte, u. Lottchen war ganz besonders entsetzt über die Greuelszenen dieses Bildes. Von 11-12 machten die Heinitzen ihren Besuch bei uns. [...] Nach 12 machten wir uns auf den Weg nach Lausa u. besuchten beim Vorübergehen auch den Steinberg. Beim Gottesacker begegnete uns Fritz, der von Dresden zurückkehrte u. unterwegs im Walde einem großen Cavallerie Manneuvre zugesehen hatte. Roller war noch in der Betstunde, erschien aber bald u. amüsierte uns ein Weilchen durch Vorlesen aus einer alten Broschüre, dem Leben des Magisters Fröschel, welches besonders Fritz amüsierte. Roller setzte eine Flasche Wein u. eine Flasche Cider vor u. Aetti wählte Wein. [...] Nach Tisch gingen wir in den Garten u. nahmen die Pflaumen von Adelhaids Bäumchen ab. [...] Nachher besahen wir die Kirche in Vaters Gesellschaft, u. ich spielte die Orgel. Später saßen wir auf Rollers Stube, rauchten u. besahen Schmetterlinge u. Käfer, welche Sache besonders langweilig wurde. [...] Am Abend begleitete uns Roller noch herüber u. machte mit Lottchen u. Adelhaid ab, Morgen zu angeln.

Freitag, d. 16. August

Fritz hatte von seinem Buchhändler den Auftrag, sich von mir zeichnen zu lassen zum Behuf eines Steindruckes; u. so machte ich mich denn heute vormittag ein Paar Stunden darüber, während Roller mit den übrigen angelte. Um 11 war die Sache aus dem Gröbsten fertig, und wir stießen zu den Fischern, die Fritz aber bald wieder verließ, um mit meiner Flinte einen Vogel zu schießen. Wir hörten auch bald einen Schuß, aber das Nichterscheinen des Jägers beurkundete bald den Fehlschuß. Roller aß den Mittag bei uns und erzählte allerlei schnurriges Zeug, z.B. wie er mit dem Pferd von der Brücke stürzte. [...] Zur Théezeit, – als wir mit unsern Pfeifen um den Tisch saßen, warf Roller die Frage auf, was denn eigentlich Schuldisciplin sei, und ward so Veranlassung zu einer Discussion, in welcher er mit seinen barocken Behauptungen Gegenstand des allgemeinen Vergnügens wurde. Nachher erzählte er noch mit vielem Talent von den Exercitien, die er mit seinen Schulkindern vornahm, um sie im pünktlichen Gehorsam u. im Takt zu üben, welches Vaterchen und Fritz ungemein vergnügte.

Sonnabend, 17 August

Heute Morgen machte ich Fritzens Portrait fertig, suchte dann Vater im Garten auf, während Fritz mit meiner Flinte auf die Vogeljagt ging. Ich führte Vater in die Pferdeställe, die ihm sehr wohl gefielen u. von da durch die verschiedenen Gewölbe der Brauerei, die ein gespenstisches Ansehen hat. Nachmittag wollten wir nach Moritzburg. Schönert machte einen Leiterwagen mit Strohbündeln als Sitze zurecht, u. wir nahmen darin Platz wie die Jahrmarkts Leute. Im Fond Vater u. Julchen, in der Mitte Adelhaid u. Lottchen u. forne, rückwärts fahrend, Fritz u. ich. Das heftige Stoßen des Wagens u. die Unbequemlichkeit der Sitze frischten uns an zur Munterkeit u. gaben Stoff zum Witz u. allerlei Scherzen. Wir konnten in Moritzburg nicht ganz bis an die Fasanerie heran, weil das Thor verschlossen war, u. mußten – von einem Jäger geführt – eine bedeutende Strecke zu Fuß durch den Koth waten. Wir gingen nun durch den Hirschgarten, in welchem wir nur 4 Hirsche antrafen, nach dem Schloß hin u. besahen es uns von außen u. innen. Mich interessierte am Meisten eine ausgestopfte Rohrdommel. Im Wirthshaus tranken wir Thée u. Wein u. machten uns dann wieder auf den Rückweg. Die Dunkelheit gab Veranlassung zu Gespenstergeschichten. Fritz erzählte. [...] Der Sternhimmel war wunderherrlich über uns ausgespannt, u. wir kamen erst nach 10 Uhr wieder in Hermsdorf an.

Montag, d. 19 August

Heute Morgen wurde geräumt u. gepackt u. Alles zur nachmittägigen Abreise eingerichtet. Als wir gegen Mittag uns bei Heinitzens empfahlen, trafen wir dort auch Roller u. nahmen ihn zu Tisch mit zu uns herüber. Vor dem Essen wurde noch einmal mein Bild besehen. Bei Tisch brachte Roller Vaterchen dadurch sehr in Verlegenheit, daß er verlangte, Vater solle ihm alle seine Schriften aufzählen, u. auch durchaus nicht davon abstand, obgleich er sah, wie unangenehm Vater dieses Gespräch war u. wie sehr er ihn in Verlegenheit setzte. Fritz mußte am Ende etwas mit Grobheit herausrücken u. Vater sehr ernst werden, ehe Roller abstand, welches er gewiß nicht gethan hätte, eher eine abscheuliche Scene zu machen, wenn ihm nicht Fritz eine Buchhändler Liste versprochen hätte. Nach Tisch fuhren wir in 2 Wagen von dannen. Lottchen, Adelhaid, Fritz, ich u. Gustel mit Keppler im Planwagen u. Julchen mit Vaterchen u. den Kindern hinterher in einem Dresdner Lohnwagen. Als wir Mutter begrüßt hatten, wurde gleich wieder ein Wagen genommen u. wir fuhren auf Prinz Friedrichs Weinberg u. gingen von da über den Poncetschen Berg u. die Bergstraße zurück bis ins Dorf, wo wir unsern Wagen wiederfanden u. nun nach Finnläders[62] fuhren, wo wir Sieler im Gespräch mit einem andern Herrn trafen. Hier war es wunderschön u. das Schießen der Communalgarde, die unten in der Ebene exerzierte, belebte die stille Abendlandschaft.

Julchen ward mit den Kindern bei Mutter einquartiert, u. ich zog mit den Andern in den blauen Stern, wo uns die Schuhmachern 3 aneinanderliegende Zimmer einräumte. Fritz war am Abend zu bange, auf den Abtritt zu gehen, weil ein langer, ihm sehr schauerlicher Gang dahin führte, der ihm zu grausig war. Die Betten waren unbequem, u. ich hörte Lottchen in der Nebenstube noch lange klagen u. lamentieren.

Dienstag, d. 20 August

Heute früh 7 Uhr machte ich mich auf zu Mutter, um da zu frühstücken u. ein Stündchen bei ihr zu bleiben. Ich fand sie frisch u. munter, doch hatte sie eine fürchterliche Nacht gehabt. [...] Wir brachten einen Theil des Vormittags im Antiquen Kabinett zu, gingen dann durch den Palaisgarten zum Conditor Watzau. [...] Nach Tische tranken wir den Kaffee auf der Brühlschen Terrasse, wo Concert war u. sich eine ansehnliche Gesellschaft versammelt hatte. Wir waren sehr vergnügt u. rauchten viel Zigarren. Nur Bertha langweilte sich u. mußte mit ein Paar Stückchen Kuchen unterhalten werden. [...]

Mittwoch, d. 21 August

Heute Vormittag besahen wir zusammen die Gallerie. Der verlohrene Sohn[63] ergriff Vater mächtig. Nachmittag aufs Bad, von da zu Schiff auf die Saloppe, wo in aller Eile Kartoffeln gegessen wurden. [...]

Donnerstag, d. 22 August

Heute Morgen gingen wir in die Rüstkammer, die nun neu im Zwinger aufgestellt ist. Diese Sammlung interessierte uns alle aufs Höchlichste u. ergötzte auf vielfache Weise, – sogar Bertha war gespannt aufmerksam bis zuletzt. Darnach besahen wir den Schloßhof, wo ich mich zugleich auf Heute Nachmittag zum grühnen Gewölbe meldete. Nach Tisch spielte Adelhaid zu aller Freude u. Vergnügen auf der Harfe. $\frac{1}{2}$4 waren wir am grühnen Gewölbe u. durchzogen es, ohne daß es mich besonders intressiert hätte. Darauf tranken wir Kaffée im Brühlschen Garten u. machten dann ohne die Weiber einen Besuch bei Scheibel[64], mit dem Fritz disputirte über sein System, ohne daß Scheibel irgend etwas besonders triftiges für sich anführen konnte. [...]

Freitag, d. 23 August

Heute Morgen mit einem Wagen von Bauch nach der Schweitz abgefahren. Pilnitzer Schloßhof besehen. Heftiger Regen bis Lohmen, dann wieder schön. In Lohmen nahmen wir einen Führer namens Standfuß mit einem sich empfehlenden Gesicht. Die Bastei frappirte unsre Gäste ganz unerhört. Wir speisten hier Koteletten, u. die Damen fraßen viel Brot. Am Nachbartisch mehrere junge Russen mit Dresdner Frauenzimmern, die eine wiederliche flache Unterhaltung führten. Nach Tisch wieder fort, hinunter in den Grund. Am Eingang vom Amselgrunde schlug ich eine Kupferschlange todt. Die Wasserfälle waren herrlich nach dem vielen Regen. Hockstein, Wolfsschlucht. Fritzen grobes, flegelhaftes Benehmen wurde mir heute ganz unerträglich, ganz besonders Abends in Schandau, wo mich nur der Gedanke an Vaterchen abhielt, sich von der Gesellschaft zu trennen u. wieder nach Dresden zurückzukehren.

Sonnabend, 24 August

Morgens bei Regen durch den Kirnitzgrund gefahren bis an den Wasserfall. Zu Fuß auf den Kuhstall. Hier jeder 3 Rth. u. ich Kassenverwalter. Lottchen wird getragen bis auf den kleinen Winterberg. Dort Mittagessen. Fritzens Grobheit nahm so überhand, daß ich ihm sagen mußte, er betrüge sich wie der gemeinste Stallknecht, worauf ich hernach Ruhe hatte. Der Weg nach dem Prebischthor gefiel mir des wilden Böhmischen Waldes wegen, dessen Boden mit hohem Heidekraut, Farren u. Blaubeeren dicht überwuchert war, am Allerbesten. Vaterchen war sehr rüstig u. vergnügt auf dieser ganzen Reise u. ging immer voran mit kecker Geberde ohne Furcht u. Grausen. In Herrnskretschen gingen wir zu Schiff nach Schandau, u. als ich dort die Schiffer bezahlt hatte, blieb mir gerade noch 1 Rth in Kassa. Nun fuhren wir am linken Elbufer hin einen köstlichen Weg dicht am Fluß bis nach Königstein. Hier war es nöthig, einen kleinen Aufenthalt zu machen, um dem Sattelpferd das Hufeisen neu aufzuschlagen, u. wir gingen daher den Berg nach der Festung hinauf zu Fuß. Wir kamen ziemlich nah unter den Felsen, der die Bastionen bildet, u. die Festung gewährte einen herrlichen, großartigen u. in der Abenddämmerung gegen den grauen Wetterhimmel gespenstischen Eindruck. Hier standen wir lange u. schauten die öden, dunklen Gebäude an, u. Vater wurde melancholisch, ich froh. Endlich kam der Wagen. In Pirna aßen wir zu Abend. Die Pferdchen waren sehr rüstig. [...] Um 12 kamen wir in Dresden an u. ich führte Adelhaid gleich nach Hause, auf den Fall, daß Mutter uns noch erwartet hätte. Da wir aber Alles verschlossen fanden, mußte Adelhaid die Nacht im blauen Stern bleiben.

Dienstag, d. 27. August

Julchen u. Adelhaid kamen um 7 Uhr schon in den Stern, um noch ein Stündchen bei uns zu sein u. halfen packen. Berthas Bild, das ich noch gestern von Hermsdorf hatte kommen lassen, wurde mit zu Vaters Effecten gelegt. Ich setzte den Preiß von Fritzens Bild auf 5 Dukaten. Der Abschied von Vater wurde mir ungemein schwehr, u. ich konnte mich durchaus der Thränen nicht erwehren. Julchen weinte ganz laut. Er war während seines ganzen Aufenthaltes bei uns unbeschreiblich liebenswürdig gewesen. [...] Um 6 Abends nahmen wir Abschied von Mutter u. fuhren mit Heinitzens wieder nach Hermsdorf hinaus, wo ich mich ungemein freue, in aller Ruhe wieder fleißig u. thätig zu sein.

Mittwoch, d. 28 August

Diese Nacht schlief ich, auf die viele geistige u. körperliche Ermüdung, die durch die Unterhaltung unsrer Gäste herbeigeführt worden war, ganz exemplarisch wie ein Stein, aber so ging es auch Julchen u. den Kindern, denen heute Morgen ihre hier zurückgelassenen Spielsachen wieder ganz neu waren. Als ich um 10 Uhr des Morgens noch mit Ordnen meiner Sachen beschäftigt war, erschienen auf einmal Mutter u. Adelchen u. brachten mir den Brief des Gesandten, welcher den Kaiserl. Consens zu meiner Anstellung in Ballenstedt enthielt. Ich entschloß mich sogleich, mit ihnen nach der Stadt zu fahren, um baldmöglichst meine Ballenstedter Reise anzutreten. Nun wurde der Koffer geflickt u. alle Vorbereitungen getroffen. [...] Es war mir schwehr, meine eben erst gewonnene Ruhe plötzlich wieder aufzuopfern. Um 8 waren wir in Dresden. Ich ging noch zu Berthold. [...]

Donnerstag, d. 29 August

Früh Paß besorgt. Darauf Eilpost eingeschrieben 3. Platz. Zum Gesandten, um für das besorgte Geschäft zu danken. Viele Besorgungen, Regenschirm (Seide) 4 rth, 8 gr, Staubmantel 1 Rth 16 gr., Weste 2 Rth. Gegen Abend Heinitz besucht, herrliche Stunde. Er hat Aussicht, an Galizin zu verkaufen. Heinitz leiht mir seine kurze schwarze Hose u. Strümpfe. [...] Ich vermißte Abends beim Packen mein Taschenmesser.

Freitag, d. 30 August

5 aufgestanden, Heinitz begleitet bis zur Post. Im Wagen 2 Rheinländer u. russischer Offizier, 2 Franzosen, Dame aus Posen, ein Sachse, mehrere wechselnde Damen. Rheinländer gutmüthig, sehr roh u. überlaut, schreiend, unangenehm, saufen auf jeder Station 1 Flasche Wein u. fangen mit 3 Flaschen Rum an. In Leipzig im neuen Härtelschen Hause Pöschel gesucht, Karte zurückgelassen. Vor die Stadt spatziert u. Zigarre geraucht. In Auerbachs Keller Kaviar. Handschuh 12 gr, Messer 10 gr., Mütze 1 Rth. Beim Conditor gewartet, bis der Magdeburger Eilwagen abgeht um 8 Abends, nachdem ich in Leipzig um $4\frac{1}{4}$ angekommen war bei Ausfahrt von Dresden präcis 6 Uhr. Im Magdeburger Wagen noch ein Herr aus Leipzig mit affectierter Sprache, mit welchem ich mich gut unterhielt bis Schkeuditz. Dann schliefen wir bis Halle, wo wir 12 Uhr [nachts] ankamen. Kaffee.

Sonnabend, 31 August

Gegen 1 wieder fort mit oben erwähnter Gesellschaft, die ganz anständig war. Fast gar nicht geschlafen. 5 Uhr Morgens in Bernburg. Postmeister erkennt mich auf freundliche Weise. In der Kugel gefrühstückt, dann am Tagebuch geschrieben bis 7. Vom Schlaf übermannt. Ausgekleidet, ins Bett gegangen, bis 11 geschlafen. Da mir daran gelegen war, so bald als möglich nach meiner Ankunft den Herzog zu sprechen, so entschloß ich mich, einen eignen Wagen zu nehmen, um mich heute Nachmittag noch dem Hofmarschall Seelhorst[65] vorstellen zu können. Ich bedang den Wagen für 4 Rth, fuhr um 1 Uhr Nachmittag weg u. kam um 6 erst in Ballenstedt an. Der Anblick dieses Ortes, den ich seit meinem 14. Jahre nicht wieder gesehen u. wo ich früher so besonders selige Tage verlebt hatte, ergriff mich wunderbar, u. ich konnte mich kaum der Thränen enthalten, als ich mein Zimmer Nr. 1 im großen Gasthof betrat u. aus dem Fenster ganz Ballenstedt überschaute u. mit der Stadt auch meine Kinderzeit. Ich ging zum Hofmarschall Seelhorst, der mir sehr höflich u. freundlich entgegenkam u. versprach, heute Abend noch dem Herzog[66] meinen Wunsch, ihm vorgestellt zu werden, kund zu tun u. mir morgen früh Antwort zu sagen. Seelhorst ist noch immer ein sehr schöner Mann u. macht ganz den Eindruck eines Hofmenschen.

Sonntag, d. 1. September

Um 6 aufgestanden, gefrühstückt, mit großer Rührung aus den Fenstern Ballenstedt betrachtet. Bis 10 wanderte ich im Zimmer auf und ab u. erwartete eine Notitz von Seelhorst. Ich sah aus dem Fenster die Leute zur Kirche ziehen u. wurde durch die bekannten Livreen der Hofbedienten, die überall umher schwärmten, lebhaft an frühere Zeiten erinnert. Mir war es immer, als müßte Gerhard mit seiner runden Jacke u. rothem Kragen bald vom Schloß kommen u. mir um den Hals fallen. Um 10 endlich erhielt ich durch einen Bedienten Nachricht von Seelhorst: der Herzog wolle mich um 3 Uhr Nachmittags sprechen. Nun benutzte ich die Zeit, wo alles in der Kirche war u. ich mich also ungesehen auswagen konnte, zu einem Spatziergang in den Thiergarten. Ich ging die alten Wege am Bienengarten hin, wo wir als Kinder den Tummelplatz unsrer Spiele hatten. Hier knüpfte nun die neue Zeit sich an die alte ganz ohne Uebergangs Periode – o wie fehlte mir Gerhard! Ich ging bis an das Gatter des hohen Forstes u. bestieg alle Hügel, auf denen ich als Kind gebetet u. geschwärmt hatte, ich sehe die weißen Hirschlein wie ehemals – o Gott, wo ist die alte Zeit! Um 11 war ich wieder zu Hause u. fand einen Brief vom Hofmarschall, in dem er mir schriftlich wiederholt, was er mir schon mündlich gesagt hatte, u. mich auf den Abend zum Thée einlud. Nun spatzierte ich bis zum Essen in der Stube umher u. bedachte mich, was ich eigentlich dem Herzog sagen wollte, aß dann u. legte mich schlafen. Als ich nach einem kräftigen Schlaf um 2 Uhr erwachte, fiel mir der Gedanke, nun gleich zum Herzog zu müssen, wie ein Stein aufs Herz, u. ich hatte meine ganze Präparation zu meiner bevorstehenden Unterredung wieder vergessen. Die alte Blödigkeit überfiel mich stark, ich kleidete mich indessen an u. war mit dem Schlage 3 am Schloßtor.

Ein Unteroffizier trat vor: Sind sie vielleicht der Herr v. Kügelgen – ja – nun, so will ich Sie ins Schloß führen. Dieser Kerl erinnerte sich auf Befragen mit vieler Freude noch meines Bruders, da er schon seit 25 Jahren als Gardist in Diensten stand. Im Schloß nahm mich der Hoffourier, der in seinem Paraderock ganz mit Gold überzogen war, in Beschlag u. führte mich ins Vorzimmer des Herzogs, der mich nicht lange warten ließ u. mir entgegen hinkte. Der Herzog: Wie lange sind Sie unterwegs gewesen? Ich: Durchlaucht, ich bin in 24 Stunden nach Bernburg gekommen, habe mich dort ein Paar Stunden ausgeruht, u. gestern Abend um 8 bin ich in Ballenstedt angelangt u. komme jezt meinen allerunterthänigsten Dank für das Vertrauen zu sagen, das mir Ew. Durchlaucht in der schnellen, unbedingten Gewährung meines Wunsches gezeigt haben u. das mich tief gerührt hat, möchte ich nur auch im Stande sein, den Anforderungen, die Ew. Durchlaucht an meine Person oder meine Thätigkeit machen könnte, Genüge zu leisten. Dabei sah mir immer der Herzog mit gesenktem Kopf u. glubschen Augen steif ins Gesicht ganz ernsthaft, sagte aber dann freundlich: Sie haben mir durch ihren Wunsch, in meine Dienste zu treten, ein großes Vertrauen gezeigt, u. schwieg wieder, indem er in den ersten glubschen Blick zurückfiel. Ich: Das Wiedersehen des hiesigen lieben Ortes ist mir erstaunlich ergreifend gewesen, es knüpften sich an alle Gegenstände, die ich sehe, so viele Reminiscensen meiner Kindheit ganz ohne Uebergangsperiode zu der sehr veränderten Gegenwart, daß ich mich manchmal besinnen muß, in welchen Verhältnissen ich eigentlich jezt mich befinde, mir ist's ganz so zu Muthe, als sollte ich jezt von Ew. Durchlaucht weg über den Schloßhof in die ehemalige Wohnung des Prinzen gehn, den ich mir noch als Kind denke in Gesellschaft meines Bruders (Herzog sehr freundlich). Mein Bruder, Ew. Durchlaucht, hängt noch mit aller Liebe u. Treue an Ew. Durchlaucht hohem Hause u. wird es nieh vergessen, was ihm hier Gutes geschehen ist. Er hat mich beauftragt, Ew. Durchlaucht für die Gnade, die er während seines Hierseins von Ew. Durchlaucht genossen hat, seinen herzlichsten Dank unterthänigst auszusprechen. Herzog: Wo ist er jezt? Ich: Er besitzt ein Gut 10 Meilen südwestwärts von Reval u. steht nebenbei einer zu einem Fräulein Stift gehörigen bedeutenden Oekonomie als Inspector vor u. befindet sich in seiner Stellung sehr wohl. Herzog: Wenn Sie ihm schreiben, grüßen sie ihn von mir. Ich: Ew. Durchlaucht, ich freue mich in der Seele meines Bruders über diesen Gruß, der ihn unendlich glücklich machen wird. Auch meine Mutter hat mich beauftragt, sie Ew. Durchlaucht unterthänigst zu Füßen zu legen u. Ihrem Andenken zu empfehlen. Herzog: Wie geht es ihr? Ich: Es sind nun 2 Jahre, daß sie von einem schlagartigen Zufall befallen wurde, der uns äußerst erschreckt hat, die linke Seite wurde ihr gelähmt u. der Augapfel dergestalt in den Augwinkel fixiert, daß sie das Auge nicht mehr bewegen u. von ihrem Sehorgan keinen Gebrauch mehr machen konnte. Herzog: Hat sie denn Hilfe gefunden? Ich: Der ausgezeichneten Sorgfalt des Hofrath Carus ist es gelungen, ihren Zustand wenigstens zu mildern, so daß sie sich doch nun wieder beschäftigen kann. Da der Herzog schwieg, so fuhr ich fort: Dieser Carus ist ein ausgezeichneter tiefblickender Arzt u. hat auch mich vom Tode gerettet. Herzog: Was fehlte Ihm denn, wohl Unterleibsbeschwerden? Allerdings, Durchlaucht, indessen wie das manchmal bei dieser Krankheit ist, sie bringt Simptome hervor wie Brustübel u. ich wurde von meinem früheren Arzt auf die Brust kuriert u. immer kränker, bis Carus mich in die Kur nahm u. mich in kurzer Zeit herstellte. Herzog: Was gab er ihnen denn, ließ er sie Brunnen trinken? Ich bitte um Verzeihung, Durchlaucht, er half mir durch Medikamente auf u. durch eine passende Diät. Herzog: Ja, durch Diäten machen jezt die Aerzte viel, u. darin besteht auch wohl der Vorzug der Homöopathie, da die geringen Pülverchen unmöglich von bedeutender Wirkung sein können. Ich: Die Homöopathie hat doch der Wissenschaft einen neuen Schwung gegeben, theils, wie Ew. Durchlaucht bemerkten, durch die Anwendung der Diät, ganz besonders aber durch Vereinfachung der Medikamente. Herzog: Das ist wahr, ist denn ihr Dresdner Arzt Homöopath? Bitte um Vergebung, er ist im Gegentheil diesem Sistehm sehr abgeneigt. Herzog: Aber er hat ihnen doch Diät vorgeschrieben, in wie fern denn das? Er hat mich auf sehr einfache Kost gesetzt u. mir alle Gewürze u. erhitzenden Getränke verboten, auch den Genuß des Weins geschmählert. Herzog lächelnd: O weh! aber das ist gut. Haben Sie in Bernburg meinen Sohn besucht? Bitte um Vergebung, ich habe Niehmand in Bernburg gesprochen, ich freue mich aber sehr auf den Prinzen u. werde mit Ew. Durchlaucht Erlaubniß ihm auf meiner Rückreise meine Aufwartung machen – ich habe von alter Zeit her den Prinzen noch immer sehr lieb. Herzog: Sie werden ihn verändert finden, groß geworden – er hat mir viel viel Sorge gemacht – aber jezt findet sich's besser. Ich: Gott segne den Prinzen u. lasse Ew. Durchlaucht noch viel Freude erleben. [...] Herzog: Haben sie ihr Bild nun vollendet? Allerdings, Durchlaucht, u. es wartet nun auf die Kirche. Herzog: Was ist das für eine Kirche? Es ist die St. Olai Kirche in Reval, ein altes Gothisches Gebäude, das durch seinen Thurm erster Größe einiger Maßen berühmt war, vor 10 Jahren jedoch durch den Blitz u. dadurch veranlaßtes Feuer eingeäschert wurde, nun aber vom Kaiser, der der Stadt Reval dadurch ein Zeichen seiner Gnade u. Zufriedenheit geben will, wieder neu aufgebaut wird. Herzog: Von wem haben sie nun eigentlich die Entlassung aus dem russischen Dienst erhalten? Ich: Durchlaucht, ich bin nicht in russischen Diensten gewesen, bin aber russischer Unterthan, habe auf meinen Reisen eine Unterstützung von Rußland genossen u. hielt es für meine Pflicht, nicht ohne des Kaisers Einwilligung in fremde Dienste zu gehen, die kaiserliche Erlaubniß aber, in Folge derer ich jezt herkomme, habe ich durch den Gesandten in Dresden erhalten. [...]

Wann werden sie herkommen? Ich: Ich hoffe zu Michaelis. Herzog: Und wie lange werden sie jezt hier bleiben? Ich: Mit Ew. Durchlaucht Erlaubniß so lange bis ich ein Quartier gefunden, welches mir, wie ich fürchte, Mühe machen wird, da wir Maler gezwungen sind, so viele Anforderungen an eine Wohnung zu machen u. bis ich einige alte mir lieb gewordene Bekanntschaften wieder werde erneuert haben, zu welchem Allen ich doch wohl 4-5 Tage nöthig haben werde. Herzog: Wünschen sie Ihre Bestellung jezt zu empfangen oder wenn sie ganz herziehen? Ich: Wenn Ew. Durchlaucht sie mir jezt wollte ausfertigen lassen, so würde ich dieß mit großem Danke anerkennen. Herzog: Gut, es soll Ihm ausgefertigt werden. Hier schwiegen wir beide ein Weilchen, ich glaubte es sei an der Zeit u. verbeugte mich u. verließ den Herzog äußerst wohlgemuth, daß diese beschwerliche Visite nun hinter mir lag.

Sehr fidel erreichte ich das Gasthaus, zog mich um u. besuchte nun Hoffmann[67], in dessen Hause ich wie ein alter Freund empfangen wurde. Mit Hoffmann wurde eine Pfeife geraucht u. viel über mein neues Verhältniß gesprochen. H. machte mir viel Muth. Die Frau war äußerst liebenswürdig, sie luden mich ein, Zeit meines Aufenthalts hier bei ihnen zu wohnen, welches ich aber ablehnte. Es wurde auch von Quartieren gesprochen u. es scheint, als wünsche man sehr bei Hofe, daß ich bei Petri wohnen solle. Hoffmann schrieb mir Adressen auf, wo ich Besuche zu machen hatte. Nun ging ich zu Seelhorst zum Thée, wo ich wiederum überaus freundlich aufgenommen wurde u. mir alle Unterstützung zu Rath u. Tat angeboten wurde. Um 8 Abends kam ich wieder nach Hause.

Montag, 2. Septbre

Um 10 trat ich meine Visiten an u. ging zuerst zu Starkens[68], die mich mit ganz erstaunlicher Herzlichkeit empfingen. Die alte Mutter schien leidend zu sein, in ihrer Stimme lag etwas Brustkrankes u. sie war bei der geringsten Veranlassung zu Thränen gerührt. Von diesen guten Leuten ging ich zu Salmuth[69], der auch recht herzlich u. freundlich war u. mir einen guten, vortheilhaften Eindruck machte. Nun zu Gottschalk[70], der sehr gealtert ist u. sich erschrecklich kalt u. gleichgültig gegen mich benahm, so daß ich einen unangenehmen Eindruck aus seinem Hause mitnahm. Nun zu Alvenslebens[71]. Er war im Aachener Bade, aber die Frauenzimmer waren sehr gut u. freundlich u. thaten mir auf Gottschalks Kälte recht wohl. Von hier ging ich zum geh. Kanzleirath Petri, der für einen so ganz fremden Mann recht artig war u. mir den Eindruck eines guten Menschen machte. [...] Dann zum Jagdjunker Krosigk[72], bei dem ich fast 2 Stunden verweilt bin; er sowohl als seine Frau machten einen Eindruck von Flachheit u. Weltlichkeit, aber auch vieler Gutmüthigkeit auf mich. Von hier aus ging ich zu Forstmeister Weise[73], der mich freundlich empfing, ein gesetzter durchgereifter Mann schien u. mir ungemein gefiel. Gott gebe, daß ich ihm auch möge gefallen haben u. daß wir künftig näher miteinander bekannt werden mögen. Nun wieder zu Hoffmann, wo der Thée getrunken wurde u. Hoffmann unausstehlich viel von Kunst u. Kunstgeschichte schwatzte. ½8 ging ich zu Starkens, wo ich zum Abendessen geladen worden war. Die guten Leute waren sehr herzlich u. thaten alles, um es mir bei ihnen wohnlich u. angenehm zu machen, u. ich war auch außwendig sehr lustig u. vergnügt, inwendig aber traurig u. unheimlich, es macht mir doch viel Sorge, daß ich noch kein Quartier habe u. sich auch noch gar keine Hoffnung zeigen will, eines zu erhalten.

Der junge Starke[74], Candidat, ist jezt bei seiner Mutter u. bereitet sich auf sein Examen vor, er scheint ein gutmüthiger Mensch zu sein, jedoch von einem ernsten, ächt theologischen Sinn fand ich keine Spur. Ich blieb bei Starkens bis nach 11 Uhr u. ging dann, vor Frost schüttelnd, durch den kalten Wind nach Hause.

Dienstag, d. 3 Sept.

Bis 10 Uhr blieb ich zu Hause u. ging dann aufs Schloß u. ließ mich bei der Frau v. Hoym[75] melden durch den Lakai Rose, der früher Lakai bei der Herzogin war u. sich meiner u. Gerhards noch sehr wohl erinnerte. Die Frau v. Hoym war sehr freundlich u. liebenswürdig, erinnerte sich Julchens sehr lebhaft u. sprach große Freude aus, sie wieder zu sehen. Sie hatte ein freundliches u. doch sehr würdiges Benehmen. Ich blieb eine starke Vierthelstunde u. machte dann meinen Besuch bei dem Schloßhauptmann v. Siegesfeld[76], den ich aber nicht zu Hause fand, sondern nur seine höchst freundliche, liebenswürdige u. zuvorkommende, noch immer hübsche Frau, die mir mit vieler Theilnahme herzliche Grüße an Mutter auftrug, so wie dieß auch die Frau v. Hoym unbekannter Weise gethan hatte. Von hier machte ich einen Besuch beim Hofrath Curtze[77], ging dann nach Hause, zog mich um u. verfügte mich zu Tisch wieder zu Hoffmanns.

Vor Tisch hatte ich mit Hoffmann ein lebendiges religiöses Gespräch. Es schien ihm daran gelegen zu sein, sich gegen mich so ortodox als möglich auszusprechen. Ich legte ihm auch mein Bekenntniß vor u. es scheint, als wenn wir in der Theorie des Christenthums ganz übereinstimmten – doch aber ist mir fühlbar eine religiöse Hemmung zwischen uns da, obgleich Hoffmann viel weniger Rationalist ist als ich mir's eingebildet hatte. Nach Tisch besuchten wir den Dr. Hoffmann[78] in der Stadt, der mich ungemein an den Oncle Krummacher in Elberfeld erinnerte u. mit dem ich einen Spatziergang auf den Ziegenberg machte. Von hier kamen wir wieder zu Hoffmanns zurück u. fanden den geh. Canzleirath Petri mit seiner Frau vor u. den Lieutnant Gutschmidt. [...] Zum Abendessen gingen Petris u. Gutschmidt[79] fort, es stellte sich aber der junge Starke ein, von dem Hoffmann sagt, er sei ein Erzrationalist. Wir aßen Tauben. Nach dem Essen sang u. spielte Mlle Bädeker einige leichte kleine Arien, auch Hoffmann sang u. um 10 begleitete Starke mich nach Hause. Mir ist gar nicht wohl, welches von der Aufregung herrühren mag, in die ich durch den bevorstehenden Umzug versetzt bin.

Mittwoch, d. 4 Sept.

Ich hatte die Nacht schlecht geschlafen u. mich besonders viel mit dem Gedanken gequält, noch kein Logis zu haben u. am Ende genöthigt zu sein, das von Machzum zu mieten, welches mir in so vieler Art doch gar nicht conveniert. So entschloß ich mich denn Heute Morgen, mit Nitsche zu sprechen u. zu hören, ob u. zu welchen Preisen er wohl für den Winter Zimmer im Gasthof vermiethen würde. Auf Befragen verlangte er für 4 möblierte Zimmer mit Betten monatlich 10 Rth. So schien mir nun die Sache am besten zu sein, grad in den Gasthof zu ziehen u. von da aus mit Julchen zusammen mit gehöriger Ruhe ein Quartier für das Frühjahr aufzusuchen.

Indem kam der Hofrath Gottschalk zu mir, über dessen Besuch ich mich in so fern freute, als ich daraus sah, daß die Kälte, die er mir das vorige Mal gezeigt hatte, nur auswendig gewesen war, um mir seine Gegenvisite zu machen. [...] Mit Gottschalk zusammen traf Siegesfeld, der gleichfalls seinen Gegenbesuch machte u. mit dem ich stark politisierte. Er scheint recht in der Geschichte unsrer Zeit zu leben. Die Worte purzelten ihm aus dem Munde heraus. Ich besuchte Fleischmanns. [...] Von hier ging's zu Hoffmanns zu Tisch. Nach Tisch machten wir einen großen Spaziergang nach dem Siebersteinsteiche, der Hubertushöhe u. durch den Wald beim Grabe der Fräul. Buttlar vorbei durch die neuen Anlagen wieder nach Ballenstedt hinein. [...] Mit Hoffmann rauchte ich eine Pfeife auf seinem Stübchen. Hier sprachen wir noch recht vertraulich miteinander. Hoffmann scheint wirklich ein religiöses Bedürfniß u. ernstes Streben zu kennen, beklagte auch, daß kein Haus in Ballenstedt sei, wo man höhere Interessen kennt u. meinte, es würde ihm sehr lieb sein, wenn ich in Gesellschaft manchmal ein Gespräch geistlichen Inhalts aufs Tapet brächte oder auch in meinem Hause einen Abschnitt aus der Bibel oder einem sonstigen erbaulichen Buch vorlesen wollte, welches mir sehr angenehm war von ihm zu hören. Gegen 8 gingen wir Beide hinüber zu Starkens, wohin wir eingeladen waren, u. waren dort recht vergnügt bis um 10. In der Unterhaltung mit Starkens verließ mich ein Gefühl von Beängstigung, das mich den ganzen Tag niedergedrückt hatte.

Donnerstag, d. 5 Sept.

Gut geschlafen. Rechnung bezahlt 3 Rth 8 gr. Hoffmann u. Starkens Abschied. Der junge Starke begleitet mich, ist unterwegs sehr gesprächig. In Aschersleben Billiard. Mittagessen. Um 5 Uhr in Bernburg. Visite bei

Sonnenberg, darauf bei Kammerherrn Laßberg[80] im Schloß. Dieser stellte mich dem Prinzen[81] vor. Es war mir sehr erstaunlich ergreifend, als ich ins Zimmer trat, die Jammergestalt des Prinzen zu sehen, es waren bei ihm Baurath Bunge u. noch ein Herr aus der Stadt. Der Prinz unterhielt sich sehr angelegentlich mit mir u. sprach recht viel u. mit augenscheinlichem Vergnügen u. vieler Liebe von Gerhard. Er meinte, das wären doch schöne Zeiten gewesen, so ungeniert u. so lustig. Er trug mir mehrere Male auf, Gerhard von ihm zu grüßen. Sein Geist scheint nicht mehr entwickelt zu sein als vor 16 Jahren, da wir beide noch Kinder waren. Der arme Prinz. Als ich vom Prinzen zurückkam, fand ich in der Kugel Riekchen Lutze[82], die mir sehr freundlich entgegenkam. [...]

Freitag, d. 6. Sept.

[... Besuche in Bernburg bei Baurat Bunge, Professor Herzog, Kantor Lutze u. Familie Meister] Ich fuhr in Gesellschaft eines sehr langweiligen, völlig schweigsamen Mannes bis Halle, wo wir $\frac{1}{2}$11 nachts anlangten. Hier aß ich im Löwen u. $\frac{1}{2}$12 ging die Reise weiter, wieder mit einem andern Kerl, mit dem ich auch nicht sprach, weil wir beide zu schlafen suchten, welches mir jedoch nicht gelang. In Schkeuditz blieb der Andre, u. ich war nun allein bis Leipzig, wo wir früh um 4 anlangten.

Sonnabend, d. 7 Sept.

In Leipzig ging ich ins Wirthshaus der Post gegenüber, legte den Kopf auf den Tisch u. schlief bis 5, dann ging ich auf die Post, ließ mich im Cabriolett einschreiben, frühstückte dann, u. Punkt 8 ging die Reise nach Dresden weiter. Ich saß vorne bei einem Candidaten, der mir viel von Rußland erzählte. Der Schirrmeister sprach mit mir beständig über Kunst in ganz gewählten Ausdrücken, u. als ich ein Bischen geschlummert hatte, sah ich, daß er las u. zwar Biographien der Niederländischen Meister u. Geschichte dieser Schule. Wir waren $\frac{1}{2}$5 auf der Post in Dresden, u. ich ging gleich zu Mutter, die ich bei ganz leidlichem Wohlsein antraf. Hier erzählte ich nun von meinen Abendtheuern bis gegen 7, wo ich weiterfuhr u. noch um 9 Uhr Hermsdorf erreichte. Ich traf Julchen frisch u. gesund an. Die kleinen niedlichen Kinder schliefen schon. Nun wurde gleich – nach langer Zeit wieder – eine lange Pfeife gestopft u. erzählt nach Herzenslust bis nach 11 Uhr, wo wir schlafen gingen.

Sonntag, d. 8 Sept.

Diese Nacht schlief ich nach langer Zeit in meinem eignen Bett wie ein Stein. Als ich des Morgens erwachte, hörte ich im Nebenzimmer Berthas Stimme u. rief sie. Großes Erstaunen, meine Stimme zu hören. Ich stand auf, u. Bertha kam auch gleich hereingeschossen in der Nachtkappe, um mich zu begrüßen. Von 10 bis gegen 12 war ich bei Heinitz, welcher krank gewesen war u. heute zum ersten Mal ausgehen wollte. Ich begleitete ihn in den Garten. Mittags schmeckte es vortrefflich am eignen Tisch. Nachmittag in die Kirche. Erntefest. Schulmeister führt eine überaus lächerliche Musik auf mit Recitativ u. Fugen, worüber die Bauern lachen. Die Kirche dauerte von 2 bis fast 6, weil Roller auch noch eine Taufe mit hineingezogen hatte. Nach der Kirche war große Füllniß in Rollers Stube u. erstaunlicher Überfluß an Schulmeistern. Als diese sich verliefen, rauchten wir noch eine Pfeife. Nun begleitete uns Roller sehr langsam nach Hermsdorf. Wir gingen die Chaussée bis an den Schafstall, u. hier wollte Blüher den dunkeln Weg über Hermsdorf nicht einschlagen, sondern hinten herum über den Berg gehen. Roller setzte sich auf herbe Weise dagegen, aber Blüher bestand dießmal auf seinem Kopf u. riß seine Frau mit fort – u. Roller klagte laut über große Tirannei. Ich bat Roller mit zu mir zu kommen, weil er so sehr traurig war. Er klagte mir den ganzen Abend vor, wie verlassen u. einsam er sei u. wie verkannt, welches mir schrecklich beschwehrlich war, da die Schuld doch nur an ihm liegt u. er dieß nicht begreift, ihm also auch durchaus nicht zu helfen ist. Er blieb bei uns bis um 10.

Montag, d. 9 Sept.

Heute Morgen holte ich mein Tagebuch für mehrere Tage nach u. war dann mit Julchen im Garten. Nachmittag machten wir einen Besuch in Ottendorf. [...]

Dienstag, d. 10 Sept.

Heute Morgen mit Bertha mit Heinitzens Gelegenheit nach Dresden gefahren u. den ganzen Tag bei Mutter geblieben, mit deren Befinden es seit der lezten Arznei von Carus immer besser geht, so daß ich, ob sie gleich sehr schwach ist, doch hoffe, sie werde mit Gottes Hilfe den Winter gut überstehen. Sie machte mir Heute doch wieder Hoffnung, nach Ballenstedt zu ziehen. Ich nahm heute Emilien für Ballenstedt an, die sich darüber sehr freute u. Bertha fast noch mehr, die, als ich die an Emilien gerichtete Frage, ob sie mit gehen wollte, kaum ausgesprochen hatte, über das ganze Zimmer hergeschossen kam, Emilien um den Hals fiel u. ausrief: Ei nun bleibst du ja bei mir, aber wenn du nur nicht wieder fortgehst. Nein, sagte Emilie, ich mach' es nicht wie die Lore, ich bleibe gewiß bei dir. – Mutter kaufte Bertha ein Ueberröckchen, ich Julchen ein grünes Kleid. Bertha blieb in Dresden bei Mutter. Adelhaid fuhr mit ihr heraus nach Hermsdorf, worüber Julchen große Freude hatte. Wir aßen zu Abend Eier, Schinken u. Holundersuppe. [...]

Mittwoch, d. 11 Sept.

Früh einige Vorbereitungen zum morgendem Oelmalen gemacht. Hernach ausführlich an Vaterchen geschrieben. Dann mit Julchen, Adelhaid u. den Heinitz Damen bis 12 Uhr im Garten. Nachmittag an die Baukommission [in Reval] geschrieben, ob ich mein Bild stehen lassen darf, bis die Kirche völlig ausgebaut ist oder ich im Stande bin, es vorher selbst hinzubringen. Später zu Blüher gegangen. [...] Am Abend nach dem Essen las ich Julchen u. Adelhaid Aufsätze aus dem Correspondenzblatt vor.

Donnerstag, d. 12. Sept.

Heute morgen fuhr Adelhaid mit Frau v. Heinitz nach der Stadt u. nahm Anna mit, welche Bertha, die heute zurückkommen soll, bei der Großmutter ablösen wird. Ich retouschierte den Johannes u. die Maria im großen Bild u. arbeitete tüchtig mit Asphalt hinein, welches gute Wirkung thut. Das Bild ekelt mich an u. mißfällt mir im höchsten Grade. Gott möge es vollenden helfen u. mich über sein ferneres Schicksaal beruhigen.

Freitag, d. 13. Sept.

Doras Portrait fertig gemacht. Der Grund war matt grün, schon ziemlich dunkel gemalt, zu einem ins Blauroth spielenden schwarzseidnen Kleid. Nun lasierte ich den Grund mit einem grünen Ton von Beinschwarz, Pariserblau u. dunkel gr. Zinnober – wurde sehr schön. Der Grund war eher blau als gelbgrün gemalt, u. so war auch der Ton der Lasur, den ich mit Borstpinsel auftrug, dann mit Fischvertreiber[83] vormalte u. endlich mit Dachs vertrieb. Gestern Abend erhielten wir von Mutter einen Brief, in welchem sie schreibt, daß Scheibels unser Quartier hier beziehen werden, u. zwar den 8ten October schon Dresden verlassen müssen. Nun sind wir unangenehm gedrängt. Ich habe heute u. gestern auf dem Spaziergang mich wieder gerade zu halten gezwungen, u. aus den Schmerzen, die ich dabei im Kreutz empfand, gemerkt, wie krumm ich wieder gegangen sein muß. [...]

Sonnabend, d. 14. Sept.

Heute früh 6 durch Heinitz einen Zettel vom alten Reich[84] bekommen, der in Dresden ist u. mich sehen will. Daher hineingegangen. Als ich bei Mutter eintrat, spielten die beiden Kinder in der Fensterecke u. Bertha flog mir gleich um den Hals – Anna blieb sitzen u. sah mich blos verstohlen an, dann sagte sie: Pappa ist da. Bertha setzte sich auf meinen Schoß, u. als Mutter u. die Andern hinausgegangen waren, sagte sie: Höre, Pappa, wenn wir Morgen früh ganz allein zusammen sind, will ich dir doch was sagen – aber wenn du willst, kann ich es dir auch gleich jezt sagen. Nun, sagte ich, sprich doch. Bertha: Siehst du, Pappa, wenn wir früh was Großes machen wollen, müssen wir immer auf den Abtritt gehen. Ich: Wenn ihr aber nun noch in der Nachtkappe seid? Bertha: Wenn wir noch in der Nachtkappe sind, dann dürfen wir in den Topf machen. – Am Nachmittag suchte ich Reich auf, fand ihn aber nicht im Hause. Ging zu Berthold, mit ihm in den Garten. [...] Heute Abend fing ich an, an einem Aufsatz zu schreiben über die zu wünschende Einigkeit in der Kirche.

Sonntag, d. 15. Sept.

Heute Morgen bei Reich. Er rieth mir, wegen der Elbfracht mit einem gewissen Herrn Hartmann im Packhof zu sprechen, den ich auch nicht zu Hause fand. Bei Mutter fand ich Heidler, welcher mitspeiste u. hernach mit mir nach Hermsdorf ging. Scheibels, Steffens u. Huschkens hatten heute bei Roller kommuniziert u. hernach die arme Julie besucht. Mein Portrait von Lieschen [Scheibel] hatten besonders die Eltern sehr ähnlich gefunden, u. Scheibel war wie unsinnig in der Stube herumgerannt. [...] Der kleine Gerhard ist wahrscheinlich seiner Pocken wegen ganz erstaunlich unruhig u. hat Julie vorige Nacht wieder gar nicht schlafen lassen.

Dienstag, d. 17 Sept.

Heute die Kleider der Frau v. Heinitz (August) gemalt. [...] Roller hat Blüher eine lange Ermahnung gehalten: Die Ehemänner dürften durchaus nicht eifersüchtig sein, denn die Frauen könnten im freieren Umgang auch mit andern Männern ganz erstaunlich wohlthuend einwirken. Blüher meinte, dieser freie Umgang müßte doch aber auch seine

Gränzen haben, worauf Roller erwiederte: der Coitus wäre die Gränze. So albern u. beschränkt ist dieser Mann.

Sonntag, d. 22 Sept.
Früh mit Heinitz in die Kirche gefahren. Roller predigte weniger langweilig als gewöhnlich von der Auferweckung des Jünglings zu Nain, wobei er Gelegenheit nahm, von der Lage der Wittwen zu reden u. aller Verlassenen in der Welt, die sich leichter als andre dem Herrn in die Arme werfen, weil alle andren Stützen ihnen entwichen sind. [...] Abends ging ich auf mein Zimmer u. fing mit Intresse einen Roman an zu schreiben, den ich den Mistiker nennen will.

Mittwoch, d. 25. Sept.
Mit großer Plage die stehende Figur am Kreutz wieder retouchiert. Abends in Folge der Anstrengung unwohl, beängstigt. Gerhard schrieh den ganzen Abend.

Donnerstag, d. 26 Sept.
Heute früh den Fußboden des Bildes angefeuchtet. Um 10 Mutter mit Frl. Raab u. Keibel. Nach Tisch alle mein Bild besehen. Großes Lob eingeerntet – ach, sähe ich's doch auch so schön! Pastor Richter, Heinitzens, Rechenberg, die Ottendorfer Mädchen – große Gesellschaft. Um 4 Mutter weggefahren, um 6 gingen Richters, den halben Weg begleitet. Beim schönsten Mondschein mit Julchen wieder nach Hause.

Sonnabend, d. 28 Sept.
Ich schrieb heute wieder am Mistiker, indem ich Alfred[85] erwartete. Julchen hatte große Vorbereitungen gemacht, ihre Gäste zu empfangen. Sie ließen uns aber lange warten mit dem Essen, u. als sie endlich um 2 Uhr kamen, fand sich's, daß sie schon gegessen hatten u. hatten nun bei uns das Zusehen bis auf Julius, der sich's zum zweiten Mal schmecken ließ. Ich fand Alfred sehr todt u. einsilbig, seine Frau aber recht angenehm; aber so das Leipziger bewegliche Wesen, welches ich nicht leiden kann. Wir tranken nach dem Essen Thée im Orangengärtchen, aus dem die Bäume erst gestern herausgebracht worden waren, u. dann gingen wir spatzieren über das Wehr u. die Wilhelms Eiche wieder nach Hause – hier gab's schöne Weintrauben u. Thée mit Kuchen u. ungefähr um 7 Abends fuhr ich mit Volkmanns nach Dresden, um Morgen Fechner[86] zu besuchen. Wir hatten herrlichen Vollmond, u.

ich stieg mit Volkmanns in Stadt Frankfurt ab, um Mutter so spät nicht noch zu beunruhigen.

Sonntag, d. 29. Sept.

Nachdem ich mit Volkmanns gefrühstückt hatte, ging ich mit Alfred u. Julius zu Grimmer[87], um Fechner kennen zu lernen, welcher bei ihm wohnt. Grimmer u. Fechner waren im Schlafrock u. sahen höchst intressant aus. Grimmer sehr geistig, ein feines, hübsches Gesicht, musikalisch, Fechner ein Gemisch vom Greise u. vom Kinde, aussehend wie ein Zauberer, mit wunderlich langen Locken u. ganz freundlichem, lächerlichem Gesicht. Wir blieben ein Stündchen beisammen, u. dann gingen wir 3, Alfred, Julius u. ich, in den großen Garten, wo wir Käse u. Butterbrot frühstückten u. uns gut unterhielten. Für den Nachmittag hatten wir eine Parthie nach Fintlaters mit den andern verabredet, wo wir unsrer Seits schon zu Mittag essen wollten. Wir gingen daher von Stadt Frankfurt in Fechners Gesellschaft hierauf. Ich unterhielt mich auf dem ganzen Wege mit Fechner besonders davon, ob Rußland auf seinem jeztigen Wege den Bildungsstand des übrigen Europas erreichen könne. Fechner meinte ja u. ich nein, wenn nicht mit Aufopferung seines Charakters u. aller Eigenthümlichkeit. Nach dem Essen kam auch Grimmer hieraus, doch amüsierten wir uns im Grunde sehr schlecht u. fuhren gegen Abend auf der Gondel wieder hinein. Nun ging ich erst zu Mutter, welche sehr überrascht war, besonders da sie hörte, daß ich schon gestern gekommen sei. [...] Ich hatte noch einen hübschen Abend mit Mutter u. Adelhaid.

Dienstag, d. 1. $\underline{8bre}$

Ich fuhr heute mit Adelhaid nach Hermsdorf, u. Mutter bezahlte den Wagen unter der Bedingung, daß wir ihr die Kinder hereinschickten. Wir hatten eine äußerst angenehme Fahrt in offener Chaise. Nachmittag fing ich an, meine Mappen zu ordnen, u. gegen Abend fuhr Adelhaid mit den Kindern fort, die mit leichtem Herzen sich von Hermsdorf trennten u. die Rührung derer nicht theilten, welche von ihnen Abschied nahmen.

Mittwoch, d. 2. $\underline{8bre}$

Heute nahm ich das Portrait von Heinitz wieder vor, um es zu vollenden, u. hatte, weil noch so viel an dem Bilde fehlte, ein ungeheures Tagewerk vor u. dabei fing der Tischler an, unsre Meubles zu emballieren, wo ich doch manchmal nachsehen mußte; wie groß war daher mein Schreck, als Nachmittag um 3 plötzlich Pönitz[88] angefahren kam u. uns besuchen wollte. Ich war halb verzweifelt u. meine Frau im vollen Packen nicht viel weniger, doch machten wir es möglich, mit ihm noch eine Promenade durch den herbstlichen Garten zu machen, wo er dann von England u. Frankreich erzählte nach Herzenslust. Er war mir sehr rührend als ein alter, so treuer Freund meiner Eltern. Die Heinitzen trank den Thée bei uns, als plötzlich, zu unserm Schreck, Sieler eintrat. Heute mußt du ihm Wirtshaus schlafen, wir haben keine Betten mehr, redete ich ihn an, aber die Heinitz lud ihn zu sich ein, welches er auch, wie es schien wieder Erwarten der Heinitz, begierig annahm. Wir hatten, als die Heinitz fort war, noch einen angenehmen Abend mit Sieler u. waren von wegen der Einpackerei so schlecht bemeubelt, daß wir uns – jeder seinen Stuhl – von einer Stube in die Andre schleppen mußten, wo wir nur grade sein wollten, welches Sielern sehr ergötzte.

Freitag, d. 4^{8bre}

Heute war große Packerei, Julchen packte Schränke u. Komoden voll u. ich u. der Tischler 2 Kisten mit Büchern u. Kupfern, dabei war Julchen höchst unwohl, übel u. Kopfweh u. war deswegen für mich ein sehr angstvoller Vormittag. Zu Mittag erschien ganz unerwartet Mutter mit den beiden Kindern, die sie noch einmal hergebracht hatte, weil sie es unrecht fand, daß die Kinder von Niehmand Abschied genommen hatten. Sie war mit ihnen in Lausa gewesen u. in Grühnberg auf der Pfarre u. bei den Schwestern u. brachte sie nun noch nach Hermsdorf. Wir saßen in großer Unordnung. Um 4 fuhr Mutterchen wieder fort. Abends, als es dunkel geworden, überlegten Julchen u. ich eben, ob wir sollten noch nach Lausa gehen oder nicht, da kam Roller u. blieb den ganzen Abend u. auch zum Essen bei uns. Er war sehr herzlich u. liebenswürdig. Wir aßen in der Leutestube unter Koffern u. Unordnung, aber es war der hübscheste Abend, den ich noch mit Roller gehabt hatte. Wir sprachen besonders über Heinitzens[89] Verhältnisse u. machten ab, nicht voneinander Abschied zu nehmen.

Sonntag, d. 6.^{8bre}

Ich ging zur Kirche, Julie konnte nicht – mir war der Gottesdienst als der lezte, dem ich hier beiwohnen konnte, besonders rührend, u. ich konnte mich kaum der Thränen erwehren. Roller kommunizierte,

Blüher predigte. Nach Tisch spatzierten wir mit Heinitzens im Garten
umher u. besahen uns die Anstalten zur Auction. Die alte Hildebrandt
wünschte noch vorher aus freier Hand den Nachtstuhl für sich zu kaufen, welches abgeschlagen wurde. Von 3-4 saßen wir mit Heinitzens
am Portal des Schlosses u. sahen, wie die Leute sich versammelten.
Um 4 nahm die Auction ihren Anfang, u. wir sahen mit Schmerz, wie
unsre alten lieben Meubles aus dem Coleraturm eins nach dem Andern herausgetragen wurde. Wir standen vor der Thür des Thurmes u.
hörten, daß sehr heftig auf ein Stück geboten wurde, welches Alle
schienen haben zu wollen u. das endlich mit 1 Rth 8 gr wegging. Wir
waren neugierig zu hören, was es wohl sein möchte, als plötzlich der
Schmied mit dem Nachtstuhl auf dem Kopf mit triumphierender Mie-
ne heraussprang u. sein Schäfchen ins Trockene brachte. Blüher u. seine Frau waren auch zugegen, u. sie kaufte meine Kräuterpresse, eine
Bettstelle u. meinen Kleiderschrank. Als die Sache ziemlich beendigt
war, gingen wir Alle zu Heinitzens zum Thée, da trug Heinitz mein
liebes Drehstühlchen herein, setzte sich drauf u. sagte ganz erfreut:
Das hab' ich mir zum Andenken erstanden. Es war mir eine rechte
Freude, eines von meinen Meubles in seinem Gebrauch zu wissen.
Gegen 8 Uhr begleitete ich noch Blühers nach Grünberg u. mich wieder Heinitz. Wir trennten uns bei Rollers Häuschen, wo Heinitz u. ich,
da die Thür verschlossen war, über die Mauer sprangen, um den
Schwestern noch einen Besuch zu machen. Ich hatte ihnen die Scitze
zu meinem Altarbild mit gebracht, die ich der Marianne zum Andenken schenkte. Auf dem Rückweg hatte ich noch sehr angenehme u.
herzliche Gespräche mit Heinitz. So gingen wir durch die dunkle Nacht
bis in den Hermsdorfer Hof, wo wir uns mit einem Kusse trennten.

Montag, d. 7$^{\underline{8bre}}$

Heute Morgen, am Tag unsrer Abreise, mußte ich mich nun noch einmal an mein großes Bild machen, um einige gar zu unvollendete Parthien noch fertig zu machen. Ich retouchirte die Haare der stehenden
Figur u. hielt den unteren Theil des Kleides, den ich neulich gar zu
sehr abgedämpft hatte, wieder etwas brillanter. Dann sagte ich Amen
u. setzte meine Palette zum letzten Male vor diesem großen Bilde ab.
Nun ging es an ein eiliges Packen des Malkastens. Wir aßen in der Kin-
derstube fast ohne Geschirr einige Kartoffeln u. Eier. [...]
   Unser Wagen stand gepackt im Hof, gegen 6 stiegen wir, von Blühers
geleitet, ein u. fuhren ab. O es war uns schwehr ums Herz, als wir

zum Thor hinausrollten. Wir kamen ziemlich spät in Dresden an u. fanden bei Mutter die Scheibeln, die uns erwartet hatte, um noch Abschied zu nehmen. Julchen blieb bei Mutter u. ich fuhr weiter nach dem blauen Stern, wo mir Nr. 1 angewiesen wurde u. wo ich meine Schatullen u. Mantelsack ablud. Dann ging ich wieder zu Mutter u. blieb den Abend da.

Mittwoch, d. 9^{8bre}

Am Vormittag ging ich zum Gesandten u. bedankte mich für seine Besorgungen, nahm mir auch von ihm einen russischen Paß, den ich mir noch vom Preußischen Gesandten u. von der Polizei signiren ließ. Diese Paßgeschäfte hielten mich den ganzen Vormittag auf. Bei Mutter traf ich die beiden Ungerns, die zu Tisch gebeten waren. [...] Es ist schrecklich, daß die arme Mutter in dieser unruhigen Zeit noch immer so viel Besuch hat. Ich treffe beständig Leute an.

Donnerstag, d. 10^{8bre}

Früh Gänge gemacht. Um 10 kam der Hermsdorfer Tischler mit 2 Wagen mit Meubles, die wir auf den Packhof brachten. Dann sprach ich bis 12 mit dem Lohnkutscher Grimme, der einen guten Wagen hat u. uns für 36 Rth nach Ballenstedt bringen will. Mutter traktirte mit Most. Nach Tisch wieder auf dem Packhof, wo die Geschäfte bis 4 abgemacht waren. Dann zum Lohnkutscher Müntzlaff, der auch einen guten Wagen hat u. 27 Rth. verlangt. Mit diesem machte ich die Sache gleich fest.

Freitag, d. 11^{8bre}

Hartmann besucht. Zeichnet nach seiner frühern Composition den Orestes mit Furien ins Große, um zu malen. Viel schlechter als das Alte. Sehr viel herumgelaufen. [...]

Sonnabend, d. 12^{8bre}

Ich besuchte Carus, mit dem ich über Berthas Herzklopfen sprach, das sich jezt wieder öfter zeigt, u. da meinte er denn, sie müßte wenig Fleisch u. Blut machende Sachen genießen, von Zeit zu Zeit so wie auch Anna abgeführt werden. Auch ich sollte bisweilen, wenn ich mich beschwehrt fühlte, die braune Medizin wieder trinken. Dann zu Hofrath Böttiger, der mir aus dem Kunstblatt die Recension meines zweiten Bibelheftes überreichte, für mich u. für Bädeker. Nachmittag kam Pöschel, u. ich brachte ihn in den Stern, wo wir ein Pfeifchen zusammen rauchten. [...] Ich blieb noch bis 10 bei Mutter, es war der letzte Abend, diesen Gedanken wurde ich nicht los, – aber die vielen Geschäfte, die ich in diesen Tagen gehabt, halfen mir etwas über den Abschied hinaus. Um 10 ging ich in den Stern u. packte meinen Malkasten u. Mantelsack, welches bis gegen 1 Uhr in der Nacht dauerte.

Sonntag, d. 13$^{\underline{8bre}}$

Um 5 wieder aufgestanden u. wieder gekramt bis 6, wo der Wagen kam u. meine Sachen auflud. Dann zu Mutter, wo die große Packerei vorgenommen wurde. Um 8 fuhren wir ab. Die lezte Umarmung mit Mutter u. Schwester war mir Herzzerreißend – Bertha weinte bitterlich – Anna war ganz vergnüglich.

Mir war noch nie ein Abschied so schwehr geworden, wir saßen im Wagen u. weinten Alle. Zu Mittag waren wir in Meißen, wo wir nur $1\frac{1}{2}$ Stunde blieben. Wir aßen u. trockneten Gerhards Windeln am Ofen, besuchten Niehmand. Es war bitter kalt u. regnete. Am Abend um 7 kamen wir in Oschatz im Löwen an u. fanden hier Alles ausgezeichnet gut. Der kleine Gerhard war ziemlich ruhig gewesen u. verhielt sich auch im Gasthause recht leidlich. Wir hatten 2 Stuben u. Anna schlief bei mir in einem großen Bette, welches ihr viel Vergnügen machte.

Montag, d. 14$^{\underline{8bre}}$

$\frac{1}{2}$ 8 weiter gefahren. Die Kinder langweilten sich etwas u. interessierten sich unterwegs blos für die Windmühlen, die ihnen neu waren. In Wurzen zu Mittag, hier war eine solche Sauerei, daß wir kaum essen konnten. In Borsdorf wurde ein Sandkuchen unter die Kinder vertheilt. Um 7 Abends kamen wir am Thor zu Leipzig an. Alfred[90] hatte hier seine Adresse abgegeben, u. einer von den Zöllnern setzte sich auf den Bock, um uns bis an das Härtelsche[91] Grundstück zu begleiten. Wir wurden von Volkmanns sehr freundlich aufgenommen. Clärchen[92] war da, Fechner u. Härtel kamen auch bald. Härtel gefällt mir gut u. erinnert mich an Maydell. Es war ein großes Soupée von kalter Küche, aber die arme Julchen erhielt weder Bier noch ein Kraftsüppchen u. mußte in großer Magerkeit schlafen gehen. Ich blieb nach dem Essen mit Alfred noch allein, u. wir sprachen über religiöse Materie, wo ich denn den Alfred viel weniger absprechend als sonst fand. Er gestand, daß er ohne geistige Befriedigung sei u. die beneide, die glauben könnten. Auch meinte er, wolle er seine Kinder in den Grundsätzen des alten christlichen Glaubens erziehen lassen.

Dienstag, d. 15^{8bre}

Die arme Julchen hat eine sehr schlechte Nacht gehabt. Das Nachtlicht ist ihr ausgelöscht, u. dabei hatte sich ihre Matratze verschoben, daß sie jeden Augenblick fürchten mußte, mit ihrem Kind aus dem Bett zu fallen. Härtel kam schon um 8. Julius war gestern auch angekommen u. stellte sich früh ein. Der alte Vater Volkmann u. Arthur[93] kamen auch. Wir gingen in den Garten, u. Härtel zeigte uns sein Haus von hinten u. von vorne, von innen u. außen. Ich freute mich ganz erstaunlich an diesem Bau u. verwunderte mich auch über die Pöschelschen Freskos, die namentlich in der Malerei sehr gut geworden sind. Nachher nahm der alte Volkmann mich beiseite u. klagte mir seine Noth, wie er gar nicht wüßte, was aus Arthur werden soll, der nun bei einem Buchhändler ist, u. meint, der Junge habe keinen Beruf zu diesem Geschäft. Härtel führte mich vom Tisch auch in sein fortepiano magazin, wo vortreffliche Instrumente gebaut werden, u. dann in seine Wohnung, wo ich herrliche Zeichnungen von Genelli[94] sah u. andre gute Sachen. Darauf besuchten wir den Landschafter Preller[95], der im Härtelschen Hause malt u. dessen Landschaften auf der Wand mir sehr gut gefielen. Dann große Mittagstafel, zu der sich auch die alte Doctor Volkmann einstellte, welche ich gewaltig gealtert u. verändert fand. [...] Den Abend sang die Adele Volkmann Liederchen von Grimmer, unter denen mir einige gefielen, aber ihr Gesang hatte mir etwas sehr Gemeines. Es wurde Thée getrunken u. politisiert. Um 9 Uhr ging Alles schlafen, u. ich sprach mit Alfred noch bis 10 allein u. erzählte ihm viel vom Kaiser[96] in Rußland, von dem er das erste Gute durch mich zu erfahren schien.

Mittwoch d. 16^{8bre}

Nach 8 von Leipzig weg. Vor dem Thor ein Zug Schützen. Vor Schkeuditz gelinde visitiert: ein neues Théebrett u. Kessel mit 10 Silbergroschen verzollt u. Schinken gefrühstückt. Der Kleine schrieh heute viel. Anna war auf der ganzen Reise schlaftrunken u. verlangte oft nach Adelhaid. Bertha war ausgelassen u. sehr munter, wollte auch immer auf dem Schoß sitzen. Mittag machten wir nicht. Hinter Halle Kaffee getrunken. Auf dem Sattel zur Nacht. Der Kutscher, stets gefällig, stellt mir immer frei, wo wir zur Nacht bleiben wollen.

Donnerstag, d. 17^{8bre}

Abwechselnd Regen. Ueber Alsleben gegangen, wo wir über die Saale setzten. Alsleben liegt hübsch. Aschersleben im Löwen zu Mittag. Der Kleine schrieh entsetzlich viel. Meine Nerven waren äußerst angegriffen u. ich fürchtete, krank zu werden. Julchen hat so viel gestillt, daß sie ganz mager geworden ist. Am Abend in Ballenstedt. Die Allee hinauf nimmt kein Ende. Ich ging zu Fuß voraus, um den Weg zu zeigen. Im großen Gasthaus war zwar geheizt, doch schreckliche Mauerluft u. Kälte. Unheimlich. Thée u. Bouillonsuppe gegessen. Nun sind wir da, u. unser treuer Herr möge sich in Gnade erbarmen. Amen.

Der Sohn Gerhard, Bleistiftzeichnung von
Wilhelm v. Kügelgen, 1845

Der Sohn Adolph, Aquarell von Wilhelm v. Kügelgen, 1855/56

Der Sohn Benno, Aquarell von Wilhelm v. Kügelgen, 1855

Die Tochter Elisabeth, Aquarell von Wilhelm v. Kügelgen, 1855

Ballenstedter Tagebuch 1833

Freitag d. 18$^{\underline{8bre}}$

Als wir heute Morgen aufstanden, war das Wetter trübe u. regnerisch, u. Ballenstedt machte einen unfreundlichen Eindruck. Wir kramten den ganzen Vormittag. Um 10 kam Reinhard zu mir u. überbrachte mir das erste Quartal meines Gehaltes, welches mir u. Julchen einen guten Eindruck machte. Gegen 12 Uhr schrieb ich noch an Mutter, wiewohl sehr flüchtig. Nachmittag fühlte ich mich sehr unwohl u. beängstigt u. Julchen war es auch unheimlich zu Muthe. Wir besuchten Starkens bei einbrechender Dämmerung, aber ohne Freude. Agnes begleitete uns mit nach Hause, trank den Thée u. blieb zum Abendessen u. ich fing vom 28^{t} Sept. an mein Tagebuch nachzuholen, das ich der unruhigen Zeit wegen ganz hatte liegen lassen. Wir sahen zur Feier der Leipziger Schlacht auf dem Ziegenberge ein herrliches Feuer brennen, welches die ganze Umgegend erleuchtete.

Sonnabend d 19$^{\underline{8bre}}$

Bis 10 Uhr schrieb ich an meinem Tagebuch. Dann besuchten wir Hoffmanns. Petri's, sie war sehr höflich u. zeigte sich hübsch gegen Julchen. Eine kleine Tour durch den Schloßgarten. Kneibe besucht, der diese Artigkeit sehr gut aufnahm. Nachmittag machte ich mit Julchen einen Gang durch den Thiergarten u. zeigte ihr unsre alten Spielplätze. Dann besuchten wir Alfenslebens. Sie war nicht zu Hause, aber er u. die Töchter waren sehr artig. Darauf zu Seelhorsts, wo wir auch gut empfangen waren. Nun machte Julchen noch mit Agnes Starke einen Weg zum Tischler, um eine Komode zu kaufen, u. ich ging zu Brehm, der Gestern sein drittes Kind, ein Töchterchen, hat taufen lassen. Am Abend schrieb ich wieder am Tagebuch. Im ganzen fand ich mich heute wieder unwohl u. beängstigt, kämpfte aber aus Leibeskräften dagegen an, um so mehr da Julchen mir auch äußerst gedrückt erscheint.

Sonntag d. 20$^{\underline{8bre}}$

Früh Tagebuch völlig nachgeholt. Nach der Kirche besuchten mich Hoffmann u. Seelhorst, der mir sagte, daß ich wahrscheinlich Donnerstag verpflichtet werden würde. Gleich nach Tisch kam der Jude Grelling zu mir, der sich erbot, mir zu einem Quartier behilflich zu sein u. mit dem ich darüber ein langes u. Breites conferierte. Wir besahen uns darauf ein von ihm bezeichnetes Quartier bei Pfannschmidt, welches uns aber zu eng ist. Darauf zu Kurzens, die Kinder saßen vor der Thür, die Frau eine lebendige Berlinerin, die mir nicht recht gefiel. Dann Besuch bei Fleischmanns, wo wir kalten Empfang fanden, doch baten sie uns sehr, zum Thée wiederzukommen. Nun machten wir noch einen Gang durch den Schloßgarten bis an das Denkmal von Gustav IV am Teich u. besahen uns von hier aus das Schloß. Als wir wieder in den Gasthof kamen, erklärte Julchen große Unlust, mit zu Fleischmanns zu gehen, u. ich ging daher allein. Ich wurde sehr herzlich aufgenommen u. blieb bei einer Pfeife ein halb Stündchen mit Fleischmann allein, unterhielt mich gut. Bald kam auch Starke, u. wir gingen hinüber zu den Damens, wo wir den Bauschreiber fanden u. sich auch bald der Apotheker Mönch mit seiner Frau einstellte u. wo wir Thée tranken. Nachher wieder zur Pfeife, u. ich erzählte den Herrns von Rußland, welches sie intressierte. Beim Abendessen, dem ich auch beiwohnte u. wo vorzüglich vom Schauspiel geredet wurde, schrieen die Damen ganz freventlich, so daß ich recht froh war, daß Julchen nicht mit da war. Ich kam erst ¼11 zu Hause an u. fand Julchen im Nachtkleide bei einem öden Licht, den Kleinen mit Puddi fütternd. Ich habe diese Tage sehr gefürchtet, krank zu werden, weil ich gegen Abend immer sehr beängstigt war, aber ich hoffe, Gott werde mich bewahren u. meine Julie, die seit unsrer Abreise von Hermsdorf sichtlich abgemagert ist.

Montag d. 21^{8bre}

Heute Morgen meldete ich dem Herzog, der in Bernburg ist, meine Ankunft allhier u. schrieb an die Regierung mit der Bitte, mir beim geh. Finanzrath Sack in Magdeburg die Erlaubniß auszuwirken, meine Sachen zollfrei einpassieren zu lassen. Nach 10 ging ich mit den Kindern in den Wald, u. sie freuten sich ungemein, ein ganzes Rudel weißer Hirsche zu sehen. Die Hirsche sind in der Brunfft u. grunsten sehr, welches Bertha wie einst mir als Kind zugleich lieb u. schrecklich war. Zu Mittag waren wir bei Starkens. Nach Tisch kamen die Kinder nach u. waren ganz erstaunlich glücklich, als Starkens ihnen allerlei von ihren ehemaligen Spielsachen vorsetzten. Ich hatte einige Gänge des Quartiers wegen, das mir doch jezt große Sorgen u. ungemein viel Laufens macht. Dann gingen wir mit Starkens Mädchens in die Stadt u. sahen uns Möbeln an, bei der Witwe Krohn u. bei Meister Nebe, doch fanden wir nichts passen-

des. Abends vor Schlafengehen las ich noch die Geschichte der Höllen-
maschiene von Desmarest, in der Minerva. Ich bin für 1 Rth vierteljährig
der hiesigen Lesegesellschaft beigetreten, die eine große Menge Journale
hält.

Dienstag d. 22^{8bre}

Heute Morgen bis 10 kramte ich meine Stube auf u. machte auch den
Anfang zu einem Brief an Mutter. Nachher mit Julchen in die Stadt, besuchten Günthers, Rector Schelle[97]. Diese Leute gefielen mir, u. er zog
mich an, aber er ist schwindsüchtig, sieht aus wie eine Leiche u. wird
wohl das Frühjahr nicht erleben, u. den alten Dr. Pauli. Nach Tisch besuchte ich Gutschmidt u. ging zu Trobitius, um zu fragen, ob er uns
nicht in sein Quartier nehmen wolle, wohnt aber eine alte Tante da.
Dann mit Julchen Besuch in der Apotheke u. beim Justizamtmann Pit-
scher, wo wir wohl aufgenommen wurden. Julchen kauft Puppen für
die Kinder mit hervorstechenden Poppos. Nach Hause. Besuch bei Hoffmanns. Ich zünde mit Hoffmann eine Pfeife an, Gespräch über mein
künftiges Verhältniß hier. Hoffmann wird zu Schelle abgerufen, wo ein
homeopatischer Arzt aus Halberstadt ist, den Hoffmann auch braucht.
Ich begleite ihn bis dahin, u. er mich zurück bis an den Gasthof. Es wird
vielleicht Julchen bei Hof vorgestellt werden müssen – närrisches Zeug.

Mittwoch d. 23^{8br}

Ein Bischen gezeichnet. Dann Besuche. [...] Julchen kam mit Kopfweh
nach Hause. Nach Tisch ging ich zu Machzum, um sein Quartier abzu-
miethen, wird nichts, weil er auf 3 Jahre fest machen will – die Juden!
Zu Kielhorn; auf die Post gegangen mit einem Brief an Mutter, den wir
heute fertig geschrieben haben. Mit Julchen u. den Kindern in den
Schloßgarten, Julchen starkes Kopfweh. Zu Hoffmanns, im Garten
spatziert. Hoffmann faßt alle Beete mit Rosenbäumen ein – den Abend
verplagt Hoffmann mit seiner dummen Singerei. Julchen Bädeker singt
scheußlich. Wir aßen Karpfen u. Kartoffeln. Als wir nach Hause kamen,
war Julchen wieder wohler.

Donnerstag d. 24^{8bre}

Heute Morgen von der Regierung die Weisung erhalten, genaue Specifi-
cation meiner Sachen einzusenden, weil ohne solche Beilage die Preußi-
sche Behörde in ähnlichen Fällen oft abschlägig geantwortet habe. Ich
wurde Heute auf dem Hofmarschalamte vereidigt. Seelhorst übergab

mir seines Vaters Portrait, es auszubessern. Kehrer hat es ganz verscheuert – ich übernahm die Ausbesserung nicht, erbot mich aber, es zu kopieren. Nachmittag Fleischmann mit Frau. Ich brannte mit Fleischmann die Pfeife an. Der Dr. Pauli kommt. Scheußliche Unterlippe. Wir machen mit Fleischmann einen Spaziergang auf die Steinberge. Schöne Aussicht. Wir treffen mit Actuar Hempel u. seiner Frau zusammen u. gehen mit einander nach Hause. Es ist uns noch sehr unheimlich, u. ich bin oft beängstigt.

Freitag d. 25^{8br}

Früh der Regierung geantwortet u. die Verzeichnisse beigepackt. Dann zu Simon gegangen u. mit ihm die Miethe festgemacht. Das Ganze für 14 Louisdor auf $\frac{3}{4}$ Jahr fest u. dann zu vierteljähriger Kündigung. Auf die Gegensteine gegangen mit Julchen, d.h. bis an den Fuß. Nachmittag zu den Bibelbildern allerlei herbeigesucht. Tischler Gallin bringt den Rahmen für Seelhorst, hat schon in Dresden bei Tischler Richter für mich gearbeitet. Ich spanne sogleich Leinwand auf. Dann in die Apotheke u. Oel gekauft. Apotheker Mönch sehr freundschaftlich, gefällt mir. Wieder nach Hause. Sehr beängstigt. Den Rand für Jacobs Kampf angefangen. Julchen u. die Kinder sitzen bei mir. O wolle unser Herr uns nur gesund erhalten. Diese Zeit ist fürchterlich schwehr!

Sonnabend d. 26^{8br}

Heute früh die Copie für Seelhorst angefangen aufzuzeichnen. Besuche bei Forstmeister Weiße, bei Zieglers u. bei Salmuths. Nachmittag mit Julchen in den Thiergarten spatziert, viele Hirsche gesehen. Das schönste Wetter von der Welt. Hernach zu Seelhorst gegangen, um zu fragen, ob ich mich noch einmal beim Herzog vorstellen muß, u. zum Thée da geblieben, Salmuths kamen auch hin. Dann zu Krosigk, bei dem ich ein Pfeifchen rauchte. Abends nach Tische spatzierte ich mit Julchen noch lange im Zimmer herum, es gefällt ihr nicht ein Bischen hier, u. es scheint ihr Alles öde und bischen todt, sehnt sich sehr nach Ernestinchen [v. Heynitz] zurück. Am 23 hat keiner von uns an Juliens Geburtstag gedacht, das ist doch Jammer u. Elend.

Sonntag d. 27^{8br}

Heute Morgen zum ersten Male mit Krosigk in die Kirche gegangen, nach dem wir ein halbes Stündchen zusammen auf der Terasse gestanden hatten. Der Morgen war herrlich. Hoffmann predigte nicht ganz unevangelisch, doch konnt' ich mich nicht an seinen affectierten Vortrag gewöhnen.

Mittwoch d. 30^{8br}

Ich vollendete Heute prima[98] den Kopf mit den Haaren. Früh um 9 kam Seelhorst zu mir, traf mich im Negligée u. freute sich meiner Arbeit. Petris machten ihren Gegenbesuch, u. sie überredeten Julchen, heute Abend mit auf den Ball zu kommen, welches Julchen, da sie im schwarz seid. Kleide nicht erscheinen wollte, anfängl. entschlossen war, nicht zu thun. Julchen kaufte sich für diesen Abend ein hübsches Schälchen. Der Herzog hat gestern Nachmittag Nitsche veranlaßt, Heute zu dem Geburtstag der Prinzessin einen Ball zu geben, u. giebt Musik u. Beleuchtung frei. Nun weiß der arme Nitsche nicht, wie er zu heute Abend noch fertig werden soll, u. in unserm Vorsaal ist ein Lärmen u. Pochen sonder Gleichen. Die Kinder sind bei alle dem sehr glücklich u. laufen im Tanzsaal, den sie den rothen Vorsaal nennen, fröhlich aus u. ein.

Ich machte den Abend nach der Arbeit einen Spatziergang nach den Gegensteinen, um mich zum Ball zu stärken. Ich bestieg den lauten Stein – aber es machte mich das Alles in lebhaften Erinnerungen an meinen Bruder so traurig, daß ich mich kaum der Thränen enthalten konnte u. wieder fort eilte. Ungefähr ½ 8 ging ich mit Julchen auf den Ball. Die Versammlung war sehr glänzend, u. die Leute benahmen sich hübsch gegen uns. Es waren 130 Menschen da. Wir saßen bei Tisch in der Nähe Schutzkis, welcher für seine Nachbarschaft vorlegte, u. erhielten daher unsre Nothdurft, andre, die weiter absaßen, kamen schlechter weg, denn der Wirth hatte nur 6 Gänse in seinem Vermögen u. mußte, wie es eben ging, kümmerlich mit Kalbsbraten aushelfen. Seelhorsts luden uns auf Morgen zum Thée u. Abendessen. Bei Tische kam Krosigk[99] von Rathmannsdorf auf mich zu, mich zu begrüßen – sie hatte sich schon vorher länger mit Julchen unterhalten. Sie sind jezt zufällig ein Paar Tage in Ballenstedt gewesen, u. es ist merkwürdig, daß unser erstes Zusammentreffen auf dem Balle sein mußte. Wir blieben bis 1 Uhr u. halb 2 verlief sich auch die übrige Gesellschaft.

Sonntag d. 3^{9bre}

Heute früh Kirche. Reformationsfest. Hoffmann predigte ledern u. zählte alle Gebrechen der chatholischen Kirche auf, denen wir durch die Reformation entgangen wären, aber auch nur die gröbsten, bekanntesten. Er sah übrigens die Sache so an, als wenn die evangelische Kirche sich noch in ihrer ursprünglichen Reinheit befände u. als wenn alle Glieder seiner Gemeinde auch Glieder der unsichtbaren Kirche Gottes sein müßten. Nach der Kirche machen Weißens Gegenvisite. Wenn Bertha gefragt wird, wie es ihr hier gefiele, antwortet sie kurz u. dreist: schlecht! [...] Nachher trug ich den Brief an Mutter auf die Post.

Mittwoch d. 6<u>9bre</u>

Heute vollendete ich prima den ganzen Herrn General bis auf den Grund, der noch zu machen steht. Seit Gestern bin ich wieder nicht so ganz wohl u. sehr nervös wolle mich doch der liebe Gott nicht krank werden lassen. Als ich von meinem Spaziergang nach Hause kam, fand ich ein Schreiben der Regierung vor, worin mir angedeutet wird, daß meine Sachen von der steuerlichen Revision nicht entbunden werden könnten, daß aber der Finanzrath Sack sich an das Ministerium in Berlin gewandt habe, um die Zollfreiheit zu bewirken, u. daß ich, wolle ich die Sachen früher haben, ehe von Berlin Antwort eintreffen könnte, eine Sicherstellung der Tariffsätze gefälligst zu leisten habe. Ich wußte nun gar nicht, was zu thun, u. soll doch Morgen schon antworten. Den Bettelzoll wollte ich schon bezahlen, wenn ich nur die Sachen unrevidirt hereinkriegen könnte. Ich ärgerte mich u. hatte schrecklich zu kämpfen, daß ich mich nicht noch mehr ärgerte. Es wurde mir schrecklich unheimlich hier im fremden Lande, wo mir Alles, Alles so sehr erschwehrt wird. Ich lief zu Fleischmann, um mir Rath zu holen – nicht zu Hause. Zu Petri – dringende Geschäfte. Zu Hoffmann – Gesellschaft von Predigern. Nun ging ich wieder nach Hause, konnte aber nicht zeichnen u. las, um mich zu zerstreuen, eine parallelisierende Biographie von Loughi u. Morghen[100], die mich sehr intressirte. Ich vergaß meine Sorgen darüber, u. als sie mir wieder einfielen, waren sie nicht mehr so schwehr. Vielleicht entschließe ich mich noch, nach Magdeburg zu reisen. Gott schenke mir nur meine Gesundheit wieder.

Donnerstag d. 7 N.

In folge des Käse essens gestern Abend schlecht geschlafen. Nun will ich auch keinen Käse mehr essen, so lange ich hier im Gasthaus bleibe. Früh zu Trobitius gelaufen. Er räth mir ab, nach Magdeburg zu reisen. Ich habe daher an die Regierung geschrieben, ich sei entschlossen, den weiteren Betrieb des fraglichen Geschäffts in die Hände von Kubitz u. Compagnie zu legen. [...] Nachmittag kam Hoffmann, wir sprachen von Alterthümern u. er sagte mir, Chambollions[101] System zur Dechiffrierung der Hyrogliphen bestätige sich immer mehr u. habe sich auch an dem nach Frankreich gebrachten Obilisken von Luxor bewährt. Der Hofmarschall kam auch herüber u. frug mich, ob ich wohl bis Weihnachten noch ein Paar Portraits fertig machen könnte. Ich bejahte dieß, u. er bestellte sein u. seiner Frau Brustbild. Ueber den Preiß von 10 Duc. das Stück schien er sehr erfreut zu sein. [...] Den Abend komponierte ich Jacobs Traum u. war wenigstens in der Stellung des Jacob so ziemlich glücklich.

Sonnabend d. 9. Novbr.

Heute früh holten mich Fritz Starke u. Dr. Hoffmann [der Arzt] ab zur Jagd. Wir gingen den herrlichen Weg durch den Wald, der in der Morgensonne funkelte, u. die beiden erzählten flache Studentengeschichten u. meinten's dabei gut. Das will ich wenigstens immer denken, wenn die Leute mich langweilen. Am Gatter der Hetzwiese fanden wir schon viele Menschen, auch der Graf Gneisenau war da. Die Hetze begann. Anfangs fingen die Hunde die Schweine mit großer Schnelligkeit, dann aber ging's mühseeliger. Ich amüsierte mich gut. Es wurden 15 Schweine erlegt. Es ist keine grausame Jagd, aber doch bleibt's eine Schinderei. Ich brachte den ganzen Vormittag im Freien zu u. guten Apetit mit nach Hause. Den Nachmittag schrieb ich meiner Sachen wegen an Kubitz u. Compagnie u. schickte die Schlüssel hin.

Montag d. 11ten

An der Himmelsleiter gezeichnet. Anna ist unwohl. [...] Ich kaufte $\frac{1}{4}$ Tausend Zigarren (Mariland) für 1 Rth 18 gr, hatte in Dresden 2 Rth geben müssen. Seelhorst war hier u. fragte wegen der Sitzung. Als ich meine Nachmittagsruhe hielt, hörte ich im Vorzimmer jemand so schnell umhertrippeln u. schleppen. Ich guckte zur Thür hinaus u. sah, daß Julchen emsig Holz zusammentrug u. mir Feuer machte, welches mich sehr rührte.

Sonntag d. 17 Nov.

Hoffmann predigte heute recht schön über den Text aus Joh. Wir haben seine Herrlichkeit gesehen als die Herrlichkeit des eingeborenen Sohnes Gottes. Am Abend trieb der Taschenspieler Döbler sein Wesen im Schauspielhause. Julchen bekam noch grade einen Platz. Das Haus war zum Ersticken voll, u. es entstand eine schreckliche Hitze. Döbler machte seine Sache gut, doch waren es lauter Sachen, die man sich allenfalls erklären konnte bis auf ein Stückchen mit Blumen, welches unerklärlich war u. blieb. Er hatte einen leeren Hut, in welchem sich ein einziges Sträußchen mit Blumen befand, u. verteilte aus diesem Hut so viele Sträußchen, daß fast alle Damen in der Loge u. parterre versorgt wurden.

Dienstag d. 19^t Nov.

Heute pauste ich fast die ganze Zeichnung von Jacobs Seegen auf die Kupferplatte. Den Abend waren wir zu Mönchs gebeten. [...] Es ging sehr lärmig zu in dieser Gesellschaft, u. ich dankte Gott, daß Julchen nicht zugegen war. Auf dem Heimwege kehrte ich ein halbes Stündchen bei Hoffmann ein u. erfreute mich mit ihm eines köstlichen Gespräches. In solchen Augenblicken glaube ich ihm ganz nahe zu stehen, u. dann erscheint er mir wieder so fremd. O möchten mich doch die bessern Augenblicke nicht täuschen u. irreführen. Und wenn er die Wahrheit noch nicht hat, so verhilf doch du, o treuer Gott, ihm in Gnade dazu u. verleihe ihm einen ehrlichen, schlichten Sinn. Es ist jezt, da ich schreibe, 1 Uhr in der Nacht u. Morgen mein Geburtstag. – Seit Petersburg wieder der erste ohne meine Mutter. Ach, Herr verhilf mir zu einem neuen geheiligten Leben in dir u. weiche nicht von mir mit deiner Hilf u. Gnade in diesem neuen Jahre. Laß mich reifen u. ein Mann werden in der Furcht Gottes u. seegne mein Haus, mein Weib u. Kindelein mit kräftigem Gedeihen von Leib u. Seele. Amen!

Mittwoch d. 20 Nov.

[... Gespräch mit Bertha über den Geburtstag des Vaters] Nun kam Julchen u. gratulierte mir mit einem herzlichen Kuß. Ich merkte bald, daß ein Kuchen in Anmarsch sei, denn die Kinder flüsterten beständig zusammen. Endlich kam ein schöner Bisquittkuchen mit meinem Nahmenszug, u. drauf lag das Brieflein von Mutter, das mir außerordentlich wohl that. Die Kinder erhielten sogleich Kuchen u. waren überglücklich. Ich schrieb Vormittag noch an Mutter. Endlich brachte mir heute der Briefträger Antwort von Magdeburg. Der Esel, der Kubitz, schreibt ein langes u. Breites, u. aus Allem geht hervor, daß er noch nicht das Geringste gethan hat. Ich habe sogleich geantwortet u. ihm meine Meinung ein Bischen gesagt. Nun sind wir eben so weit als vor 14 Tagen. Zu Mittag wurde wieder von dem Kuchen gespeist, u. Bertha erhielt in ihrem kleinen Kinderkännchen etwas Wein. Ich ließ nehmlich ein Fläschchen Mosel zu meinen Ehren draufgehen. Nachmittags ging ich mit Julchen zum Tischler u. bestellte Rahmen, dann zu Simon, wo Julchen wegen dem Heerde zu sprechen hatte, und darauf gingen wir noch mit Bertha u. Anna ein Bischen nach den Gegensteinen zu spazieren bis 4 Uhr, wo wir zu Hause sein mußten, weil wir Emilie erlaubt hatten, in die Vorstellung von Döbler zu gehen. Die Leute ströhmten dem Theater zu u. vor dem Gasthaus hielten 20 Kutschen von Fremden, die gekommen waren, den hocus pocus zu sehen.

Nach Tisch war der Kleine, der immer halb besessen ist, ganz wüthend. Julchen schläferte ihn einmal, ich 2 Mal mit großer Aufopferung ein, da ich nichts scheußlicheres kenne als Kinderwarten. Aber wenn er auch noch so fest zu schlafen schien, so war er doch nach einigen Minuten immer wieder wach u. schrieh wie am Spieß, welches mir Heute um so peinigender ist, da das ganze Haus voller Fremder ist des Taschenspielers wegen. Auch aß er nicht, trank nicht, nahm keinen Zulz, sondern wollte nur die Brust, und an dieser riß er so wüthend u. zerrte, daß Julchen vor Schmerzen hätte mögen umkommen, da ihr die Brust wund ist u. sie ohne Thränen und arge Schmerzen schon so gar nicht mehr stillen kann. Jezt eben nahm sie ihn wieder, ganz aufgerieben wie sie ist, u. ich eilte auf mein Zimmer u. flehte zu Gott, er möge sich doch erbarmen u. diesen Jammer wenden. Nun höre ich, daß es ruhig geworden ist u. danke Gott.

Donnerstag d. 21 Nov.

Heute den Kopf vom alten General retouchiert. Gegen Abend machte ich allein einen Spatziergang auf dem Wege nach den Gegensteinen bis durch die Schlucht durch. Das Wetter war trübe, u. mir wurde sehr wehmüthig. Ich kam sehr müde nach Hause u. zog mich an, um mit Julie zu Petris zu gehen, wohin wir gebeten waren. Wir fanden ansehnliche Gesellschaft: Graf Westarp, Salmuth, Seelhorsts, die Lieutnants u. den alten Pauli. Julchen setzte sich zu den Damen, u. ich, Pauli und Gutschmidt unterhielten uns von Döbler, von dem übrigens die ganze Gesellschaft sprach u. zwar fast ausschließlich den ganzen Abend durch. Wie lächerlich sind solche Unterhaltungen, u. doch muß man mitmachen, denn für so gemischte Gesellschaften bleibt nichts anderes zu sprechen übrig als Nichtigkeiten. Die Gräfin Westarp mißfiel uns beiden u. hatte so recht das Ansehen einer vollkommenen Weltdame, die vom Vergnügen fast schon ganz aufgerieben, innerlich roh u. äußerlich spiegelglatt poliert ist. Er gefiel mir besser. Ich machte mit Gutschmidt ein Paar Partien Schach, die ich beide verlohr. Er spielt besser als ich. Mir fehlt die Achtsamkeit zu sehr. Doch hätte ich fast das zweite Spiel gewonnen u. ging nur durch einen Fehler unter. Die anderen Herren spielten an einem Tisch neben uns Karten.

Der Tisch war gut besezt. Die ersten Paare führten hin, aber Frau v. Salmuth schlug Trützschlers[102] Arm aus u. erfaßte eine Dame, worüber er sehr gekränkt schien, und so kam die lezte Abtheilung der Gesellschaft in Unordnung zum Tisch. Die Bedienung war sehr schlecht, u. die alte Petri mußte aus Leibeskräften rechts u. links ihre Leute kommandieren, daß nicht alles verkehrt ging. Die arme Julchen mußte vor Tisch noch einmal nach Hause laufen, um nach dem Kleinen zu sehen, u. kam erst wieder, als wir schon saßen. Das arme Thierchen hat nun endlich nach langem Wünschen durch die Freigebigkeit des Aettis ein seidenes Kleid erschwungen, u. heute gießt ihr nun bei Tische der Tölpel von Aufwartefrau einen Napf mit Gänsebratensauce darüber hin. Nach Tische wurde es erst entdeckt, da der Guß von hinten gekommen war, u. die ganze Gesellschaft nahm Theil an diesem Capitalunglück. Es wurde gerathen, mit Watte zu reiben und allerlei. Wir kamen erst um 11 nach Hause. Kaum waren wir da, so erschien auch ein Bote mit einer Tafel Watte von der Seelhorsten. Nun sollte gerieben werden. Aber statt dessen beschäftigte der Kleine alle Hände. Er war so munter wie am Tage, u. wir arbeiteten alle wechselweise, ihn zu beruhigen, bis er endlich nach 12 in eine Art von unruhigen Schlaf gerieth. Nun hatte ich noch Pinsel zu waschen u. kam erst um 1 zu Bette. Scheußliches Leben!

Sonnabend d. 23 Nov.

Heute an Bibelbildern gezeichnet. Nach Tisch besuchte mich Hoffmann u. war gegen 2 Stunden bei mir, dann gingen wir zusammen spatzieren. Wir sprachen über religiöse Gegenstände, zuletzt über die Wunder u. kamen so durch den Schloßgarten, als es mir plötzlich vorkam, als ändere Hoffmann den Ton u. sei ihm das Gespräch unlieb geworden, so daß ich mich verwunderte, bis er mir sagte »dort ging der Herzog den Weg hinauf«. Sollte er vielleicht befürchtet haben, der herumschleichende Herzog möchte etwas von unserm Gespräch hören können u. ihn für einen Mystiker halten? Ich kann durchaus zu keinem rechten Vertrauen gegen Hoffmann kommen. Den Abend waren wir bei Salmuths. Die Gräfin Westarp war geputzt wie eine Närrin. Krosigks Frau erschien so wohl mir als Julchen sehr borniert, kam mir aber herzensgut vor, u. unter dieser Bedingung lasse ich mir immer schon ein bischen Borniertheit gefallen. Ich spielte mit Gutschmidt Schach, u. wir machten 4 Parthien, von denen ich eine gewann mit vollem Spiele, worüber ich mich sehr freute. Bei Tische führte Westarp das große Wort u. erzählte viel von Diligencen u. daß er einmal mit 3 verdrehten Naturforschern gereist sei, die hätten in jeder Tasche 2 Pfeifen gehabt. O dachte ich, du guter Esel, so verdreht wie du u. deine Frau mögen die armen Leute mit ihren Pfeifen doch lange nicht gewesen sein. Wir kamen wieder erst $\frac{1}{2}$12 nach Hause.

Dienstag d. 26 Nov.

[... Die ersten Schneeflocken] Ich fand Julchen am Fenster stehen mit dem kleinen Gerhard, der kein Auge von den fallenden Schneeflocken wandte u. bisweilen mit den Beinen zappelte vor Vergnügen. Der Grenadier Altdorf brachte mir heute seine Rechnung für Holzmachen, die über 5 Rth betrug. Ich war Abends im Klub. Graf Westarp war da u. Seelhorst, die beide nicht rauchten u. von uns recht tüchtig u. ordentl. parfümirt wurden. Nach Tische saß ich mit dem alten Kreiben u. Gutschmidt hinter dem Ofen u. schwatzte, besonders von Dresden, u. ich trug mehrere Anekdoten vom Fürsten Putjatin vor. Heute Nachmittag war auch die Ausstellung der für die Armenlotterie bestimmten Sachen, u. die Hoffmann war als Sauvegarde den ganzen Nachmittag dabei. Julchen leistete ihr meistens Gesellschaft.

Freitag d. 29 Nov.

Ich zeichnete den Körper zum Hofmarschallbilde auf die Leinwand. Nach 11 ging ich mit Julchen den Gegensteiner Weg hinaus spatzieren. Die Luft war warm, nur von Gestern lag noch Eis in den Gräben, aber der Wind war so heftig und entgegen, nachdem wir uns gedreht hatten, um zurückzugehen, daß Julchen mit ihrem großen Mantel kaum aus der Stelle kommen konnte. [... Sie begegnen Seelhorst, der ihn zum Abend einlädt] Es ist heute von Magdeburg ein großer Krohnleuchter mit Astrallampen angekommen, den der Herzog für den Concertsaal hat kommen lassen. Als wir vom Spaziergang nach Hause kamen, war er zur Probe angezündet u. leuchtete aus den Fenstern heraus weit über den Platz herüber. Wir mir Seelhorst sagte, soll er 400 Rth kosten u. für einen Abend 80 Liter Oel nöthig haben.

Um 6 gingen wir zu Seelhorsts u. fanden da sehr unerwartet u. ungelegen die Gräfin Westarp. Nachdem der Thée getrunken war, setzten der Hofmarschall u. ich uns zum Schach. Die Gräfin wollte gehen u. ich stand auf, aber der Hofmarschall war so vertieft, daß er nichts merkte. Endlich schrieb seine Frau ihm zu »Seelhorst, Seelhorst, die Gräfin will

dir gute Nacht sagen«! Da ermunterte er sich plötzlich, wollte aufsprin-
gen, verwickelte sich in seinen Sporen u. fiel der Länge nach auf den Boden nieder. – Ich spielte absichtlich schlecht gegen ihn u. verlor, doch
merkte er nichts u. sagte: »nun, ich sehe, wir sind einander ziemlich
gleich.« Die zweite Parthi wollte ich gewinnen, aber das Essen kam uns
dazwischen u. nach Tische wollte der Hofmarschall das Spiel nicht wieder aufnehmen. [... Erinnerungen des Hofmarschalls an den Freund des
Vaters, v. Beck]

Sonnabend d. 30. Nov.
Ich bat Heute Morgen beim Aufstehen Gott herzlich u. aus gepreßter
Seele, er möchte sich doch meines Sachentransports annehmen, daß wir
endlich aus der schrecklichen Lage im Gasthaus erlöst würden. Ich malte Seelhorsts Orden u. blauen Frack, wurde aber leider nicht fertig damit. Nach Tische kam ein Brief von Kubitz, der mir meldete, die Sachen
stünden bereit. Die Spesenrechnung lag bei, Alles in Allem 39 Rth, 13 gr.
22 Rth betrug die Fracht bis Magdeburg, u. das Uebrige waren lauter
Nebenauslagen. Der Zoll ist mir von Berlin erlassen worden bis auf eine
Kleinigkeit von 3 Rth. Ich bezahlte die Rechnung an Trobitius, u. er
übermacht das Geld an Kubitz. Julchen war heute durch ihre Schmerzen
in der Brust furchtbar angegriffen, u. ich fand sie, als ich von Trobitius
nach Tische zurückkam, in Thränen. Zum Unglück kamen Auguste
Hoffmann u. Julie Bädeker gerade in dieses Elend herein. Ich ließ sie bei
der armen Julie u. ging zu Kurze, den ich in seinem Gewächshause
fand. Er verschrieb Julchen eine Salbe, die unser alten Schweitzer Salbe
sehr ähnelt, sagte aber, wenn dieß nicht helfen sollte, so müßte er Julchen selbst sprechen, u. es würden dann wohl einige Blutegel anzuwenden sein. Julchen ging selbst gierig mit ihrem Recept nach der Apotheke, da ich nothwendig zu malen hatte. Ich war aber doch so gestört, daß
ich nicht fertig wurde. Abends wurde der große Kronleuchter im Saale
wieder angezündet, u. es kamen viele Menschen ihn zu sehen. [... Der
Kastelan rät, zum Herzog zu gehen]
   Wie danke ich aber Gott, daß ich nun doch Aussicht habe, meine Sachen zu erhalten.

Dienstag d. 3ᵗ Dec.
Heute Morgen, als ich mir zu der Seelhorsts Portrait schon die Palette
aufgesetzt hatte, ließ sie absagen. Sehr fatal. Ich übermalte den weißen
Aermel vom alten General, auch nicht gut. Am Abend holte ich Fleisch-

mann ab zum Spatziergang u. erzählte ihm, wie wunderlich ich mit dem Herzog dran bin. Er rieth mir, die Sache ja nicht hinhängen zu lassen, sondern mit Salmuth zu sprechen. Dieß zu thun fand ich Heute Abend im Klubbe Gelegenheit. Salmuth sagte mir, es sei ihm auch höchst auffallend gewesen, daß der Herzog mich noch nicht gesprochen habe, es müsse ein Mißverständniß obwalten u. er wolle darüber den Herzog erforschen.

Mittwoch d. 4 Dec.

fing ich die Seelhorst an zu malen, wollte mir jedoch gar nicht gelingen, weil ich sie in einer Stellung auffassen mußte, in der sie sich selbst nicht ähnlich sieht, damit es zu ihrem Mann ein Pendant wird. Abends bekam ich einen Brief von Salmuth, in welchem er mir meldet, ich könne alle Tage, nicht nur jezt, sondern immerzu zum Herzoge gehen, wenn es mir beliebte, u. der Herzog habe als Grund, warum er mich nicht früher habe zu sich rufen lassen, bloß angegeben, er habe abwarten wollen, bis er erfahren, daß meine Sachen angekommen seien, um mich nicht zu inkommodieren. Ich ging gleich selbst zu Salmuth u. bedankte mich für seine außerordentliche Güte, merkte aber aus seinen Reden, daß der Herzog diesen Grund nur vorgeschützt hatte u. daß wohl eigentlich der Hofmarschall durch seine Harthörigkeit die ganze Confusion veranlaßt hatte. Wahrscheinlich hatte der Herzog damals auf meine Anfrage geantwortet, es würde ihm jeder Tag recht sein u. der Hofmarschall hatte verstanden, er würde mir den Tag bezeichnen, wenn's ihm recht wäre. Und nun hatte mich der Herzog vergeblich erwartet u. sich wahrscheinlich vernachlässigt geglaubt. Ich malte bei Licht noch bis $\frac{1}{2}$ 10 und versuchte vergebens alles Mögliche, das Bild noch ähnlich zu kriegen, doch fruchtlos!

Donnerstag d. 5 Dec.

malte ich weiter an der Seelhorst, u. es fing an ähnlich zu werden. Gegen 3 Uhr kleidete ich mich an u. ging zum Herzog. Ich bat ihn, meine Zudringlichkeit zu entschuldigen, es sei mir indessen ganz unmöglich gewesen, mich in Ballenst. nur einigermaßen heimisch zu fühlen, bevor ich ihm nicht meinen Respect bewiesen hätte. Er war freundlich u. gütig, sagte, er würde mich längst haben rufen lassen, hätte aber geglaubt, mich in Verlegenheit zu setzen, weil er gehört habe, meine Sachen seien noch nicht angekommen. Auch frug er mich, ob ich Liebhaber der Jagd sei u. so ausführlich, wie lange ich sitzen ließe beim

Portrait u. wie lange trocknen, daß ich glaube, er habe die Absicht, mir eine Sitzung zu geben. Die Audienz währte nicht lange, u. ich malte noch bis zur Dämmerung an der Seelhorst. Nachdem ich vom Schlosse weg war, war der Herzog in den Schloßgarten gegangen, wo Julchen mit den Kindern spazierte u. hatte auch diese freundlich angeredet. Ich danke Gott, daß die Sachen nun so stehen u. so schön ins Gleis gebracht sind, er möge mir auch weiter forthelfen auf meiner Bahn.

Freitag d. 6 Dec.

Heute Morgen hatte ich wieder eine Sitzung von der Seelhorst. Er kam u. besah sich das Bild. Es scheint, als wenn es doch nicht so ganz ähnlich werden sollte, zwar fand er's ähnlich, schien mir aber doch nicht ganz befriedigt. Ich quälte mich sehr, nahmentlich mit dem Munde. Krosigk schickte mir eine Einladung auf die morgige Hasenjagd zu. Seelhorst war grade da u. versprach mir Gewehr und Patronen u. alles zu geben, was ich nur haben wollte. Am Abend ging ich noch hinüber, um das Nähere zu besprechen, u. die guten Menschen behielten mich zum Thée da. Darauf ging ich in die Apotheke u. bestellte wieder Pflaster für Julchen als vielmehr Salbe, da ihre Brust immer noch nicht wieder heil ist. Bei Licht nahm ich den Carton zur Seelhorst u. versuchte daran allerlei Veränderungen, um zu ergründen, worin die Unähnlichkeit des Bildes eigentlich steckt, u. ich glaube, ich bin der Sache auf der Spur.

Sonnabend d. 7 Dec.

Punkt 8 setzte ich mich mit Seelhorst in den Wagen. Er hatte vom Jäger Beck für mich eine Flinte geliehen u. gab mir dazu noch die Jagdtasche seines verstorbenen Sohnes. Wir hatten eine hübsche Fahrt bis nahe an Hohendorf [?], wo ich meinem Zugführer, dem Jäger Krummhaar, mit seinen Schützen begegnete u. ausstieg, während mein alter Hofmarschall weiter fuhr. Brehm schloß sich an mich an. [...] Wir wurden bei Paderborn [Badeborn] angestellt. Es war ein ungeheures Terrain eingestellt, so daß man in der ersten halben Stunde die gegenüberstehenden Schützen nicht sehen konnte. Endlich wurden wir zum Vorrücken kommandiert. Ich hatte viel Anlauf u. schoß u. fehlte, der Haase ging durch. Ich schämte mich ganz entsetzlich u. verschwor es, auf die Jagd gekommen zu sein, ohne schießen zu können. Links neben mir hatte Brehm, rechts ein Fremder schon einige Haasen niedergestreckt. Da kam wieder einer gelaufen mit langen Ohren, ich schlug auf ihn an u. nahm ihn gut aufs Korn, ich schoß u. der Haase überschlug sich u. lag todt da.

Ich konnte mich selbst nicht begreifen, daß ich wirklich einen Haasen geschossen haben sollte, ich freute mich u. auch nicht, denn ich mußte in der Linie bleiben u. konnte mein Opfer nicht einmal ansehen. Nachher schoß ich noch 2 Haasen, u. nun schloß sich der Kessel u. wir warfen die Flinten über. Jezt suchte mich der Hofmarschall in dem Gedränge der Schützen auf u. sagte mir, er hätte mit dem Hegereiter verabredet, daß wir zusammenblieben u. ich mich seinem Zuge mit anschlösse. Wir stiegen in den Wagen u. frühstückten u. folgten dann dem Zuge unsrer Abtheilung, fahrend bis an unsern Platz. Ich stand zwischen Seelhorst u. Siegesfeld u. schoß noch 2 Haasen, so daß ich 5 Haasen heute erlegt habe. Aber das ungewohnte Handwerk machte, daß ich mir mit dem Flintenkolben die Backe ganz zerschlagen hatte, so daß sie hoch auflief noch auf der Jagd u. daß ich mir mit dem Flintenkolben die rechte Hand stark zerpatzte.

Als wir nach Hause fuhren und beim Simonschen Hause vorüberkamen, machte mich Seelhorst aufmerksam auf meine Packerade, die eben in einem großen Frachtwagen angekommen war. Ich eilte, nachdem ich von Julchen mit meiner dicken Backe ausgelacht worden war, hin u. überzählte die Sachen, die ich richtig fand. Zu Hause schrieb ich noch an Mutter u. kühlte meine Backe, wusch Pinsel u. Paletten u. freute mich im Nachgenuß des glücklichen Tages. Doch muß ich aufrichtig gestehen, daß die kleineren Treiben auf Grünberger Revier mir 10 mal mehr Freude machten als diese große Jagd, obgleich wir keine Haasen sahen. Diese großen Jagden haben hier etwas fabrikmäßiges.

Montag d. 9. Dec.
Heute Morgen ging ich um 9 Uhr ins Quartier u. fand meine beiden bestellten Grenadire vor. Nun wurde rüstig die Embellage von den Meubles heruntergerissen, die Kisten aufgeschlagen, das Instrument hinauf geschleppt, welches die beiden Kerle ganz allein prestierten. Aber immer fehlten die Schlüssel u. fanden sich nirgends beigepackt. Dieser elende, unzuverlässige Kubitz. Ich ließ am Nachmittag den Schlosser kommen u. Alles aufbrechen, auch den Tischler Nebe, der ein Paar abgebrochene Beine anleimte u. anfing, die Bettstellen zusammenzuschlagen. Bis jezt ist Alles wohlbehalten ausgepackt worden, u. ich muß dem Tischler Trepte das Zeugniß geben, daß er seine Sache sehr gut gemacht hat. Gerhard schrieb vergangene Nacht scheußlich. Gott gebe ihm doch dießmal mehr Ruhe, daß die Fremden, die neben uns wohnen, nicht auch um ihre Ruhe kommen.

Mittwoch d. 11. Dec.

Heute brachten wir wieder den ganzen Tag mit der Einrichtung im Quartier hin, mußten aber Abends doch wieder ins Gasthaus zurückkehren, weil die Betten nicht fertig geworden waren, da die Matratzen, von der Reise feucht, erst tüchtig ausgetrocknet werden mußten. [... Brief von Adelheid]

Donnerst. d. 12 Dec.

Vergangene Nacht war der Kleine unausstehlich. Ließ Julchen durchaus gar nicht schlafen, u. auch ich ging ein Paar mal hinüber u. schleppte mich mit ihm. Wir zogen völlig um u. aßen am Abend zum ersten Mal aus unsrer eignen Küche Milch u. Kartoffeln. Ich bin nun aus dem gröbsten ganz in Ordnung. Julchen ist noch nicht so weit, u. es ist unbegreiflich, wie sie nur das geringste hat besorgen können, da der Kleine unaufhörlich schrieh. Es ist ziemlich Heimlich in diesen Stuben, u. ich habe das Gefühl, als hätte ich schon sehr lange hier gewohnt. Möge nun unser treuer Herr u. Heiland uns alle gesund erhalten in dieser Feuchtigkeit. Amen.

Freitag d. 13.

Heute Morgen bemerkte ich, daß die schwarzen Locken an dem Bilde der Seelhorst, die noch nicht trocken waren, im ganzen Gesichte herumgeschmiert waren. Ich hatte Gestern Abend Aemilie nach dem Bilde in den Gasthof geschickt u. ihr recht eingeprägt, es frei zu halten, weil es naß wäre. Ich hatte große Arbeit, bis ich's wieder in Ordnung brachte. Wir aßen Heute den ersten Mittag in der neuen Wohnung Wassersuppe von Gries, Eier auf Butter, die steinhart waren, u. Kartoffeln. Es schmeckte den Kindern köstlich, u. wir lobten alle das Mal. Am Abend zeichnete ich den Fürsten von Schaumburg auf, um Morgen zu malen. Es ist alles weiß beschneiht.

Sonntag d. 15. D.

Heute konnte ich, weil ich am gestrigen Bilde bleiben mußte, wieder nicht in die Kirche gehen. Krosigks ließen uns nach dem Concert zum Thée u. Butterbrod einladen. Julchen sagte ab, weil sie es absurd fand, jemanden nach dem Concert noch auf Thée und Butterbrod einzuladen. Ich dagegen mußte es schon annehmen. Das Concert war im ganzen sehr schlecht. Doch sangen ein Paar junge Damen aus Quedlinburg ganz vortrefflich Alt u. Diskant. Nahmentlich war der Diskant ausge-

zeichnet mit meisterhaftem Vortrag. Bei Krosigk, wo ich bis $\frac{1}{2}$3 blieb, verlohr ich 2 Parthin Schach, die eine gegen Gutschmidt, die andere gegen
Herrn von Cramer aus Bernburg. Dieser Letztere schlug mich durch
sein langes Sinnen u. Bedenken, wärend welcher Pausen ich durch meine Phantasie immer wieder vom Spiele abgeführt wurde. Es war aber
recht hübsch bei Crosigks.

Montag d. 16. Dec.

Heute quälte ich mich sehr mit den Haaren des Fürsten von Schaumburg, die durchaus schlecht wurden. Ich kann nach der kleinen Minia-
tur nichts Gescheites machen. Ich fühlte mich entsetzlich unglücklich,
als mir nun die Dunkelheit über den Hals kam u. ich absetzen mußte.
Ich machte einen tüchtigen Spatziergang, mich zu erquicken. Nach dem
Abendessen spielten Julchen u. ich eine Parthi Schach. Julchen war so
müde, daß sie während des Spiels immer einnickte. Der Kleine schläft,
da er nun wieder ordentl. gebadet wird, am Tage besser, in der Nacht
aber immer noch sehr unruhig.

Mittwoch d. 18. Dec.

Auf Heute Mittag war ich zu Alvenslebens gebeten, welches mir, da ich
mit dem Bilde für die Gräfin so sehr beschäftigt bin, äußerst fatal war.
Bei Alvenslebens war ein großes, höchst brillantes Herrendinée. Es wurde furchtbar viel Wein gesoffen, u. als alle voll waren, stimmte Alvensleben einige Lieder an, die brilland abgesungen wurden. Nach den ersten drei Liedern, bei denen die Damen mit geholfen hatten, entfernten
sich diese, u. nun ging das Geschrei erst recht an. Ein köstlicher Ananas
Puntsch wurde präsentiert, wie ich nie was ähnliches getrunken habe.
Laßberg sang zuletzt ein furchtbar zotiges Lied, wie mir in meinem Leben noch nichts vorgekommen ist, u. der Chor fiel jauchzend u. schreiend ein. Ich blieb still u. mochte sehr ernsthaft ausgesehen haben, denn
Laßberg brachte hernach gegen mich noch einige Entschuldigungen vor
u. meinte, so etwas fiele wohl einmal vor in lustiger Gesellschaft. Nach
dem Essen waren wir noch ein Stündchen bei den Damen, wo der Kaffée getrunken u. allerlei weibliche Arbeiten bewundert wurden, u. dann
ging's zu den Pfeifen, u. es wurde hasard gespielt, mehrere Stunden
lang, woran ich aber keinen Theil nahm u. mich daher gräulich ennuy-
ierte. $\frac{1}{2}$9 kam ich erst aus diesem Höllenloch wieder los.

Dienstag d. 24. Dec.

Heute schönes Wetter nach den fürchterlichen Stürmen, die wir jezt fast 8 Tage lang gehabt haben. Ich schickte die Untermalung des Fürsten fort u. schaffte den General zu Seelhorsts. Hier rahmte ich ihn ein, hing ihn auf u. machte dann Seelhorsten ein présent damit. Er wollte erst nicht recht dran, dann umarmte er mich, küßte mich, u. eine große Thräne floß über seine gutmüthigen Backen. Ich hatte ungemeine Freude an dieser Szene. Sie kam auch herein mit ihren beiden kleinen Enkelchen. Den übrigen Theil des Vormittags brachte ich wieder bei meinem herbarium zu.

Am Nachmittag wurden die Kinder in die Schlafkammer gesperrt, u. wir fingen an, den Baum in Juliens Zimmer zurecht zu knöseln, mit Lichtern (24), Nüssen u. Aepfeln. In der Dämmerstunde kriegte ich noch den Einfall, doch Julchen noch eine Freude zu machen. Ich lief daher rasch zu Trobitius u. kaufte eine schöne Astrallampe für 5 Rth, 12 gr, die Trobitius zu Simons tragen ließ. Ich hatte einen andern Gang vorgeschützt, u. als ich zurückkam, wurde alles geordnet. Beide Kinder zusammen bekamen einen allerliebsten runden Tisch mit 2 sehr schönen Kinderstühlchen. [... Aufzählung und Beschreibung der Geschenke für die Kinder und Mägde Rosa und Emilie (Rosa ist die Köchin)] Vor dem Spiegel auf der Komode von Julchen für mich ein Wachsstock, ein Haufen Pfefferkuchen u. 4 kleine Zuckerwerke u. von mir für Julchen eine Flasche Eau de Levante. Dieß bescherten wir uns bei dunkelm Baum unter heftigen Umarmungen. Jezt kam Agnes Starke, die zur Bescherung eingeladen war, u. ich sperrte die Weiber u. die Kinder in mein Zimmer. Ich ließ nun von Rose die Astrallampe heraufbringen u. stellte sie auf Juliens Komode zu den übrigen Sachen, dann zündete ich die Lichter an u. öffnete die Thüren. Die Kinder gingen langsamen Schrittes auf den Baum los. Nun ging's ziemlich still über die Sachen her. [...] Am niedlichsten war Gerhard, als die Kinder hereingeführt wurden. Er hatte in meiner Stube laut geschrieben, aber sobald er die Lichter erblickte, war er ruhig, sah den Baum mit gespanntem, sehr ernsthaftem Gesicht an u. drängte auf Emiliens Arm gewaltsam vorwärts, indem er die Händchen nach den Lichtern u. bunten Spielsachen ausstreckte. Die Lichter brannten sehr schön, u. wir ließen sie wohl eine Stunde brennen. Während der Baum noch brannte, tranken wir Thée in der Wohnstube beim Schein der neuen Lampe. Nach dem Spiel der Kinder aßen wir etwas Häring u. Kartoffeln, u. nun ging große Noth an, indem die Kinder durchaus nicht schlafen wollten. Gerhard schrieb wie am Spieß u. wurde herumgetragen u. Anna desgleichen in ihrem Bett. [...] Und jezt eben um 10 Uhr sitzt Julchen u. stillt den Kleinen nochmals, obgleich sie keine Milch in der Brust hat, um ihn einzuschläfern.

Mittwoch d. 25 Dec.

Ehe wir heute in die Kirche gingen, kam noch ein Brief von Mutter, den wir uns aber aufsparen mußten bis nach dem Gottesdienst. Hoffmann wollte in seiner Predigt beweisen, die Geburt unsres Herrn sei das wichtigste u. folgenreichste Ereigniß in der Weltgeschichte. Obgleich ich nun an diesem Satz nicht im Geringsten zweifle, so genügte mir doch seine Beweisführung durchaus nicht. Den Herzog sah ich Heute zum ersten Mal in der Kirche, auch war der Prinz zugegen. [... Über die kleine Julie, Pflegetochter des Barons Üxküll] Julchen u. ich wollen uns den kleinen Thunichtgut ausbitten gegen 1.000 Rubel Kostgeld. Wir waren auf heute Abend zu Starkes gebeten, auf Uebermorgen zu Seelhorsts zum Ball. Schrecklicher Gedanke! Bei Starkes waren Fleischmanns u. noch ein Paar andre Personen. Es war ein lautes, schallendes Gelächter unter den Frauenzimmern bleibend geworden. Es war ein böser Abend. Als wir nach 10 nach Hause kamen, schneite u. stürmte es.

Donnerstag d. 26. Dec.

Ich konnte vergangene Nacht des Sturmes wegen, der mit den Kaminthüren u. allen den wacklichen Gegenständen in unserm Hause tosete, vor 2 Uhr nicht einschlafen. Eine Einladung zu Alvenslebens erfolgte am Morgen zu unserm Entsetzen. Ein Kistchen mit Geschenken für die Kinder langte von Dresden an. Ich ging nach Tische, es zu holen, u. mußte es lösen mit 1 Rth 16 gr Porto u. 19 gr Zoll. Die Kinder erhielten die Erlaubniß, selbst auszupacken, u. waren überseelig, besonders Bertha über die große Puppe mit Haaren von Tante Adelhaid selbst fabriziert, welche auch sogleich nach Lezterer Ade genannt wurde. Gegen Abend machten Julchen u. ich einen kolossalen Spatziergang durch den Thiergarten u. kamen bei schönem Vollmondschein zurück.

Bei Alvenslebens war eine glänzende Versammlung u. der Wirth überaus liebenswürdig. Die Weihnachtsbäume standen noch im Saale. Ich spielte mit Hoffmann Schach u. schlug ihn recht ordentlich aufs Haupt, welches ihm sehr weh zu thun schien, so daß er zur zweiten Parthi keine Lust hatte. Daher ging ich zu den Damen, welche sich mit einer englischen Lotterie amüsierten, u. Bianka Alvensleben trat mir ihre Karten ab, die jedoch alle verloren. Julchen aber gewann ein niedliches Riechfläschchen u. ein Bündel wunderbarer Räucherungs Mittel. Gegen 9 trat eine brillante Mondfinsterniß ein, welche die ganze Gesellschaft ausnehmend amüsierte. Der Schatten trat sehr reich ohne Schärfe ein u. bildete vom dunkel ins Licht einen bunten Uebergang von Regenbogen farben. Während des Essens fehlte immer eine Parthi von uns, die aus dem Eckzimmer den Mond mit bewaffnetem u. unbewaffnetem Auge beobachtete. Ungeheuer fidel war der Erbprinz u. wollte sich halbtodt lachen über Alles, was er u. was andere sagten. Besonders nach Tisch, als die ganze Gesellschaft der Mondfinsterniß eine ungetheilte Aufmerksamkeit schenkte, taumelte der Prinz in Stellungen wie ein verschriebenes X unter den Gruppen herum u. hielt sich vor überlautem Lachen den Leib mit beiden Händen. »Aber um Alles, Durchlaucht, was ist ihnen?« Der Mond, der Mond, war alles, was er stammelnd zur Antwort geben konnte. Nachher beschuldigte er die Damen ins Gesicht, sie hätten von der kalten Nachtluft auf das viele Essen Bauchklemmen gekriegt u. jagte die jungen Mädchen mit dieser Bemerkung aus einem Zimmer ins Andre.

Mutter hatte mir gestern geschrieben [u.a. über einen Unglücksfall in Dresden, den K. der Gesellschaft erzählt].

Sonntag d. 29. Dec.

Heute Abend waren wir zu Siegsfelds gebeten. [...] Bei Siegsfeld war eine sehr glänzende Essemblée, die der Prinz mit seiner Gegenwart beehrte. Er unterhielt sich wieder sehr viel mit mir u. ließ sich auch endlich bewegen, auf dem Klavier etwas vorzutragen. Er spielt wie ein 4 jähriges Kind. Mir wurde ein Herr von Hünerbein vorgestellt. [...] Mit Gottschalk habe ich mich außerordentlich gut über Musik unterhalten. Er ist ein Mann, der versteht, u. dergleichen scheint es in Ballenstedt nicht allzu viele zu geben.

Montag d. 30. Dec.

Ich schrieb heute Morgen an Sieler. Dann entschloß ich mich, dem Prinzen einen Besuch zu machen, da es mir auffällt, daß er sich so gar nicht um mich bekümmert u. daher vielleicht von mir den ersten Besuch erwartet hat. Ich ging um 12 Uhr erst zu Laßberg, den ich befragte u. der mich hierauf zum Prinzen wies. Ich wurde von diesem sehr freundlich empfangen. Rührend war mir's, die alten Zimmer wieder zu betreten. Der Prinz sprach lauter Unsinn nach seiner Weise, lachte unmäßig u. war wie ein 5 jähriges Kind. Endlich frug er mich, ob ich nicht auch theilnehmen wollte an dem Silvester balle (von dem jezt alle Welt

spricht). Auf diesen Ball freut er sich wie toll, u. wenn er in der Gesellschaft drauf gebracht wurde, sprach er jedesmal mit Enthusiasmus davon. Ich sagte ihm, ich würde nicht hingehen, einmal weil ich nicht
tanzte u. mich daher auf Bällen sträflich langweilte, ganz besonders
aber weil mir die lezten Stunden im Jahre von zu ernster Bedeutung
wären, um sie mir durch den Rausch einer schwärmenden Gesellschaft
rauben zu lassen. Ich glaubte hier, der Prinz würde lachen, aber er wurde sehr ernst u. stimmte mir vollkommen bei. Nun setzte ich ihm auseinander, was das zu bedeuten habe, aus einem Jahr in Andere zu treten, u. was das vergangene Jahr für ein gesegnetes für die ganze Welt
gewesen sei, besonders in Hinsicht auf die Verbreitung des Evangeliums
unter den Heiden, auf das Missionswerk, das großartigste Gotteswerk
unsrer Zeit. Ich führte ihn nun etwas in das Missionswesen ein u. erzählte ihm, wie da so arme Männerchen allen Bällen u. Freuden der
Welt entsagten, hinauspilgerten unter die Menschenfresser ohne Wehr
u. Waffen, u. was diese Männer Alles schon ausgerichtet hätten. Das Gesicht des Prinzen bekam unter diesem Gespräch einen schönen Ausdruck, u. er sagte, es würde ihm nun recht schwehr, auf den Ball zu gehen, er wolle auch lieber zu Hause bleiben u. »ernsthafte Betrachtungen
anstellen«. Ich sagte ihm, er solle doch ja auf den Ball gehen, da er so
gerne tanze, man könne auch auf dem Balle ernsthafte Betrachtungen
anstellen u. in Gottes Nähe bleiben. Nein, sagte er, ich kann auf dem
Ball an Nichts denken, ich bin ganz zerstreut, u. ich will auch nur bis 10
bleiben u. dann nach Hause gehen, um ungestört noch einige Betrachtungen anzustellen. Ich hatte in diesem Augenblicke den Prinzen wahr-
haft brüderlich lieb. [...] Wir schieden, nachdem er die Hoffnung ausgesprochen hatte, mich noch recht oft wiederzusehen. Ich freute mich
ungemein über dieß Gespräch, unser treuer Herr wolle sich doch dieser
armen Kinderseele erbarmen u. ihm sein heiliges Heil bald aufgehen
lassen.

[...] Gerhard schrieb beim Einschlafen alle Wärterinnen todt u. alle
Wände durch, bis ich ihn endlich nahm u. in Schlaf brachte. Ich schrieb
heute Abend noch an Vater u. bat um ein Darlehn von 100 Rth.

31. Dec. Silvester

Heute Abend kamen sämtliche Starkens zu uns. Wir aßen erst kalte
Küche in Julchens Zimmer, tranken Bouillon, Bier, Wasser, dann setzten
sich die Frauenzimmer im Wohnzimmer um den Tisch, u. ich ambulier-
te mit Fritz bei einer Pfeife in meiner Stube. Ich quetschte ihm sein ratio-

nalistisches Bekenntniß ab – er meinte sogar, Plato hätte weit würdigere Begriffe von der Gottheit gehabt als Moses u. die Propheten. Es gelang mir, freimüthig u. liebevoll mit ihm zu sprechen, u. ich meine, daß er wenigstens sehr stutzig geworden ist. Nachher erzählte ich ihm von der Mission, deren Geschichte ihm sehr neu war. Ich las der ganzen Gesellschaft einen Ueberblick über die Missionsgeschichte aus den Barmer Blättern vor, u. es schien sie zu interessieren. Um 12 wünschten wir besonders der alten Mutter Starke Glück, deren Geburtstag mit dem ersten Januar herein brach. Dann machten wir unsre Lotterie von Bibelsprüchen, die ganz ungemein passend trafen. Jezt, da ich dieß schreibe, habe ich leider schon die Sprüche verschickt, doch entsinne ich mich wohl einiger. Ich. Ein hörendes Ohr u. ein sehendes Auge, die macht beide der Herr, als Antwort auf mein heutiges Gebet, Er möge in Ballenstedt doch auch sich bezeugen wie anderwärts. Julie. Alle Eure Sorge werfet auf ihn, denn er sorget für Euch. Mutter. Ich will dich unterweisen u. dir zeigen, wohin du gehen sollst. Roller. Samuel aber nahm zu, u. der Herr war mit ihm u. fiel keins unter allen seinen Worten auf die Erde. Blüher. Der Herr wird dir in allen Dingen Verstand geben. Unser Wissen und Verstand etc. Dohna. Einen überaus passenden Spruch, den ich vergessen, u. den Vers: Hoff'o du arme Seele, hoff u. sei unverzagt. Die Heinitzen. Siehe, ich habe dir heute vorgelegt das Leben u. das Gute, den Tod u. das Böse. Salli u. Heinitz auch sehr passend. Anna. Der Segen des Herrn macht reich ohne Mühe u. Was ich will greifen, krieg ich nicht, was ich nicht will, kommt u. geschieht. Was ich will halten, ist verschwunden, drum laß ich's All u. hab's gefunden. Die ganze Sache schien Starkens Freude zu machen, u. Fritz schien mir recht gerührt, wozu wohl auch die Bedeutung des Augenblicks beitragen mochte. Ich trank Brüderschaft mit ihm. Wir beschloßen unser Beisammensein mit Singen des schönen Liedes »ach bleib mit deiner Gnade«.
So bleibe denn bei uns, Herr, auch dieses neue Jahr. Segne, ja, Herr, segne uns in Ballenstedt u. mache lebendig, die da todt sind. Erwecke dir ein Gemeindlein Gottes u. pflanze eine Kirche in dieser Wüste. Amen.

1834

Dienstag d. 7. Jan.

Heute trieb ich mit großer Mühe von den Seelhorsten alle die Sachen ein, die ich zum Malen ihrer Bekleidung nöthig habe. Mit den Locken war besondere Noth. Abends liefen Julchen u. ich ein Paar Mal die Allee hinunter u. besuchten dann noch auf einen Augenblick Hoffmanns. [...] Am Abend zeichnete ich, u. Julchen las mir aus dem Bremer Kirchenboten vor, u. zwar Fritzens Verteidigung von Vaterchen. Gefällt mir sehr.

Donnerstag d. 9^t Jan.

Heute malte ich Haube u. Kragen zusammen. Ich bin in der Haube zu dunkel gekommen. Als ich gegen Abend fertig war, bemerkte ich, daß die eine Seite der Haube zu breit war. Ich entschloß mich zu ändern, aber der Grund, an den ich ansetzen mußte, war schon halb trocken. Es war eine entsetzliche Schererei. Dabei wurde es finster, u. ich schloß mich ein. Nun kamen wirklich beide Seelhorsts, aber Julie fing sie ab. Ich hörte durch die Thür, wie sie sich Sorgen machte ihres Samtkleides wegen, es könne an der Puppe verderben. Dieß beunruhigte mich, u. ich hätte ihr gern Samtkleid, Bild, Pinsel u. Palette um die Ohren geworfen. Wie dumm war ich doch, daß ich diese Bilder übernahm, statt jezt ruhig meine Bibelbilder zu machen. Ich ging spatzieren, hatte aber keinen Trost gefunden u. war theils über meine mißlungene Arbeit, theils über meine ganze Lage schwehr unglücklich. Zu Hause fing ich an zu zeichnen. Dieß zerstreute mich etwas.

Freitag d. 10. Jan.

Heute Samtkleid gemalt. Ziemlich gut. Ich sehe nun doch Licht mit dem Bilde. Vor meinem Spatziergang bei der Seelhorsten vorgesprochen u. etwas verweilt. Sie erzählte mir, die Damen in Berlin schnitten sich jezt die Samtkleider hinten ganz auf; ich lachte ihr ins Gesicht. Abends an Vaterchen eine kleine Danksagung geschrieben.

Sonntag d. 19. Jan.

Heute predigte Hoffmann über die Geschichte des Philippus u. Kämmerers der Königin Candacis, welche Materie er in 6 oder 7 aufeinander folgenden Predigten abhandeln will. Ich erbaute mich, obgleich der Heutige Text sehr mager war. Der Engel sprach zu Philippus: Gehe auf den Weg nach Gaza etc., u. Philippus ging. Also über den Gehorsam, den wir allen Befehlen Gottes schulden u. in allen Wegen, die er uns führt, beweisen sollen. Ehe wir in die Kirche gingen, kam noch ein langer Brief von Blüher, in welchem er von Allem Nachricht giebt. Ich freute mich ungemein u. las den Brief 2 Mal, u. am Nachmittag mußte Julie ihn mir noch einmal vorlesen. Die armen Heinitzens sind wieder sehr mit Krankheit heimgesucht gewesen. Julchen war zum Kaffee zu Fräulein Seelhorst gebeten. Traf dort viele Damen, sie sprachen von Kleidern, besonders von Hauben u. von diesen wieder in Sonderheit von denen der Gräfin Westarp, die Alle schön u. liebenswürdig fanden, diesen Steiß von einer Frau. Mein Wachsköpfchen wurde heute gewissermaßen fertig.

Montag d. 20ᵗ Jan.

Gleich nach dem Frühstück ein Brief von Sieler, den wir zusammen mit großem Vergnügen lasen, aber auch mit vieler Mühe, denn er war sündlich geschmiert auf verschiedenen Papierlappen. [...]

Nachmittag, da das Wetter ganz leidlich war, ging ich mit Julchen spatzieren, u. zwar nach der Selkensicht hin in der dumpfen, nur halbausgesprochenen Absicht, sie zu erreichen. Wirklich gelangten wir auch hin, ein Gelingen, das ich wegen des so höchst schwierigen Weges kaum gehofft hatte. Ich war zum 2ᵗ Mal durch das schöne Thal wieder eben so überrascht als zum ersten Mal. Die Sonne war im Begriff, hinter den Bergen zu versinken u. vergoldete, eben aus Wolken herausgetreten, noch einmal recht kräftig das alte Schloß [Falkenstein]. Es war einzig schön. Zurück hatten wir vom wüthenden Westwinde, der uns grade in die Nase blies, sehr zu leiden.

Ich ging noch zu Trobitius hin, um mir Taback zu kaufen. Hier fand ich den Pastor Fromm. Er machte mir den Eindruck eines sehr gewöhnlichen u. ungeistigen Menschen; möchte ich mich getäuscht haben. Am Abend saßen wir Alle in meiner Stube um den Tisch, u. ich fing an, Anna in Wachs zu bilden, mit der größten Freude. Bertha machte so lange von Wachs eine Weintraube u. behauptete, selbst am Weihnachtsabende nicht so glücklich gewesen zu sein. Anna schmierte ein Pappierchen mit Talg ein, besudelte dabei sich u. den Tisch aufs krudelste u. steckte ihr Schneutzchen weit über die Nase hervor.

Montag d. 3 Febr.

Am Rand zu Jacobs Kampf gearbeitet. Am Abend waren wir mit Hoffmanns zu Starkens gebeten. Wir waren recht vergnügt. Nach dem Abendessen las Hoffmann eine Predigt, u. zwar die Cholerapredigt von Arndt in Berlin vor, die mich, obgleich grade kein ausgezeichnetes Talent drin ist, doch sehr befriedigte. Er stellt die Cholera dar als Zuchtrute des Herrn. Diese Idee war Hoffmann wiederlich, Gott sei ein liebender Vater u. strafe nicht, auch leugnete er die große Verderbtheit des Menschengeschlechts u. meinte, wir wären gar nicht so übel. Ich gerieth ordentlich mit ihm aneinander, jedoch ohne mich zu vergessen. Es kostete mir aber einen gewaltigen Kampf, ruhig zu bleiben, besonders da Hoffmann sehr aufbrauste. Ich war, als ich nach Hause kam, noch sehr aufgeregt, konnte jedoch herzlich für Hoffmann beten.

Dienstag d. 4 Febr.

Die Nacht sehr schlecht hingebracht. Ich nahm mir vor, keine späte Abendgesellschaft mehr mitzumachen u. immer um 8 zu Hause zu sein. Wenn ich nun wüßte, wie ich aus der Leseklubb Gesellschaft mit Hoffmann wieder herauskommen sollte. Die Sonne schien so warm u. überaus lieblich in meine Kammer, daß ich mich mit meiner Zeichnung dahin setzte. Ich zeichnete an Jacobs Kampf u. es gelang. Die Sonne brannte mir warm auf den Rücken, draußen zwitscherten fröhlich die Spatzen, u. ich fühlte mich überaus seelig. Nach Tisch hatten wir große Lust, auf den Meiseberg zu gehen. Wir hatten einen reitzenden Weg durch den Wald u. kamen erst um 6 im Stockfinstern wieder nach Hause.

Sonntag d. 2. März

Hoffmann predigte über den Glauben – gab Definition des Begriffes, aber doch einseitig aufgefaßt. Nach der Kirche machte ich mit Fritz einen Spatziergang u. lud ihn zu Tische. Da Julchen nichts als Eier u. etwas Spinat hatte, so wurde sie ganz schwehrmüthig. Indessen wurden wir satt u. spielten nach Tisch bis gegen 6 Schach. Dann zogen wir uns zum Ball an, der Heute zu des Prinzen Geburtstag losgelassen wurde. Julie zog ihr neues Kleid an von himmelblauer Seide. Im Ballsaal bemerkte ich, daß Julchen ein großes Seidelbast Pflaster hinter dem Ohr hatte. Sie erschrak über die Entdeckung, denn sie hatte es vergessen, u. ich führte sie in die Garderobe, um es abzunehmen. Es saß aber wie angenagelt, u. sie büßte beim Abnehmen ein Stückchen Fell ein, so daß die Sache nun noch viel entsetzlicher aussah. Es mußte also wieder aufgelegt werden u. wurde eine Locke vorgesteckt. Bis zum Essen amisierte ich mich recht gut, bei Tisch aber griff mich die schändliche Musik u.

der viele Lärm so wie die schlechten Witze des Dr. Hoffmann [Arzt], der neben mir saß, u. die vielen Brodkugeln, die mir ins Gesicht flogen, sehr an, so daß ich höchst verdrießlich wurde. Beim Aufstehen bemerkten wir, daß Julchens neues Kleid mit Bratensauce begossen war, welches bei den Ballenstedter Banqueten ihr stetes Schiksaal ist, u. wir gingen unmittelbar nach dem Essen nach Hause. So sehr wir uns beeilt hatten, so war es doch 10 Uhr geworden.

Freitag d. 7 März

Heute früh schickte ich Rose mit dem Bilde des Grafen Westarp u. einem Billetchen zu der Frau von Hoim u. bekam es erst am Nachmittag wieder mit Lobeserhebungen. [...] Gegen Abend machten wir uns auf, Julchen u. ich, u. spatzierten den Gernroder Weg bis an die Stelle, wo der ebene Weg aufhört u. bogen hier links in ein Thälchen, uns dem Wildgatter nähernd. Die Vögel sangen prächtig, u. es war so warm, daß Julchen ihren Pelzkragen abnehmen mußte u. ich in meinem wattierten Rocke recht weidlich schwitzte. In diesem Thälchen fand ich das erste Leucojum vernum [Märzenbecher], welches ich wild gesehen, u. bald bemerkten wir eine ganze Stelle längs dem Bach damit weiß bezogen. Wir waren entzückt über dieß herrliche Blümchen, u. Julchen pflückte davon. Nachher schweiften wir noch durch das Gatter, fanden Leberblümchen u. kamen unter dem Siebersteinsteiche wieder heraus. Es war ein überaus schöner, wohlthuender frühlingsprophetischer Gang.

Sonnabend d. 8 März

Heute retouchierte ich wieder an dem Bilde der Frau v. Seelhorst. Abends mußte ich, da Julchen den kleinen Gerhard, welcher sehr ernsthaft an Zähnchen laboriert u. ganz welk geworden ist, nicht verlassen wollte, allein spatzieren gehen. Ich ging den gestrigen Weg u. dachte wieder einmal lebhaft an die Fortsetzung meines Romans, der ganz liegen geblieben ist. Ich bin voller Ideen u. kann nur noch kein passendes Kleid dazu finden. Ich wünschte mich auszusprechen über Kunst u. Religion, aber es fehlt mir noch an Auffindung einer äußeren Begebenheit, an die ich anknüpfen könnte. Ich sah in der Gegend, wo die Leucojum wachsen, 5 Rehe u. 20 Schweine vor mir über den Weg gehen. Hinter dem Siebersteinsteich 3 große schwarze Schweine – ich ging das Thal hinauf, bis es dunkel wurde u. eine Eule ihr Klaggeschrei erhob. Da wurde es mir gespenstisch, u. ich drehte um. Es war ein herrlicher Abend u. ein Vogelgesang, wie ich ihn früher nur in Poll gehört habe.

Mittwoch [d. 19. März]

[...] Heute Abend auf dem Spatziergang kam ich mit einem vernünftigen Plan zu meinem Mistiker völlig zu Stande, u. nun quält mich die Sache nicht mehr so, u. ich kann mit Ruhe gelegentlich die einzelnen Theile ausarbeiten.

Anna hatte heute Abend Gerhard in die Suppe gespuckt. Ich hatte durch die Thür davon gehört u. fragte bei Tisch in einem strengen Ton: »Anna, was hast du gethan?« Sogleich brach sie in Thränen aus u. schluchzte, indem sie die Arme nach Julchen ausstreckte. »Mutter, was hab ich denn gethan?« Julchen: »Du wirst's wohl selbst wissen, sag es nur ganz ehrlich.« Anna weinend: »Angespuckt.« Ich: »Nun, so kannst du heute kein Ei kriegen.« Darauf folgte ein Zetergeschrei, als hätte sie Ruthen gekriegt. Ich will diese Nacht Gerhard zu mir nehmen, denn Julchen hat sich endlich entschlossen zu entwöhnen.

Sonntag d. 23. März Palmarum

Die Allee war mit weißem Sande u. Tannenzweiglein reichlich ausgestreut, um sie festlich zu schmücken für die Procession der Confirmanden, die heute nach der Kirche durchgehen sollten. [...]

In der Kirche war während der Predigt auf unsern beiden Chören gewaltige Aufregung – alles weinte, selbst der alte Schutzki u. Trütschler kamen nicht aus den Thränen. Dieß kam mir verdächtig vor u. da Frau v. Hoim nicht in der Kirche erschien, so schien es mir die große Gefahr des Herzogs zu verkünden. Als Hoffmann mit kurzen Worten, aber herzlich ihn ins Gebet schloß, konnte auch ich mich der allgemeinen Rührung nicht erwehren. Nach der Predigt leerten sich unsre Chöre, u. ich blieb der einzige drauf. Das Examen mit den Confirmanden begann nun u. dauerte über eine Stunde. Die Kinder sagten auswendig gelernte Antworten her, welches mir mißfiel, bestanden aber ganz vortrefflich. Das Examen verbreitete sich über alle Zweige des christlichen Glaubens, von denen aber grade die wesentlichen, wie es mir schien, sehr rationalistisch behandelt wurden. Namentlich von der Erlösung wurde viel Uebles gesagt, von Lehrer u. Schülern.

Am Nachmittag schrieben wir beide, Julchen u. ich, an Mutter u. ich meldete ihr, daß ich des Quartiers wegen noch gar nichts thun könne. [...]

Gräfe[103] hat Heute Nachmittag gesagt, man müsse nun jede Stunde auf den Tod des Herzogs gefaßt sein. Dieser aber will von Kranksein wunderbarer Weise durchaus nichts wissen – läßt sich alle Morgen ankleiden wie in gesunden Tagen u. wenn es 4 Stunden Zeit nehmen sollte, läßt sich von seinen Räthen den Vortrag machen u. verrichtet alle seine Geschäfte. So hat er auch Heute früh noch Vortrag gehabt. Gräfe hat gesagt, wenn er auch nicht zu retten wäre, so könne man ihm doch wenigstens Erleichterung verschaffen, wenn er sich nur den ärztlichen Verordnungen fügen wollte, er will aber durchaus von der ganzen Bande der Ärzte um ihn her keine Notitz nehmen. Den ganzen Vormittag hat er Gräfe nicht vorgelassen. Gegen Mittag hat er endlich eine Arznei genommen, welche ihm Stuhlgang verschafft u. dadurch Erleichterung gebracht hat, auch auf den Urin ist dadurch gewirkt worden, den er mehrere Tage nicht gelassen hatte.

Diese Nachrichten erschreckten mich u. stimmten mich sehr trübe, u. ich spielte, um mich zu zerstreuen, mit Julchen noch einige Parthien Schach. – Ich fürchte, der morgende Tag bringt uns eine Trauerpost.

Montag d. 24. März
Ein furchtbarer Sturm brach Gestern mit der Dunkelheit herein, die Thüren u. Fenster im Hause klapperten, u. die alten Wälder stöhnten laut. Ich fuhr erschreckt ein Paar Mal im Traum auf, weil ich glaubte, das alte, morsche Fenster sei mir ins Zimmer gestürzt. In diesem Sturm u. grausigem Unfrieden der Natur hat Gott von meinem Herrn seine Seele gefordert, u. jezt, da er todt ist, legen sich die Winde, u. einzelne Strahlen der Sonne suchen durchzubrechen.

Heute früh um 8 erfuhr Rose, die nach Milch ging, auf der Straße, der Herzog sei so eben verschieden. Um 11 Uhr ging ich zu Seelhorsts, um mich nach den näheren Umständen des Todes zu erkundigen. Er war nicht sichtbar u. sie in Thränen u. in tiefer Trauer. Sie erzählte mir ausführlich, was sie wußte. Vorgestern beim Thée, als sich Fr. Seelhorst verabschiedet u. der Herzog ihr schon eine gute Nacht gewünscht hatte, fragte er sie noch plötzlich: »Nun, liebe Albertine, hat denn der Geh. Rath Gräfe mein Todesurtheil ausgesprochen?« Da der Herzog nieh von seiner Krankheit nur ein Wort gesagt hatte u. durchaus keine Andeutung litt, so mußte eine solche Frage sehr frappieren, indessen faßte sich Fr. Seelhorst u. redete sich heraus, ohne eine Verlegenheit merken zu lassen. Gestern hat der Herzog den ganzen Nachmittag still am Fenster gesessen u. unverwandt in sein schönes Land hinaus geblickt. Nach dem Thée nahm er mit besonderem Ton von Fr. Seelhorst Abschied u. wünschte ihr, recht wohl zu leben. Darauf verlangte er Stille, um etwas zu schlummern. Um 10 verlangte er, man solle sein Bein hoch legen – um 12, man solle ihn aufs Bett legen u. seine Uhr abnehmen, weil sie ihn drücke, so könne er Morgen früh doch gleich sehen, welche Zeit es sei. Dann hat er röchelnd abwechselnd geschlafen u. um 6 Uhr ausgerufen: Mein Gott, mein Gott, u. ist wieder eingeschlafen. Um 7 Uhr hat er ein Paar Mal gezuckt u. ist so verschieden, ohne Qual u. eigentlichen Todeskampf. Während die Seelhorst noch erzählte, kam Gräfe, schon im Begriff, in den Wagen zu steigen, um sich bei Seelhorsts noch zu empfehlen u. bestätigte, der Herzog sei sehr ruhig ohne Schmerzen eingeschlafen. Die S. stellte mich Gräfen auf sehr verbindliche Art vor, u. er gefiel mir gut bis auf einen gewissen höfischen Ton, der mir ein klein Bischen zuwieder war. Ich bin froh, die Bekanntschaft dieses berühmten Mannes noch gemacht zu haben.

Vor Tisch meldete ich den Tod des Herzogs noch an Mutter u. schickte endlich auch den Brief an Blüher ab. Am Nachmittag 3 Uhr ging ich zu Dr. Hoffmann, weil ich von Gräfe erfahren hatte, der arme Mann habe in der Nacht das Bein gebrochen. Er lag in einem Bett, das mitten in der Stube stand, den gebrochenen Fuß in 2 eisernen Bügeln, die über dem Bett angebracht waren, hängend, u. rauchte Tabak mit einem ganz fidelen Gesichte. Seine junge Frau pflegte ihn. [...] Das Bein ist durch Sturz von der Treppe über dem Fuß in beiden Röhren totaliter gebrochen, so daß die Knochen Splitter aus dem Fleisch herausragten. Es ist eine entsetzliche Geschichte. Von Hoffmann ging ich noch etwas zu Schelle u. rauchten eine Pfeife mitsammen.

Mittwoch d. 26. März

Die Nacht schrieh Gerhard so entsetzlich, daß ich um 1 aufstand u. ihn nahm, seine Wiege auch wieder in mein Zimmer bringen ließ. Sobald er mich sah, war er ruhig. Ich spielte bis 2 mit ihm u. schläferte ihn dann wieder ein, u. so schlief er ruhig bis $\frac{3}{4}$6. Um 9 ward ich verpflichtet mit Siegsfeld, Kurze, Hoffmann, Ziegler u. Gottschalk. Der alte Hofmarschall hielt, ehe er den Handschlag empfing, eine kleine Anrede an uns unter Thränen mit sehr bewegter Stimme. Er scheint mir durch den Tod des alten Herren wirklich ehrlich ergriffen. Uebrigens war ich heute sehr zerschlagen u. konnte wenig thun. Ein dicker Brief von Adelhaid. [...]

Freitag d. 28 März

Freund predigte heute recht gut – wenigstens gefiel mir die Gesinnung, aus der die Predigt hervorgegangen schien, sehr wohl. Im Schlußgebet ward für den Herzog gebetet wie gewöhnlich, welches wohl etwas Ergreifendes hatte, da der Tod des vorigen auch nicht mit einer Silbe er-

wähnt wurde. Hoffmann saß neben mir u. fing bei dieser Bitte des Herzogs plötzlich so an zu schüttern (sollte inneres verbissenes Weinen bedeuten), daß die Bank zitterte. Solche Affectation ist schrecklich. [...] Ich
schrieb heute viel an meinem Buch. Abends kamen Schellens, sie luden
uns auf den 2^t Ostertag. Ich machte mit ihm einen Spaziergang durch
den Schloßgarten u. unterhielt mich gut.

Mittwoch d. 2 Apr.

Heute früh Punkt 10 Uhr passierte der Herzogliche Leichenzug an unsern Fenstern vorbei. Vorher schon von 9 Uhr an waren unzählige Menschen nach dem Schloß gezogen, um den Zug von Anbeginn an sehen
zu können. Es war ein Leben auf den todten Straßen von Ballenstedt
wie in der Schloßgasse von Dresden. Wir alle waren in einer gewissen
Spannung u. kamen nicht eher zur Ruhe, als bis der Zug vorbei war.
Mitten durch die Allee war ein breiter Streifen weißen Sandes gestreut,
der wie ein Leichentuch sich vom Schloß an durch den ganzen Ort hin-
durch zog. Ein Schwarm die Allee herabdrängender Menschen verkündete das Nahen des Zuges. Vorweg ein Gendarm zu Pferd – darauf
die herzogliche Garde, kommandiert von Trütschler, darauf die Jäger
zu Pferde en parade, kommandiert vom Forstmeister, darauf der Leichenwagen, gezogen von 6 schwarzbehangenen Pferden, hierauf die
Geistlichkeit u. die Bürgerschaft mit umflorten Fahnen u. mit Büchsen
bewaffnet – hierauf die Hofkutschen u. dann ein langer Zug von Ballen-
stedtern im schwarzen Frack u. ein noch längerer von Landleuten. – Die
Kinder waren sehr selig, dieß Alles zu sehen.
    Eine Stunde von hier soll am Leichenwagen ein Rad gebrochen sein.
Ich hatte etwas Zahnweh, das mich den ganzen Tag inkomodierte. Trotz
des nassen, regnerischen Wetters machten wir doch einen Gang durch
den Schloßgarten.

Donnerstag d. 3 Apr.

Zeichnete am Rande zu Josephs Verkauf, nachdem ich am Vormittag
das Bild des Hofmarschalls ganz fertig gemacht hatte. Zum Thée hatte
Agnes u. die alte Oberhofprediger Julchen besucht, ich trank mit ihnen
Thée u. spazierte dann einsam in dem Schloßgarten, wo ich mich
äußerst lebhaft an die schönen Plätze im Dickicht des Schloßberges mit
Rührung meiner Kinderjahre erinnerte. Der Prinz, unser jetziger Her-
zog, schwebte mir wieder ganz in seiner Knabengestalt vor, u. die alte
Liebe zu ihm regte sich wieder in meinem Herzen – ich sah Gerhard

u. den liebenswürdigen Beckedorf[104] lebendig vor meinen Augen. Ich möchte wohl wissen, wie der Prinz sich nun als Herzog gegen mich benehmen wird. Ich wollte, er zöge mich etwas näher an sich, u. ich wollte ihm wohl von Nutzen sein, sollte ich meinen.

Dienstag d. 8 Apr.

Bei einem ungeschlachten Aufsatz im Morgenblatt über Künstlerkritik entbrannte ich heftig, auch über diesen Gegenstand etwas zu schreiben, u. wählte mir zum Thema die Frage: In wiefern können Laien in Kunstsachen kompetente Richter werden? Ich schrieb den ganzen Tag mit vieler Lust.

Mittwoch d. 9. Apr.

Heute Nachmittag wurde ich mit meinem Aufsatze fertig u. um das Urtheil eines vernünftigen Menschen darüber zu hören, ging ich zu Schellen u. las ihm die Sache vor. Schelle war ganz mit mir einverstanden, lobte die Darstellungsweise u. rieth mir, den Aufsatz in ein Blatt rücken zu lassen. Die Lectüre gab uns zu einer lebhaften Diskussion über einzelne Begriffe Veranlassung, u. ich unterhielt mich ganz vortrefflich. Schelle war der Meinung, von einem seelischen Organismus könne keine Rede sein, es sei ein Unding. Die verschiedene Auffassungsgabe der Seele nannte er nur unentwickelte Vernunftgrade.

Donnerstag d. 10 Apr.

Heute Nachmittag kam Bädeker an u. gegen Abend mit seiner Tochter zu uns. Er besah mit vielem Intresse meine Zeichnungen zum neuen Hefte, war munter, dick u. wohlgemuth. Auf Morgen haben wir ihn eingeladen.

Freitag d. 11 Apr.

Heute Nachmittag um 3 kam Krosigk zu mir u. ging recht gern auf eine religiöse Unterhaltung ein, in der er großes Nichtgedachthaben an den Tag legte. Um 4 kam Bädeker. Ich zeigte ihm die Parabelbilder – er fand aber die Steindrucke so unter aller Kritik, daß er sich entschloß, den Plan aufzugeben. Ich erklärte mich bereit, das, was ich verdient hätte, fahren zu lassen, aber Williard[105] wünschte ich vollständig entschädigt. Er meinte aber, dieser müsse sich nothwendiger Weise einen Abzug gefallen lassen, was mir sehr unlieb ist. Später kam auch Hoffmann u. bemächtigte sich des Gesprächs. Krosigk wich u. wankte nicht u. blieb ganz ungebeten zum Essen da. Bei Tisch erhob sich zwischen Hoffmann u. mir wieder der alte lebhafte Streit über die Schönheit der gefüllten Blumen, auch der Rosen, u. dießmal zwiebelte ich ihn tüchtig, denn er verwechselte alle Begriffe. Bald nach Tisch machte er sich heimlich fort, u. die Andern blieben bei einem Glase Punsch noch bis gegen 12. Ich war recht vergnügt u. auch Bädeker lebte, als Hoffmann fort war, wieder ordentlich auf. Ich war aber so aufgeregt, daß ich noch bis gegen 2 Uhr lesen mußte, ehe ich Schlaf kriegte.

Sonnabend d. 12. [April]

Bädeker kam ziemlich zeitig. Er brachte mir ein Gedicht von Nömme [?] »Moses in Midian«, unter der Kritik – ich soll zu einer ganzen Sammlung solcher bestialischer Lieder ein Titelkupfer machen. Da Bädeker sein Portrait wünschte, so ließ ich ihn gleich sitzen u. fing an zu zeichnen. Es soll, wie Julchen sagt, ähnlich werden. [...]

Sonntag d. 13 Apr.

Früh kam Bädeker u. holte mich zur Kirche ab. Sie ist schwarz drappiert, welches gut aussieht. Die Confirmanden empfingen die erste Communion, u. viele andere Personen hatten sich angeschlossen. [...] Nach der Kirche kamen Seelhorsts u. fanden ihre Portraits nun gut. [...] Gegen Abend gingen wir zu Hoffmanns. Ich spielte mit Bädeker 2 Parthien Schach. Der Alte spielte, als ginge es um die Seligkeit, u. gewann mir ein Paar Parthien ab. Die Gesellschaft war zahlreich. Hoffmann gab sehr guten Wein, u. deswegen zankte ich auch nicht mit ihm. Nach Tisch wurde über eine Stunde ganz fürchterlich gesungen. Wir kamen sehr spät nach Hause.

Montag d. 14 Apr.

Bädeker kam um 9 zur Sitzung u. blieb bis 10. Das Bild wurde sehr ähnlich, doch schien er nicht ganz befriedigt u. schickte deshalb gleich nach Tisch Hoffmann her, um auch dessen Urtheil zu hören. Hoffmann fand die Sache unübertrefflich. [...]

Bertha ahnte heute früh nichts von ihrem Geburtstag u. war ausnehmend überrascht, eine schöne Bescherung zu finden, als sie ins Zimmer trat. [...] Alles war auf dem Kindertisch mit Blumen zusammengestellt. Auch Anna war sehr glücklich, denn sie wußte ja, daß sie von der Schwester reichlich bedacht werden würde. Nachmittag war große Gesellschaft. [...] Es war ein Teufelslärm u. mitunter flossen Thränen, wenn die Kleineren einander gerauft hatten. – »Nicht wahr, Mutter«, frug heute früh Bertha, »heute bin ich das Hauptkind.«

Montag d. 28 Apr.

Schelle lud uns zu einem gemeinschaftlichen Spaziergang auf den Kohlenschacht[106] ein. Wir waren hier mit Starkens u. den Kindern beim Kaffée sehr vergnügt, u. Schelles Magd machte den Kindern allen Kränze um die Hüte. Nachher gingen wir nach der Selkensicht in starkem bothanischem Geschwätz. Hier fand ich zuerst saxifraga granulata [Knöllchen-Steinbrech]. Auf dem Rückweg kam ich zum ersten Mal mit Schelle auf das Christenthum zu sprechen u. fand in ihm einen rechten Rationalisten aus dem ff, doch scheint ihm das Wesen der Gottseligkeit nicht fremd, u. ich kann mich auch in religiösen Gesprächen gut mit ihm vertragen. [...]

Sonnabend d. 3 Mai

Die Allée steht im festlichsten Blätterschmuck. Man hatte grünes Zeug u. Sand gestreut zum Empfang des Herzogs. Die Schustern Rust sollte am Schlagbaum den Herzog mit einem Gedicht empfangen. [...] Der Herzog hat sich aber allen feierlichen Empfang verbeten. Nach 11 kam er im Schritt durch die dunkelschattige Allée gefahren, u. einzelne Lichter spiegelten auf seinem Wagen. Eine große Volksmenge begleitete ihn. Ich lag mit Frau, Kindern u. Mägden zu den Fenstern heraus, u. wir grinsten alle den Wagen an. Besonders ergötzte sich Gerhard an den Hottos. Auf dem Schloß hatten sich die Cavaliere versammelt, dem alten Gebrauch gemäß, um ihren Fürsten zu empfangen, aber er war sehr ungnädig u. kanzelte sie alle tüchtig ab, weil er ja nicht hatte wollen empfangen sein. [...]

Sonntag d. 4 Mai

Die Kirche war so voll, daß ich keinen Platz mehr fand u. stehen mußte. Hoffmann predigte recht gut von dem Gebete, er sprach auch von der Fürbitte für den Fürsten, u. da merkte man etwas, daß er dem anwesenden Herzoge zu gefallen wünschte. [...]

Ich ging am Nachmittag allein nach dem Meiseberg, um zu bothanisieren. [...]

Montag d. 5 Mai

Heute Morgen kam ein Brief von Vaterchen, worin er meldet, er würde den 7 dieses von Bremen abreisen u. den 8ten Abends in Hannover anlangen. Julchen möchte sich so einrichten, daß sie dann auch da wäre. Nun galt's Eile. Ich ging erst zu Hoffmann, bei dem ich mich erst ein wenig erkundigte, schickte drauf Schlurke, dem ich begegnete, zum Kutscher Spannenberg u. bestellte dann auf dem Hofmarschallamt einen Paß. [...]

Julchen fing frisch an zu packen, u. Starkens liefen hin u. wieder. Auch die Petri kam u. wollte eine Schachtel mit Kuchen mit nach Braunschweig schicken. Der Kutscher verlangte erst 30 Rth u. Chausséegeld nebst allen Nebenausgaben noch drüber. Endlich kamen wir auf 24 Rth Fuhrlohn incl. Trinkgeld überein, doch Chausséegeld u. Postschein habe ich überdem zu tragen. Eine so theure Fuhre habe ich noch nicht gemiethet. Am Abend lief ich noch zu Gottschalk, um noch etwas am Paß ändern zu lassen, denn er hatte Magd u. Kinder vergessen. Er zeigte mir seinen Garten. [...]

Dienstag d. 6. Mai

Ich hatte Heute alle Hände voll zu thun, um meinen Aufsatz über Kunstkritik für Vater abzuschreiben, der ihn zugeschickt haben will. Auch schrieb ich noch einen alten, schon in Hermsdorf verfaßten über inneren Kirchenfrieden ab. Den Abend wurden die Kinder zeitig schlafen geschickt, um Morgen recht früh aufstehen zu können.[107] Als wir glaubten, sie schliefen längst, hörten wir plötzlich Bertha in ihrem Bett schluchzen. Wir fragten sie, was ihr wäre – »Ich dachte an den Pappa!« Dieß war wirklich sehr rührend. Wir mußten dem armen Kinde Zuckerwasser geben, um sie zu beruhigen.

Mittwoch d. 7. Mai

$\frac{1}{2}$4 wachte ich auf u. wagte es nicht wieder einzuschlafen. Endlich $\frac{1}{2}$5 kramte ich mich aus dem Bette u. fand auch Julchen schon auf dem Zeuge. Die Kinder wurden geweckt u. wir frühstückten noch einmal traulich zusammen. Die Kinder waren ganz selig in dem Gedanken, daß nun endlich der ersehnte Reisetag gekommen wäre, u. der gestrigen Thränen wurde nicht mehr gedacht. Mir war's, als sie fort waren, entsetzlich öde ums Herz, u. ich konnte weder schlafen noch wachen noch arbeiten – daher las ich in den Blättern u. lag dabei auf dem Kanapée. Auch war heute der denkwürdige Tag, wo ich das Spinnenblasrohr zu meinem Troste erfand u. gleich 4 Spinnen damit erlegte. Nachmittags erfolgte ein Spatziergang nach dem Anhalt[108], den ich nieh vergessen werde. Anzumerken ist, daß in der Selkemühle der Müller zu mir sagte: Das lassen sie man jut sin, wir haben einen janzen herrlichen Herzog! Ich entgegnete ihm, daß ich das ja gar nicht bestritte u., fuhr er fort, einen Kammerherrn hat er, das ist ein janzes niedliches Männichen. Ich kam erst nach 9 mit Blasen an den Füßen nach Hause.

Freitag d. 9. Mai
Heute arbeitete ich wieder ordentlich. Nachmittags Visite bei Seelhorsts, Abends zum Thée u. Abendbrot. Wir waren fast den ganzen Abend im Garten. Der Alte erzählte sehr viel von seinem Besuch in Berlin, alles, was der König u. die Prinzen mit ihm gesprochen. Von Dessau aus scheint es wirklich nicht an Bemühungen gefehlt zu haben, in Berlin darauf hinzuarbeiten, daß unser Herzog für unfähig zur Regentschaft erklärt werde. Auf seine Einfalt haben einige Prinzen auf eine für Seelhorst bittere Weise angespielt. Der König hat sich sehr hübsch über den hochseligen Herrn geäußert. S. bezahlte mir seine Portraits.

Mittwoch d. 14. Mai
Heute Abend besuchte ich Schellen. Wir gingen spatzieren, er brachte das Gespräch wieder auf Religion, auf sehr geschickte Weise. Streitend erreichten wir von ihm aus über den Ziegenberg meine Wohnung, wo er mit einkehrte u. bei mir aß. Ich gewinne ihn immer lieber. Es ist ihm um Wahrheit zu thun. Auch freue ich mich sehr zu sehen, wie ein so gescheuter Mann doch eigentlich nichts Erhebliches gegen das Christenthum aufbringen kann. Er ging erst nach 11 Uhr. Seelhorsts schickten mir wieder Spargel.

Montag d. 19. Mai
Das viele Schreiben Gestern hatte mich dergestalt angegriffen, daß ich die Nacht ganz abscheulich zubrachte. Heute früh schrieb ich an den Conferenzrath um Urlaub [für die Reise nach Dresden] u. bekam auch einen Brief von Blüher, der mich ungemein freute. [...] Ich schickte den Nachmittag zu Schellen u. ließ ihn zu einem Spaziergange einladen. Er kam u. wir schlenderten unter mannigfachen religiösen Gesprächen bis zum großen Siebersteinsteich. Schelle gab sich alle Mühe, in seinen religiösen Ansichten sich mir klar zu machen. Er scheint mir ein wirklich frommer Mann zu sein, aber doch nicht auf dem eigenthümlich christlichen Standpunkte zu stehen, wenn ich anders selbst diesen richtig beurtheile. Er glaubt nicht, daß sich Christus auf Andere als ganz natürli-

che Weise entwickelt habe u. leugnet den unmittelbar göttlichen Einfluß durch ihn – so ist ihm auch die ganze Lehre von der Rechtfertigung in unserm Sinne ein Irrthum. Ich gewann ihn aber doch recht lieb, u. wie es scheint, findet er auch Vergnügen an mir u. bat mich, doch häufiger mit ihm umzugehen.

Dienstag d. 20. Mai

Heute früh an den Pausen [zum Bibelwerk] gearbeitet. Nachmittag holte mich Schelle zu einer Parthie auf den Meiseberg ab, an der mehrere Familien Antheil nehmen wollten. Unterwegs schon wuchsen wir wie eine Lawine, u. auch dort kamen immer noch welche nach, so daß wir doch wenigstens an 30 Personen waren. Es wurde in der Laube Kaffée getrunken, dann in verteilten Gruppen herumspatziert u. endlich im großen Saal gespeist, allerlei von den verschiedenen Familien mitgebrachtes Zeug. Der Rückweg war sehr angenehm. Fritz Starke kalberte mit den Damens, die zu Fuß gingen, voraus, u. ich, Schelle u. Hempel hielten uns im Hintertreffen zusammen, wo Hempel allerlei intressante Rechtsfälle zum besten gab. [... Ausführliche Wiedergabe einer Mordgeschichte]

Sonntag d. 25 Mai

Heute Vormittag ätzte ich fleißig die gestern angefangene Platte weiter. [...] Die Platte gelang bis auf ein paar Striche in Jacobs Gewandt, die zusammenfraßen. Um 1 zu Schelle, bei dem gegessen wurde u. dazu Wein von Trobitius getrunken. Unmittelbar nach dem Essen rauchten wir am gedeckten Tisch noch Zigarren. Um 3 Uhr kam ich erst nach Haus u. mußte nun ernsthaft ans Packen denken. Ich schleppte meine 7 sachen zusammen u. plagte mich bis nach 7, wo Fritz kam, der mit mir aß u. den ich nachher nach Hause begleitete, um mich bei den Seinigen zu empfehlen. Von hier ging ich noch zu Hoffmann u. empfahl mich diesem auch u. dann zum Haushofmeister. [...] Als ich nun wieder nach Hause kam, stand mir noch eine schwere Arbeit bevor, nämlich das Bild von der Emilie Seelhorst (Salmuth) zu reinigen u. neu zu firnissen. Da der Firniß so unglaublich dick drauf saß, so brachte ich Spiritus dran, u. dieser fraß augenblicklich ein Stückchen Brust weg. Nun ist das Bild verdorben, u. ich war in der größten Verlegenheit, was nun zu thun sei. Endlich entschloß ich mich, das Bild einzuschließen, fortzureisen u. von Dresden aus Seelhorsts das ganze Unglück freimüthig zu bekennen. Nun hatte ich noch die Kupferplatten u. meine Zeichnungen zu packen, welches viel Zeit nahm, u. Rose nähte sie ein. $\frac{1}{2}$11 kam Starke noch einmal. Wir tranken Thée, u. ich gab ihm meinen Schatullenschlüssel ab. Ich verschloß alle Schränke u. verwahrte die Sachen, so gut als möglich, gab Rose 11 Rth zu ihrem Unterhalt ab u. um 12 machte ich mich auf den Weg nach der Post, wohin mich Rose u. Starke, meine Sachen tragend, begleiteten. Es war kalt geworden. Ich merkte dieß schon im Zimmer, konnte aber das Schloß meines Kleiderschranks nicht aufbringen, denn es war von Nebe, dessen Schlösser uns alle verdorben sind, u. ich mußte mich mit meinem Staubmantel begnügen. Auf der Post wieß mir der schlaftrunkne Posthalter ein Sopha an, auf dem ich mich ausstreckte u. zu schlummern versuchte. Nach einer halben Stunde hörte ich von ferne das Posthorn u. sah mich im Geiste schon auf der Reise. Im Posthause ward Leben, der Wagen fuhr vor, der Schirrmeister trat ein, aber es war kein Platz mehr für mich übrig, denn es saßen schon 7 drin. Nun mußte ich denn zu Roses größtem Erstaunen wieder zu Hause erscheinen u. noch eine Nacht im trauten Kämmerlein schlafen. Es war mir sehr öde zu Muthe.

Montag d. 26 Mai

Ich schlief freilig bis $\frac{1}{2}$ 8 u. schickte dann Schlurken, der die Blätter brachte, nach einem Kutscher herum. Er accordirte mit Hoffmann für 3 Rth 12 gr Alles in Allem. Ich schickte nach dem Schlosser u. holte mit dessen Hilfe meinen Mantel aus dem Schrank, den ich mich der großen Kälte wegen mitzunehmen entschließen mußte. Und so wurde mein gestriger Unfall mein Glück, denn ich hätte mich sicherlich schwehr erkältet, wenn ich ohne Mantel gefahren wäre. Wir hatten Heute früh nur 4 Grad. Um 8 war ich in Bernburg u. stieg im Schwahn ab bei Herrn Schmidt. Ich bekam ein freundliches, hübsches Stübchen mit abscheulich unzüchtigen Bildern an der Wand. Ich ging nicht aus, sondern blieb ruhig zu Hause u. las im Römerbrief.

Dienstag d. 27 Mai

Die vergangene Nacht hatte ich fast gar nicht schlafen können, u. um 3 Uhr stand ich auf. Um 4 ging's fort, u. ich kam in eine Beichaise mit einem ganz jungen Oekonomen. Dieser ging in Könnern ab, aber dafür trat eine Bauerfrau ein, die aus der Gegend von Gera war, u. der Bürgermeister Niebuhr aus Könnern, ein sehr gebildeter Mann, mit dem ich mich gut unterhielt. In Halle ging die Frau ab u. einige Passagiere aus dem großen Wagen, so daß wir nun in diesen einrückten. Da war der

Schauspieler Schütz mit seiner Frau aus Braunschweig, keine ganz
übeln Leute. In Leipzig um 2 Uhr ließ ich mich sogleich auf den
Nachteilwagen, der Abends um 6 abgeht, einschreiben u. kehrte der
Post gegenüber in Stadt Berlin ein. Ich suchte Volkmann in der Quer-
gasse auf, aber er war in Stötteritz. Der Eilwagen war eng, u. ich hatte
ein Paar gräulich breite Herren neben mir, so daß ich sehr schlecht saß.

Mittwoch d. 28 Mai

Eine schrecklich unbequeme Nachtfahrt, die noch dadurch verschlim-
mert wurde, daß die Passagiere so viel als möglich beide Fenster zu
hielten. Früh 6 Uhr waren wir in Dresden. Ich fand Mutter allein beim
Frühstück. Adelhaid schlief noch, weil sie die vergangene Nacht mit
Salli, die hier war, halb durch geschwatzt hatte. Mutter erzählte mir viel
von dem Ende der armen Heinitzen. [...] Ich kaufte mir bei Pohlert neue
Stiefel u. Pantoffeln zusammen für 4 Rth 16 gr, wovon auf die Stiefel
(Mittelsorte) 3 Rth 12 gr kommen. [...]

Sonnabend d. 14. Juni

Morgenbesuch bei Hartmann. Malt Orestes mit den Furien, schien mir
fast unter der Kritik, so schön auch die frühere Kreidezeichnung desselben Gegenstandes war, die er nun sehr verändert hat. Brief von Uhlich[109]. Ich antwortete sogleich u. erbot mich, das Altarbild noch zu
malen. [...]

Nach Tisch holte ich die Probedrucke, welche mir Freude machten bis
auf Isaaks Segen, den ich noch einmal radiren muß.

Um 8 Uhr ging ich nach Hermsdorf u. fand August im Hofe, mit dem
ich mich in das Gärtchen setzte, wo er mir sein melancholisches Herz
ausschüttete. Er leitet alles Unglück seiner Familie von dem Ankauf von
Hermsdorf her u. bedenkt gar nicht, wie unnütz u. albern hinterher alles
Klagen u. Seufzen ist.

Sonntag d. 15 Juni

Früh las ich ein Paar Stunden mit Segen für mein Herz die Bergpredigt
im Markus u. bewegte jedes Wort in mir. Nach dem ich gefrühstückt,
kam Heinitz u. wir erbauten uns gegenseitig durch unser Gespräch bis
zur Kirche. Ich freute mich recht auf den Genuß des Sakraments. Als ich
an den Altar trat u. das Lied anhob »O Haupt voll Blut und Wunden«,
schlug mir's durch Mark u. Bein. Mir war dieser Genuß sehr gesegnet.
Ich war so ergriffen, daß ich wie ein Kind weinte, als ich meinen Platz

wieder erreicht hatte, u. ich erkannte, ein wie kräftiger Segen u. Er-
weckung zum Glauben u. zur Liebe in diesem Genuß liegt. Roller bat
mich zu Tische. [...] Auch für Heinitz war das Abendmahl von großem
Segen. [...] Wir waren den Nachmittag viel im Garten. [...] Blüher, Heidler u. noch ein Pastor kamen. [...] Spät zum Abendessen kam noch Roller. Heinitz ging bald zu Bette. Ich blieb mit Roller, Pötschke u. August,
welche beide auch bald einschliefen, so daß ich Roller bis gegen Mitternacht hatte.

Montag d. 16. Juni

Heute sollte mein Bild gepackt werden. Ich wusch es u. überzog es mit
Eiweiß, u. Georg sah mir zu. Mutterchen kam mit Adelhaid, Julchen
[Uexküll] u. Mlle. Goldberg u. nahmen Abschied von dem Bilde. Ganz
außerordentlich viel Leute kamen, das Bild noch zu sehen. Alle Hof-
mägde u. Leute aus dem Dorf, bis zu Mittag. Nach Tische packte ich mit
Hilfe des Tischlers u. des Sattlers Grahl aus Radeberg. Auch Heinitz half
nach Kräften. Letzterem war das Einpacken dieses Bildes sehr traurig.
Es ist nun gerollt u. soll über 8 Tage in die Kiste kommen. Es war mir
auch ganz wehmüthig, als mit diesem großen Bilde die ganze Geschichte meines 3jährigen Aufenthaltes in Hermsdorf so zusammen gewickelt
wurde.

Dienstag d. 17. Juni

Heute früh fuhr ich mit den Heinitzschen Damen nach Dresden u. fing
auch gleich an, die Himmelsleiter zu radiren. Abends bei Berthold.

Mittwoch d. 16. Juli

Heute früh entschloß ich mich zu einer großen Wanzenschlacht, weil
ich zu arg gestochen wurde. Die Grabern schlug mir die Bettstelle auseinander, u. ich pinselte mit einem Gemisch von Scheidewasser, Tabak-
schmörgel u. Essig. Es kamen unzählige Thiere zum Vorschein, so daß
mich ein ordentliches Grausen überkam. [...] Ich radirte Heute, doch
nicht allzuviel. Ich bin doch noch immer sehr matt. Heinitz kam gegen
Abend. Heute ist sein Hochzeitstag, u. er wäre nun 5 Jahre mit Ernesti-
nen verheiratet, wenn sie lebte. Er war sehr traurig. Da er zu Fuß nach
Hermsdorf ging, so begleitete ich ihn fast bis auf den Schenkhübel. Wir
legten uns ins Gras u. schwatzten. Seine Geschäftslage macht ihm seinen Schmerz um so viel bitterer. Ich wies ihn dringend aufs ernstliche
Gebet – nicht die Lage muß Gott ändern, sondern unser Herz, dann

wird's gleich gut. Wir trennten uns ordentlich schwehr, u. ich konnte auf dem Rückweg selbst recht herzlich beten u. empfing Frieden. Es ist immer noch sehr warm. [...] Ich sehne mich sehr nach meiner Familie.

Freitag d. 18. Juli
Sehr heiß, die Elbe soll 21° R. haben. Radiert. [...] Machte mit Sieler hernach noch einen Spatziergang bis an den Badeplatz hinter der Schiffsmühle, wo wir uns auskühlten. Einzelne badende Figuren belebten das Wasser, der Mond schien sehr hell. Wir saßen auf dem Rückwege noch ein halbes Stündchen auf der steinernen Bank bei der Pferdeschwemme u. hatten sehr angenehme Gespräche namentlich von der großen auffallenden Nacktheit des Alterthums ohne Scham u. Heuchelei u. wie sich dagegen bei uns Alles maskiert unter dem Einfluß des Christenthums. Alexander giebt frei seine Eitelkeit u. Ruhmsucht als Motiv seiner Handlungsweise bloß, Napoleon schützt Staat u. das Beste seiner Nebenmenschen vor.

Mittwoch d. 23. Juli
Heute früh hatte ich erstaunliche Lust zu baden u. ging um 6 nach der Schwimmanstalt. Die Anstalt gefiel mir sehr. Das Wasser hatte 21 R. u. soll vorgestern 23 gehabt haben. Das Bad that mir unbeschreiblich wohl. [...] Abends besuchte ich Berthold.

Donnerstag d. 24. Juli
Heute früh 6 ging ich wieder baden. Man zieht sich auf einem Floß aus u. hat nun auf einer Seite ein abgezwingertes Bad mit Grund u. auf der Anderen die Elbe ohne Grund. Ich hatte mich noch nieh in ein Wasser gewagt, wo ich nicht wenigstens zuerst fußen konnte, heute aber entschloß ich mich u. glitt vom Floß aus in die tiefe Elbe, wo sich's köstlich schwimmen ließ. Ich bin aber so matt nach diesen Frühbädern, daß ich heute ein Stündchen schlafen mußte, als ich zurückkam. [...]

Freitag d. 25. Juli
Das Frühbaden hat mich so müde gemacht, daß ich heute Vormittag unwiderstehlich wieder eine Stunde schlafen mußte, obgleich ich heute früh nicht badete. Abends ging ich u. wäre fast ertrunken. Ich ließ mich wieder so wie gestern vom Floß hinabgleiten u. schoß, weil die Elbe die Nacht sehr gestiegen war, in eine große Tiefe dicht am Floß hinab u. mochte sehr lange unten geblieben sein, denn als ich wieder auftauchte,

war großer Tumult auf dem Floße, u. der Bademeister stieß ein Donnerwetter nach dem andern aus, meinte, ich hätte können unter das Floß
kommen u. er hätte geglaubt, ich wäre schon weg. Nun warf ich mich
der Länge nach hinein, so daß ich gleich ein Stück vom Floß abschoß, u.
da ging's vortrefflich. Die Elbe war so trübe, dick u. gelb wie Erbsensup-
pe. Ich ließ mich übersetzen u. ging mit Heinitz, den ich abholte, in den
großen Garten, wo wir Butterbrod mit Knackwurst aßen. Heinitz klagte
wieder sehr über den Verlust seiner Frau u. seine Lage.

Donnerstag d. 31. Juli
Heute früh kam mein verpacktes Bild hier an, u. ich ließ es von Jäger sogleich schnüren u. signiren. [...] Adelhaid war aber so betrübt, daß sie
nicht aus den Thränen kam. Für Adelhaid muß was namhaftes geschehen, sonst wird sie am Ende melancholisch. Sie muß eine tüchtige Zer-
streuung haben. Deswegen schlug Mutter vor, Adelhaid solle mit mir allein reisen. [...]

Sonnabend 2. Aug.
Früh mit Seelhorsts aufs Schloß u. Gallerie. Zu Kaskel, das Bild wird ad-
dressirt an Arens & Cp. in Memel. Die 600 Rth, die für Mutter da standen, gehoben. Mutter giebt mir meine Michaelis Zinsen 210 Rth gleich
mit u. sollte später die Berechnung mehr machen, so wird sie nachzah-
len. Nachmittag allerlei Kupferstiche gekauft u. Kunstverein bezahlt.
Nun aber bin ich ausgetreten u. zahle fortan nicht mehr mit.

Montag d. 4. Aug.
Schlechte unruhige Nacht. Abschied von Mutter schmerzlich. Minchen
begleitet uns auf die Post. Heinitz nimmt hier nochmals Abschied.
Wir sitzen in der hinteren Abtheilung mit Frau v. Witzleben. Adelhaid
strickt ein rothes Strümpfchen. Vor uns ein Herr, der auch gut stricken
kann. Frau v. Witzleben muß zusammengeheftet werden mit Nadeln.
In Leipzig Adelhaid zu Klärchen gebracht. Dann mit Pöschel, dem ich
begegne, baden. Den Abend bei Alfreds. In Stadt Berlin geschlafen,
4 Treppen hoch.

Dienstag d. 5. Aug.
Früh 7 bei Klärchen Kaffée. Dann in Alfreds Garten Milch. Dann nach
Stötteritz, wo wir Paar hübsche Stunden mit den alten Volkmanns ver-
bringen. Bei Alfred Mittag. [...] Kaffée im neuen Hause, dann Boccia,

welches mir Freude machte. In die Stadt, um einzukaufen. Wieder zu
Volkmanns, wo Schauspieler Hanser. Abendessen, Leibschneiden. Pöschel begleitet bis auf Post.

Mittwoch d. 6. Aug.
Schreckliche Nacht im Postwagen. Mittelplätze, furchtbar heiß. Früh 7
in Bernburg. [... Besuche; alle nicht da; geschlafen im »Schwan«]

Donnerstag d. 7. August
Abscheuliche Nacht mit Leibschneiden. Früh 5 ausgefahren. Um 10 in
Ballenstedt. Bertha in der Thüre, unverändert, Gerhard gar nicht wieder
zu erkennen, sehr gewachsen u. laufend. Julchen sehr mager geworden.
Große Freude. Ballenstedt u. unsre Wohnung erschienen uns sehr schön.
Nachmittag auf dem Ziegenberg, wo es Adelhaid gefiel.

Montag d. 18. Aug.
Heute entschlossen wir uns zu einer Parthie auf den Stufenberg u. nahmen die Agnes mit. [...] Beim Auffahren auf den Berg riß ein eiserner
Zugring. Wir waren auf dem Stufenberg sehr vergnügt, die Kinder rit-
ten Karussel mit hohem Vergnügen, auch bestiegen wir den Klettenberg
u. beobachteten sehr intressante Gewitter, die einem Wolkenbruch ähnlich über Halberstadt nach dem Huy hin zogen. Der Birkenchampagner
war ganz vortrefflich. Auf dem Rückwege glücklicher Weise schon beim
Einfahren in Ball. riß der linke hintere Tragriemen des Wagens, welchen
der Hausknecht auf dem Stufenberge aus Boßheit gegen unsern Kutscher so durchgeschnitten hatte, daß er nur noch an einem Faden hing.

Mittwoch d. 20. Aug.
Mein Christus rückt ziemlich gut vorwärts. Heute Nachmittag machten
wir mit Hoffmanns eine Parthie nach der Victors Höhe, wo es Adelhaiden auch zu gefallen schien. Doch war die Ferne so nebulös, daß wir
wenig sehen konnten. Die Kinder waren mit, sogar Gerhard u. unbeschreiblich glücklich. Wir sahen viel Wild. Als wir den Abend spät
zurückkamen, hörten wir, der alte Volkmann sei angekommen. Ich begrüßte ihn sogleich im Großen Gasthofe u. lud ihn ein, bei uns zu wohnen, welches er auch annahm, jedoch erst auf den andern Tag. Zugleich
war auch meine Kiste mit Leinwand u. Kupferstichen angelangt.

Donnerstag d. 21. Aug.

Vormittag gezeichnet, Volkmann liest mir dabei vor. Den Nachmittag unternahmen wir eine Parthie auf den Meiseberg, kriegten aber auf halbem Wege einen solchen Regen, daß wir ganz durchnäßt wieder umkehren mußten. [...] Trotz meines Rathes zog Adelh. doch keine wollen Strümpfe an.

Freitag d. 22. Aug.

Früh ging ich, da Adelhaid nicht so recht gehfähig war, mit Volkmann auf den Meiseberg. Es war ein herrlicher Vormittag u. wir ergötzten uns in den angenehmsten Gesprächen. [...] Gegen Abend ging ich mit Volkmann auf Hubertushöhe, wo es ihm über alle Begriffe wohl gefiel. Volkmann scheint sehr glücklich hier zu sein.

Sonnabend d. 23. Aug.

Schöner Morgen. Volkmann u. ich entschlossen uns, auf die Victorshöhe zu Fuße zu gehen, die Weiber sollten uns den Abend entgegen kommen. Der Morgen war äußerst genußvoll. Wir gingen über die Siebersteinsteiche. Auf der Victorshöhe nahmen wir ein köstliches Mal ein von Schinken u. Eiern u. fanden, als wir nach dem den Turm bestiegen, die Aussicht so hell, daß wir durch das Rohr deutlich den Petersberg u. den Dom von Magdeburg sehen konnten. Im Tore von Halberstadt konnten wir Menschen u. Vieh unterscheiden. [...] Wir traten erquickt den Heimweg an, hofften aber vergebens auf die entgegen kommenden Damen, denn Adelhaid war krank u. bettlägerig geworden, u. Julchen hatte sie nicht verlassen wollen. [...]

Sonntag d. 24. Aug.

Mit Volkmann früh einen herrlichen Gang auf Falkenstein, wo wir Hoffmann trafen in großer Freimaurer Gesellschaft. Wir kamen, da es heiß war, Mittags sehr ermüdet zurück u. Julchen empfing uns mit einer Schüssel ganz vortrefflicher Krebse. Den Abend mußten wir zu Gottschalks, welche in ihrem Garten eine ganz artige Gesellschaft hatten. Adelhaid fühlte sich noch nicht wohl. [...]

Montag d. 25. Aug.

Heute schöne Parthie nach der Roßtrappe mit den Kindern. Es war rührend, Anna auf den Felsenpfaden hinwandeln zu sehen. Adelh. war sehr müde u. hatte keinen rechten Genuß. Ich kann nicht sagen, wie sehr es mich jammert, daß Adelh. durchaus keine reine Freude bei uns haben kann. Wir brachten den ganzen Tag auf diese Parthie zu.

Mittwoch d. 27. Aug.

Heute früh $\frac{1}{2}$ 8 reiste Volkmann mit Adelh. ab. Ich kann nicht sagen, wie sehr schmerzhaft mir der Abschied von meiner armen Schwester wurde. [...]

Der 30 Octbr. Donnerstag
[Tag der Vermählung des Herzogpaares]

versammelte Abends ganz Ballenstedt im großen Gasthofe zu einem glänzenden Balle. Alvensleben ging herum u. suchte Schauspieler anzuwerben, um bei den bevorstehenden Festlichkeiten den Wolfgang von Hoffmann zu geben. Er wollte mit aller Gewalt auch aus mir einen Proseliten[110] machen, u. ich sollte die Rolle Herzogs Georg von Dessau übernehmen. Mein Weichen half nichts, u. bestimmt abschlagen konnte ich's nicht aus Furcht, ihn zu kränken, denn ich hätte Gründe angeben müssen, die ihn nur verletzen konnten. Endlich kam Hoffmann, welcher nun aufgefordert wurde, mich zu überreden, u. mit dem ich mich zu diesem Zweck entfernte u. auf diese Weise Alvensleben loswurde. Die Seelhorsten bat mich, ihrem Mann seine Illuminationspläne auszureden. Er will nämlich auf seinem Dach eine große Lampensonne errichten, u. die Frau scheut die Unkosten möglichen Regens und Unwetters halber. Er hat mich schon gestern durch den Maurermeister Apel ersuchen lassen, den Namenszug für die Lampen aufzuzeichnen, u. das fertig zugeschnittene Papier liegt bei mir. [...]

Dienstag d. 11^t Nov.

Hand mit der Fahne [Christusbild für Uhlich], aber nicht fertig, da ich durch die Weiber, die der Castellan nach den Bildern schickte, gestört wurde u. den Nachmittag auch selbst aufs Schloß mußte, um das Hängen der Bilder anzuordnen, welches den ganzen Nachmittag weg nahm. Der Hofmarschall führte mich durch alle Zimmer, die zum Theil recht hübsch sind, die Aussicht ist vortrefflich. Es ist ein gräuliches Treiben hier in Ballenstedt, u. alles bereitet sich zum Empfang der Herrschaften vor, Ehrenpforten, Transparente, Bekränzen der Häuser, nur wir haben nichts – der Herzog ist im Stande u. fragt mich, warum ich kein Transparent gemalt habe. [...]

Mittwoch d. 12^t Nov.

Früh aufs Schloß u. sämtliche Bilder in des Herzogs Zimmer aufgehangen mit dem Schlosser Fiedler. Der Rahmen des Prinzen Friedrich war so beschädigt, daß ich ihn mir nach Hause bringen ließ, um ihn heute Abend etwas auszubessern. Um 11 kam ich erst an die Arbeit u. malte die Füße. Die Prinzessin Friedrich[111] ließ sich auf ½ 3 bei mir anmelden. Nach Tisch wurde rasch gekehrt u. Ordnung gestiftet. Die Prinzessin hat ganz ihr altes Gesicht, wenigstens ganz das Liebliche behalten, was sie früher so anziehend machte. Ihre Augen erinnern sehr an die der Gräfin Dohna. Sie war sehr freundlich u. hielt sich ungewöhnlich lange vor meinem Christus auf, denn sonst hatte ich nichts. [...] Kurz vor meinem Hause begegnete ich dem Hofprediger, der so eben von Bernburg 400 Rth erhalten hat, von welchen der Herzog wünscht, daß sie am morgenden Tage unter die Armen vertheilt werden möchten, da war denn guter Rath theuer. Ich bat ihn den Abend zu mir, Gutschmidt kam auch, u. die beiden spielten Schach, während ich den goldnen Rahmen für das Schloß kalfaterte, u. Julchen u. Riekchen saßen mit ihren Arbeiten bei uns. [...]

Donnerstag d. 13. Nov.

Ganz früh den Rahmen aufs Schloß gebracht. Allee mit weißem Sande bestreut, die Häuser festlich mit Girlanden geschmückt, besonders geschmackvoll Starkens Haus. Ich sagte Gestern der Simon, ob sie denn ihr Haus nicht auch schmücken wollte wie alle Andern, ich wollte dazu mit beisteuern, nur besorgen könnte ich so was nicht. Sie war auch willig, u. nun haben sie eine schändliche, ganz ruppige Tannengirlande um die Hausthür geschlungen, das ist das Ganze, u. alle Vorübergehenden lachen. Die Allee füllte sich immer mehr mit Menschen, u. gegen Mittag war es so lebendig wie in einer großen Stadt. Unzählige Wagen, Reiter, Fußgänger kehrten in Stadt Bernburg ein. Der ungewohnte Anblick zog uns viel ans Fenster. ½ 3 nachmittags ertönten schon die Kanonen vom Schloß als Verkündigung der Gränzüberschreitung, wo die Herrschaften von dem berittenen Personal empfangen wurden. Jezt füllte sich die Allee immer mehr, u. halb 4 trat der Zug in die selbe ein, nachdem er schon an den beiden Ehrenpforten in der Stadt angehalten u. die Herrschaften verschiedene Carmina in Empfang genommen hatten. Vorne weg zogen die berittenen Bürger, etwa 40 Mann, alle in blauer Kleidung mit breiten grünen u. weißen Bändern geschmückt, was sehr gut aussah, u. einem Trompeter Chor von 12 Mann auf Schimmeln.

Dann folgte die berittene Jägerschaar mit Büchsen, von dem Bereiter angeführt, hierauf die Wagen, von den Stadtschützen umgeben, welche die Fahne grade über dem herzoglichen Paare trugen. Auf den herzoglichen Wagen folgte ein andrer 6 Spänner mit den beiden Prinzen von Holstein, hierauf zwei 4 spännige Postzüge, der eine mit den Damen, der andere mit den beiden Kammerherrn Laßberg u. Siegsfeld. Hintennach aber kam ein wunderbarer Zug von mit langen schwarzen Flinten bewaffneten Strolchen, welche kaum gehen konnten, in Gamaschen, Stiefeln u. Schuhen einher gestolpert. Mir machte die ganze Sache wie alle festlichen Aufzüge einen großen Nervenreiz. An der Ehrenpforte unter Seelhorsts Hause standen 180 junge bekränzte Mädchen, die auch noch ein Gedicht überreichten.

Freitag d. 14. Nov.
Heute Abend Illumination. Wir hatten Tonleuchter machen lassen, die von Julchen u. Riekchen mit grünem Papierschmuck umwunden recht hübsch aussahen, u. stellten in jedes Fenster 4 Lichter. [...] Gegenüber im Gasthof war ein Transparent, einen Saufbruder darstellend mit der Unterschrift, ob ich gleich von Braunschweig bin, so hab ich doch für Anhalt Sinn. Der Hauptmann hatte ein großes Transparent, zwei Gardisten darstellend [sie waren entlassen worden], mit der Ueberschrift, Zum Abschied reiche ich die Hand, bleib treu dem Fürst u. Vaterland!

Machzum hatte einen Kerl mit langem schwarzen Barte u. nackend, der die Leier spielte u. welchen 2 unten angebrachte Distichen als Apollo bezeichneten.

Sonnabend d. 15. Nov.
Heute zeichnete ich Bertha u. Anna zu Mutters Geburtstag, doch bin ich nicht ganz fertig geworden. Anna ist sehr ähnlich, mußte aber mit vielen Künsten erst zum Sitzen überredet werden. Die Bürgerschaft zog Heute mit 70 Fackeln aufs Schloß u. brachte dem Herzog eine Musik. [...]

Der Vers unter Machzums Apollo hieß »Umsonst, Apollo, stimmst du die goldnen Saiten der Lyra, Nimmer tönt sie so rein, als Heute im Herzen des Volks, Dir, Alexander Carl, u. Dir, geliebte Mutter des Landes, tönet im Willkommenruf heute Segen u. Heil.«

Der Dr. Hoffmann hatte ein Transparent, darstellend Luisenlund mit der Unterschrift: »Gesegnet sei der schöne Bund, geschlossen zu Luisenlund«. Der Hoffleischer hatte 2 große, dicke Herzen gemalt u. darunter

»wo gute, edle Herzen tronen, wird Fleiß u. Treue stets belohnen, u. hier
ist gut wohnen.« Ein andrer hatte »Sei froh u. glücklich Carl! Carl, be-
glücke auch uns u. bleib in Ballenstedt!« Der Handschuhmacher Fuchs
hatte »dem allerwerten Herzog, dem vielgeliebten Dux, wünscht reichen Ehesegen der Sattlermeister Fux«. Ein andrer hatte »ich möchte
gern mein ganzes Haus illuminieren, mein Beutel ist zu leer, dieß auszuführen, so nimm, o großer Herzog, dieß kleine Denkmal an, wie es ein
armer Zimmermann nicht besser machen kann.« Der Hofbäcker hatte in
dem einen Fenster einen Kelch mit einem Auge drüber u. der Unterschrift »es ist vollbracht!« u. in dem andren Fenster eine Leier u. ein
Schwert mit der Unterschrift »Körners Gedichte«. Einer hatte ein Füll-
horn, aus dem viele Kinder in eine Wiege purzeln.

Dienstag d. 18. Nov.
Während ich an den Kindern zeichnete für Mutters Geburtstag, bekam
ich eine Einladung zur Tafel u. machte nun den ersten Gebrauch von
meinem schwarzen Staat. Als ich in den engen Hosen steckte, kam es
heraus, daß ich sehr fett war. Vor der Tafel wurde ich der Herzogin[112]
vorgestellt, die mir sehr holdselig sagte, ich wäre ein ganz ausgezeichneter Künstler u. sie wolle sich von mir malen lassen. Ich saß der Herzogin bei Tische grade gegenüber so wie der Prinzeß Friedrich, welche
mich beide eines kleinen Gesprächs würdigten. Nach Tische unterhielt
sich der kleine Prinz Alexander sehr lange mit mir, u. auch zum Herzoge ließ ich mich führen, der sehr freundlich, ja, herzlich war. Er hat das
Transparent von [Hauptmann] Schutzki ganz verkehrt verstanden. [...]
Die Herzogin macht doch im ganzen einen guten Eindruck auf mich,
obgleich unter gesellschaftlicher Liebenswürdigkeit sich ihr Inneres ver-
steckt. Fein, leicht, gewandt ist ihr Körper, u. so scheint auch ihr Geist.
Abends war Agnes bei uns u. erzählte, daß Louise [Starke] Kammerfrau
geworden sei.

Mittwoch d. 19. Nov.
Heute Nachmittag kam der Kammerherr Siegsfeld im Auftrag der Herzogin zu mir mit dem Befehle, ich solle nach dem 2ten Dec. je eher je lieber nach Bernburg kommen, um sie zu malen. Ich ging allein ins Theater, das Heute Abend stattfand u. stellte mich nahe an die Loge, so daß
ich die Herzogin bequem sehen konnte, um mir ihr Gesicht zu imprimie-
ren. Die Aufführung war unter aller Kritik, obgleich Einzelne recht gut
spielten. Das Stück von Hoffmann ist flach, bedarf aber einer Zurü-

stung, wie sie auf einem kleinen Liebhaber Theater nicht wohl möglich ist. Der junge Siegsfeld spielte unter aller Kritik.

Donnerstag d. 20. Nov.

In aller Frühe hörte ich Julchen in meiner Stube kramen u. schuften, u. als ich herauskam, fand ich einen brillanten Geburtstagstisch, mit 2 großen Kuchen, einer schönen neuen Pfeife u. einem Stück grünen Tuch für meine Schatulle. [...] Am Nachmittag gingen wir mit Riekchen u. den Kindern auf den Ziegenberg. Es war herzlich kalt, so daß mir die Ohren knackten, u. ich jagte mich deshalb viel mit den Kindern herum. Auf dem Ziegenberg sahen wir die Vorbereitungen zu dem Feuerwerk, das auf den Abend statt finden soll. Am Abend schriftstellerte ich wieder u. wurde nur durch Hoffmann auf eine Stunde unterbrochen, der eine Zigarre mit mir rauchte. Er erzählte viel von der Herzogin, mit der er eben eine Unterredung gehabt hatte, wo sie, wie er sagte, einen sehr frommen Sinn offenbart u. sich ganz als Christin gezeigt hätte. So hätte sie ihn z.B. nach dem Superintendenten Habicht gefragt u. ob der auch ein christlicher Mann sei. Darunter verstünde sie aber nicht, ob er an Gott glaube u. an die Unsterblichkeit der Seele, sondern ob er glaube, daß Christus der eingeborene Sohn Gottes u. unser Seligmacher sei. Hoffmann sprach sich auch heute so christlich aus wie noch nie, daher ich fast glauben möchte, die Herzogin könne doch am Ende eine Gläubige sein. Es hätte mich an meinem Geburtstag nichts mehr erfreuen können als grade diese Nachricht.

Freitag d. 12 Dec.

Bei Trobitius Pfeifenköpfe u. Tassen gekauft. Zu Mittag kam Siegsfeld im Auftrag der Herzogin u. verabredete die erste Sitzung auf nächsten Donnerstag. [...] Gerhard hat jezt besondere Zärtlichkeit für mich u. klopft u. tobt so lange vor meiner Thüre, bis ich von der besten Arbeit aufstehen muß u. ihm Janitscharenmusik vorsinge, wo er dann so andächtig auf meinem Schoß sitzt u. zuhört wie ein Kenner im Concert, bisweilen drückt er mir dann auch, wenn ihn eine Stelle sehr entzückt, ein zärtliches Küßchen auf den Mund.

Dienstag d. 16. Dec.

[... Fahrt nach Bernburg; Übernachtung in der »Kugel«.]

Mittwoch d. 17 Dec.

[...] Dann ging ich aufs Schloß, u. der Castellan wies mir ein sehr schönes Zimmer an, recht nach meinem Geschmack u. führte mich hernach im ganzen Schlosse umher. Auch in die Gemächer der Herzogin kamen wir, u. hier sah ich flüchtig die Titel ihrer kleinen Bibliothek durch u. freute mich ungemein, lauter gute Andachtsbücher zu finden, worunter auch Goßners[113] Schriften, das neue große compendiöse Liederbuch, das in Berlin ausgekommen ist, die Bibel u.a. mehr. Ich kann wohl sagen, daß dieß mir eine ganz außerordentliche Freude war. [...] Ich ging gegen Abend zum Drechsler, von dem ich mir für 2 Rth 2 gr sehr hübsche Pfeifen zu meinem Troste kaufte u. brachte den Abend vor Tische mit Schreiben meines Tagebuches zu, das ich sehr weit nachzuholen hatte. [... Abends im Theater]

Donnerstag d. 18 Dec.

Heute früh um 7 kam schon ein Hofbedienter u. sagte mir, daß die Herzogin mich um 9 zu sprechen wünschte. Ich ging um 9 zu Siegsfeld, ward durch diesen gemeldet u. sogleich vorgelassen, wo ich die Herzogin im Morgenkleide traf u. mit ihr ihre zu machende Toilette beriet. Sie wählte von den 3 Skitzen die einfachste ohne Hände u. bestimmte die Sitzung auf 11. Ich ging daher wieder nach Hause, rauchte u. las in meinem lieben Terstegen bis zur bestimmten Frist. Die Herzogin erschien in einem äußerst schönen Anzug, weiß mit Demanten, daß es ein wahres Gaudium war, in Begleitung der alten Vahrendorf. Mit der Unterhaltung ging es nicht besonders, wir sprachen von Homeopathie u. von tollen Hunden, Fräulein Krohn[114] kam auch, u. die Herzogin bestellte deren Portrait im Kleinen. Alle fanden die Zeichnung, die ich machte, sehr unähnlich, u. ging's $\frac{1}{2}$ 1 wieder fort. Das Schönste war, als ich der Herzogin ihre Nase ausmaß u. sie sich dabei des Lachens nicht enthalten konnte. Nun wurde mir von der herzoglichen Tafel Luxus aufgetischt, ich that aber beim 2ten Gange schon Einhalt u. verbat mir alles weiter, doch drang mir ein altes Weib noch Schweinskopf auf. Mein Essen dauerte kaum 2 Minuten u. als um 3 die Damen wiederkamen, hatte ich zu ihrem Erstaunen schon mein Köpfchen gezeichnet, doch fand man's ganz unähnlich bis auf die Fräulein Krohn, die Gute, welche Ähnlichkeit finden wollte, wofür sie Gott segnen wolle. Die Sitzung dauerte noch eine Viertel Stunde, u. dann stob alles auseinander u. ich ins Gasthaus, wo ich mir an meiner Pfeife gütlich that, obgleich mir gar nicht wohl war, da mir selbst mein Bild ganz unähnlich vorkam. Um 5 war

ich wieder auf dem Schlosse u. zeichnete bis gegen $\frac{1}{2}$ 9, u. – o Wunder –
nun schien mir die Sache ähnlich zu werden, u. Gott gebe, daß ich mich
nicht getäuscht habe, denn ich wurde zuletzt ganz mondsüchtig. Nun
ging ich nach Hause u. fand hier den Rahmen nicht an. Folglich kann
ich Morgen die Herzogin auch nicht malen u. muß Frl. Krohn zeichnen,
das ist scheußlich, aber doch gut, denn Gott hat es so gemacht – desto
besser wird das Bild von der Herzogin werden.

Freitag d. 19. Dec.

Früh zu Siegsfeld, dann in meine Stube, wo der Castellan kommt u. das
Bild der Herzogin sehr ähnlich findet. Dann kommt Siegsfeld, findet
auch Ähnlichkeit, mit diesem zu Frl. Krohn, die bei der Herzogin meine
Entschuldigung zu machen verspricht u. sitzen will. Siegsfeld sagt mir,
der Herzog wolle mich sprechen nach Tafel. Nach Hause gerannt u. umgekleidet. Dann wieder aufs Schloß. Frl. Krohn sitzt, die Unterhaltung
geht gut, das arme Mädchen hat Heimweh. Das Bild ist für ihre Eltern.
Plötzlich kommt die Herzogin herein u. findet schon Ähnlichkeit. Als
die Krohn fort ist, kommt die Herzogin noch einmal ganz allein u. be-
sieht sich das Bild wieder. Später noch einmal mit der Schwester von
Laßberg, dessen Kind sie auch auf den Armen trug. Ich kriegte brillantes Essen. Um 3 zum Herzog, der mir schon in der Thür mit einem tiefen Bückling höchst freundlich entgegen kam u. mit vielen Worten sein
Bild bei mir bestellte für seine Tante, ich glaube in Cassel, in der neuen
Uniform, worauf er das größte Gewicht legte. Dann wieder auf mein
Zimmer, hier kommt Laßberg, findet das Bild der Herzogin gut u. bestellt seine Kinder. Mit ihm fort, in die Kugel, umgekleidet, darauf zum
alten Meister [wegen des Rahmens]. [...] Dann wieder in die Kugel, wo
an Julchen u. das Tagebuch geschrieben wurde.

Sonntag d. 21. Dec.

Die Krohn gemalt. Nach der Kirche kommt die Herzogin u. gewährt
eine Sitzung für die Gestalt, welche umgeändert werden soll, da sie nun
doch die sitzende Stellung mit den beiden Händen haben will. Dieß
stört sehr in das Bild der Krohn. Der Herzog kommt herein, sehr
verdrießlich u. klagt entsetzlich über den Oelfarbengestank. Es würde
nun kein Mensch mehr hier wohnen können, dabei durchschnüffelt
er alle Ecken, ob ich auch was verdorben hätte in dem schönen Zimmer,
geht ins Nebenzimmer u. bemerkt mit Kopfschütteln meine Stiefel u.
Waschbecken u. räsoniert fürchterlich über den Farbengeruch. Als mein

Schwager hier wohnte, sagte er, da war noch reine Luft, da roch es gar nicht nach Farben. Ich hätte ihm gern etwas erwiedert, aber die Gegenwart der Herzogin hielt mich ab, doch kann ich nicht leugnen, daß ich mich tüchtig ärgerte. Frl. Krohn wurde mir ganz unähnlich aus bloßer Unbehaglichkeit in dem Zimmer, u. ich ging im höchsten Grade unglücklich zu Clauß, welcher mich überredete, mit ihm in die Pretiosa[115] zu gehen, wo er das Orchester dirigirte. Dieß zerstreute mich auf eine angenehme Weise.

Montag d. 22. Dec.

[...] Die Herzogin ließ mich, da sie versprochen hatte, um 10 zu kommen, bis 11 warten, u. dieß brachte mich so auf, daß ich, als sie endlich kam, den gehörigen Gleichmuth schon verloren hatte. Das Bild blieb ganz unähnlich, u. als die Damen gingen, konnte ich mich nicht halten u. brach in Thränen aus, denn Alles war ungünstig gewesen zur Findung eines solchen Werkes. Ich kam höchst verstimmt nach Hause u. fand von meiner guten Frau einen Brief vor, der mir ungemein lieb war in meiner Verlassenheit von Gott u. Menschen. Auch von Vater lag ein Briefchen bei, das mich stärkte u. aufrichtete zu dem morgenden Werke. Ich schrieb an Julchen, leider sehr kleinlaut, u. trug den Brief zur Post, dann zeichnete ich zu Hause noch allerlei Versuche u. Proben für der Herzogin Gesicht auf. [...]

Dienstag d. 23. Dec.

Die Herzogin kam heute wieder zu spät zur Sitzung u. wollte dafür ganz naiv ein Stündchen länger sitzen. Während der Sitzung lief sie weg u. kam erst wieder, bis ich nach 4maligem Schicken beinahe eine Stunde verloren hatte. Ich konnte meinen Aerger nicht verbergen, als sie wiederkam. Ich setzte ihr auseinander, warum ich durchaus meine Zeit so zusammenhalten müßte, u. doch war sie im Stande, mir nach Tafel wieder eine große Gesellschaft zuzuführen, die das Bild sehen sollte. Der Herzog war auch dabei u. fing an auf eine ungezogene Weise über das Bild zu skandaliren, es sähe affektirt aus u.s.w., bis er endlich sagte, »wenn es nicht ähnlich ist, so nehm' ich's gar nicht, geben Sie sich mehr Mühe.« Ich hätte ihm darauf gerne etwa recht tüchtiges erwiedert, aber die Gegenwart der Herzogin u. des Hofes hielten mich davon ab. Als die Gesellschaft sich endlich verlief u. Laßberg allein blieb, frug ich diesen, was in aller Welt ich nun thun sollte, da ich nicht Lust hätte, mir auf diese Weise begegnen zu lassen. Der aber meinte, so spielte der Herzog allen mit von oben bis unten u. man müsse sich durchaus daraus nichts machen u. es ansehen, als wäre einem ein Ziegelstein auf den Kopf gefallen, welches allerdings auch wenig Reitze für mich hat. Darauf ging ich zu Wolframsdorff, der mir das selbe sagte, u. spielte mit diesem ein Paar Parthien Schach. Hierauf zu Clauß, den ich aufs Schloß führte u. ihm das angefangene Bild zeigte, welches ihm gefiel, u. der dann mit zu mir kam u. bei mir aß. Um 10 ging er fort, u. ich legte mich zu Bette, war aber so aufgeregt, daß ich nicht schlafen konnte, wieder aufstehen mußte u. mich noch bis gegen 2 in der Stube herumtrieb mit dem sehr ernsthaften Gedanken, meinen Abschied zu nehmen.

Mittwoch d. 24. Dec.

Heute malte ich den Hals, u. die Herzogin bat mich, das Bild, das sie so, wie es war, heute am Heiligen Abend dem Herzog beschehren wollte, selbst auf ihr Zimmer zu bringen, wie ich es auch that, als es dunkel wurde. Dann machte ich noch einen Besuch bei dem alten Hofrath Heinecke u. ging hernach zu Claußens, wo ich versprochen hatte, den Abend zuzubringen. [...]

Donnerst. d. 25 Dec.

[... Abschiedsbesuche] Fräulein Vahrendorf suchte mich wegen des Herzogs Grobheiten zu trösten u. erzählte, das Bild habe ihm Gestern Abend außerordentlich wohl gefallen. Hierauf meine Sachen fortgeschafft [...], dann in den Wagen $\frac{1}{2}$ 3 u. fort. Vor Aschersleben überfiel uns schon die Finsterniß, so daß wir kaum diesen Ort erreichen konnten. Es war keine Hand vor den Augen zu sehen. In Aschersleben im Roß war große Spielgesellschaft, u. ich genoß ein Paar Tassen Thée, während der Kutscher Lichter in die Laternen schraubte, die uns auf der Weiterfahrt gute Dienste leisteten. Bei Sinsleben wurde es etwas heller, u. so kamen wir wohlbehalten grade, als die Lichter verlöschten, auf die Chaussee u. waren um 10 in Ballenstedt. Der Wagen kostete 3 Rth u. 16 gr Trinkgeld. Julchen war noch bei Starkens, von wo ich sie abholte. Wir blieben bis 2 Uhr, denn ich hatte viel zu erzählen, während ich zum ersten Male wieder mit Apetit Sülze u. Wurst verzährte, denn in Bernburg schmeckte mir kein Bissen.

Freitag d. 26 Dec.

Morgenbesuch bei den Seelhorsten, die für die Kinder niedliche Geschenke geschickt hatten. Da meine Frau mit der Weihnachtsfreude gewartet hatte, so sollte heute Abend beschehrt werden. Ich ging Nachmittag zu Trobitius u. kaufte für Julchen eine hübsche Tasse u. 2 Leuchter, eau de Cologne u. ein dutzend Seifstücke so wie auch ein Riechfläschchen. Die Kinder waren zu Hoffmanns geschickt, u. wir putzten die Mittelstube als Weihnachtsstube auf, wobei Agnes half, nachher kam auch noch Louise. Um 5 wurden die Kinder gerufen u. in mein Zimmer gebracht. Als die Thüre aufging, stürzten sie mit Freuden dem Weihnachtsbaum entgegen. Gerhard im höchsten Grade verwundert. Dieser gelangte zu erst an Annas Tischchen u. wollte sogleich zulangen. Doch gelang es mir, ihn wegzuführen zu seinem Fußbänkchen, worauf seine Sachen standen. Er hatte ein hübsches Pferd mit Rädern, eine Arche, eine Puppe von Agnes u. Pfefferkuchen. Aber er sah nichts als das Pferd u. rief unbeschreiblich entzückt: Hottoh Hottoh, indem er die Händchen hoch hob, aber nichts anzurühren wagte. Erst auf langes Zureden ergriff er das Pferd u. fing an, es herumzufahren, während er abwechselnd das Pferd u. dann wieder den Baum bewunderte mit dem Ausruf Baum, Baum. Bisweilen schrie er ganz laut vor Entzücken. Anna hatte ihre Puppe Ellen wieder restaurirt erhalten, dann kleinere Puppen u. viele ganz kleine von Adelhaid, auch eine prächtige Quäkpuppe, die Julchen selbst fabriziert hatte. Bertha eine schöne Puppenstube auch mit kleinen Püppchen, schöne Bilderbücher, die Puppe Franziska wieder renoviert u. viele Kleinigkeiten, so daß dieß wohl das brillanteste Weihnachten war. Ich bekam von Julchen ein Pfeifenrepositorium, einen herrlichen Tabaksbeutel, grün mit Silber u. eine köstliche Tobaksdose von Blech mit aufgedruckten Bildern. Die Mägde bekamen Rose 7 Rth, Emilie 5 Rth u. daneben jede noch ein Tuch von Mutter. Mad. Simon, welche gewünscht hatte, den brennenden Baum zu sehen, ward herbei gerufen u. es gefiel ihr die Sache so wohl, daß sie gar nicht wieder fort zu bringen war. [...] Wir aßen mit den beiden Starkens zu Abend u. spendierten ein Fläschchen Wein. Nach Tisch schoß ich Louisen zu Ehren 3 Mal die kleine Kanone ab, was gute Wirkung that.

Dienstag d. 30. Dec.

Gerhard hat die Masern u. die ganze vorige Nacht nicht geschlafen. Er war heute sehr krank u. ging nicht vom Arm herunter.

Mittwoch 31. Dec.

Julchen, die neben Gerhard in der gelben Stube auf der Erde liegt, hat eine ganz schlechte Nacht gehabt, da er gar nicht schlief. [...] Da er nicht zu Emilie geht u. immer getragen sein will, so reibt er Julchen sehr auf u. ich muß auch tüchtig herhalten. Wir brachten bis 11 Uhr zu, um Gerhard einzuschläfern u. gingen dann selbst auch zur Ruhe, den Silvester in den Wind schlagend.

1835

Donnerstag d. 1. Januar

Julchen hat mit der Pflege von Gerhard sehr zu leiden, kann nicht schlafen u. muß sich beständig mit ihm schleppen, was mir bei ihren Umständen sehr ängstlich ist. Dieß Jahr beginnt mit großen Sorgen für uns, die Krankheit der Kinder, auch Bertha hat sich heute gelegt, die bevorstehende Niederkunft, Geldmangel u. die Fremdheit hier, das sind lauter böse Dinge – aber Gott wird's wohl machen u. wird uns durchhelfen wie bisher. [...] Ich habe Gerhard viel gehabt, der bei aller seiner Ungezogenheit doch unbeschreiblich liebenswürdig sein kann. [...]

Freitag d. 2. Jan.

Gerhard fängt an, sich wohler zu befinden, wird aber auch zugleich tüchtig ungezogen. Er macht mir besonders beim Einschlafen sehr viel Noth. Anfänglich war er unbeschreiblich zärtlich u. niedlich u. that auf meinem Arm von 9-10 fast nichts als mich küssen u. umarmen, u. diese Liebe äußerte sich so wild u. ungestüm, wurde zuletzt so rasend, daß mir ganz Angst dabei wurde u. ich glaubte, er wäre von sich. Nachher aber verwandelte sich die Liebe in Abscheu, u. er wollte durchaus nicht bei mir bleiben u. zur Mutter, der ich ihn nicht gern überlassen wollte, er war auch durch nichts zu halten, u. ich mußte zuletzt aufgeben, versuchte aber immer wieder ihn zu nehmen, wobei es harte Kämpfe setzte, endlich nach Mitternacht beliebte er einzuschlafen.

Montag d. 5. Jan.

Salmuth schreibt mir gestern, der Herzog wünsche bald zu sitzen. [...] Abends begann ich das erste Bild zum 4ten Heft meines Werkes – Moses Findung im Nil. [...]

Sonnabend d. 10. Jan.

Hatte den ganzen Tag mit der Vorbereitung zu meiner morgenden Abreise zugebracht. Nachmittags saß Julchen bei mir u. plättete meine feine Wäsche, während ich an dem selben Tische meine Pinsel wusch u. Schatullen packte. Es wird mir sehr schwehr, wieder nach Bernburg zu gehen.

Sonntag d. 11. Jan.

Heute früh weckte mich Julchen dadurch, daß sie mir ein paar Socken aufs Kopfkissen legte. Dann frühstückten wir traulich u. machten uns wieder ans Packen. [...] Rose lief bei 5 Kutschern umher u. kriegte endlich den Juden, die Andern wollten des schlechten Wetters wegen nicht fahren, es schneite u. taute fürchterlich. [...] Ich speiste mit Julchen allein auf meiner Stube Reiskuchen, gewärmten Rinderbraten u. Sülze. Der Abschied ging mir sehr hart an. Der Weg war sehr schlecht. Auf der gewöhnlichen Furth konnten wir gar nicht durch die Selke kommen, so angeschwollen war sie, u. mußten über die Wiesen durch die Weiden fahren, wo wir den Fluß immer noch tief genug zu passieren hatten u. durch eine abscheuliche Grube fahren mußten. Die Pferde waren aber excellent, u. wir fuhren, den Aufenthalt in Aschersleben eingerechnet, nicht über 6 Stunden. Ich bezog wieder mein altes Zimmer in Bernburg. [...] Das Lesen von Sihlers Papieren erzeugt u. erweckt viele Gedanken in mir, die mir erstaunlich u. förderlich zur Liebe Gottes sind.

Montag d. 12. Jan.

Sehr wenig geschlafen in dem fremden Bette, früh aufgestanden u. mit Studiren der Sihlerschen Manuskripte ein Paar herrliche Stunden gehabt. Es wurde mir immer wahrscheinlicher, daß es mir in der rechten Gebetsstimmung doch möglich sein müßte, Beleidigungen vom Herzog einzustecken, ohne dadurch in meinem innern Frieden gestört zu werden. Ich setzte meine neue Staffelei zusammen, stellte den Spiegel darauf u. zeichnete meine beiden Hände für das Bild der Herzogin. Nach Tische den Malkasten u. Staffelei aufs Schloß getragen u. hernach Besuch beim alten Meister. Ich erzählte ihm die häßliche Art, wie der Herzog mich behandelt, u. gerieth dabei so in Affect, daß ich den ganzen Abend zu kämpfen hatte, um dieß wieder niederzudrücken u. der Seele den nothwendigen Frieden wieder zu erbeten. Ich las Abends wieder in Sihlers Sachen u. speiste unten allein. Dicker Schnee, der die Zweige der Bäume zauberisch überzieht u. Abends Frost.

Dienstag d. 13. Jan.

Früh wieder in Sihler gelesen u. dann aufs Schloß, grade zum Herzog – nun will er sich erst in 8 Tagen malen lassen, der Stöffel! [...] Besuch bei der Vahrendorf, noch nicht zu sprechen. [...] Dann wieder zur Vahrendorf, angepocht, die Herzogin öffnet die Thüre, bat mich herein u. unterhielt sich ein Weilchen mit mir. Hierauf an die Arbeit, das Oelbild[116] der Herzogin in Kreide zu kopiren, um es so fertig zu machen u. danach zu malen, da mich beim Malen zu vieles auf dem Schlosse zu sehr stört. [...]

Mittwoch d. 14. Jan.

Fleißig, doch ohne bis jezt noch das Oelbild erreicht zu haben, gezeichnet. Es bleibt dabei, daß ich verhext bin. Den Vormittag besuchte mich Louise Starke wieder u. blieb entsetzlich lange bei mir, was mich gewaltig störte. Mittags in der Kugel ennuyrte u. ärgerte mich der flache Weinhändler wieder mit seinen schlechten Witzen. Ich erfreute mich heute sehr an Zahns biblischer Geschichte. Ein sehr lieber Brief von Julchen meldet mir, daß Anna nun erst recht ordentlich an den Masern erkrankt ist, welches mich doch nicht wenig unruhig macht. Abends auf dem Zimmer gespeist, um der schlechten Gesellschaft unten zu entgehen.

Donnerst. d. 15. Jan.

Es will mir durchaus nicht gelingen, das Bild der Herzogin in Kreide dem in Oel völlig gleichzukriegen, u. ich quäle mich entsetzlich damit. [...]

Sonntag d. 18. Jan.

Fleißig gezeichnet. [...] Um 2 ging ich wieder aufs Schloß u. arbeitete bei verschlossenen Thüren. Als ich eben aufhören wollte, riß mir noch der Teufel den Stuhl unter dem Leibe weg, welches ihm auf der glatten Diele etwas leichter war, u. ich schlug furchtbar hin, stieß mit dem Fuß dabei die Staffelei um, die mit fürchterlichem Gepolter zu Boden fiel u. das Bild abwarf wie ein Pferd den Reiter. Mir schmerzte das Rückgrad den ganzen Abend. [...]

Montag d. 19. Jan.

[...] Nachmittags besuchte mich die Herzogin u. hielt sich ungewöhnlich lange bei mir auf. Die Zeichnung schien ihr ganz besonders wohl zu gefallen, u. sie animirte mich dadurch erst recht. Die Herzogin war heute wirklich liebenswürdig. Abends schrieb ich an Berthold u. ging dann ins Theater, wo ich zum ersten Male Joseph u. seine Brüder von Mekal [?] sah, welche Musik mir ganz ungeheuer gefiel. [...] Die Darstellung der Patriarchen Zeit, so schlecht sie war, ergriff mich doch so lebhaft, daß ich vergebens versuchte, meiner Thränen Meister zu werden.

Dienstag d. 20. Jan.

[... Briefe u.a. von der Mutter und Vetter Constantin] Die Briefe melden den Tod Krausens[117], der sehr plötzlich am Nervenfieber gestorben ist, während Sonni 10tägige Wöchnerin war. Seine letzten Worte sind gewesen »Herr Jesu Christe«. Allgemeine Theilnahme hat sich in Reval gezeigt, besonders in der ärmeren Klasse. Mich erschütterte diese Nachricht ungemein heftig u. trieb mich ins Gebet. Ueberhaupt naht sich der Herr jezt meinem Herzen auf mannigfachen Wegen. Heute wurden die Kleider der Herzogin fertig, u. Louise[118] half mir den Manne [die Gliederpuppe] auszuziehen. Nachmittag kam Clauß aufs Malzimmer. [...]

Mittwoch d. 21. Jan.

Die Herzogin kam allein u. setzte sich. Ich fing an, von der Oper Joseph zu sprechen u. sagte, wieviel Freude mir der Blick in das Patriarchalische Zeitalter gemacht hätte. Sie sagte, sie könne das begreifen, da sie diese Geschichte auch sehr liebe, namentlich die von Abraham, so kamen wir in religiöse Gespräche, wo die Herzogin sich so rein christlich aussprach, daß mir das Herz im Leibe lachte. Bald aber kam die Krohn, u. so gern ich das Gespräch fortgeführt hätte, zog ich doch vor, sie lesen zu lassen, weil die Herzogin beim Sprechen zu unruhig wurde.

Die Herzogin war sehr zufrieden mit der Zeichnung u. scheint großes Wohlgefallen an dem Bilde zu finden. Ich hoffe auch, Gott werde mir die Aehnlichkeit wohl gelingen lassen, wenigstens scheint mir, als wäre das Oelbild bereits übertroffen, ich habe aber noch kein Urtheil darüber gehört. Einen Stuhl hat die Herzogin das vorige Mal zerbrochen, die Krohn zerbrach heute den zweiten. Abends schrieb ich einen langen Brief an Vaterchen.

Donnerstag d. 22. Jan.

Heute Morgen brachte mir die Herzogin den Herzog selbst auf mein Zimmer. Er war bei der besten Laune u. kam gar nicht aus dem Lachen. Besonders amüsirte es ihn, als ich ihm sagte, daß ich trotz aller Mühe die Herzogin nicht ähnlich kriegen könnte, daß ich daher behext sein müsse, so bald er aber das Bild ähnlich finden würde, eine Bouteille Champagner auf seine Gesundheit trinken wolle. Nachher sprachen wir von der Krohn. Er frug mich, ob sie neben mir wohnte, ich sagte ihm nein, aber ein andres Fräulein, welcher er durchaus seine Aufwartung machen müsse. Er bequemte sich auch endlich dazu, obgleich er sehr erstaunt war, u. öffnete die Thüre, da saß mein Gliedermann. Anfänglich erschrak er, nachher aber amüsirte es ihn königlich. Nach einer Stunde ging er u. ich schloß die Thüre. Da hörte ich etwas krabbeln, machte auf. Es war die Herzogin, die eigenhändig ein schwehres Bild brachte, ihre Schwester darstellend, um es mir zu zeigen. Sie sagte, der Herzog müsse sich trefflich amüsirt haben, denn er sei bei der besten Laune gewesen, als er von mir gekommen. Das Bild fand sie sprechend ähnlich. Dasselbe sagte auch Clauß, der Nachmittags kam. Diesen Esau hätte also Gott bezwungen. Es ist wunderbar, daß das Bild ähnlich ist, da der gute Mann nicht anders saß als ein 2jähriges Kind. Unbeschreiblich traurig ist mir's, daß das Bild der Herzogin nicht ähnlich wird. Es ist durchaus nicht ähnlich. Möchte doch Gott noch Gelingen schenken. Abends schrieb ich ausführlich an Mutter. An der Wirtstafel finde ich alle Abende andre Gesellschaft u. noch nieh intressante.

Freitag d. 23. Jan.

Früh einen Besuch bei Siegsfeld, der ganz erstaunlich knöpplich war u. mich gleich darauf auf meinem Zimmer besuchte. Die Zeichnung fand er lange nicht so ähnlich als das Bild. Dann kam der Castellan u. fand nach einigem Besinnen die Zeichnung eben so ähnlich als das Bild. Ich zeichnete aus Leibeskräften, u. als am Nachmittag um 4 Clauß kam, der gestern sehr über die Zeichnung raisonirt hatte, so fand er auch die Zeichnung dem Bilde gleich. Sonntag soll ich zur Tafel kommen, was mich sehr genirt. [...] Julius [Krummacher] wird höchst wahrscheinlich Pastor und Rektor zu Tecklenburg werden.

Sonntag d. 25. Jan.

Aufs Schloß u. den Herzog erwartet, der zur Sitzung kommen wollte nach der Kirche, allein er blieb außen. ¾ 1 zur Tafel, wo ich eine Menge mir fremder Gesichter von den hiesigen Räthen sah. Ich saß neben [Baurat] Bunge u. unterhielt mich sehr angenehm mit ihm über künstlerische Gegenstände, als auf einmal der Herzog, der uns gegenüber saß, ganz von selbst wüthend wurde u. sich an Bunge wandte mit den Worten:

»Woran liegt's nur, daß das verfluchte Loch im Theater nicht zugemacht wird?« »Durchlaucht, es war ja zu die lezten Male.« »Nein, es war nicht zu, u. ich hätte mich beinahe erkältet u. merkte es, als ich nach Hause kam. Wenn das verfluchte Loch nicht zugemacht wird, so gehe ich gar nicht mehr ins Theater, denn erkälten will ich mich auch nicht.« Bunge suchte ihn zu beruhigen, sagte ihm, es müßte einmal aus Versehen offengeblieben sein u. sollte nicht wieder passiren, doch glaube er noch, daß es zu gewesen sei. Der Herzog aber wurde immer ungehaltener u. sagte: »Das dumme Haus, u. ich brauche keine Löcher im Theater, u. ich will auch das ganze Haus mit Kanonen zusammenschießen lassen«, worauf Bunge sagte: »Das wird schwehr gehen, denn wir haben keine Kanonen.« Nun wurde er immer wilder u. verlangte, Bunge sollte den Leuten, die das Loch offen gelassen hätten, einen fürchterlichen Wischer geben. »Wenn sie's verdient haben«, antwortete dieser, »sonst geht das doch nicht, Durchlaucht.« »Ei was, Durchlaucht, Durchlaucht, als wenn ich nicht Verweise geben könnte. Die Leute müssen tüchtig ausgehunzt werden, ich brauche gar keine verfluchten Löcher im Theater.« Jezt legten sich andre hinein u. beruhigten ihn endlich, doch nahm dieses Gespräch die längste Zeit bei Tafel weg. Ich war sehr bange, er würde über mich auch losfahren, aber es hatte sein Bewenden mit Bunge. Noch war an der heutigen Tafel merkwürdig, daß ich die ersten Austern mit Apetit verspeist habe, doch muß ich sagen, daß sie mir eigentlich wiederlich schmeckten, mit Salz muß die Sache noch eher angehen. [...]

Mittwoch d. 28. Jan.

[...] Clauß schleppte mich in die Probe zum Wasserträger[119], Cherubinis Hauptwerk, wo ich mich ein Stündchen ganz herrlich amüsirte. [...] Nach einer Stunde mußte ich mich aber losreißen u. aufs Schloß. Die Krohn saß wieder, die Herzogin kam u. fand die Zeichnung ähnlicher als das Bild. Nach Tisch kamen Herzog u. Herzogin mit zur Sitzung u. ließen sich förmlich bei mir nieder, wo sie entsetzlich störten. Als sie weg waren, wurde die Krohn sehr liebenswürdig u. erzählte unglaublich viel. [...] Als die Herzogin heute hier war, sprachen wir von Bretschneiders[120] Schrift »Sendschreiben an einen Staatsmann«, u. sie freute sich sehr, als sie von der Hahnschen[121] Erwiederung hörte. »Ich möchte aber nun gerne ihre Meinung wissen«, sagte die Herzogin, »ob evangelische Regierungen äußere Mittel anwenden dürfen, den Rationalismus zu steuern oder nicht.« Ich antwortete, das wäre meiner Meinung nach das schlimmste, was geschehen könnte, u. wenn evangelische Regierungen nur darauf hielten, daß auf den Lehrstühlen der Hochschulen die evangelischen Lehrer nie mangelten, so hätten sie alles gethan, was sie thun dürften.« Die Herzogin war vollkommen meiner Meinung, u. auch er that so, als verstünde er was davon. Den Abend in der Oper. Mir hat nichts gefallen als das Adagio. [...] Nach der Oper kam Clauß zu mir, wo wir zusammen Neunaugen schmauseten u. nachher Schach spielten.

Donnerstag d. 29. Jan.
Heute kam die Herzogin ganz allein zur Sitzung. Sie saß ein Viertelstündchen recht gut.

Hierauf kam Louise u. las vor aus Bretschneiders Sendschreiben an einen Staatsmann, worüber wir denn hin und wider sprachen u. ich mit Vergnügen bemerkte, wie gern die Herzogin die aufgestellten Sätze widerlegen hörte. Hätte ich heute mit Farben arbeiten können, so glaube ich, wäre die Sache ganz ähnlich geworden, aber die Kreide ist ein gar so schwehrfälliges Material, u. ich hatte große Falschheiten auszumerzen. [...]

Der Herzog ließ mich auf den Abend zum Thee u. Souper einladen. Ich ging mit großer Betrübniß in die Assemblée. Hier fand ich Seelhorsts u. Frau von Hoym, die sehr freundlich gegen mich war. Während des Thées unterhielt sich der Herzog fast ausschließlich mit mir u. war sehr heiter. Nach dem Thée ließ sich im großen Saal ein Herkules sehen mit Namen Theodorowitsch. Er war fast nackt u. hatte sich unter den Armen barbirt. Er fing damit an, daß er in jede Hand einen herzoglichen Jäger u. einen ins Maul nahm u. so umherspatzierte. Auch stand er hoch an einem Balken in horizontaler Richtung mit einem Fuße angeschnallt u. hielt 4 Zentner im Maul u. dergl. Er machte auch Attitüden, die mir aber nicht sonderlich gefielen. Nachher wurde gegessen im kleinen Saal. [...] Wie dankte ich Gott, als die Ständerei vorbei war u. ich nach Hause gehen konnte. Gott sei Dank, daß der Herzog mir keinen Aerger machte.

Mittwoch d. 4. Febr.
Um 10 Uhr aufs Schloß u. den Herzog erwartet bis 12. Er war wieder gut gelaunt, hatte aber trotz aller Vermahnungen doch wieder den Ueberrock an. Ich sagte, das ist ja kein Frack, Durchlaucht. »Ja, den müssen sie sich da zudenken.« – Warum haben sie ihn denn nicht angezogen? – »Weil ich mich nicht erkälten will hier in den unbewohnten Stuben.« – Da haben sie recht, die Gesundheit geht vor allem, mir kann's ganz einerlei sein, was der Frack für einen Schnitt kriegt, u. wenn ich nach Ballenstedt komme, will ich den Herrn von Gutschmidt bitten, daß

er einen Frack anzieht u. mir sitzt, dann wird der Kopf vom Herzog u. der Leib von Gutschmidt. – »Nein, ich will doch lieber nach Tafel im Frack herkommen.« Nachher sprach er noch viel davon, wie sehr er sich eine Revolution wünschte, um gehörig drunter schießen zu lassen u. die Leute zu Paaren zu treiben. Nach Tisch kam er richtig im Frack u. brachte die Herzogin mit. »Das sieht viel zu alt aus«, sagte er, »vierzig Jahre zu alt, da muß man drunter schreiben -« drunter schreiben, fiel ich ein, vierzig Jahre jünger! Die Herzogin prustete vor Lachen aus. Zum Stern ist er durchaus nicht zu überreden. »Die Herren bei Tafel haben mir auch schon zugeredet«, sagte er, »aber sie mischen sich in Dinge, die sie nichts angehen. Sie können mir irgendein beliebiges Himmelsgestirn auf die Brust malen, nur nicht den Orden.« Von dem Bilde der Herzogin sagte er: »Ich weiß nicht, das Gesicht sieht so übernatürlich aus, so überschwänglich wie eine Herrnhuterin.«

Donnerstag d. 5. Febr.

[...] So viel Mühe es mir machte, den Herzog zum Sitzen zu bringen, so viel Mühe macht mir's nun, ihn wieder abzubringen. Bei der letzten Sitzung sagte er »Donnerstag u. Freitag will ich wieder kommen, wenn sie noch bis Sonnabend bleiben.« Ich sagte ihm, es wäre gar nicht nöthig, ich wäre so weit fertig u. er brauchte erst in Ballenstedt wieder zu sitzen. »Nun, da will ich doch Donnerstag u. Freitag noch einmal sitzen.« Ich sagte, wenn es Ihnen Vergnügen macht, so ist das was Andres, aber nöthig ist es nicht, denn ich bin fertig. »Nun, da will ich Freitag noch einmal kommen.« Ich muß nun Laßperg ersuchen, ihn abzuhalten, denn ich habe meine Kreide u. Sachen schon eingepackt. [...]

Ich schrieb ein Paar Worte an Julie u. las dann in Zahns biblischer Geschichte. Abends beim Essen war ein unerträglicher Weinhändler vorhanden, welcher mit Betge eine Wette einging, er wolle 30-50 mal hintereinander mit verbundenen Augen abwechselnd weißen u. rothen Wein kosten u. sich nicht irren, was er tränke. Dieß soll sehr schwehr sein. Er gewann aber die Wette. Es war eine vorlaute, schreiige Bestie wie fast alle reisenden Weinhändler.

Freitag d. 6. Febr.

Besuch bei Fräulein Vahrendorf, die mit mir auf mein Zimmer ging, um das Bild der Herzogin zu sehen. Intressantes Gespräch über die Herzogin. Frl. Vahrendorf meint, sie habe in gänzlicher Verblendung das jezige Verhältniß eingegangen u. fühle dessen Schwierigkeit immer noch nicht. Sie wisse gar nicht, was eine Ehe eigentlich sei. [... Die Herzogin subskribiert 3 Exemplare des Bibelwerkes] Ich machte bei den Meisten noch einen Abschiedsbesuch u. ging ins Theater. Wurde Fra Diavolo gegeben von Auber[122]. Musik, die mir nicht gefällt, höchst französischer ungezogener Text.

Sonnabd. d. 7. Febr.

[...] Um 1 abgereist. In Aschersleben bei Herrn Kernike im Roß unter die Schauspieler gerathen. $\frac{1}{2}$8 bei den schrecklichsten Wegen, wo der Wagen bis an die Axen in die Drecklöcher fiel, in Ballenstedt angekommen. [... Begrüßung durch Frau und Kinder] Es war ein herrlicher, glücklicher Abend, u. Julchen machte Punsch, bei dem wir beide in meiner Stube unter gegenseitigen Erzählungen lange aufsaßen.

Dienstag d. 10. Febr.

[...] Gerhard ist unzertrennlich von mir u. sagt bei jeder Gelegenheit »Pappa lange, lange fot – wieder da ist.«

Donnerstg. d. 12. Febr.

[...] Heute mußte ich Gerhard Ruthen geben, weil er durchaus mit bei Tisch essen wollte, was ihm nicht gestattet werden durfte. Heute Abend schrieb ich an den Kronprinzen von Preußen mit Uebersendung meines Werks [des Bibelwerkes].

Mittwoch d. 18. Febr.

[...] Der gestrige Brief von Mutter enthielt die ganz bestimmte Einladung, die Niederkunft in Dresden abzuwarten, welches beruhigend ist. [...] Ich sehnte mich, den schönen Nachmittag mit einem Bekannten im freien zu zu bringen u. ging deswegen zu Fritz Starke, nicht zu Hause, zu Schelle, nicht zu Hause, zu Krosigk, nicht zu Hause, zu Gutschmidt, nicht zu Hause. Darauf allein ein Paarmal durch den Schloßgarten gezogen. Gerhard fordert jezt häufig Anna auf: Anna, komm, wei (2) Mummelbär. Darauf kriechen sie beide auf allen Vieren im Zimmer herum u. brüllen fürchterlich.

Donnerstag d. 19. Febr.

Ich zeichnete die Herzogin auf die Leinwand fertig zum Malen auf. [...] Abends nach dem Essen kamen sehr unerwartet noch Schellens. Die Rede kam darauf, daß die Baskische u. irische Sprache ihren Ursprung in der alten keltischen haben u. diese der Phönicischen verwandt ist, wie einige Stellen in den Schauspielen des Plautus beweisen, welcher Chartaginenser in ihrer Muttersprache redend anführt, die auf eine ganz auffallende Weise mit dem jetzigen Irisch gleichlautend ist.

Montag d. 9. März

Fing an, die Frl. Knorr zu übermalen, schlecht gelungen. Heute die Nachricht, daß der Kaiser Franz gestorben – der letzte deutsche Kaiser[123]. Es ist mir traurig, wenn die alten Potentaten wegsterben. Gutschmidt blieb den Abend da. Es heißt jezt, der Hof werde erst Mitte Mai kommen, möchte er doch ganz wegbleiben!

Mittwoch d. 18. März

David Herz Kopf retouchirt. Gerhard kauerte sich auf die Diele u. schrie überlaut »Achtung!« Als nun alle hinblickten u. glaubten, er würde ein großes Kunststück machen, ließ er einen Strahl laufen u. flüchtete sich sodann voll bösen Gewissens in Berthas schützende Arme. [...]

Freitag d. 20. März

[...] Gemalt Hand von Herzogin – gut in Malerei, schlecht in Zeichnung. Hoffmann kam u. sagte, er habe von Bädeker einen Brief erhalten, worin dieser meinen frühen Tod sehr lebhaft bedauert hätte. Rheinthaler hatte ihm gemeldet, ich sei krepiert. Reichlicher Brieftag.

[...] Anna glaubte vor einiger Zeit, Gerhard würde in die Hölle kommen, weil er »Popo« gesagt habe, darauf schreibt Vaterchen »Welche Strafe sollte denn übrig bleiben, wenn er nun Arsch sagte?« Die Käse sind endlich in Bremen angekommen u. haben große Freude angerichtet.

Sonntag d. 22. März

Pastor Freund predigte. Unser böser Stern führte uns in die Kirche. Er hatte den Text »Christus hat uns erlöst durch sein Blut« u. handelte in der Rede davon, Christus habe uns erlöst durch seine Lehre. Welch ein niederträchtiger Unsinn, durch eine Lehre von der Sünde erlöst zu sein! Nach der Kirche ging ich mit Hoffmann die Allee hinunter. Dieser wird immer ortodoxer seit seiner Unterredung mit der Herzogin, vielleicht ändert sich aber auch wirklich was in seinem Innern. [...]

Freitag d. 27. März

[... Auf Wohnungssuche] Ich bin also in einer sehr schwierigen Lage,

182

wie ich überhaupt jezt eine recht schwehre Zeit habe, da mich meine Arbeiten, die sämtlich Eile haben, so sehr niederdrücken, namentlich ich voraussehe, daß auf jeden Fall das Bild der Herzogin schlecht werden wird u. Julchen mich auch nun verlassen muß grade in einem für sie so kritischen Zeitpunkt, da mag Gott trösten u. Rath schaffen. [...]

Montag d. 30. März

Angefangen, Herzogin zu übermalen, Stirn u. Augen. Hoffmann kam u. sagte, Otto wolle sein Haus jezt zu 4.000 Thalern verkaufen, ich sollte es doch kaufen. Ich bin in einer bösen Lage, weiß nicht, was zu thun u. dabei die viele Arbeit, kann mich auch um nichts kümmern. Heute kündigt mir Simon, u. Kreibe ist doch sein neuer Miethsmann.

Dienstag d. 31. März

Gesicht der Herzogin übermalt. Machzum läßt mir durch Grelling sein Haus anbieten. Ich gebe ihm den Auftrag, sich nach der Süßkindschen Miethe zu erkundigen. Schachklubb. Gottschalk meint auch, es sei gut, ich kaufte das Ottosche Haus.

Mittwoch d. 8. April

Heute vor Unruhe nicht gearbeitet. Früh 9 Uhr Einladung nach Meisdorf, kurz darauf kommt Mienchen mit dem Dresdner Wagen. [...] Um 11 Uhr kommt der Wagen u. holt mich nach Meisdorf. Hier Frau von Kerssenbrock, die mich hatte wollen kennen lernen. Ich saß ein halbes Stündchen mit ihr im kleinen Gärtchen u. hatte großes Wohlgefallen an ihr. Sie kannte Dohnas. [...] Der Baron gefällt mir immer weniger, er ist zu roh u. rücksichtslos. Als ich um 4 nach Hause kam, fand ich Gerhard recht krank u. fiebrig. [...] Seelhorst räth sehr ab von dem Hauskauf. Ich weiß gar nicht, was ich thun soll, u. bin in der peinlichsten Lage. Gott wolle helfen. Mein Hauptaugenmerk bei dem Hauskauf ist, meine Mutter zu mir zu nehmen u. ihr ein angenehmes Alter zu bereiten.

Donnerst. d. 9. Apr.

Wieder nicht arbeiten können. Kurze giebt Hoffnung, daß Gerhard balde wieder wird, nur kann Julchen Morgen noch nicht reisen, sondern erst übermorgen. Das Fieber hat nachgelassen. [...]

Freitag d. 10. Apr.

Ewige Ungewißheit, ob Gerhard die Reise noch antreten dürfe oder nicht. [...] Als Kurze kam, meinte er, er könne noch nichts entscheiden, er wolle den Abend wiederkommen. [...] Er hat den Mund voller Bläschen u. sehr große Schmerzen, nimmt auch fast keine Nahrung zu sich.

Sonnabd. d. 11. Apr.

[... Kurze hat nichts mehr einzuwenden gegen die Abreise; K. begleitet die Familie im Wagen bis Aschersleben] Ich hielt Julchens Hand, bis sie ausstieg, u. es war mir ungemein wehe ums Herz. Als ich den Wagen verlassen hatte, mußte ich wie ein Kind weinen. [... Wieder in Ballenstedt] Immer ist's mir noch, als hörte ich Gerhards kranke, heisere Stimme, so daß ich unwillkürlich aufstutze. Das arme Julchen dauert mich unbeschreiblich. O Gott, schütze, schütze u. bewahre!

Sonntag d. 12. Apr.

Trauriges Erwachen. Alle Zimmer öde. Ich retuschire das blaue Kleid. Mittags kann ich kaum etwas genießen. Abends muß ich zu Seelhorsts. O wie langweilig war es da. Er ist dumm, sie ist innerlich roh, was soll ein Liebloser, wie ich bin, mit Solchen anfangen?

Sonntag d. 10. Mai

Ich bin recht elend innerlich, ohne alle Freudigkeit u. ohne feste Zuversicht auf Gott. Ich habe heute viel Zeit im Gebet zugebracht unter Thränen wie ein Kind, nicht um äußerlich Gut, sondern um festen freudigen Glauben, der mir doch nicht merklich geworden ist, es zieht mich aber immer mehr ins Gebet. Nach Tisch wollte ich zu Schelle gehen, begegnete ihm mit Otto, u. wir gingen mit deren Frauen nach dem Kohlenschacht. Den Abend brachte Starke bei mir zu, was mir lieb war, da ich das Bedürfniß nach Menschen habe.

Sonnabend d. 16^t Mai

Heute konnte ich nichts thun, weil ich eingeladen war, mit dem Hofe eine Spatzierfahrt nach Hoym[124] zu machen, u. daher schon einen Theil des Vormittags den Vorbereitungen zu widmen hatte. Um 12 fand ich mich auf dem Schlosse ein, wo die Gesellschaft in einen Boot artigen Wagen stieg, der auch die Gondel genannt wird. Ich kam neben der Vahrendorf zu sitzen, mit der ich mich gut unterhielt. Sie ist ein liebenswürdiges Frauenzimmer, mit der ich sehr gerne rede. Der Herzog saß vor mir u. war sehr freundlich, was ich nicht erwartet hätte. Auch bei der Tafel in Hoym amüsirte ich mich gut u. wurde von der Herzogin viel ins Gespräch gezogen. Nach Tisch wurden das Haus u. der Garten trotz Regen u. Koth auf sehr ungenirte Weise durchstrichen, wobei wir uns nach Gefallen gruppirten. Es scheint, als mache Laßperg der Krohn die Cour, wiewohl auf eine Weise, die dieser nicht gefallen kann. Laßperg ist gewiß vortrefflich, nur im Puncte des Umgangs u. der Gesinnung gegen Weiber ist er unausstehlich. Die Krohn erbot sich zu noch einer Sitzung, sagte, sie säße sehr gern u. dächte noch oft mit Vergnügen an die Stunden in Bernburg zurück, die sie in meinem Zimmer zugebracht habe, bat mich, mir Zeit zu nehmen u. nicht zu eilen mit dem Bilde. Auch der Herzog sprach sich so geduldig aus u. die Herzogin so zufrieden, daß ich ganz erstaunt bin u. Gott danken muß, der auf einmal alle Berge ebnet, vor denen ich zagend stand. Ich wurde Heute so bekannt mit der Herzogin, daß ich endlich alle Blödigkeit abstreifte. Auf dem Rückweg wurde die Unterhaltung ganz lebhaft. [...]

Sonntag d. 17ᵗ Mai

Um 9 kam die Krohn u. ich machte ihr zu Ehren einen kleinen Kanonendonner, welches sie sehr erquickte. Sie unterhielt sich zu gut, als daß sie gut hätte sitzen können u. zog bald wieder von dannen. Kaum war sie fort, als ich mir eine Pfeife stopfte u. unter großem Qualmen mich gemüthlich wieder an die Arbeit sezte. Da klopfte es an die Thüre, meine Pfeife fliegt in die Ecke, u. herein kommt die Herzogin. Ich war wegen des Tabacksdampfes sehr in Verlegenheit u. sagte daher, wenn sie vielleicht fände, daß es nach Pulver röche, so käme das daher, daß ich mit der Krohn ritterlich kanonirt hätte. – Das ist ja – wie die kleinen Kinder, sagte die Vahrendorf, u. die Herzogin verlangte die Kanonen zu sehen, u. als ich sie zeigte, auch, daß ich schießen sollte. Nun wurde geladen u. losgebrannt, ich kriegte aber dabei ein Paar Pulverkörner ins Auge, welches mir einen Schmerz verursachte, als hätte man mir mit einem Pängel über beide Augen geschlagen. Doch mußte ich es verbeißen. Zu meiner größten Ueberraschung erzählte mir die Vahrendorf, der Herzog sei gestern ganz besonders durch meine Gesellschaft zufrieden gestellt gewesen u. habe gesagt, der Herr v. Kügelgen gefällt mir doch am besten von allen Herren in Ballenstedt, der spricht doch u. man kann sich von Allem mit ihm unterhalten. Wie bin ich nun so auf einmal zu Gnaden gekommen. Als die Herrschaft mich verlassen u. ich arbeiten wollte, brannten u. schmerzten mir die Augen, so daß ich abstehen mußte. Ich konnte mich erst gegen 4 wieder an die Arbeit wagen. Den Abend mit Gutschmidt.

Dienstag d. 26. Mai

Heute früh Punkt 8 Uhr fand ich mich auf dem Schlosse ein u. bestieg auch sogleich mit dem Herzoge den Wagen. Wir fuhren nach dem Bäringsbade, u. Serenissimus war bei der aller goldensten Laune u. lachte mehr als er sprach. Er hat nun jezt die Manie, allerlei Wörter mit Harz in Verbindung zu bringen, so wie Harzwetter, Harzwege, Harzmusik etc. Wir fuhren an einem Hause vorbei, vor dem eine Ziege weidete, da schrie der Herzog plötzlich, mit beiden Händen zum Wagen hinausweisend, mich an: ein Harzbock! ein Harzbock! so daß selbst der Bediente lächeln mußte. [... Besuch zweier alter Burgen] Wir kamen erst um 1 wieder nach Ballenstedt, wo wir sogleich zur Tafel gingen u. wo ich das Wunder leistete, 7 Austern zu essen. Plötzlich wurde der Herzog unwirsch u. fing an, auf Frau v. Hoim zu schimpfen, fand es ganz impertinent, daß sie nach Ballenstedt ziehen wollte, da er doch mit so großen Kosten die Zimmer für sie in Hoym habe einrichten lassen u. wünschte, daß sie lieber nach Potsdam zöge u. daß er sie nie wieder zu sehen brauchte u. konnte nur mit Mühe beruhigt werden. Nach Tisch bei Laßberg eine Zigarre, dann ein Pfeifchen bei Hellfeld u. den Abend bei Gudschmidt.

Mittwoch d. 3. Juni

Heute große Gondelfahrt auf den Meiseberg, wo Tafel war von 12 Gedecken. [...] Wir trieben uns bis 7 mit dem Herzog, der ungeheuer fidel war, auf dem Meiseberg u. im Thal umher u. traten dann die Rückfahrt wieder an. Ich mußte zum Abendessen auf dem Schlosse bleiben. Der Herzog will übermorgen nach Bernburg auf 14 Tage u. beklagte sich sehr, wie langweilig es dort sein würde u. daß er da gewiß nicht so fröhliche Tage verleben würde als hier. Laßberg versuchte ihn zu trösten u. machte verschiedene Vorschläge. Darauf antwortete der Herzog: die Diener haben sich nicht in Dinge zu mischen, die ihnen nichts angehen u. über die der Herrscher allein zu verfügen hat. Nach dem Souper spatzirte ich mit Laßberg noch einmal durch die Allee beim schönsten Mondschein.

Donnerstag d. 25. Juni

Heute haben wir angefangen umzuziehen. Rose hat fast alle kleinen Sachen herüber gebracht, morgen sollen die Meubles folgen. Ich holte Schelle zu einem Spatziergang ab, wo ich das neulich bei Hoffmann abgebrochene Gespräch wieder aufgriff u. Schelle von dem guten Recht der Lutherischen Gemeinde so überzeugte, daß er sagte, er verspräche sich nur Gutes von dieser Sache.

Freitag d. 26. Juni

Früh 5½ kamen 2 Packträger, die mir die Meubles zu Machzum herüber schafften, auch Rose half mit u. der Tischler Gellin. Wir brachten Alles herüber. [...] Ich kam bis zum Abend mit allen meinen Sachen wieder ganz in Ordnung. [...]

Sonnabd. d. 27. Juni

Heute Mittag, während der Herzog bei Tafel war, hing ich das Bild der Herzogin in seinem Zimmer auf. Es hängt sehr schlecht, dunkel u. höchst unglücklich beleuchtet, so daß ich ganz betrübt wurde. Ich zweifelte keinen Augenblick, der Herzog werde sehr ungehalten werden, wenn er die Schmiererei sähe u. mich heute Abend, wo ich zum Thée bei ihm sein sollte, öffentlich beleidigen, froh, eine Gelegenheit zu haben, jemandem etwas recht unangenehmes zu sagen. Da ich mich noch zu schwach fühle, so etwas zu ertragen, so bat ich Gott dringend, es nicht zuzulassen, daß ich beleidigt würde. Die Versammlung zum Thée fand im Gewächshaus statt. Gleich nach seinem Eintritt kam der Herzog auf mich zu u. sagte mir mit vieler Gutmütigkeit u. Herzlichkeit lauter angenehme Dinge über das Bild, das seinen sehr großen Beifall zu haben scheint. [...]

Sonntag d. 5^t Juli

Kirche. Nachher zu Laßperg, der die beiden Rechnungen bezahlt, für gefirnißte Bilder u. Auslagen für die Reisen nach Bernburg, so wie die goldnen Rahmen. [...] Zum Thée zu Gottschalk, wo ziemlich große Gesellschaft im Garten u. wo ich wieder viel unnützes, dummes Zeug sprach – was soll man aber machen? Etwas beizutragen zur Unterhaltung ist nothwendig, u. alles Ernste langweilt unsre miserable Gesellschaft. Ich werde bald wie ein Franzose über Nichts reden können.

Montag d. 6^t Juli

Brief von Mutter mit der Meldung, daß Julie u. Ade mit den Kindern am Sonnabend von Dresden abgereist sind. [...] Morgen, also Morgen wird der Tag des Wiedersehens anbrechen! Es ist auch nun mit meiner Geduld Matthäi am letzten.

Dienstag, d. 7. Juli

Ich zeichnete an den Bibelbildern, wurde aufs Schloß zur Tafel gebeten. [...] Nach der Tafel machte ich mich gleich auf den Weg, den Meinigen entgegen, u. traf wirklich zu meinem eignen größten Erstaunen [...] schon am Kirschhaus mit dem Wagen zusammen. Alle stiegen aus, mit mir zurückzugehen bis auf Gerhard u. Adolph, die bei Emilie im Wagen sitzen bleiben mußten. Die Andern finde ich nicht verändert, Gerhard aber sehr. Er ist gewachsen u. hat ein viel verständigeres Gesicht bekommen – muß meinem eignen Kindergesicht sehr ähnlin. Er nennt mich übrigens Oncle, u. wenn er weitläufig redet Oncle Papa. Der kleine Adolph ist ein niedliches Kerlchen, sieht sanft aus u. ist unbeschreiblich freundlich u. so ruhig wie Anna war. Rose hatte die Thüren mit Eichen u. Girlanden verziert. Das neue Quartier präsentirte sich von seinen besten Seiten u. erntete Julchens u. Adelhaids höchstes Wohlgefallen. Die Kinder trieben sich vergnügt u. bewundernd in den Zimmern umher. [...] Wir gingen in der Dämmerung noch durch den Schloßgarten u. sahen die herrliche Rosenblüthe.

Mittwoch d. 8. Juli

Als ich gestern Abend Bertha in ihrem Bettchen liegen sah u. schlafen u. daran dachte, daß dieß Kind wieder nach Dresden zurück sollte, konnte ich mir kaum die Thränen zurückhalten. Vergnügt stand sie heute auf u. spielte mit den andern Kindern. Ich nahm sie mit auf mein Zimmer u. frug sie, wo es ihr besser gefiele, hier oder in Dresden. – Hier gefällt mir's freilich viel besser, sagte sie. Drum willst du wohl nicht gern zur Großmutter zurück – lieber bliebe ich schon hier. – Aber wenn du nun hier in die Schule gehen müßtest oder einen Lehrer haben u. in Dresden unterrichtete dich Tante Ade – Dann wollte ich lieber zur Großmutter. Ich zeigte ihr nun die Nothwendigkeit, daß sie was lernen müßte u. daß sie also, wenn sie hier nicht in die Schule wollte, zurück müßte u. versprach ihr, wenn es ihr zu schwehr werden sollte, in Dresden zu bleiben, sie recht bald wieder abzuholen, was sie sehr beruhigte, versprach ihr auch Heute bei Steins zum Andenken noch was recht hübsches zu kaufen.

Sehr früh kam Schelle u. brachte den Pastor Uhlich zu mir, der hier durchreist, um auf einige Tage den Harz zu bereisen. Es sieht aus wie ein Schmiedegeselle u. hat eine fürchterlich rothe u. knurpliche grobe Haut, aber ein sehr gutes Gesicht. Ich zeigte ihm das für ihn angefangne Christusbild u. begleitete ihn wieder hinunter zu Schellens, wo er sein Absteigequartier hat. Ortodox ist er nicht, aber ich glaube, von Herzen fromm. Wir machten Vormittag einen Gang in den Schloßgarten mit Bertha u. Anna ans Kirschhäuschen, wo wir uns die ersten Kirschen vortrefflich schmecken ließen.

Plötzlich bemerkte ich die Herzogin mit ihren Damen, die auf uns zugesegelt kamen, u. brach aus einer falschen Scheu sogleich mit den meinigen auf, um ihnen zu entrinnen. Wir schlugen einen Seitenweg ein, doch wurden wir verfolgt von den Herrschaften u. drehten also wieder um, ihnen entgegen zu gehen. Die Herzogin war überaus freundlich, betrachtete die Kinder mit Wohlgefallen, u. Adelhaid hatte Gelegenheit, diese Damen genau u. nah zu sehen, so wie auch die Prinzeß Marie, die mit von der Gesellschaft war, u. so war denn das Unerwartete Entrevue recht gut u. intressant. Wir gingen nun noch den Schloßgarten durch bis auf den Röhrkopf, wo es Adelhaiden der Aussicht wegen sehr gut gefiel, wie ihr überhaupt dießmal Ballenstedt einen weit günstigern Eindruck auf sie macht als das erste Mal. Den Nachmittag gingen wir mit allen Kindern, auch dem kleinen Adolph, an die Kirschhütte unter dem Ziegenberg u. aßen Kirschen, die aber noch sauer waren. Ein herrlicher Regenbogen spannte sich am östlichen Himmel. Wir gingen noch den Ziegenberg hinauf u. fanden hier eine große Gesellschaft, da zufälliger Weise heute Concert war. Nach dem wir den Kaffée getrunken, stiegen wir höher auf den Anger über dem Ziegenberge, von wo man den Kunstteich sieht u. zugleich die schöne Aussicht hat nach dem Schlosse u. auf die Ferne.

Vom Ziegenberge schallte die Musik herüber u. Gruppen von jungen Mädchen – denn es waren fast nur Mädchen oben – verbreiteten sich, um das nicht entfernt liegende Haus spatzierend oder spielend – ganz allerliebst. Wir hatten uns gelagert, u. Gerhard u. Anna spielten niedlich um uns herum – es war ein vortrefflicher Nachmittag.

Bertha war mit Emilie früher umgekehrt, um, wie sie sagte, »unser schönes Haus noch etwas zu genießen.« Als wir auch heimgekehrt waren, ging ich mit Bertha noch zu Steins u. kaufte ihr eine schöne Brieftasche, worüber sie eine große Freude hatte. Nachdem die Kinder zu Bette gebracht waren, saßen wir mit Adelhaid noch bis nach 11 auf meinem Stübchen unter angenehmen traulichen Gesprächen. Berthas Anblick in ihrem Bettchen war mir aufs Neue rührend – es war die lezte Nacht im älterlichen Hause. Der Entschluß, Bertha herzugeben, wird mir ganz gewaltig sauer.

Donnerstag d. 9. Juli

Heute früh erwachte die arme Bertha mit Thränen, was mir so durch die Seele schnitt, daß ich auf meine Kammer gehen u. mich ordentlich ausweinen mußte. Julchen u. ich beschlossen, Aden u. unser Kindchen zu begleiten, nahmen Gerhard mit u. fuhren mit bis an das Kirschhäuschen auf der Höhe. Hier flossen die Thränen des armen Kindes aufs Neue u. es war mir in der That ein sehr schwehrer Abschied. An Bertha habe ich aber doch bei dieser Gelegenheit viel Freude erlebt, denn sie zeigte einen hohen Grad an Selbstüberwindung, es wurde ihr überaus schwehr, sich von uns u. vom neuen Hause zu trennen, aber sie that es doch ohne Murren u. Klagen, nur daß bisweilen in der Stille die Thränen flossen. Zu Mittag kam Siegsfeld u. brachte mir von der Herzogin 100 Rth Gold, welches mir große Freude machte, da ich Laßberg die Summe von 50 genannt hatte, für das Bild der Herzogin. Auch bestellte die Prinzeß Marie[125] durch ihn ihr Brustbild klein, das ich in Alexisbad machen soll. [...] Anna empfindet sehr schmerzlich Berthas Abwesenheit. [...]

Sonnabend d. 3 Octbr.

Heute war ich zur Tafel u. empfing durch die Prinzessin Marie die angenehme Nachricht, daß ihr Bild in Louisenlund glücklich angekommen sei u. ihrer Mutter sehr wohlgefallen habe. Dieselbe sei bei dem Anblick in Thränen ausgebrochen u. habe geschrieben, es sei ihr das liebste Geschenk, was sie an ihrem Geburtstage empfangen habe. Das ist mir lohnender als alles Geld, welches man mir bieten könnte. Es wurde scherzweise bei Tische erwähnt, daß die Prinzessin Marie im Schloßgarten eine Traube abgeschnitten habe, worüber der Herzog sich erboste u. der Prinzessin eine lange Strafpredigt hielt bei einer halben Stunde lang. Wenn ich im Schloßgarten gehe, sagte er, u. schneide mir eine Traube ab oder etwa eine Feige, so ist das etwas ganz andres, das ist mir erlaubt, aber andre dürfen das nicht thun, ich darf das ganz allein thun. Das ist mir was schönes, wenn man mir alle meine Trauben wegfressen will, ja, wegfressen, das erlaube ich gar nicht. Das ist Dieberei u.s.w. [...]

Freitag d. 9. Octb.

[Geburtstag der Herzogin] Bei Hofe war eine überaus glänzende Versammlung von 60 Personen. Krosigk saß bei Tische neben mir u. besoff sich, so daß er nur noch lallen konnte. Krosigk von Rathmannsdorf lud mich ein, mit Weib u. Kind ihn zu besuchen. Auffallend u. anmuthig anzusehen war der Forstmeister Trota, Köthenscher Kammerherr. Dergleichen Figur ist mir noch nie vorgekommen. Oben groß u. dick wie ein Mastschwein mit bedenklich überhängendem Schmerbauch, welcher auch den Rücken mitumgiebt, so daß seine silberne Scherpe hinten u. vorn völlig verschlungen wird vom Fett u. nur da sichtbar wird, wo sie herunterhängt. Dabei ein paar Kanonenstiefel von einem Umfang, wie sie an unserm Hofe nie vorkommen von der Höhe des ganzen Beines. Die Herzogin erzeigte mir die Ehre, sich mit mir zu unterhalten u. eben so der Herzog von Holstein, der sich von mir will malen lassen, wenn er wiederkommt. Nach aufgehobener Versammlung begab ich mich zu Frau von Richthofen [...], dann zu einem untern Saal, wo der Hof wieder versammelt war, um ein kleines Festspiel anzusehen, was der Herzogin zu Ehren gegeben wurde. Da war ein Altar mit Tempel gebaut u. Fräulein Laßberg, die Krohn u. Prinzeß Marie traten vor, Vergangenheit, Gegenwart u. Zukunft vorstellend, u. redeten die Herzogin mit Zucker süßen Worten an, bis ein großes Schluchzen entstand. Es war ein Fratzenspiel. Wie wohl mir war, als ich $\frac{1}{2}$ 7 endlich erlöst dem Schloß den Rücken kehren u. in mein Haus zurückkehren konnte. Mit lautem Freudengeschrei nahmen die Kinder die Botschaft auf, daß ich ihnen Feigen mitgebracht hatte, u. verzehrten dieselben sogleich unter lauter Anerkennung des Wohlgeschmacks.

Von Mutter langte ein Brief an, worin sie meldet, daß die Baukommission Gerharden die volle Summe für mein Altarbild verweigert habe. Ich hatte mich verpflichtet, vor Ablauf des Jahres 32 das Bild einzuliefern, und weil ich nun erst 9 Monate nach dieser Zeit mit meinem Dilations Gesuche einkam, ziehen sie mir für jeden Monat 1/2 p.C. ab, welches 324 R.B. austrägt, also beinahe 100 Rth.

Ich kam aber mit meinem Gesuche nicht früher ein, weil mich der Chef der Commission Budberg durch Oncle Kügelgen meiner Krankheit halber schon lange von meiner Verpflichtung dispensirt hatte, worüber ich freilich kein Actenstück habe. [...] Diese Commission weist sich sonach als eine echt russische, das heißt als eine Diebsbande aus.

Sonntag d. 11 $\frac{8bre}{}$

Freund predigt langweilig. [...] Nach der Kirche ging ich zu Frau v. Richthofen. [...] Wir sprachen von der Herzogin, sie soll sich äußerst unglücklich fühlen u. sehr viel weinen, besonders jezt, wo der Herzog mehrere Flegeleien begangen hat u. dadurch es ihr immer wieder ins Gedächtniß ruft, daß sie unglücklich verheiratet ist. So soll er vorgestern auf dem Hofball Asseburgen[126] gradezu geschlagen haben, welcher deshalb gedroht hat, ihn zu fordern. Als ihm nun die Herzogin u. die übrigen deshalb ins Gewissen geredet haben, ist er ganz weich geworden, hat der Herzogin Abbitte gethan u. sich entschlossen, auch Asseburgen die Beleidigung abzubitten u. deshalb nach Meisdorf zu reiten. Dieß ist nun wieder was hübsches. [...]

Mittwoch d. 28ten

Zur Tafel. Prinzeß Marie bestellt mir einen Gruß von einem gewissen Schuhmacher in Schleswig, der ihr Religionslehrer gewesen u. mir sagen läßt, er habe schon so viel Gutes von mir gehört, daß er nicht unterlassen könnte, mich herzlich zu grüßen, ganz besonders aber müsse er mir danken für das schöne Bild der Prinzessin Marie. Dieß ist wunderbar, freute mich aber doch sehr. Auch die Herzogin sprach lange u. freundlich mit mir. [...] Nach Tisch wollte die Herzogin ihr Bild [für die Prinzeß Friedrich] sehen, u. ich eilte, es zu holen, u. brachte es in ihr Zimmer. Alle waren wirklich erfreut darüber u. fanden es viel ähnlicher als das Original, es war ein unerhörtes Loben u. Lobsprechen, u. ich trug das Bild wieder fort, dankbar gegen Gott, daß er ihnen die Augen verblendet hatte u. sie nicht sehen konnten, was schlecht daran war.

Freitag d. 30^t Octbr.

Heute früh das Bild der Herzogin abgesendet [nach Düsseldorf zur Prinzeß Friedrich]. Zu Mittag zur Tafel. Es ist der Hochzeitstag des fürstlichen Paares, der Geburtstag des Prinzen Friedrich u. der Prinzeß Friedrich. Es war große Tafel. [...] Des Abends war großes Concert, wo ich mich über das Violinspiel des jungen Fisches herzlich freute. Auffallend sind die ungeheuren Popos, die jezt die Damen tragen, in denen ganz besonders die Herzogin u. die Prinzessin Marie excelliren. Der eiserne Ofen in Juliens Zimmer hitzt so enorm u. giebt eine so unangenehme Art von Wärme, daß ich ihn wohl umsetzen lassen muß.

Dienst. d. 3. Nov.

Heute früh mit Julchen auf die Hetze. Es waren ungeheuer viel Menschen da, das Gatter stand gedrängt voll. Wir sahen noch den Herzog ein Schwein abfangen, der Leibjäger führte ihm die Hand u. stieß auch den Hirschfänger hinein, trauriger Anblick. 2 Schweine entkamen durchs Gatter, ohne daß man recht sehen konnte, wie's zuging. Das ganze Schauspiel empörte mich, ein so ungleicher Kampf ist unangenehm zu sehen.

Sonntag d. 8. Nov.

Wieder an Tafel. Bekam durch den Hofmarschall von der Herzogin eine Einladung auf Sonntags ein für allemal. Die Herzogin hat mich nun beauftragt, die Lithographie [ihres Bildes] zu besorgen. Ich erwartete Schreck wie immer, endlich kam er, aber mit Asseburg u. ging unerwarteter Weise mit diesem ins Theater, u. ich blieb mit Julchen allein, betrübt, am heutigen Abend keine Gesellschaft zu haben. Da hielt plötzlich ein Wagen vor der Thür, ein Gedanke fuhr mir durch den Kopf, ich öffnete das Fenster u. richtig – Adelhaidens Stimme jubelte mir entgegen. So hatten wir einen fröhlichen u. geselligen Abend. Adelhaid war besonders fröhlich, ich hatte das gute Thier seit unendlicher Zeit nicht so innerlich glücklich gesehen. Julius[127] fand ich doch über Erwarten wohl aussehend, ob er gleich immer noch kein Kraftbild ist. Eine so kalte Außenseite aber gegen alles, was nicht Adelhaid war, hätte ich nicht bei ihm erwartet, kann aber sein, daß dieß mit den Flitterwochen in Zusammenhang steht.

Dienstag d. 10. Nov.

Heute machten wir eine Parthie nach dem Meiseberge. Es war ein kalter, schneeiger Tag, wir waren aber doch recht vergnügt. Wir fanden wohlgeheizte Zimmer u. nahmen ein Frühstück ein von Kartoffeln u. Wurst, welches allen, aber besonders den Kindern, wohl mundete. Es war mir angenehm, den Schneeflocken nachzublicken, wie sie sich schwebend in das tiefe Selkethal hinabließen u. dann plötzlich durch einzelne Windstöße aufgeschreckt, willenlos wieder heraufwirbelten. Zu Hause sangen wir Choräle, welches besonders Adelhaiden Freude machte u. auf deren Antrieb geschah.

[Die Seiten mit den Tagebucheintragungen vom 11. November bis zum 30. Dezember 1835 sind verlorengegangen.]

Donnerstag. d. 31. Dec. Silvester

[...] Diesen Abend brachten Starkens bei uns zu. Nachdem wir gegessen u. uns eben in der blauen Stube etablirt hatten, spielte ich mit Fritz ein Schach u. danach las ich ihnen 2 vortreffliche Predigten von Tholuck[128] vor. Nachher, als es 12 geschlagen, begann ich unsre gewöhnliche Silvester Lotterie von Bibelsprüchen. [...]

Das vorige Jahr war für mich ein sehr schwehres, voller Bangigkeit u. Unruhe. Die Masern, die Schwangerschaft u. Niederkunft meiner

Frau, die Abwesenheit in Dresden, das für mich beginnende Hofleben, ganz besonders aber die Arbeiten, denen ich nicht gewachsen war u. die mich entsetzlich plagten. Aber ich habe auch viel Gnade erfahren u. bin besonders so kräftig wie früher noch nie auf die Nothwendigkeit einer Umgestaltung meines inneren Menschen geführt worden. Meine Glaubensansicht hat eine kleine Veränderung erfahren, indem ich mehr auf das Practische hingewiesen worden bin u. mir der Spruch recht verständlich geworden ist »jaget nach der Heiligung, ohne welche wird niemand den Herrn schauen.« Der Grad des Antheils, den wir selbst, unser Wille, an unsrer Heiligung nehmen müssen, ist mir verständlicher geworden, u. wo dennoch die Gnade in mir nicht so mächtig geworden ist, als ich's wohl wünschen möchte, sehe ich klar, daß die Schuld allein an mir, an meiner Nachlässigkeit lag. Indessen habe ich doch einen Anfang gemacht, hineinzutreten in die Kindschaft Gottes, u. namentlich während der Abwesenheit meiner Frau u. den ersten Monaten ihres Wiederhierseins eine Freudigkeit gehabt in Gott, wie fast noch nie, u. dieß verdanke ich einzig u. allein einem kräftigen Wiederstreben gegen die Sünde. Wenn ich darin wieder zurückgewichen bin, so fühle ich doch, daß dieß nicht nothwendig gewesen wäre u. die Schuld in anfänglich kleiner Untreue lag, die das alte Uebel der Thierheit, von der wir eben wieder loskommen sollen, in mir zurückwachsen ließ. Daß nichts desto weniger im untersten Grunde alles als Gnade angesehen werden muß, ist mir aber doch dabei klar geworden, denn eben die Lebensumstände, die Gott leitet, sind es allein, die die Seele zu einem nothwendigen kräftigen Entschluß vermögen können. Dieser Entschluß aber muß gefaßt werden, ein Entschluß, dem die Wiedergeburth folgt, u. durch die Annahme einer bloßen Theorie, ohne daß Herz u. Wille von Grund aus geändert werden, kann gewiß niemand selig werden.

Ich schließe dieß Jahr mit der seligen Hoffnung, daß das folgende das Reich Gottes in mir mehren u. mich in diesem fördern werde!

1836

Freitag 1. Januar

In der Kirche eine schlechte Predigt von Hoffmann gehört. Nachmittag Schreck auf 2 Stunden. Den Abend mit meiner Frau allein zugebracht, da Riekchen wegen Kopfweh sich sehr früh niederlegte.

Sonnabend 2 Januar

Ziemlich faul an den Bibelbildern gezeichnet. Tüchtige Kälte u. viel Schnee. Die Schlitten fliegen u. klingeln unaufhörlich an unsern Fenstern vorbei. Den Abend Schachklubb bei Hoffmann, wo sich der wunderbare Fall ereignete, daß ich Starken auf den 3^t Zug matt machte. [... Nachzeichnung des Spiels]

Montag 4 Januar

Heute die kleine Mathilde Laßberg angefangen. Wird mir schwehrer als die Aeltere, weil die Stellung nicht günstig ist u. die Person noch zu klein u. daher sehr unruhig. Namentlich Mund u. Augen sind kaum übersteigbare Berge. Abends Schachspiel in der blauen Stube. Ich amüsire mich jezt ganz besonders mit Gerhard, wenn ich nach Tisch mit ihm spiele. Er ist unbeschreiblich liebenswürdig u. hat so die rechte Weise, die mir an einem Jungen gefällt. Ruhig, besonnen u. doch feurig u. munter. Am meisten vergnügt es ihn, wenn ich ihn an der Hand fasse u. ihn nun rasch um mich herumlaufen lasse, wobei ich aber »schöne Musik« machen muß, d.h. singen. Dann läuft er wie ein kleines Pferd unbeschreiblich schnell im Kreis herum mit selbstzufriednem Gesicht, seine weißen langen Haare hängen ihm vom dicken Kopf hinten auf den Kragen u. unter dem ungegürteten rothen Rock gucken die kleinen Füßchen hervor.

Donnerstag d. 21^t Januar

Ich war Heute im Concert, wo nach des Herzogs Anordnung 4 Ouvertüren u. 2 große Symphonien ausgeführt wurden. Der Herzog sagt, es langweile ihn, wenn Einzelne spielten. Bei der ersten Symphonie von Spohr frug der Hauptmann »was ist denn das? das ist wohl so ein mixtum compositum?« Die 2te Ouvertüre von Bethofen war abscheulich, recht als wenn der Character der modernen Musik hätte dargestellt werden sollen. Lauter Narrenpossen, Schrecken u. Ueberraschungen fast ohne einen einzigen musikalischen Gedanken. Im lezten Theile kam ein fürchterliches Donnerwetter vor. Sehr freute ich mich an der Ouvertüre aus dem Don Juan.

Mittwoch d. 3. Febr.

[... Mit Schreck ins Theater] Man gab Lumpaci Vagabundus od. das lied. Kleeblatt.[129] Das Ganze ist wohl ein schlechtes Ding, aber einige Scenen sind vortrefflich, so z.B. das Gespräch der 3 im Wirthshaus bis zum Schlafengehen u. das Vorlesen des Briefes in Mstr. Hubelmanns Hause. Der Knieriem, welchen Hartmann machte, wurde so außerordentlich gut gegeben, daß ich es für unmöglich halte, diese Rolle vollendeter zu spielen.

Donnerstag d. 4 Febr.

[...] Abends Concert. Der Singverein gab ein Paar Sachen zum Besten, ein Paar Chöre, beide von Franke componirt, die mir ungeheure Freude machten. Das Unvollendete des Gesangs wurde durch die Begleitung des Orchesters übertüncht, so daß das Ganze einen fast vollendeten Eindruck machte.

Sonntag d. 7 Febr.

Nach der Tafel Spaziergang mit Hoffmann, Schreck entgegen. Hoffmann erzählte viel von einem neu erschienenen Werk, Geschichte Jesu, von Straus[130], welches eine förmliche Wiederlegung des geschichtlichen Christenthums enthalten u. dabei mit großem wissenschaftlichen Ernst abgefaßt sein soll. Neander[131] in Berlin ist von Amts wegen über dieß Buch befragt worden u. hat darauf geantwortet, daß, wenn die Ansicht, die dieses Werk enthielte, die allgemeine werde, es um das Christenthum geschehen sein würde, daß er aber dafür halte, ein so ernstes, wissenschaftliches Werk sei von der Behörde nicht zu unterdrücken, sondern müsse durch Wiederlegung unschädlich gemacht werden, welches auch gelingen würde.

Montag d. 8ᵗ Febr.

Ich habe angefangen, den 2ᵗ Theil von Ammons[132] Fortbildung des Christenthums [zur Weltreligion] zu lesen, welches mir Hoffmann geliehen hat. [... Ausführliche kritische Auseinandersetzung u. Widerlegung der Thesen des Buches]

Dienstag d. 9 Febr.
Adelhaid schreibt sehr herzlich u. fröhlich u. zufrieden, doch leuchtet
aus jeder Zeile ein tiefes Heimweh hervor. Auf dem Schloß gegessen.

Sonntag d. 14^t Febr.
Tafel. Verabschiedet von den Herrschaften. [...] Es findet sich plötzlich
eine Gelegenheit, Morgen zu fahren, die ich wahrscheinlich benutzen
werde.

Montag d. 15. Febr.
Mittag 12 Uhr reiste ich mit Fritz Starke mit einer Retourgelegenheit ab.
Der Weg war furchtbar, indessen gelangte ich doch $6\frac{1}{2}$ Uhr nach Bernburg in den Schwahn. In der Wirthsstube versammelte sich eine An-
zahl Schüler, unter ihnen der junge Petri. Brinken soll sich eines sehr
ausschweifenden Lebens befleißigt haben, seine Frau geprügelt u. die
Mädchen in der Töchterschule geküßt, weshalb sich seine Frau von ihm
scheiden lassen u. die Schulinspection ihm den Abschied gegeben hat.

Dienstag d. 16 Febr.
Früh 5 abgereist, allein mit dem Conducteur in der Beichaise. Ziemlich
kalt. [...] Die Fahrt von Halle bis Leipzig war ganz angenehm bei sehr
schönem Wetter, wieder allein mit dem Schirrmeister in der Beichaise.
[...] Von Bernburg nach Leipzig kostete der Platz im Eilwagen 2 Rth 2 gr
u. von L. bis Dresden 5 Rth. In Leipzig ging ich so gleich zu Volkmanns.
[...] Arthur hat 3 mal aus Amerika geschrieben u. befindet sich jezt am
od. vielmehr auf dem Erichs See [sic!], wo er Aufseher auf einem kleinen Schiff geworden ist. [...]

Mittwoch d. 17 Febr.
Früh 6 mit dem Eilwagen abgefahren. Unterwegs fiel mir ein, daß der
Hausknecht in Leipzig, den ich nach meinem Paß auf die Politzei gesen-
det, mir denselben nicht überbracht hatte, u. der Schirrmeister, dem ich
dieß erzählte, versprach mir, am Freitag, wenn er wieder nach Leipzig
käme, den Paß im Gasthause abzufordern u. ihn mir Sonnabend nach
Dresden nachzubringen. Der Postsekretair in Dresden, der die Oblie-
genheit hat, die Fremden zu melden, versprach mir, dieß nicht eher zu
thun, als bis mein Paß angekommen sein würde.
    Auf der Treppe kam mir Bertha entgegen. [...] Mutter fand ich sehr
angegriffen. [... Über Bertha, die jetzt sächselt]

Donnerstag d. 18^t Febr.

Früh zu Peschel gegangen. Er arbeitet im Quandtschen Hause[133] an Cartons für Freskobilder, welche das Belvedere zieren sollen, welches dieser sich auf seinem Gute gebaut hat. Gegenstände aus Götheschen Balladen u. Romanzen. Am Besten gefiel mir ein gewaltig großes Bild, den alten Sänger darstellend, der vom König den Labetrunk empfängt. Auch den König von Thule hat er glücklich aufgefaßt, weniger aber den Fischer. Julius Kaskel, den ich besuchte, überredete mich, Morgen Abend auf den Künstlerball zu kommen, wo ich alle meine Bekannten finden würde. [...]

Freitag d. 19. Febr.

Der Professor August Richter[134] brachte mir sein Billet auf den Künstlerball, da er nicht hineingehen wollte. Ich fand hier eine ganz brillante Gesellschaft von Personen. An dem einen Ende des schön dekorirten Saales vom Hotel de Pologne stand ein großes Transparent, die Künste darstellend, welche den Grazien huldigen. Die Grazien in einer schönen Gruppe etwas erhöht u. darunter in 2 Hauptgruppen die Künste, durch geschichtliche Künstler personifizirt. Ein großes, in meinen Augen sehr gelungenes Bild, erfunden u. gemalt von einem ganz jungen Menschen namens Bari[135], dessen Bekanntschaft ich machte. Diesem Transparent gegenüber waren 3 schöne Büsten aufgestellt, die eigens für das Fest gearbeitet waren, Albrecht Dürer, Peter Fischer u. [Leerstelle im Text].

Ich fand in der Versammlung fast alle meine Bekannten. Carus schlug ein helles Gelächter auf, als er mich sah, weil es ihn befremden mochte, diesen entfernten Pietisten plötzlich hier in Dresden an einem Orte der rauschendsten Weltfreude erscheinen zu sehen. Die Hitze im Saal schätzte ich auf 32 Grad [...]. Ich blieb nur 2 Stunden.

Sonnabend d. 20. Febr.

Ich besuchte heute unter Anderm den Prof. Vogel[136], bei dem ich ein schönes Bild von Tiek[137] sah u. das Portrait eines Knaben mit einem großen Hunde. Er wieß mir seine Münzsammlung u. bat mich, ihm einiges von Anhalt zu schicken. Mit Bertha war ich in der Thierbude, welche die Wittwe von Aken hier zeigt. Merkwürdig war ein Tieger u. ein Löwe von ganz besondrer Größe u. 2 Condors aus den Cordilleren, welche aber noch nicht ausgewachsen waren. Mein Paß langte nicht an.

Sonntag d. 21. Febr.

Früh mit Sihler, v. Wirsing u. dem Seminarlehrer Schütze nach Lausa marschirt. Wirsing scheint ein kindlich frommer Mensch, der aber noch in bewegter Periode der ersten Bekehrung steht u. der, wie es scheint, gerne alles bekehren möchte u. sich auch an Alle macht, wo es nur irgend die Gelegenheit gestattet, ohne daß er doch die Gaben dazu hätte. Die Hauptsache ist wohl, daß wir zuerst an uns selbst denken u. uns recht befestigen im Herrn, diesen gänzlich in uns aufnehmen u. uns mit ihm verbinden, dann wird er aus uns heraus schon wirken, ohne daß wir weiter drum zu sorgen haben. Hierum drehten sich unsre Gespräche. In Lausa kamen wir noch bei guter Zeit in die Kirche u. hörten eine recht gute Predigt von Roller. Ich beschloß bei Roller zu Tische zu bleiben. Als die Gäste sich verlaufen, nahm er mich herauf in seine Stube. Siehst du, sagte er, ich muß dir was sagen, ich betrachte dich jezt wie meinen Bruder – ich muß heirathen. Dann gab er mir eine Liste von denen, die er heirathen könnte, worunter die Eule war. Die Eule kann er eigentlich gar nicht leiden, doch sagte er, wenn ihm die Wahl gestellt würde, diese od. gar keine, so würde er sie auf der Stelle nehmen. So fest steht sein Entschluß. Um seine Heirathsfähigkeit darzuthun, sagte er: Ich bin an meinem ganzen Leibe wie ein Knabe, so wie du hier meine Hände siehst, so rund u. voll u. frisch, so bin ich am ganzen Leibe u. ohne Fehl. Nachmittag war ich bei Heinitzens. [...]

Montag d. 22. Febr.

Ich war bei Zöllner[138] [der das Bild der Herzogin schlecht lithographiert hat]. Bei Dahl[139] war ich. Er hatte 2 große Landschaften aus Norwegen, worunter ein Wasserfall mir besonders wohl gefiel. Uebrigens hatte er sich eine Sammlung von Kanonen angelegt, die alle Zugänge bei ihm verrammeln u. sein Local zu einer Rumpelkammer umwandeln. Er hatte ungefähr 6 lange Kartaunen u. Feldschlangen auf Lavetten mit Rädern im besten Stande aus der Zeit des 30jährigen Krieges. Sehr viele Doppelhaken, zimmerhoch, Musketen u. Flinten aller Art mit Luntenschlössern, deutschen u. französischen Schlössern. Flammberge, Partisane, Harnische u. unzähligen Kram aus frühern Jahrhunderten, der ihm allen Platz nimmt u. ihm äußerst genant sein muß.

Den armen Friedrich[140] fand ich sehr krank. Er sah sich kaum ähnlich. Er ist vom Schlage getroffen u. machte mir den Eindruck, als könne er kaum ein halbes Jahr mehr leben. Er war sehr aufgeregt u. deswegen verließ ich ihn bald. Er erzählte viel von Seedtanowski [Shukowski?], nach welchem ich ihn fragte. Dieser ist fort, wahrschl. nach der Schweitz, weil er seine Gläubiger nicht befriedigen konnte. Er soll für einige Tausend Rth Schulden haben u. seine Mineraliensammlung soll in diesen Tagen verauktionirt werden. Nacht mit Blüher im blauen Stern.

Dienstag d. 23. Febr.

Heute Abend war ich mit Sihler u. dem aus Posen vertriebenen Rector Wermelskirch bei Wirsing zum Thée u. Butterbrod gebeten. Der junge Wirsing empfing uns in einem alten, sehr bequemen Schlafrock, eine rothe Sammetmütze, reich mit Gold gestickt, auf dem Kopfe, die er den ganzen Abend nicht abnahm. Unser Gespräch betraf großen Theils die Erbsünde u. Erlösung, u. die Idee, Adam so wohl als auch Christus als Kollectivmenschen u. als Representanten einer ganzen Richtung anzusehen, war mir neu u. lieb. Wermelskirch machte mir einen sehr angenehmen Eindruck, ruhig, besonnen, fromm, gescheut, u. das Einzige, was mich an ihm störte, waren seine Pfaffenohren, die mir grade so einen Eindruck machten wie die Ohren des Pastors Steffen. [...]

Freitag d. 26. Febr.

[...] Ein Gespräch mit meiner Mutter. [...] Ich sagte, es sei doch merkwürdig, daß die alten rothen Damastgardinen, unter denen wir alle geboren wären, jezt in Teklenburg Altar u. Kanzel schmückten, worauf Mutter sagte »ja weißt du auch, daß mich das recht ängstigt, weil die Reformirten nun gewiß behaupten werden, daß Adelhaid sie lutherisch machen wolle. Ich habe einmal gelesen da u. da, daß die Reformirten, wenn sie nur die rothe Farbe sehen, gleich schreien Babilon Babilon! u. nun bin ich bange, daß sie am Ende Adelhaiden für die Babilonsche Hure halten werden.«

Sonnabend d. 27. Febr.

[...] Der gute Ludwig Richter ist von Meissen gekommen, mich zu sehen. Heute Nachmittag war ich mit ihm u. Oehme[141] bei Peschel zusammen, wohin ich für das allgemeine Beste eine Düte Confect mitgebracht hatte. Später gingen Richter u. ich noch zu Berthold.

Sonntag d. 28. Febr.

Wermelskirch u. Scheibel machten vor Tisch Besuch. [...] Richter blieb zu Tische. Nach Tisch rauchten wir bei Pescheln eine Pfeife. [...] Den Abend waren wir [mit Peschel und Richter] bei Berthold, welcher auf vieles Bit-

ten einige seiner Compositionen vorzeigte, recht geniales, aber schändlich verzeichnetes Zeug. Er hatte in zwei großen Zeichnungen Segen
und Fluch dargestellt, den Segen in einem Erntezug, von einem Engel
überschwebt. Seine Idee war gewesen, in dem Erntezuge den Charakter
des Friedens u. die Freude u. eine große Lieblichkeit zu geben. Es machte aber grade den Eindruck einer Flucht in schwehr bedrängter Zeit, wo
alles drunter u. drüber geht, die Kinder unter die Räder kommen, der
besoffene Fuhrmann vom Pferde fällt, diese nothwendig die Beine brechen, alles unordentlich untereinander u. verdreht. Einige Gestaltungen
u. Formen kamen mir so entsetzlich lächerlich vor, daß ich ausplatzen
mußte u. mit mir die ganze Gesellschaft in ein tolles Lachen gerieth. Bei
jedem schlechten Witze, den ich machte, schoß mich Peschel aus einer
kleinen Kanone mit einer Erbse.

Sonntag d. 6^t März
5$\frac{1}{2}$ Uhr früh nahm ich von Mutter Abschied an ihrem Bette, u. Bertha,
die in ihrem Bettchen schlief, mochte ich nicht ansehen, um nicht noch
mehr zu erweichen. Ich weinte wie ein Kind, als ich durch die dunkeln, vom ersten Grau des Morgens nur matt erleuchteten Straßen der
schlafenden Stadt ging. Von der lieben katholischen Kirche riefen die
Glocken zur Frühmesse, in die ich so manchmal meinen Vater begleitet
hatte, u. durch die Fenster sah ich vom Altar die Kerzen schimmern. Als
ich wieder bei der Königsstraße vorüber fuhr, wußte ich nun wohl gewiß, daß ich hier fortan meine Mutter nicht mehr zu suchen hätte, aber
es war mir auch, als wenn ich sie niemals wieder sehen sollte. Ich reiste
mit einem Grafen Schafgotsch u. einem Herrn Lamm mit seiner Frau
u. mehreren Studenten u. war um 8 in Leipzig. Hier ging ich zu Alfred
[Volkmann], bei dem ich einen höchst vergnügten Abend verlebte, ein-
gekleidet in seinen Jagdrock, da mir der meinige zu warm wurde. Klärchen, die ich sehr gealtert fand, stellte sich mit ihrem Fechner auch ein.
Später kam noch der alte Volkmann. Alfred traktirte uns zum Abendessen mit ganz vortrefflichem Wein vom Berge Aetna, braunem u. rothem,
der uns allen das Herz öffnete, daß wir fröhlich wurden. Unter anderen
Dingen wurde auch die Eisenbahn besprochen, zu der ich bei Wurzen
schon große Anstalten zur Brücke fand, die 200.000 Rth kosten soll, so
wie die über die Elbe 400.000. Vor einigen Tagen ist in Leipzig eine An-
leihe für die Chemnitzer Eisenbahn eröffnet worden. Der Andrang der
Leute ist so groß gewesen, daß man in den Straßen, wo die Expedition
der Gesellschaft liegt, hatte 2 enge Barieren ziehen müssen, durch die

die Leute gingen, um Gedränge zu vermeiden. Es sind an einem Tage für 59 Millionen Thaler unterzeichnet worden. [...] Arthur ist Matrose auf dem Erisee in Amerika. Es geht ihm schlecht in so fern, als seine Erwartungen, bei der Marine angestellt zu werden, natürlich scheitern mußten. Doch scheint er noch keine Reue zu empfinden, in den Seedienst gegangen zu sein. [...]

Montag d. 7 März
Früh 5 von Leipzig auskutschirt. In Halle im Löwen. [...] Abends $7\frac{1}{2}$ kam ich ganz zerstoßen in Ballenstedt an. Ich war auf den schlechten Wegen $4\frac{1}{2}$ Stunden von Bernburg aus gefahren. Julchen kam mir wohlbehalten an den Wagen. [...] Die kleine Anna streckte mir die Arme entgegen, u. ihre Haare flatterten im Winde. [...] Gerhard machte vor Freuden tausend Verdrehungen u. närrisches Zeug u. frug mich sogleich mit fester Stimme, ob ich ihm nichts mitgebracht hätte. [...] Was ist es doch für eine Gnade Gottes, nach einer Trennung die Seinigen alle so wohl wieder anzutreffen.

Dienstag d. 8^t März
Der heutige Tag verging im Bewußtsein der Freude, wieder bei den Meinigen zu sein. [...] Wie bin ich doch so froh, wieder hier zu sein. Zwar vermisse ich viel bei dem geistigen Tode, der hier über uns liegt, aber ich bin zu Hause.

Mittwoch d. 30. März
Hier liegt eine große Pause. Viel bemerkenswerthes fiel nicht vor. Ich zeigte am 9ten März der Herzogin meine Lithographie vor, u. sie äußerte sich darüber so leidlich zufrieden, mehr als ich erwartet hatte. Siegsfeld kaufte mir die Originalzeichnung ab. [...] In dieser Zeit hatte ich auch eine Kreidezeichnung für die Prinzessin Marie zu machen, sie selbst darstellend, welche zur großen Zufriedenheit des Hofes ausfiel u. auch wirklich recht gut gelungen war, so daß ich selbst darüber erstaunte. Sie hatte mehrmals gegen mich geäußert, sie wolle diese Zeichnung der Herzogin von Gotha schenken. [... Das Bild ist in Wirklichkeit für Lasperg bestimmt] Am 30ten reisten die Herrschaften auf längere Zeit von hier ab, der Herzog nach Bernburg, die Herzogin nach Holstein. Mir ist es, da ich sie fort weiß, zu Muthe wie einem Schuljungen, wenn die Ferien eingetreten sind.

Donnerstag d. 31 März

Wir haben uns entschlossen, Morgen als am Charfreitag, zum h. Abendmale zu gehen u. also zum ersten Male an der hiesigen Communion mit Antheil zu nehmen u. waren deshalb heute in der Vorbereitung, die Freund hielt. [...]

Karfreitag d. 1. April

Wir communizirten heute zum ersten Male in dieser Gemeinde. Bis jezt hatte mich der fremde Cultus von dieser h. Handlung abgehalten, ich bin aber froh, daß ich meine Scheu überwunden habe, u. hoffe, ich habe den Segen gefunden, den ich suchte. Es ist mir, als wären mir meine hiesigen Freunde näher getreten durch den gemeinschaftlichen Genuß dieses Brodes u. Weines. Nachmittag besuchte mich Schreck. [...]

Sonnabend d. 2 April

Ich kopire jezt die beiden Laspergschen Kinderköpfchen in Kreide, um sie desto sicherer hernach übermalen zu können, ohne zu riskiren, die Aehnlichkeit wieder zu verlieren. Ach wenn doch dieses Bild erst fertig wäre, das mir gewaltige Sorgen macht u. mir das Leben verbittert. Beide Kinder sind zwar ähnlich, die Kleine ist aber auf solche Weise im Leibe verzeichnet, daß ich wohl das Falsche sehe, aber durchaus nicht dahinter kommen kann, wo der Fehler steckt, und dieß verdirbt mir die Lust an dem Bilde völlig.

Donnerstag d. 7 April

Angefangen, den Mathilden Kopf zu übermalen.

Freitag d. 8 April

Gestrige Arbeit fortgesetzt. Das Köpfchen ist sehr schlecht geworden u. besonders der Hals. Das, was mich bei der Oelmalerei so unglücklich macht, ist der Umstand, daß man nicht bei einem Stück bleiben kann, wenigstens so lange, bis man es auf guten Wegen sieht. So habe ich nun diesen Kopf verlassen müssen in einem trauererregenden Zustande u. muß ihn 14 Tage vor Augen behalten, bis er zur weiteren Uebermalung trocken genug sein wird. [...] Den armen Gerhard habe ich jezt ein Paar Mal recht durchwixen müssen wegen seines fürchterlichen Eigensinns. Wenn ich nur von der Ruthe spreche, ihn damit bedrohend, so hält er sich in Todesangst mit beiden Händen den Popo fest u. macht die wunderlichsten Sprünge u. Gebärden, läßt aber doch nicht von seinem Eigensinn, der in seiner eigentlichen Bösartigkeit u. üblen Laune u. inneren Wuth besteht. Einen solchen Zustand kann freilich die Angst vor der Ruthe nicht austreiben, doch kommt die gute Folge nach, denn sobald der leibliche Schmerz überstanden ist, stellt sich denn auch die gute Laune wieder ein.

Sonnabend d. 9^t April

Weißes Kleid der kleinen Mathilde überarbeitet, dadurch ist die ganze Figur u. Stellung des Halses besser geworden, doch aber immer noch so falsch, daß ich nicht weiß, was ich anfangen soll, um Zeichnung herein zu bringen. [...]

Montag d. 18 April

Am Vormittag kam der Wein von Wagner an. [...] Ich schlug nach Tische das Faß auf u. probirte den Wein, den ich vortrefflich fand, daß ich nicht, wie ich erst willens war, die Hälfte zu verkaufen denke. Wir bemerkten nach Tische aus unserm Garten Hoffmanns in dem ihrigen u. gingen zu ihnen hinüber, wo wir mit Kaffee bewirtet wurden. Es war so warm wie im Sommer, so daß ich im Frack dasitzen konnte, ohne die geringste Kühle zu empfinden. [...]

Sonntag d. 1. Mai

Fritz [Starkes] Predigt von der Liebe u. Vorsehung Gottes. Er that sein möglichstes – es war aber doch immer keine erbauliche u. christliche Predigt. [...] Fritz aß bei mir. Wir sättigten uns nach Kräften u. zogen nachher in den Keller, um mein Fäßchen Rheinwein abzuziehen. Es machte mir ein hohes Vergnügen, den Spunt u. Zapfen aus zuschlagen u. den Hahn in mein eignes Faß zu treiben. Der 34 sprudelte lustig hervor. Ich zapfte, Starke stöpselte. Wir ließen uns tüchtig in die Gläser laufen u. tranken männlich, besonders leerte Starke, immer stiller werdend, immer emsiger stöpselnd, ein Bierglas nach dem Andren. Ich schickte 2 Flaschen von dem edlen Getränk in die Starkensche Gesellschaft, welche dadurch, wie Julchen hernach sagte, in eine erhöhte, gesteigerte Stimmung versetzt wurde. Nach 10 kam auch Julchen in den Keller u. ließ sich auf einer Fußbank nieder, während wir auf kleinen Kinderstühlchen saßen. Sie nippte anständig mit aus meinem Glase u. wurde immer lustiger. Starke, immer nachdenklicher, glich endlich einer Versteinerung. Julchen stieß mich an »wecke ihn doch, Starke schläft, gieb ihm doch einen Schubs, daß er aufwacht.« Daß er aber nicht schlief, sondern wachte, sah ich deutlich an der ganz ungestörten Function des Trinkens, welche ungehindert von Statten ging. Als der Wein, ungefähr 89 Flaschen, gezapft war u. wir die Flaschen rasch überzählten, streckte auch Starke, seinen grauen Hut auf dem Kopf, seinen Arm wie segnend über die Flaschen aus u. versteinerte sich in dieser Stellung, so daß wir ihn für einen Wegweiser ansahen. Ich war ausgelassen lustig, u. als wir wieder oben in das Zimmer kamen, stellte ich mich an das Klavier u. toste lustig drauf herum. Starke blieb ganz grade u. ernsthaft an der Thür stehen wie ein Bedienter, etwa eine Viertelstunde lang, dann setzte er plötzlich seine Pfeife weg, empfahl sich u. schob ab. Julchen u. ich kamen vor $1\frac{1}{2}$ nicht zu Bette.

Freitag d. 6. Mai
Fauler Tag. Ich befand mich unten bei Julchen, als Gerhard hereinkam, kauend u. so, daß ihm eine grüne Soße an beiden Mundwinkeln herabfloß. »Was hast du denn gegessen, Gerhard?« »Maikäfern!«

Sonnabend d. 7 Mai
[...] Wir machten den beiden Starkens das Angebot, übermorgen mit uns nach Halberstadt zu fahren, um die Ausstellung anzusehen, welches auch mit Freuden angenommen wurde. [...]

Montag d. 9. Mai
[...] Um $8\frac{1}{2}$ fahren wir fort, schneidende Kälte. Der Wagen hatte nur ein halbes Verdeck, u. Starke u. ich saßen rückwärts, wurden also ganz durchgefegt von dem schneidenden Winde u. beinahe starr. Nachdem Quedlinburg passirt war, trat die Sonne vor, aber die Kälte wurde unausstehlich. Zu Münchenhoff stiegen wir aus, tranken sämtlich einen Schnaps u. erwärmten uns durch Laufen, gingen auch eine Strecke Weges zu Fuß, ehe wir uns wieder einsetzten. Wir kamen so zeitig in Halberstadt an, daß wir uns $9\frac{1}{2}$ schon auf der Ausstellung befanden. Es waren sehr ausgezeichnete Bilder da. Die beiden Sterne: Theodor Hildebrand[142], die Kinder Eduards von England, u. Adolph Schrödter[143] in Düsseldorf, Don Quixote studirt den Amadis von Gallien, im Besitz des Stadtraths Reimer in Berlin. Ich kann wohl sagen, daß ich kaum etwas schöneres gesehen habe als diese beiden Bilder. Unvergeßlich wird mir die Zeichnung u. das schöne Licht in dem Hildebrandtschen Bilde bleiben. Die Köpfe der Kinder waren ganz überaus schön, alles im Bilde bis in die geringsten Details war fehlerfrei, sorgfältig u. mit Delicatesse oh-

ne alle Plagerei gearbeitet. Das Bild ist ein Stolz der gegenwärtigen Kunstperiode. Wohl eben so gut ist das kleine Genrebildchen von Schrödter, welches wohl den historischen Bildern beizuzählen ist, bei der großen inneren Wahrheit, die es hat. Einen großen Folianten auf dem Bauch, streckt sich oder sielt sich Don Quixote in einem ungeheuern Lehnstuhl, seine Augen glühen in das Buch hinein, die Hand wühlt in den grauen Haaren, u. die Beine sind gesperkelt in namenloser Begeisterung. Um sich hat er Schanzen von Rittergeschichten u. alten Waffen. Auf der ungeheuren Lanze wachsen Pilze, u. die Bäume wachsen zum Fenster herein. [...]

Wir blieben auf der Ausstellung bis 1 Uhr, spatzierten dann ein Stündchen in der Stadt herum [...], sahen auch den Herrn von Spiegel, einen jungen Mann, der mehrere Bilder von der Ausstellung gekauft hat, unter andern den Dom von Hasenpflug u. das Hildebrandtsche Bild, jedes zu 1.500 Rth. Der Rückweg war bei dem schönen Wetter sehr angenehm, u. wir waren um 8 Uhr wieder zu Hause u. fanden die Kinder schlafend.

Freitag, d. 13 Mai

Heute war eine Parthie nach dem Alexisbade projectirt. Ich machte mich um 12 mit Starken zu Fuße auf den Weg, während die andern alle fuhren in 4 Wagen. Auf der Selkenmühle stärkten wir uns mit Milch u. Schnaps u. erst auf der Hälfte des Weges zwischen Meiseberg u. Mägdesprung holten uns die Wagen ein, welche über den Meiseberg gekommen waren. Julchen stieg aus u. ging mit uns zu Fuße durch das überaus schöne Thal. Auf dem Mägdesprung wurde allgemeine Rast gemacht. [...] Bädeker erzählte von einem Taubstummeninstitut in seiner Gegend. Der Lehrer hatte den Kindern grade durch Zeichnungen u. Bilder begreiflich gemacht, was ein Riese sei u. was ein Zwerg u. hatte sie auch bestmöglichst beide Worte aussprechen gelehrt. Bald darauf kam ein Regirungsrath aus Berlin, der sehr klein war, um die Anstalt zu besehen u. als der Lehrer mit ihm das Zimmer betrat, riefen die Kinder mit den Fingern auf den Mann u. sagten hocherfreut in ihrer fürchterlichen Mundart »Zwerg, Zwerg!«, weil sie glaubten, der Lehrer wolle ihnen in natura vorführen, was er ihnen erst im Bilde erklärt hatte. [...] In Alexisbad verzährten wir auf unserm alten Plätzchen unser mitgebrachtes Abendbrod. Starke u. ich gingen zu Fuße wieder zurück u. zwar wieder durchs Thal. [...]

[...] Heute Nachmittag machten wir mit Hoffmanns, Starkens u. Bäde-
kers eine Fußreise auf den Falkenstein. In der Selkenmühle traktirte uns
Käferstein mit ganz delikater Buttermilch, die wir ihm auch rücksichtslos ganz wegtranken. Auf dem Falkenstein im Rittersaale, wo wir festen
Fuß faßten, wurden alle besonders vergnügt, besonders Julchen, die
meinen Stock ergriff u. damit den andern Frauenzimmern, besonders
der dicken Madame Weise, über den Hintern hieb, daß es knallte. Hieraus entstand eine Rauferei u. ein förmlicher Krieg unter den Weibern,
die sich aus einem Winkel in den andern zerrten, jagten u. ohrfeigten,
während wir Männer im ruhigen Bewußtsein unsrer Kraft theilnahms-
los unsre Pfeifen rauchten u. des Kaffées harrten. Dieser wurde unten
auf der Terrasse vor der Küchenthüre getrunken, und Hoffmann suchte
ihn dadurch zu würzen, daß er 20-30 selbstgedichtete Räthsel vortrug,
die er rathen ließ. Da sie alle sehr edel, überschwänglich und schiller's
abgefaßt waren, so gab ich der Sache ein glückliches u. erwünschtes
Ende durch das Rollersche Räthsel vom Canter oder Pantherthier. Nachdem das Schloß in allen seinen Theilen besichtigt war, sogar die Keller
durchkrochen, wurde zum Abendessen geschritten u. zum Desert einige
wohlgeschmierte Chöre gesungen, hernach sogar in überströmender
Lustigkeit etwas getanzt, wozu sich freilich ein jeder Tänzer seinen
Walzer selbst singen mußte. Hier nun trug sich das Ereigniß zu, daß
ich auch mein Tänzchen machte u. zwar mit der Hochehrwürdigen
Frau Hofpredigerin, von dieser aufgefordert. [...] Wir kamen nach 9 Uhr
Abends in Ballenstedt an u. verabschiedeten uns von Bädeker.

Heute war ich zum ersten Male wieder bei Tafel u. langweilte mich auf
ganz eclatante Weise. Es regnete den ganzen Tag u. war ein Koth sonder
Gleichen. Wir erwarteten Mutter stündlich u. kamen deshalb nicht viel
vom Fenster weg. [...]

[... Am Abend Ankunft des bepackten Reisewagens mit der Mutter u.
der Tochter Bertha aus Dresden und Leipzig] O wie froh bin ich, daß ich
Mutter unter mein Dach habe einziehen sehen u. alle Sorge u. Angst um
sie ist nun auf einmal von mir genommen. Möge doch Gott seinen Segen geben, daß Mutter die Ruhe, die sie sucht, hier bei uns fände u. bei
uns ihre Tage in Frieden beschließen möge.

Dienstag, d. 31^t Mai

Fröhliches Erwachen in dem Bewußtsein, Mutter u. Kind nun wieder bei mir zu haben. Mutter packte aus u. kramte [...]. Bertha u. Anna sind unzertrennlich, Bertha aber immer befangen u. blöde. Wenn sich das doch bei dem Kinde ändern wollte. [... Spaziergang mit den Kindern] Bertha kommt eigentlich nie ganz aus der Befangenheit heraus u. spricht sogar mit ihrer Mutter immer nur das Nothwendigste u. das in einem so schnellen u. halblauten Geplapper, daß man nicht im Stande ist, sie zu verstehen.

Dienstag, d. 7 Juni

Heute früh 10 Uhr fand ich mich laut Ordre auf dem Schlosse ein, um mit dem Herzog nach Alexisbad zu fahren. Wir fuhren im Gondelwagen mit vielen andern Personen. Das Wetter war schön, die Unterhaltung stockte wenigstens nicht. In Alexisbad wurde auf die langweiligste Weise ein Haus nach dem andern besehen, der Herzog mit Frau v. Hoym immer an der Spitze. Das Essen im Pavillon war vortrefflich, u. der neue Wirth wurde allgemein belobt. Lasperg öffnete die Campagnerflaschen, u. ein Kork flog dem Herzog grade an den Kopf. Er schrie ganz laut, das thut verflucht weh, verfiel aber auch sogleich in ein unmäßiges Lachen, welches sich der ganzen Gesellschaft mitteilte. Nach Tisch wurde auf die Schönsicht promenirt. Der Herzog frug mich, ob ich immer noch viel Unterhaltung an Bildern fände, worauf er mir, als ich dieß bejahte, erzählte, er wolle im Herbste nach Dresden reisen. Wir kamen erst gegen 8 Uhr Abends nach Hause. [...]

Sonnabend, d. 11 Juni

[...] Ich fing mein eignes Portrait im Spiegel an. Mittags war ich auf dem Schlosse, wo ich seit ihrer Reise die Herzogin, die Mittwoch wiedergekommen ist, zum ersten Male wieder sah. Ihr rücksichtsloses Aburtheilen über andre, besonders in Gegenwart von Bedienten, fiel mir unangenehm auf. [...]

Montag, d. 13. Juni

Heute fing ich mein Portrait zu malen an u. bekam den Kopf so weit fertig, daß ich ihn mit Retouche vollenden kann.

Dienstag, d. 14. Juni
Halsbinde u. Weste gemalt.

Mittwoch, d. 15. Juni

Rock gemalt, alles gut. Wir machten die Entdeckung, daß alter Wein rahmig wird. [...]

Donnerstag, d. 16. Juni

Laspergs Bild [seiner beiden Töchter] mit einer großen lezten Retouche fertig gemacht. Er war sehr entzückt u. alle fanden die Aehnlichkeit ganz frappant. So bin ich denn belohnt für die große Mühe, die mir dieses vermaledeite Bild gekostet hat.

Mittwoch, d. 22. Juni

Gerhards Bild angefangen aufzuzeichnen. Auf Schloß gespeist.

Freitag, d. 24. Juni

Gerhards Hintergrund, Landschaft, angefangen zu malen. Herr Walter, der Lehrer, erscheint zum ersten Male. Anna u. Bertha bequemen sich mit vielen Thränen zur Schule.

Sonnabend, d. 25. Juni

Mein Gesicht sehr gut retouchirt.

Sonntag, d. 26 Juni

Nach Tafel behorchte ich ein lächerliches Gespräch des Herzogs mit Hoffmann. Der Herzog redete nämlich von der Predigt, u. Hoffmann sagte ihm, man habe über diesen Gegenstand (Nachfolge Christi) ein sehr schönes Buch von Thomas von Kempis, wo das Alles viel ausführlicher behandelt sei. Ob er das wohl kenne. Nein, sagte der Herzog, solche schwärmerischen Bücher lese ich nicht, besonders im Sommer, wenn es so heiß ist, da kann man selbst leicht schwärmerisch werden, im Winter, da lese ich manchmal was, aber im Sommer gar nicht.

Mittwoch, d. 29 Juni

[... Arbeit an dem Porträt der Adelheid Hoffmann][144] Hier ist eine Lücke [Tagebuch vom 29.6.-12.7. nicht geführt]

Donnerstag, d. 14. Juli

Ueberarbeitete meinen Grund, ging Nachmittags hinaus auf den Mühlenweg, malte einen Eichbaum. Auf dem Rückweg sah ich plötzlich zu meinem größten Erstaunen auf einer Anhöhe unter dem Ziegenberg

Julchen auf dem Rasen liegen, rechts Bertha, links Anna, alle 3 das rechte Bein in die Luft gestreckt, alle 3 einen Kirschkern im Schnabel. Auf diese Weise überraschten u. ehrten sie mich.

Freitag, d. 15. Juli

Früh 5 mit Hoffmanns u. Reinhart in einem Stehwagen nach Halberstadt gefahren. Bei Spiegel das Bild von Hildebrandt u. das von Sohn, Paris mit dem Apfel, gesehen. Das lezte fand ich hinsichtlich der Zeichnung sehr unter meiner Erwartung, an dem ersten ergötzte ich mich zum 2ten Male außerordentlich. Mit großem Intresse den Dom besehen. [...] Ich kaufte einen Badeschrank, den ich spätestens Dienstag od. Mittwoch in Ballenstedt haben soll. Als ich um 10 Abends nach Hause kam, hörte ich, daß Volkmanns angekommen seien u. bereute meine Ausflucht.

Sonnabend, d. 16. Juli

Der alte Volkmann war überaus liebenswürdig u. vergnüglich. Er hatte Nachrichten von Arthur, die sehr beruhigend waren. Dieser Junge scheint in seinem geistigen Gang auf den besten Wegen zu sein u. schreibt ganz fromm. [...] Wir tranken im Garten den Kafée u. Volkmanns reisten wieder ab nach Halberstadt.

Dienstag, d. 19 Juli

Ich habe schon mehrere Tage danach gestrebt, einen Nachmittag im Walde zubringen zu können, um mir ein Eichenstudium zum Hintergrund von Adelheid Hoffmanns Bild malen zu können, war aber vom Wetter behindert. Heute endlich schien mir das Wetter passend zu sein, u. ich machte mich auf, auf der Höhe über dem Ziegenberge. Hier war mir alles entgegen, die Sonne ging weg, u. heftiger Sturm bewegte die Bäume, daß ich nicht ordentlich sehen konnte. Ins Thal gehen durfte ich nicht, weil Julchen mir versprochen hatte, nachzukommen u. überdem hatte ich den Terpentin vergessen. So war also meine Absicht verfehlt, u. ich warf mich auf den Boden. Wie aber ein Mißgeschick nicht allein kommt, so blieb's hier nicht allein bei der äußeren Wiederwärtigkeit, auch im Innern erhob sich ein Sturm, u. das Gewissen fing an zu reden von den mannigfachen Verirrungen, in die mein Geist neuerdings geraten war. Es ist gut, einmal draußen im Walde mit Gott u. sich allein zu sein. Die Stimme im Herzen wurde so lebhaft, daß ich geistlich umdrehte, um mit Gott Frieden zu haben, fast wieder Willen – o daß mir die

Kraft werden möchte, auf diesem Wege zu bleiben. Ich malte nachher noch einen Eichenzweig, den ich abriß, ihn aufs Gras legte u. so vor dem Winde schützte.

Freitag, d. 22 Juli

Landschaft hinter Adelheid beendigt. Es ist zwar dieser Hintergrund keineswegs so gut geworden, als ich erwartete, doch aber der erste landschaftliche Hintergrund hinter einem Portrait, den ich mit einigem Vergnügen stehen lassen kann. Ein sehr lieber Brief von Gerhard und Elmine langte an. Der von Gerhard voll Sehnsucht nach uns u. so sehr meine eignen Gefühle u. meine eigne Sehnsucht aussprechend, daß ich ihn ohne Thränen nicht lesen kann.

[Letzte summarische Tagebucheintragung am Ende des Jahres 1836]

Hier liegt eine große Lücke, zu viel, um nachzuholen, daher ich nur in kurzen Grundzügen das im Tagebuch ausgefallene Stück Leben skitzire. Gegen Ende Juli schickte mich der Herzog nach Hoym, um die dort befindlichen alten Bilder zu restauriren u. aufzuhängen. Dieß war ein großes Stück Arbeit, 119 Stück Bilder, worunter fast die Hälfte in sehr großem Format. Ich arbeitete fleißig von Morgen bis zum Abend u. lernte die angenehme Ermüdung der Handwerker kennen, die ich bis dahin nicht erfahren. Der alte Castellan Ziegler leistete mir traulich Gesellschaft u. setzte sich auch des Abends zu mir aufs Zimmer mit seiner Pfeife, um mir die Gespenster zu vertreiben. [...]

Oefter besuchte mich Mutter mit Julchen u. den Kindern auf einen Nachmittag u. war überhaupt während der ganzen Zeit meines Hierseins sehr wohl. [...] Julchen blieb einige Zeit ganz bei mir draußen, welche Tage zu den schönsten meines Lebens gehörten. Anfang September war ich wieder in Ballenstedt u. erfreute mich eine Zeitlang an meinem Badeschrank, den ich mir gekauft hatte, fing auch an zu arbeiten, bis mir eine große, unerwartete Freude in dem Besuche meines Freundes Richter[145] wurde, welcher beauftragt war, für das neu projektirte malerische Deutschland die Harzgegenden aufzunehmen. Er blieb ungefähr 10 Tage, u. ich machte viele kleine Fußtouren mit ihm in der Gegend herum behufs seines Auftrages. Die schönste Parthie machten wir nach Halberstadt mit Machzums Pferden, um die Spiegelschen Bilder zu sehen, welche aber leider grade nicht zu sehen waren. Da Richter gern etwas aus der Düsseldorfer Schule sehen wollte, so gingen wir zu Leganus, dessen Äußerungen über Kunst u. Kunstwerke uns sehr mißbehagten. Am meisten intressirte sich Richter für eine große Landschaft von Scheuer, welche mit seltenem Talent gemalt war, doch setzte er daran aus, daß es kein Bild sei u. sich nicht vereinige. [...] Wir besahen den Dom, fuhren nach den Steinbergen, besahen hernach auch noch Quedlinburg u. die Königsmark. [...] Wir hatten schönes Wetter, u. es war uns den ganzen Tag recht italienisch zu Muthe. Diese Fahrt u. eine Parthie nach dem Falkenstein ergötzte Richter am meisten. Vor seiner Abreise malte ich ihn noch in anderthalb Tagen fix u. fertig in meinem grünen Schlafrock u. wurde dieß mein bestes Portrait.[146]

Bald nach Richters Abreise fuhr ich, da ich hörte, Tholuck sei dort, mit Schreck nach Quedlinburg, wo wir Tholuck predigen hörten in der Neustedter Kirche auf Arndts Kanzel. Diese Predigt machte einen tiefen Eindruck auf mich. Er hatte den Text »unser täglich Brod gieb uns heute u. vergieb uns unsre Schuld wie wir vergeben unsern Schuldigern.« In diesen 2 Bitten ging er den Charakter des 2ten Theils des Vaterunser überhaupt durch als Bitte um Abwendung der leiblichen u. um Abwendung der geistlichen Noth. Mir ist noch nie in meinem Leben eine Predigt so eindrücklich gewesen, ich hätte sie nachher fast wörtlich nieder schreiben können. Nach der Predigt machten wir Tholuck einen Besuch u. am Nachmittag begleiteten wir ihn auf seinem Spaziergang. [...] Im October, als Tholuck von Wernigerode, dem Ziel seiner Reise, zurückkehrte, besuchte er mich eines Abends ganz unerwartet in Ballenstedt. Ich rief den Hofprediger noch dazu, u. Tholuck war den Abend besonders liebenswürdig u. versprach wieder zu kommen. [Besuch der Verwandten Wilhelm u. Alwina v. Stackelberg aus Estland im Oktober für 10 Tage; Bericht über den eigenen und Julchens Geburtstag. Nach der Beschreibung des Heiligen Abends schließt das Tagebuch mit den Sätzen:] Eine Hauptfreude machte ein tüchtiger Schnee, der den heiligen Abend fiel, auch stellte sich gegen Abend Frost ein. Es schneite den ersten u. 2^t Feiertag ganz tüchtig fort u. war kalt genug, so daß mein Ofen oben gar nicht mehr ausreichen will.

Blick auf Schloß Ballenstedt, Lithographie von C. Harding, um 1830 – von links:
Großer Gasthof, Marstall, Theater, Schloß, v. Seelhorstsches Haus

Fahnenweihe der Bürgerwehr in Ballenstedt, am 21. Mai 1848,
Lithographie von C. Harding

Alexander Carl, Herzog von Anhalt-Bernburg, Ölgemälde
von Wilhelm v. Kügelgen, 1851

Friederike, Herzogin von Anhalt-Bernburg, Ölgemälde von
Wilhelm v. Kügelgen, 1845

Schloß Ballenstedt, Römisches Zimmer (Aufnahme vor 1945)

Schloß Ballenstedt, Salon (Aufnahme vor 1945)

»Erlebnisse bei Gelegenheit der Differenz der Herzogin mit dem Ministerio. 1850.«

Dienstag, am 19. Febr. 1850 verfügte ich mich mit meiner Frau des Abends zu Frl. Bernstorff wegen unsrer gewöhnl. kleinen Dienstagsgesellschaft. Wir fanden die Bernstorff[147] in großer Gemüthsbewegung, da die Herzogin Briefe erhalten, durch die sie tief verletzt war. Es stand nämlich die Wahl zum Staatenhaus[148] in Erfurt bevor. Der Herzog hat dem Landtag 3 Kandidaten vorzuschlagen u. dieser einen davon zu wählen. Der Herzog aber ist niemand anders als die Herzogin, sowohl nach einer stillschweigenden Uebereinkunft mit den Ministern, als diese in so schwieriger Zeit ans Ruder traten u. von der Herzogin ihr Mandat empfingen, als auch nach einem klaren Artikel der Verfassung, nach welchem die Herzogin überall da für den Herzog eintreten soll, wo dieser behindert ist. Der Herzog ist aber vermöge seiner Individualität immer behindert, eine selbständige Entscheidung zu treffen. Tritt nun die Herzogin nicht für den Herzog ein, so ist der Geheimrath v. Salmuth[149] de facto Herzog, indem er als Vortragender Rath den Herzog in seinen Entschließungen ganz willkürlich zu leiten vermag. Indem aber v. Salmuth sich mit den Ministern versteht, so regieren diese, wo sie nicht durch den Landtag behindert sind, ganz unumschränkt.

Die Herzogin hatte nun vor längerer Zeit v. Salmuth gefragt, wen er wohl meinte, daß der Herzog zur Wahl ins Staatenhaus zum Vorschlag bringen werde, u. S. meinte unter andern auch Herrn v. Braun[150]. Die Herzogin freute sich dieser Idée, weil sie meinte, der Herzog schulde es seiner Ehre, den Herrn v. Braun endlich eine Anerkennung seiner Verdienste um das Land zu theil werden zu lassen, so wie er, der 15 Jahre lang an der Spitze der Verwaltung bei uns gestanden hatte, ohne Zweifel der passendste Abgesandte des Herzogs ins Staatenhaus sein mußte. Da die Herzogin somit sich mit der einflußreichsten Person, mit dem Vortragenden Rath, der den Herzog zu bestimmen hat, verständigt zu haben glaubte, schrieb sie an die Minister u. bat diese, den Namen des Herrn v. Braun jedenfalls mit unter die Candidaten zum Staatenhause zu setzen. Auf diesen Brief jedoch bekam sie längere Zeit keine Antwort, bis endlich statt dieser vom Ministerium dem Vortragenden eine Liste zur Bestätigung eingesandt wurde, auf welcher dieser Name fehlte. Nachträglich bekam auch die Herzogin einen Brief vom Minister v. Krosigk[151] mit dem Bemerken, daß wegen Invalidität des Herrn v. Braun dieser nicht habe berücksichtigt werden können. Dieser schale Grund u. diese Nichtachtung ihrer Stellung verletzten die Herzogin. Sie verlangte von Herrn v. Salmuth vorläufig das Ministerialreskript dem Herzoge nicht vorzulegen u. schrieb nun noch einmal an den Herrn v. Krosigk, verlangend, daß man ihr entweder triftigere Gründe nennen oder jene Wahlliste zu Gunsten v. Brauns abändere.

Auf diesen Brief nun hatte sie an dem oben bezeichneten Abend Antwort von beiden Ministern bekommen, durch welche sie sich aufs Äußerste verletzt fühlte. Indem wir nun diese Dinge besprachen, kam die Herzogin selbst herein u. theilte uns die empfangenen Briefe – den Hempels[152] nur in Abschrift – mit, weil sie das Original sofort an den Absender zurückgeschickt hatte. Krosigk schreibt in einem ruhigen Tone, aber sehr bestimmt, das Ministerium müsse auf seiner Wahlliste bestehen u. würde sich gezwungen sehen abzutreten, wenn der Herzog sie nicht genehmigen sollte, auch habe der Vortragende den Befehl, dieselbe sofort dem Herzoge vorzulegen. Hempels Brief dagegen war geradezu verletzend, bitter u. mannigfach mit sich selbst im Wiederspruch. Unter Anderem sagt er, es sei an sich eine ganz geringfügige Sache, ob der Name des H. v. Braun zur Wahl käme oder nicht, wenn der Herzog einen solchen Wunsch geäußert hätte, so würde das Ministerium gern nachgegeben haben. Nicht der Sache, sondern des Prinzips wegen müsse das Ministerium dießmal auf seinem Willen bestehen u. es müsse dasselbe hier ein für allemal erklären, daß es die Einmischung einer dritten Person in Regierungssachen nie gestatten würde. Sollte daher die ministerielle Wahlliste dennoch nicht angenommen werden, so würde er, der Minister Hempel, jedenfalls auf sein Portefeuille renoncieren, behielte sich aber für diesen Fall vor, alsdann der Oeffentlichkeit seine Bewegungsgründe darzulegen.

Nach Mittheilung dieser Briefe frug mich die Herzogin, was sie thun sollte. Diese Frage leuchtete mir sogleich in ihrer ganzen Bedeutsamkeit ein. Ich antwortete ihr, sie müsse entweder nachgeben u. dann sei das Ministerium zugleich Herzog wie der frühere Conferenzrath; um den rechtmäßigen Einfluß der Herzogin würde es aber wahrscheinlich auf immer geschehen sein. Oder sie müsse Salmuth zwingen, den Herzog auf Brauns Wahl bestehen zu lassen. In diesem Falle sei die Selbständigkeit des Landes aufs Spiel gestellt. Sollte die Herzogin aber Kraft haben, alle Schwierigkeiten zu überwinden, so würde ihr freilich auch die Stellung gesichert sein, welche ihr zukäme. Den lezten Plan ergriff die Herzogin mit Feuer u. wollte Salmuth sogleich kommen lassen. Ich bat sie aber eine Nacht darüber hingehen zu lassen u. im Gebet von aller persönlichen Verleztheit sich auszuheilen, dann würde sie ruhiger erwägen können, was das Beste sei. Die Ausführung der Gewaltmaßregel würde eben alle bestehenden Verhältnisse in Frage stellen, sie würde Alles an Alles setzen müssen, Abdication oder Scheidung könnten die Folgen sein; sie würde lange Zeit unruhig bleiben, nicht mehr schlafen können, vielleicht krank werden. Vor allen Dingen aber müsse sie die Kraft in sich fühlen, den Vortragenden Rath v. Salmuth nach ihrem Willen zu stimmen, denn sonst würde sie ja gleich von forneherein eine Niederlage erleiden. Die arme Herzogin war eigentlich außer sich u. hätte gerne rasch gehandelt, doch versprach sie bis morgen zu warten, u. gab ich ihr noch zu bedenken, daß es doch jedenfalls nöthig wäre, auch andre Männer noch um ihre Meinung zu befragen, da ich die Verhältnisse, namentlich den Landtag, zu wenig kenne, um einen vollgültigen Rathgeber abzugeben, ein Bedenken, das sie noch in Ueberlegung ziehen wollte. Sie verlangte jedoch, ich solle am andern Morgen $\frac{1}{2}$10 wieder zu ihr kommen.

Wir gingen nun nach Hause, u. ich gab mir alle Mühe, die Sache so ruhig u. unparteisch zu prüfen als möglich. Daß das Ministerium unrecht hatte, der Herzogin eine Stellung streitig zu machen, die ihr zukam, schien mir klar. Wenn auch sonst niemand, so mußte doch das Ministerium, das sie selbst berufen hatte, sie ansehen als die einzige Person, die den Herzog ergänzen konnte. Theilweise hatte ihr auch Hempel dies eingeräumt, indem er abzugehen drohte, wenn sie auf ihrem Willen bestünde, denn glaubte wirklich das Ministerium, daß die Herzogin sich nicht einzumischen habe u. unberechtigt sei, so hätte es einfach diese Einmischung nicht beachtet. So aber hatte es seine Ansicht in einer eingestandener maßen unwesentlichen Sache der Herzogin gegenüber zur Kabinettsfrage gemacht, grade als wenn die Herzogin der Herzog wäre. Von der andern Seite aber wurde sie eine dritte Person genannt, die sich unbefugt einmische. So schien mir jedenfalls das Ministerium unrecht u. kopflos gehandelt zu haben. Wenn es mir aber nun auch klar war, daß die Minister ihre Stellung zur Herzogin unrichtig ansahen, so konnte ich es mir auch ebenso wenig verbergen, daß diese, ganz ohne Hülfe irgend eines einflußreichen Mannes im Lande, sich aus ihrer schiefen Stellung nicht würde herausarbeiten können. Machte sie aber dazu einen gewaltsamen Versuch u. unterlag sie, so war diese Stellung nur um so viel schiefer geworden. Gar nichts thun u. die Sache auf sich beruhen lassen, konnte sie aber ebensowenig, um nicht unter die Füße getreten zu werden. Eine Satisfaction mußte ihr immer werden, u. zu diesem Ende dachte ich, sie würde am Besten thun, an Krosigk zu schreiben, auf eine ruhige u. freundliche Weise diesem ihre Meinung auseinander setzen u. verlangen, daß man sie für die Zukunft als die einzige Person ansehen, die für den Herzog nöthigenfalls einzutreten habe. Würde nun das Ministerium hierauf nicht eingegangen sein, so war alsdann immer noch Zeit genug für ein gewaltsames Auftreten, oder es hätte sich die Herzogin vernünftigen Ansichten fügen mögen. Jedenfalls schrieb ich diesen Brief an Krosigk, um ihn dann der Herzogin zur Benutzung zu überlassen.

Am nächsten Vormittag gegen 10 Uhr verfügte ich mich aufs Schloß u. fand die Herzogin bei der Bernstorff. Sie war etwas herabgestimmt u. fürchtete, sie werde Salmuth nicht bewegen können, in ihrem Interesse zu handeln. Ich sagte ihr, es schiene mir auch, sie dürfe einen gewaltsamen Weg noch nicht betreten, u. stimmte sie leicht auf meinen Brief. Derselbe war ihr nur zu freundlich, zu anerkennend u. zu lang. Sie wollte ihn gedrungener u. bestimmter haben. Daher ich wieder nach Hause ging, um ihn umzuarbeiten. Als ich gegen 12 Uhr ziemlich damit zu Stande war, wurde ich durch einen Lakaien rasch wieder auf's Schloß beordert. Ich fand die Herzogin sehr vergnügt bei ihrer Mama[153]. Sie sagte mir, sie habe mich rufen lassen, damit ich mir keine unnütze Mühe mit dem Brief mache, den sie nun wohl nicht gebrauchen würde. Es sei nämlich der X. bei ihr gewesen u. habe ihr gerathen, sie möge fest auf Brauns Wahl bestehen. Es sei gestern Abend jemand von Bernburg bei ihm gewesen mit dem Auftrage, durch ihn die Herzogin zu benachrichtigen, daß der Landtag, falls sie Hempel entlassen wolle, zu ihr stehen würde, ja daß das Ministerium sich kaum mehr halten könne u. gegenwärtiges Auftreten gegen die Herzogin der letzte Versuch sei, auf den es selbst wenig Hoffnung setze. Sie möchte doch um alles in der Welt ihrem Recht, für den Herzog einzutreten, nichts vergeben u. diesen Umstand benutzen, um aus der Klemme herauszukommen, in der sie sich befände. Sie frug mich, ob sie unter diesen Umständen nicht auch nach meiner Meinung am besten thäte, wenn sie Salmuth nöthigte, den Herzog für Braun stimmen zu lassen. Ich sagte ihr, wenn sie sich wirkl. überzeugt halte, daß X. Nachricht gegründet sei, so würde sie ja allerdings am Landtage einen Bundesgenossen haben, sie würde dann nur alles an alles setzen müssen, um Salmuth zu vermögen, den Herzog in ihrem Interesse handeln zu lassen. Sie müsse nöthigenfalls die Abdication in Aussicht stellen, die jener nicht gerne würde veranlassen wollen. Die Hauptsache bleibe immer, ob man sich auf X. verlassen könne. Daran zweifelte die Herzogin nicht im Geringsten, u. da ich sah, daß sie so guten, frischen Muth hatte, so hoffte ich auch, sie würde Mittel u. Wege kennen, um zu ihrem Zwecke zu kommen, wünschte ihr alles Glück u. Gedeihen u. ging meines Weges.

Nachher aber machte ich mir Vorwürfe, daß ich, der ich in X. nicht dieß unbedingte Vertrauen setze, zu diesem veränderten Plane nicht gänzlich geschwiegen od. daß ich der Herzogin nicht wenigstens noch einmal zu bedenken gegeben hatte, sich, ehe sie handelte, es noch einmal recht klar zu machen, was ihr wünschenswerther scheine, die Fortsetzung ihres jetzigen Zustandes od. die Abdication; denn wenn sie diese nicht riskiren wollte, durfte sie das Ministerium nicht auf eine gewaltsame Weise bekämpfen. Darum hatte ich sie aber allerdings sehr ernstlich gebeten, nicht eher zu handeln, als bis sie im Gebete Ruhe gefunden u. alle Animosität gegen die Minister aus ihrem Gemüthe verbannt hätte, um nicht etwa bei ihrem Handeln durch ein unchristliches Gefühl irre geleitet zu werden.

Als ich nun folgenden Tages auf dem Schlosse vorlas, erzählte mir die Herzogin, Salmuth habe ihr wiederstanden, ja, er sei so weit gegangen, ihr anzudeuten, daß, wenn sie in ihrem Wiederstand gegen das Ministerium beharren wolle, die mögliche Folge die Abdication sein könne. Das aber, sagte die Herzogin, möchte ich doch nicht, ich würde es nicht gegen das Land verantworten können. Sie hatte mithin die Hauptwaffe, die sie gegen das Ministerium anwenden müßte, gegen sich gebrauchen lassen. Indessen hatte Salmuth doch an Krosigk geschrieben u. diesen gebeten, gleich hierherzukommen. Mit ihm hatte nun die Herzogin persönlich alles ins Reine zu bringen. Mir fiel ein, Krosigk könne etwa die Sache auf die lange Bank schieben, Geschäfte vorwenden u. mit seinem Kommen zögern. Ich warf also folgende Worte hin: u. wenn er nicht balde kommt, werden sie ihm wahrschl. einen Besuch in Bernburg machen. Damit empfahl ich mich u. traf meine Tochter Anna bei der Bernstorff, wo wir Thée tranken. Plötzlich kam die Herzogin sehr aufgeregt herein, zog mich bei Seite u. erzählte, sie habe sich entschlossen, jedenfalls Krosigk zuvorzukommen, ihm durch die Nacht einen Reitknecht zu schicken u. Morgen Vormittag abzureisen. Ich konnte dieß am Ende nur gut finden, denn bei großer innerer Unruhe ist nichts zuträglicher, als wenn wir sie mit einer äußern Thätigkeit paralisiren können.

Am 22. Febr. Vormittags reiste die Herzogin in Begleitung ihrer Mutter u. Cramers[154] ab. Von nun an weiß ich nur durch Mittheilungen der Bernstorff, was sich zugetragen hat. Die Herzogin hat zuerst Krosigk zu sich beschieden, mit diesem aber nichts ausgerichtet. Darauf hat sie die einflußreichsten Kammerglieder, Oelze, Hartung u. Hagemann, kommen lassen u. diesen den Zweck ihres Kommens auseinandergesetzt. Diese sind mit der Auffassung der Herzogin ganz einverstanden gewesen u. haben ihr gerathen, sich schriftlich gegen Krosigk dahin zu erklären, daß, wenn Hempel binnen 48 Stunden weder abtreten noch der Herzogin die ihr zukommende Stellung als Stellvertreterin des Herzogs einräumen wolle, sie sich genöthigt finden werde, andere zum Zweck führende Maßregeln zu ergreifen. Mit Heute sind nun diese 48 Stunden abgelaufen. Daß Hempel nachgegeben haben werde, glaube ich nicht u. ebenso wenig, daß Salmuth den Herzog bewegen werde, jetzt in eine Veränderung des Ministeriums zu willigen. Es wird daher der Herzogin nichts anderes übrig bleiben, als sich an den König v. Preußen od. das Preuß. Kabinett zu wenden. Wie leicht es dann zur Abdication kommen kann, liegt zu Tage.

Am 25. Febr. kam die Herzogin zurück, u. als ich mit meiner Frau am 26.^{t} Abends bei der Bernstorff den Thée trank, erschien sie plötzlich in unserer Mitte u. erzählte uns ihre Bernburger Begebenheiten. Was sie thun sollte, wußte sie nicht, denn zu dem Aeußersten, zu einer Preuß. Vermittlung, welche die Abdication nach sich ziehen mußte, wollte sie nicht schreiten, weil sie das Volk nicht gegen sich aufbringen wollte. Die Schmach aber, unterlegen zu sein, schien ihr ebenso wenig erträglich. Ich sagte ihr, ich fände es auch besser, sie suche den Frieden, u. wenn es auch dabei etwas Schmach zu tragen gäbe, so schade die nichts, man müsse das eben auch lernen, u. am Ende wüchse Gras darüber. Als ich ihr damals geraten hätte, sie möge außer mir noch jemand ins Vertrauen ziehen, so hätte ich an Kutteroff[155] gedacht, hätte aber den Namen nicht aussprechen mögen, um ihr nicht vorzugreifen. Jezt aber müsse ich sie doch sehr ersuchen, diesen mit ihrem vollen Vertrauen zu beehren, ihm die ganze Sachlage auseinanderzusetzen u. ihn bitten, so gut es gehen wolle, zu vermitteln. Die Herzogin fand dieß gut, darin aber eine Schwierigkeit, daß sie es nicht verstehen würde, dem Herrn v. Kutteroff ihre Ansicht von der Sachlage klar zu machen, indem die Herrn nicht verstehen wollten u. bis jetzt aus allen Unternehmungen immer neue Mißverständnisse erwachsen wären. Da schlug die Bernstorff vor, sie solle, um Kutteroff ganz en fait zu setzen, ihm den Brief geben, den ich für sie ans Ministerium abgefaßt hätte, so würde derselbe ganz klar begreifen, worum es sich handelte u. gewiß die Herzogin gut berathen. Somit wurde ich aufgefordert, mein Briefconcept wieder hervorzusuchen u. es der Herzogin zur Abschrift zu übergeben. Am folgenden Morgen sandte ich es ihr zu u. möge dasselbe hier folgen.

Abschrift [des für die Herzogin aufgesetzten Briefes]
an den Geh. Rath. v. Krosigk

Aus Ihrem u. des Herrn Minister Hempels Briefen vom gestrigen Datum ersehe ich deutlich, daß Mißverständnisse zwischen uns getreten sind, die unser gegenseitiges Verhältniß trüben u. die zu entwirren mir aufrichtig am Herzen liegt. Der Herr Minister Hempel hat mir in einem Tone geschrieben, der es mir unmöglich machte, ihm anders als durch Rücksendung seines Briefes zu antworten. Aber auch Sie, lieber Herr Geh.R., haben eine Ansicht gegen mich geltend gemacht, die mich befremdet u. die mich verletzen könnte, wenn ich Sie nicht zu genau kennte, um zu wissen, daß Sie nicht verletzen wollten u. daß Sie höchstens irre geführt sein konnten durch eine vielleicht unrichtige Ausdrucksweise meines vorigen Briefes u. so vielleicht die ganze Angelegenheit aus einem ihr fremden Gesichtspuncte betrachteten. Machen wir uns also die Sache so klar als möglich.

Die Frage, um die es sich hier handelt, ist eine sehr delicate u. darf nicht laut werden, so lange überhaupt noch die Selbständigkeit unsres Landes in Betracht kommen soll. Diese Selbständigkeit, die keineswegs in dem persönlichen Vortheil des Herzogs liegt, in der aber ein achtbarer Theil des Volkes den Seinigen zu finden glaubt, nicht zu gefährden, sondern zu erhalten, hat mich das bestehende Ministerium im vorigen Jahre bewogen. Möchte nun dasselbe Ministerium durch Mißkennung seiner Stellung den seiner Meinung nach dem Land errungenen Vortheil nicht wieder verscherzen. Es ist die Frage nach der Stellvertretung derjenigen Rechte des Herzogs, die ein constitutionelles Ministerium nicht vertreten kann, welche hier in Betracht kommt.

Sie werden, lieber Herr Geh.R., nicht umhin können zuzugestehen, daß diejenige Person, auf deren Ruf u. Bitte sich das gegenwärtige Ministerium bildet, doch wenigstens von diesem, wenn auch stillschweigend, als die Landesherrlichen Functionen übend angesehen werden muß; oder auf welche Autorität meinen Sie sonst Ihr Mandat zurückführen zu dürfen? Noch mehr aber, nicht allein eine stillschweigende Uebereinkunft unter uns, sondern auch ein klarer Paragraph unsrer Verfassung giebt mir wenigstens dem Inlande gegenüber das Recht, überall für den Herzog einzutreten, wo eine Entscheidung höchsten Willens nöthig wird, oder wollen Sie, ehe Sie mir dieß Recht zugestehen, eine Interpellation der Kammer abwarten, ob der Fall, den besagter Paragraph vorsieht, bereits bei uns eingetreten sei? Nun hat meiner Meinung nach der Herzog unbezweifelt das Recht, in allen Angelegenheiten dem Ministerio, das ihn ja vertritt, das für ihn u. nicht für sich regiert, seine Wünsche u. Ansichten zu nennen. Das Ministerium seinerseits wird dann bei einer Meinungsverschiedenheit solche Ansichten zu berichtigen, sie nach Umständen abzulehnen oder im Beharrungsfalle abzutreten haben.

Nun erlauben Sie, daß ich auf unsern ganz einfachen Fall komme. In der Meinung, daß ich, nach stillschweigender Uebereinkunft unter uns, den Herzog zu vertreten habe, hat mich das Ministerium bis jezt belassen. So habe ich denn nach Berathung mit dem Vortragenden Rath auf dessen eigne Andeutung hin gegen das Ministerium den Wunsch ausgesprochen, daß der Name des Herrn v. Braun auf die Candidatenliste zur Wahl ins Staatenhaus gesetzt werden möchte u. zwar aus dem einfachen Grunde, um dem Herzoge den Vorwurf allzugroßer Kurzsichtigkeit u. Undankbarkeit zu ersparen.

Hierauf konnte das Ministerium eine motivirt ablehnende Antwort geben, u. es hätte dann beim Herzoge gestanden, die Sache fallen zu lassen od. zur Kabinettsfrage zu machen. Das Ministerium hat mich aber gar keiner Antwort werth gehalten, sondern statt dessen zur Genehmigung eine Liste eingereicht, auf der jener Name fehlte; nachträglich aber mir nur angezeigt, daß man wegen (vorausgesetzter u. unerwiesener) Invalidität auf Herrn v. Braun nicht reflectiren könne. Die Frage, ob dieß ein Grund sei, den man der Gemahlin des Herzogs, auch wenn sie zu Vorschlägen derart unberechtigt war, angeben durfte, werden Sie sich selbst beantworten. Jedenfalls konnte gegen den Herzog ein solcher Grund auf keine Weise geltend gemacht werden, weil er keinen politischen Sinn hatte.

Wenn ich nun den Vortragenden Rath veranlaßt habe, dieses Ministerialreskript einstweilen unbeachtet zu lassen, bis mir auf wiederholtes Schreiben begründetere Antwort geworden, so glaubte ich damit durchaus nur in meinem Rechte zu sein. Oder was meinen Sie, war ich es nicht? Berechtigte mich meine von Ihnen früher selbst anerkannte u. zum Fortbestehen Ihres Gouvernements benutzte Stellung nun nicht mehr zu solchem Schritte?

Hatte mich aber in diesem Falle mein verletztes Gefühl hingerissen, in einer Weise auf meine Forderung zu bestehen, die den constitutionellen Verhältnissen zuwider lief, so hätte ich namentlich von Ihnen, Herr Geh.R., wohl erwarten mögen, daß Sie, mir die Neuheit der Lage zu gute haltend, mich freundlich belehrt hätten, was Rechtens sei, u. wir würden uns gewiß verständigt haben.

Gestern erfolgte nun die Antwort des Ministeriums auf meine erneute Forderung, zeigt aber, wie mich dünkt, eines Theils ein solches Mißkennen unsrer gegenseitigen Stellung u. steht andrerseits so sehr weit sich selber in Wiederspruch, daß ich Mühe hatte zu glauben, sie könne von Ihnen u. Ihrem Herrn Collegen verfaßt sein.

Sie beklagen sich Beide wegen eines Uebergriffes von meiner Seite, den ich nach Obigem nicht finden kann. Es ist die Rede von mir als von einer dritten Person, deren Einmischung in Dinge, die sie nichts angehen, man sich verbittet. Dennoch aber wird mir wieder das Recht dieser Einmischung zuerkannt, so sehr, daß das Ministerium abzutreten droht, wenn ich den Herzog nach meinem Wunsche leiten sollte. Könnte mir aber wirklich das Ministerium hier das Recht, meinen Willen geltend zu machen, abstreiten, so würde es denselben einfach nicht beachten u. thun, was ihm gut dünkt. So aber, Herr Geh.R., hat sich mir wenigstens in diesem Falle das Ministerium selbst in die Hand gegeben, u. trotz der etwas taktlosen Drohung des Herrn Min. Hempel, die ganze Angelegenheit zu veröffentlichen u. somit unser ganzes staatliches Verhältniß zu zersprengen, würde es mich nicht hindern können, meinen Einfluß auf den Herzog jezt dahin geltend zu machen, daß er es auflöste durch Nichtbestätigung der Wahlliste, wenn ich hierin irgendeinen Vortheil für Herzog u. Land fände. Der Herr Min. Hempel schreibt mir, es habe das Ministerium von fornherein die Wahl des Herrn v. Braun nicht als einen Gegenstand höchster Wichtigkeit angesehen u. würde einem desfallsigen abändernden Befehl des Herzogs gern beigetreten sein, denn es hat das Ministerium ja gegen die Person des Herrn v. Braun nichts einzuwenden, als daß er einmal krank war; bestehe ich aber auf dieser Forderung, so macht das Ministerium die Sache zur Kabinetsfrage. Unbegreiflich! Um meinen Einfluß zu paralisiren, giebt das Ministerium sich u. damit des Landes Wohlfahrt nicht nur mir selbst, sondern Jedem in die Hand, der sich zufällig in der Lage befindet, den Willen des Herzogs zu bestimmen. Mein Herr Geh.R., ich wenigstens werde gewiß dieses unglücklichen Mißverständnisses wegen den Herzog nicht zu bestimmen suchen, sein Ministerium zu entlassen, ebenso wenig kann ich aber auch fürder in der schiefen Stellung verbleiben, in welche mich dasselbe drängen möchte. Wir müssen uns untereinander ganz klar werden, welche Stellung mir die Verhältnisse anweisen u. nur diese, keine willkürliche will ich einnehmen. Ich ersuche Sie daher mir folgende Fragen zu beantworten.

1. Ist das Ministerium von Anfang an der Meinung gewesen, ganz in die Stelle des früheren Conferenzrathes zu treten?
2. Sollte dieß der Fall sein, so wurde es wenigstens von dem abgetretenen Conferenzrath hierzu nicht autorisirt, u. ich frage weiter, auf welche gesetzliche Autorität es sonst seine Berufung zurückführe?
3. Glaubt sich wirklich das Ministerium zu den Befugnissen des Conferenzrathes befähigt, so fragt es sich, warum sich dasselbe soviel weniger zweckmäßig organisirt hat, indem es sich u. das Land von dem Einflusse des Vortragenden Rathes einzig u. allein abhängig gemacht hat, welches vordem anders gewesen.
4. Sollte aber dennoch das Ministerium Grund haben, sollte es durch unausweichliche Nothwendigkeiten bestimmt sein, sich die Befugnisse des Conferenzrathes zuzuschreiben, so frage ich, warum es mich nicht von Anfang an hierüber unterrichtet u. mir die Stellung bezeichnet u. angewiesen hat, welche der Nutzen des Ganzen mir anweist.
5. Ist aber das Ministerium durch die Macht der Verhältnisse nicht genöthigt, sich als Conferenzrath anzusehen, muß es sich selbst als ein verantwortliches, vom Herzog unterschiedenes Ministerium begreifen, so frage ich, wer ihm gegenüber die Person des Herzogs zu vertreten habe. Selbst wird es dieß nicht thun können u. thut es auch nicht, sonst hätte der Minister mir nicht sagen können, daß es einem Befehle des Herzogs wohl beigetreten sein würde, nur dem meinigen nicht. Da das Ministerium aber unmöglich seinen eignen abändernden Befehlen beitreten kann, so bleibt

nichts andres zu denken, als daß es den Herzog durch den Vortragenden Rath vertreten glaubt.

6. Sollte es aber nicht schicklicher u. natürlicher sein, diese nothwendige Vertretung in mir zu suchen als in der Person eines dem Ministerio untergeordneten Dieners, der, so lange er sich dazu willig finden läßt, ein Werkzeug des Ministeriums sein, daher dieses u. nicht den Herzog vertreten wird; dann aber auch, so bald es ihm beliebt, dem Ministerio unendliche Verlegenheit bereiten, ja, dasselbe mittelst Cabinetsordre entlassen kann.

Daß ich der Berechtigung Dessaus gegenüber ebensowenig Mitregentin sein könne, als die Dispositionsfähigkeit Dessaus angezweifelt werden darf, so lange von einem Anh. Bernb. Ministerio die Rede sein soll, das, Herr Geheime Rath, ist mir sehr wohl bekannt, u. bin ich weit entfernt, von dem Ministerio die offizielle Übertragung irgend welcher Gewalt zu erwarten; das aber verlange ich vom Ministerio, daß, wenn es nicht meine obigen Fragen entkräften u. mich durch Staatsgründe eines Besseren belehren kann, doch der Vortragende Rath von ihm angewiesen werde, künftighin ohne meine vorherige Einsicht u. ohne meinen Willen in wichtigen Dingen, die eine höchste landesherrliche Entscheidung fordern, dem Herzoge nichts mehr zur Unterschrift vorzulegen.

Am 26. Febr. verbreitete sich durch einen Bernburger Brief an den Assessor Döring die ganze Sache auf eine entstellte Weise im hiesigen Publikum. Zugleich kam der junge Hempel von Bernburg zurück u. sprach hier offen im großen Gasthof u. anderwärts von der beleidigenden Art, mit der die Herzogin seinen Vater habe entlassen wollen, um, wenn auch nicht auf der Stelle, doch in nächster Folgezeit den Herrn v. Braun wieder ins Ministerium zu bringen. Das Publikum brauste sogleich in einer Vertrauensadresse an das bestehende Ministerium auf, es wurde auf den Straßen von dieser Angelegenheit gesprochen u. die Reise der Herzogin nach Bernburg zum Skandal gestempelt. Sollte diese Appellation an die Oeffentlichkeit durch Bekanntmachung einer halben Wahrheit vom Minister Hempel ausgegangen sein, so würde er damit am besten seine gänzliche Unfähigkeit zum Ministerposten ausgewiesen haben.

Auch in unsern Bernburger Blättern erschienen gehässige Artikel, u. ich bat die Bernstorff, die Herzogin zu bewegen, sich so eng als möglich an Kuteroff zu schließen, um Jemand zu haben, der gegen Minister u. öffentliche Meinung ihre Interessen vertreten konnte. Auf Grund meines Briefes, den ihm die Herzogin als den ihrigen vorgelesen, begriff auch Kuteroff vollständig, wie die Herzogin von ihrem Standpunkt aus nur so u. nicht anders ihre Stellung zum Ministerio hatte beurtheilen können u. wie es einzig u. allein Schuld des Ministeriums sei, wenn etwas falsches in dieser Auffassungsweise der Herzogin sei. Kuteroff sprach nun, um die öffentliche Meinung zu berichtigen, mit einigen einflußreichen hiesigen Bürgern, u. als zum 2. März (Herzogs Geburtstag) die Minister herkamen, auch mit diesen, um sie vor allen Dingen zu bewegen, der Herzogin, ehe sie zur öffentlichen Cour kamen, in einer Privataudienz eine Entschuldigung zu machen. Daß die Minister dieß thaten, war Kuteroffs Verdienst. Bei der darauf folgenden Cour war auch ich. Man sah der armen Herzogin die Pein an, als sie den Saal betrat. Sie sprach mit diesem u. jenem u. endlich zuletzt auch ein Paar Worte mit Hempel. Bei der Abendgesellschaft ging es schon besser, u. die Spannung, die den ganzen Tag über auf uns allen gelegen, fing an etwas nachzulassen. Am 3ten März drang Kuteroff mit vernünftigen Gründen in die Minister, der Herzogin einige Zugeständnisse zu machen u. das gegenseitige Verhältniß zu regeln. Es wurde zu diesem Zweck dem Minister Krosigk auch mein Brief mitgetheilt, der auch bei ihm zur Aufklärung der ganzen Verwicklung beigetragen haben soll, u. am Ende vereinigte man sich ziemlich ganz auf die Forderungen dieses Briefes. Krosigk hat versprochen – versteht sich nur unter der Hand, nicht officiell –, daß der Herzogin, ehe sie der Herzog bekommt, alle wichtigen Sachen vorgelegt u. ihre Ansicht darüber gehört werden soll. Wenn sie nun ihrerseits einen Einfluß auf den Herzog gewinnt, so kann sie allerdings Regentin sein. Danach strebt sie aber nicht, sondern will nur, daß sie nicht bei Seite gesetzt u. daß die Möglichkeit vermieden werde, hinter ihrem Rücken über ihre u. des Herzogs Interessen zu verfügen.

Bericht über die Ernennung zum Kammerherrn [1852/53]

In der Mitte des Novembers war der Herzog eines Abends in seiner Dienstagsgesellschaft sehr unruhig geworden u. in seiner Aufregung so weit gekommen, daß die Anwesenden glaubten, er sei einem Anfall von Tobsucht unterlegen. In Sonderheit war die Frau Herzogin, gegen die er die Hand gehoben hatte, um sie zu schlagen, so erschrocken, daß sie noch durch die Nacht eine Staffette nach Bernburg schickte, um die Minister hierher zu entbieten. Als diese am andern Tage erschienen, verlangte sie von ihnen, daß zu ihrem Schutz u. des Herzogs Bewahrung ernstliche Maßregeln ergriffen würden. Hempel war eigentlich der Meinung, die Herzogin habe geflissentlich den ganzen Spectakel herbeigeführt, um den Herzog für regierungsunfähig erklären u. selbst die Regentschaft übernehmen zu können. In diesem Sinne äußerte er sich wenigstens gegen Herrn von Schätzell[156], den er mit im Complott glaubte, u. war sogar so unvorsichtig anzudeuten, daß der Herzog sich eher scheiden lassen würde als seiner Gemahlin weichen. Auch hatte er mit dem Hofmarschall Siegsfeld in einer Weise gesprochen, daß man annehmen konnte, wie sehr ihm daran gelegen war, die Herzogin keinen Einfluß in Staatssachen gewinnen zu lassen. Die Minister berieten indessen mit Herrn v. Salmuth, was zu thun sei, um die Herzogin wenigstens für den Augenblick zufrieden zu stellen. Am Abend desselben Tages, es mochte der 11te od. 12te November sein, war ich mit meiner Frau bei der Bernstorff, die uns erzählte, unter anderen Vorschlägen sei auch der gemacht worden, noch einen Kavallier anzustellen, damit der Herzog in seiner Begleitung mehr Abwechslung habe. Dieser Vorschlag sei von Salmuth ausgegangen, u. zwar habe er dabei angedeutet, es schiene räthlich, den neu Anzustellenden aus dem Officiercorps zu wählen. Da nun der Hauptmann v. Schweinitz[157] Salmuths Schwiegersohn ist, so war es nicht schwehr zu begreifen, wo der ganze Vorschlag eigentlich hinauswollte. Auf die Anstellung noch eines Kavalliers war die Herzogin indessen eingegangen, u. es handelte sich nur noch um die Wahl einer passenden Persönlichkeit. Wir riethen hin u. her, wer von unsern Bekannten im Lande den Herzog in solcher Stellung wohl nützlich werden könnte, fanden aber keinen. Ich dachte wohl an mich u. konnte nicht begreifen, wie ich der

Herzogin bei dieser Gelegenheit nicht eingefallen sein sollte, da eigentlich meine Anstellung sehr in ihrem Interesse liegen mußte, doch mochte ich mich nicht gerne selbst in Vorschlag bringen.

Da sagte meine Frau, man solle doch mich wählen. Die Bernstorff war anfänglich sehr dagegen, nicht nur weil sie wirklich ehrlich glaubte, ich sei zu gut dazu; sondern auch weil sie überzeugt war, Hempel u. Salmuth würden es nie zugeben, die Partei der Herzogin durch mich zu kräftigen. Indessen machte sie sich doch endlich anheischig, mich der Herzogin als Candidaten in Vorschlag zu bringen. Es war dieß auch nach unserm Weggehen noch am selben Abend in Schätzells Gegenwart geschehen. Beide hatten unbegreiflicher Weise wirklich nicht an mich gedacht. Sie fanden nun, daß meine Wahl die passendste sei, u. wollten, obgl. sie beide am Gelingen zweifelten, doch wenigstens einen Versuch machen, mich durchzubringen. Wie sehr ich bei verschiedenen Gelegenheiten die Herzogin gegen Hempel u. Salmuth unterstützt hatte, war bekannt, ja, Salmuth hatte es Schätzell bei seinem Eintritt in hiesige Dienste geklagt, wie hinderlich ich sei u. wie sehr die Herzogin sich von mir leiten lasse. Ich sei ein Jesuit u. ganz versteckter Mensch. In seiner Hand lag aber meine Anstellung, denn er mußte mich beim Herzog durchbringen, u. doch wollte er die Stellung wahrscheinl. nur für seinen Schwiegersohn schaffen, theils um diesen zu versorgen, theils um durch seinen Einfluß ein Gewicht mehr in seine u. Hempels Wagschaale gegen die Herzogin zu werfen. Wie war es nun zu denken, daß er nicht alles aufbieten würde, um meine Wahl zu verhindern. Aber wie gesagt, da ich im ganzen Lande der einzige Qualifizirte war u. die obigen Bedenken nicht laut gegen mich geltend gemacht werden konnten, so wollte man wenigstens einen Versuch machen.

Vor der Hand ging dieß freilich nicht, da man, ehe man von mir wußte, schon übereingekommen war, die Stelle dem Hofjägermeister Weise in Coswig anzubieten. Es war dieß ebenfalls auf Salmuths Vorschlag geschehen, der Bedenken tragen mochte, seinen Schwiegersohn gleich voran zu nennen, u. von Weise mochte er wissen, daß dieser die Stelle ausschlagen würde. Dieß wußten wir indessen auch, denn Weise hatte oft geäußert, daß er sich nie u. um keinen Preis entschließen würde, die Begleitung des Herzogs zu übernehmen. Auch hätte er eine sehr angenehme u. selbständige Stellung mit einer ungleich beschwehrlicheren vertauschen müssen, was niemand gern thut. Weise zögerte indessen mit seiner Antwort so lange, daß die Herzogin darüber nach Holstein reisen mußte, wodurch sich meine Sache wesentlich verschlimmerte, weil sie nothwendigerweise, um mich durch zu bringen, die Ueberraschung zu Hilfe nehmen mußte u. mich daher schriftlich gar nicht in Vorschlag bringen konnte. Endlich lehnte Weise ab, u. ich war der Meinung, daß Salmuth nun mit seiner eigentlichen Absicht hervortreten würde, denn auf der Rückreise von hier nach Bernburg hatte Hempel Schätzell gefragt, wen er wohl am geeignetsten für die Stelle fände, für den Fall daß Weise ablehnen sollte. Schätzell sagte, es fiele ihm wirklich für den Augenblick niemand ein. Darauf erwiederte Hempel, ob man nicht vielleicht auf den Herrn von Schweinitz reflectiren könne, der schiene ihm für solchen Platz doch recht geeignet. Diese kleine Unterredung hatte mir Schätzell schriftl. mitgetheilt, u. die wahre Absicht der Herrn war mir daher gar nicht unbekannt. Salmuth mochte indessen denken, es sähe bescheidner aus, wenn Schweinitz der allein übrigbleibende wäre, u. machte nun während der Abwesenheit der Herzogin u. ohne diese zu befragen seinen Antrag an den Kammerherrn v. Sonnenberg. Er konnte dieß in jeder Hinsicht ohne Gefahr thun, weil er so gut wie ich wissen mußte, daß Sonnenberg Bernburg nicht verlassen würde.

Nun kam die Herzogin wieder u. hörte von den großen Schwierigkeiten, die neugeschaffene Stelle zu besetzen. Da sagte sie nach einigem Bedenken, es fiele ihr da plötzlich etwas recht gutes ein, u. sie könne nicht begreifen, daß sie nicht früher darauf gekommen sei. Salmuth blickte sie mit der gespanntesten Erwartung an u. mochte hoffen, jezt den Namen seines Schwiegersohnes genannt zu hören, was ihm ohne Zweifel recht gelegen gewesen wäre. Die Herzogin nannte aber mich. Gegen mich war nun in der That nichts einzuwenden, u. es war Salmuth sehr bekannt, daß der Herzog mich vor allen Andern immer bevorzugt hatte u. mir gewogen war. Mein Stand als Edelmann, mein reiferes Alter, der gute Frieden, in welchem ich mich mit der Gesellschaft befand, u. endlich der Umstand, daß die Herzogin nicht erst für mich gestimmt zu werden brauchte, sogar mich wünschte, das Alles konnte meine Wahl nur annehmlich machen u. vernünftig erscheinen lassen. Was man gegen mich haben mochte, konnte man der Herzogin am allerwenigsten sagen, nämlich daß ich ihr Freund sei. Salmuth hatte daher nur das einzigste Bedenken, daß ich mich als Maler wohl schwehrlich entschließen würde, meinen Beruf zu wechseln. Aber die Herzogin meinte, das käme auf einen Versuch an, Herr v. Salmuth möchte doch zu mir gehen u. mich fragen.

So kam er dann eines schönen Nachmittags zu mir, u. ich erklärte ihm, daß ich sehr bereitwillig auf die Vorschläge der Frau Herzogin eingehen würde, da ich besonders bei der freien Zeit, die ich mir vorbehalten müsse, keinen Grund fände, meinen Beruf als Maler aufzugeben. Salmuth war sehr freundlich, erklärte mir, wie sehr er dieser Wahl beistimme, u. versprach, das Seinige zu thun, den Herzog für mich zu disponiren. Hier nun hatte er mich freilich immer noch in der Hand, denn der Herzog pflegt sich immer nach dem Willen dessen zu entscheiden, der ihn bei seinen Entscheidungen zu leiten hat. Auch hörte ich balde, der Herzog habe mich abgewiesen u. sehr bestimmt erklärt, er brauche keine Kavalliere u. ich tauge ebensowenig wie alle Andern. Hieraus konnte ich indessen Salmuth keinen Vorwurf machen, da ich wußte, wie geneigt der Herzog war, einem jeden Vorschlage mit Nein zu begegnen. Die Herzogin glaubte indessen, es sei an der Zeit, jezt ihrerseits etwas zu thun, u. redete dem Herzoge persönlich zu, erregte aber seinen Unwillen hierdurch in solchem Grade, daß sie sich schnell wieder zurückziehen mußte. Man glaubte nun dem Herzoge Zeit lassen zu müssen u. erneuerte den Antrag erst nach 8 Tagen wieder, wo man auf denselben Wiederstand stieß.

Endlich nach etwa 3 Wochen schlug ihm die Herzogin vor, er möge sich doch, um mich kennen zu lernen u. sich zu überzeugen, wie gut er sich mit mir amüsiren würde, entschließen, sich einmal von mir auf seiner Spatzierfahrt begleiten zu lassen. Darauf ging er ein, u. am folgenden Morgen am Weihnachtsabend erhielt ich die Einladung. Der Herzog war sehr freundlich, u. wir fuhren, vom schönsten Wetter begünstigt, zusammen nach dem Meiseberge. Ich erinnerte den Herzog an alte Zeiten u. Erlebnisse, an seine Kinderjahre, an seine Mutter u.s.w. u. gewann die Ueberzeugung, daß er sich trefflich unterhielt. So kam es, daß er mich für den nächsten Tag wieder engagirte u. für den nächstfolgenden auch u. so fort. Wir schwatzten u. lachten miteinander nach Herzenslust u. verkehrten auf diese Weise 14 Tage miteinander, ohne daß er jedoch auch während dieser Zeit von meiner Anstellung etwas hören wollte. Endlich drang die Herzogin bei Ueberreichung eines hohen Ordens, den sie ihm ausgerückt hatte, in Salmuth, er solle nun machen, daß die Sache mit mir zu Ende käme. Er erwiederte, er habe mich im Grunde zu wenig gekannt, überzeuge sich aber von Tage zu Tag mehr, wie sehr ich für den Herzog passe, u. würde nicht länger mehr säumen. Ein Paar Tage darauf, am 9ten Januar 1853, erhielt ich mein Patent als Kammerherr.

Tagebuch über den Kuraufenthalt des Herzogs in Bad Homburg und Bad Kreuznach vom 18.5.-1.7.1853

Am 18. Mai Morgens 8 reisten wir vom Ballenstedter Schloß ab in 3 Vierspännern. Im ersten der Herzog u. Hellfeld[158]; Gräfin Iris [v. Richthofen], meine Frau u. ich im zweiten; der dritte Wagen führte das Gepäck. In Nordhausen wurde dinirt, u. am Nachmittage fuhr ich mit dem Herzoge. Meistens schlief er, wachte jedoch leider immer auf, sobald der Wagen an den Stationen hielt, um sich über die Massen neugieriger Menschen zu ärgern, die uns vor den Posthäusern zu erwarten pflegten. In Langenfeld wurde er so böse u. sprach so laut von todtmachen u. abmurksen, daß die Leute erschrocken zurückwichen. Als aber der Postillon ganz ungeniert anfing mit seinem Posthorn diese tobenden Reden zu begleiten, so fing er plötzlich laut zu lachen an u. frug mich mit entzücktem Blick, ob nicht alles lauter Narrheit wäre, was ich ihm zugab. Hierauf gab er sich ganz gemüthlichen Phantasien hin u. malte sich aus, wie es sein würde, wenn er etwa in Frankfurt zum Reichskarnikel gewählt würde. Dann würde er alle Tage in ganz Deutschland herumreisen u. noch viele spätere Zeiten erleben. In Heiligenstadt ängstigten mich die vielen Menschen, die schon vom Thore an Spalier bildeten. Am Posthause umdrängten Hunderte den Wagen, u. zu allen Fenstern blickten Gruppen von Honoratioren heraus. Der Postmeister trat an die Droschke u. erkundigte sich nach den Befehlen Sr. Königl. Hoheit. Zu meiner Freude blieb der Herzog ganz ruhig. Rasch fortkommen, weiter nichts, sagte er. Hierauf traten ein Paar Gendarmen an den Wagen, legten die Hand an den Helm u. meldeten sich. Der Herzog machte ihnen eine sehr anständige kleine Verbeugung u. entließ sie.

Ich weiß nicht, sagte er mir darauf, was die wollten, u. als ich es ihm erklärte, bemerkte er, es sei doch ganz einerlei, ob er incognito reiste oder nicht, die Leute wüßten doch alle, wer er wäre. Er sei in ganz Deutschland bekannt u. Jedermann kenne ihn, das sei gewiß. In Wit-

zenhausen, wo wir erst gegen 10 Uhr Abends ankamen, empfing uns
wieder eine so große Menschenmasse, daß der Herzog beim Aussteigen aus dem Wagen seinen Stock schwang u. behauptete, er müsse
sich hier durchschlagen. Ich hatte Mühe, ihn ins Gasthaus hineinzu-
bringen. Meine Frau hatte leider ihr Kopfweh, der Herzog war verdrießlich u. der ganze Abend sehr reitzlos. Ich kam erst 12$\frac{1}{2}$ zu Bette.

Den nächsten Morgen am 19ten gelangten wir nach Cassel u. fuhren
gleich am Bahnhof vor. Wir führten den Herzog in eins der Wartezim-
mer, welches Hellfeld für uns allein erhandelte u. abschließen ließ, um
den Zudrang der Fremden zu verhindern. Während wir dort frühstückten, kam eine Dame an die Glasthüre u. wollte aufklinken. Der
Herzog behauptete, das wäre die neue Zeit, die eindringen wolle, er
legte einen Spatzierstock wie eine Flinte an u. schoß – »Puff«. Darauf
warf er sich auf seinen Stuhl zurück u. schlug sein schallendstes
Gelächter auf. Die Dame entwich mit erschrockenem u. zornigem Gesichte. Bald darauf fuhren wir [mit der Bahn] ab, rechts die Wilhelmshöhe, links das schöne Cassel, ein schöner Weg an der Fulda hin bis
Junkershausen, wo uns Frl. v. Krohnenberg erwartete, um uns bis
Gießen zu geleiten. Der Weg bis Gießen war unbeschreiblich schön.
Schöne Berge, alte Schlösser, saftig grünende Thalgründe. Das herrliche Marburg mit seinem alten Schloß u. der schönen Elisabethkirche,
die Staufenburg, die fernen Berge bei Wetzlar, zuletzt Gießen, von
blühenden Gärten umlagert. Wir stiegen im Einhorn ab u. machten
bald einen Spaziergang um die Stadt.

Am 20ten setzten wir unsern Weg früh 8$\frac{1}{2}$ nach Frankfurt fort u.
stiegen im Römischen Kaiser auf der Zeile ab. Darauf gingen wir
sogleich mit einem Lohndiener durch die Stadt, besahen die Roth-
schildsche Villa auf der Promenade, bewunderten einige merkwür-
dige Exemplare einer in ihren Zweigen palmenartig gestalteten neu-
holländischen Fichte, promenirten auf dem schönen Kai den Main entlang u. besahen endlich das alte einfache Göthesche Haus so wie sein
colossales Denkmal von Schwahnthaler. Um 3 Uhr Nachmittags setzten wir nach eingenommenem Diner unsere Reise wieder fort u. langten um 4 Uhr in Homburg an, wo ich in der Nachbarschaft der Herrschaften bei der Witwe Becker ein freundliches Zimmer bezog.

Nach dem ersten Arrangement machten wir uns sämtlich auf, die
Promenaden zu besehen, kosteten die verschiedenen Quellen, u. der
Herzog, der sich bis dahin beharrlich gegen die Kur ausgesprochen
hatte, beschloß plötzlich, schon am folgenden Morgen mit Trinken an-

zufangen. Er war jedoch nicht abzuhalten, am 21ten früh zur gewöhnlichen Stunde seinen Kaffée zu trinken, so daß dieser Tag verloren ging. Indessen wurde doch wenigstens die Bekanntschaft des Arztes gemacht, des Mediz. Raths Trapp. Dieser bestand darauf, persönlich seine Aufwartung beim Herzoge zu machen. Ich führte ihn herauf, meldete ihn kurz u. ließ ihn herein, ohne die Antwort abzuwarten. Der Herzog war anfangs sehr ungnädig. Er ließ den Arzt gar nicht zu Worte kommen, erzählte ihm, sein seliger Vater hätte gar nicht gewollt, daß er in diese Zeit kommen sollte, weil er wohl gewußt hätte, daß sie nichts tauge, u. nun könne man wirklich nicht verlangen, daß er sein Leben noch verlängere. Auch hätten ihm seine Diener, die er so hätte, gesagt, man könne mit dieser Zeit nichts anfangen, als daß man sie ablebe, Alles übrige sei unnütz, u. die Aerzte seien besonders sehr schwach u. wüßten wenig. Er selbst habe schon alles versucht u. bleibe bei seinen alten Mitteln, nämlich bei Selterwasser, das sei doch besser u. heilsamer als Homburg. Auch habe er den Dr. Romburg consultirt, der tauge doch auch sehr wenig, und überhaupt könne man nichts besseres thun als wegkommen aus dieser Zeit. Endlich kam Hellfeld herein, u. ich ging. Der Herzog hatte noch lange declamirt, dann capitulirt, ob er nicht den Elisabethbrunnen mit Selterwasser verdünnen könne, u. endlich versprochen, 3 kleine Becherchen zu trinken.

Zur Feier des Geburtstages der Gräfin Iris wurde Nachmittags eine kleine Partie nach der Höhe gemacht. Wir besuchten die Luthereiche, welche bei Gelegenheit der Gründung einer Schule in Homburg gepflanzt ist, u. erfreuten uns von dort aus des schönen Blickes auf Homburg u. die Umgegend. Man sieht Frankfurt in der Ferne u. darüber hinaus den Kaiserstuhl bei Heidelberg. Auf dem Rückwege erklärte der Herzog meiner Frau, es gäbe 3 verschiedene Homburgs. Eins läge bei Frankfurt, das andere sei Homburg vor der Höhe u. dann gäbe es auch noch Martha von der Höhe, der Schriftstellername von Frl. v. Massow, kürzl. Hofdame geworden. Wir gelangten ziemlich zeitig nach Homburg zurück u. spatzierten noch durch die Promenaden. Die unendlich vielen kleinen Schilderhäuschen interessirten den gnädigsten Herrn über die Maßen. Er markierte jedes einzelne dieser kleinen Solitüden u. sagte, es seien doch hier überall ganz schändliche Anstalten, u. das wäre recht unanständig. Die Damen erklärten ihm, man müsse da gar nicht hinsehen, aber bei jeder Bude, die wir passierten, drehte er sich wenigstens nach mir um u. schüttelte lächelnd den Kopf. Sonntag, 22. Mai habe ich meine Brunnencur begonnen. Ich ging gegen 6 allein nach dem Brunnen u. trank bis 7 Uhr 2 Becher. Das Wasser schmeckte mir wiederlich, ich unterschied Salz, Eisen u. etwas Schwefel. Wenig Personen promenirten u. sollen noch nicht viel über Hundert eigentliche Kurgäste hier sein, daneben etwa 200 Personen, meist Franzosen, die sich nur des Spiels wegen hier aufhalten. Nachdem ich gefrühstückt hatte, gingen wir $8\frac{1}{2}$ Uhr alle mit dem Herzoge wieder zur Quelle. Er trank vom ersten Becher etwa den 10ten Theil, von den beiden andern etwas mehr, wir waren indessen zufrieden, daß er doch wenigstens einen Anfang gemacht hatte u. dabei in ungetrübter guter Laune blieb. Um 10 hatten wir endlich unsre Promenade mit ihm vollendet, u. es blieb Zeit, sich auszuruhn bis gegen ein Uhr. Bei Tafel war der Herzog verdrießlich u. steigerte sich in seiner üblen Laune dermaßen, daß seine Gesellschaft unbehaglich ward. Endlich verschluckte er sich noch, bekam seine Luftbeklemmung, klagte, daß er ersticken wolle, riß sich den Rock auf u. behauptete, das seien die Folgcn von dem Wasser, was er getrunken habe. Er beruhigte sich nur langsam u. schwehr. Um 4 Uhr machten wir wieder alle mit den Damen einen weitern Spaziergang durch den Wald nach der Gegend von Friedrichsdorf im hellen Regen.

Vor dem Abendessen führte Hellfeld mich in die Spielsäle. Der Hauptsaal möchte der prächtigste Saal sein, den ich überhaupt noch gesehen habe. Marmorsäulen, Deckengemälde, Vergoldung, prächtige Spiegel von ungeheuerm Werth u.s.w. Schön erschien mir indessen die Architectur keineswegs. Die Spieltische waren in voller Arbeit u. besetzt mit spielenden Herren u. Damen. Es wurden ziemlich bedeutende Summen gewonnen u. verloren. Ganze Haufen von Louisdoren gewann ein sehr schöner junger Mann, in welchem Hellfeld den Prinzen Eduard von Weimar erkennen wollte, welcher in Englischen Diensten steht. Den schlechtesten Eindruck machten die spielenden Damen, denen bei dieser Art sich zu vergnügen nicht weniger als Alles schlecht ansteht.

24ter Mai, Dienstag

Da die 3 Becher, die der Herzog gestern getrunken, die erwünschte Wirkung nicht gethan haben, so verlangte der Arzt, es sollten heute 4 getrunken werden. Man durfte dieß dem Patienten selbst nicht sagen, da er nun einmal in seiner Seele nur auf 3 Becher eingerichtet war. Glücklicherweise ist er so arglos, daß er nicht zählt, u. so trank er denn den 4ten Becher wie die Andern. Wir gingen nachher in den Hofgarten,

u. der Herzog amüsierte sich an der Masse großer Karpfen, die im Schloßteich sichtbar sind. [...]

Wir leben hier immer noch ganz einsam nur auf uns beschränkt. Der Herzog hat sich bis jezt über Erwarten gut leiten lassen; doch unterhandelt er so lange um jeden Becher, den er trinken soll u. macht dabei so auffallende Kapriolen, daß er die Aufmerksamkeit der Badegesellschaft leider schon zu sehr auf sich gezogen hat. Wenn wir nicht essen, promenieren od. Partien machen, spielt er unermüdlich sein Solitärspiel, entweder ganz allein od. in Gesellschaft der Damen, die sich seiner Unterhaltung getreulich widmen.

27. Mai, Freitag

Heute Nachmittag fuhren wir nach Frankfurt, vorzüglich um den Gottesacker zu besuchen, der in seiner Art einzig, prächtig, sauber u. freundlich ist. Wir verweilten besonders bei dem Bethmann Hollwegschen Grabgewölbe, welches im Innern mit Basreliefs von Thorwaldsen geschmückt ist. [...] Gute Skulpturen sind durch den ganzen Gottesacker verstreut, u. mir gefielen namentlich die Sandsteinfiguren eines in Frankfurt lebenden Künstlers, des Professors Zwergel. [...] Wir besahen noch das überaus sauber gehaltene u. für 12 Leichen eingerichtete Leichenhaus, was für den Augenblick leerstand. Der Wächter blickt aus seinem in der Mitte gelegenen Zimmer in alle Leichenkammern herein u. wird durch einen Wecker sogleich in Kenntniß gesetzt, wenn eine sich regt. Er selbst wird kontrolirt durch eine künstliche Uhr, an welcher sich 12 kleine Schieber befinden. Alle Stunde muß er einen solchen Schieber zurückstellen, u. versäumt er dieß im rechten Augenblick, so kann er es später nicht nachholen. Sollte er übrigens schlafen, so wird er durch den Wecker, den die geringste Bewegung der Leiche in Alarm bringt, dennoch sicher geweckt.

31. Mai, Dienstag

[...] Ein Brief von der Herzogin meldete, sie werde Morgen in den Nachmittagsstunden kommen. Die Zimmer sind schon festlich mit Blumen geschmückt. Der Herzog suchte schon vor einigen Tagen auf der Promenade selbst ein Haidesträußchen zusammen, um sie damit zu überraschen, alte Haide vom vorigen Jahre, mit den Wurzeln ausgerauft. Dieß Sträußchen hat er selbst unter dem Spiegel der Herzogin aufgestellt u. besucht es täglich mehrere Male. Er findet, daß es sich sehr gut hält.

1. Juni, Mittwoch

Der Herzog revidirte in aller Frühe noch im Schlafrock die Zimmer der Herzogin. Er sprach den ganzen Morgen von nichts als von ihrer Ankunft, war aber zwischendurch sehr aufgeregt u. unruhig. Beim Diner war er in so hohem Grade unruhig u. verdrossen, daß wir kaum wußten, wie wir ihn einigermaßen in Schranken halten sollten. Nach dem Diner folgten wir ihm alle zur Revision in die Zimmer der Herzogin, wo er forttobte. Plötzlich entdeckten wir, daß sein Haidesträußchen fehlte, u. damit ging uns auf einmal ein Licht auf über den Grund seines maßlosen Schmälens u. seiner Aufgeregtheit. Es ist seine Eigenthümlichkeit, daß er die Veranlassungen zu seiner üblen Laune nie nennt, sondern nur ins Blaue hinein tobt, daher es oft sehr schwehr, ja unmöglich ist, ihn zufrieden zu stellen. Ich lief gleich hinaus u. erkundigte mich bei den Leuten, wer das Haidesträußchen weggeräumt habe. Keiner wußte etwas davon, bis endlich Hirsch erklärte, er habe es in die Mistgrube geworfen. Ich befahl ihm, es auf der Stelle wiederzuholen u. unbemerkt an seinen Platz zu stellen. Darauf nöthigten wir den Herzog aus dem Zimmer, u. unterdessen erschien der gräuliche kleine Besen wieder unter dem Spiegel.

Als wir uns um 4 Uhr Nachmittags zur Ausfahrt einstellten, fanden wir die gute Laune vollkommen wieder hergestellt. Wir fuhren auf dem Wege nach Frankfurt der Herzogin entgegen bis zur Frankfurter Warte u. wurden von den zahlreichen Bettlern, die die Straße belagern, fast aufgespeist. Die Herzogin kam indessen nicht, u. wir mußten mit dem im höchsten Grade unzufriedenen u. ungnädigen Herrn umkehren u. den weitern Abend mit ihm verleben. Er sagte, die Menschen regten ihn so auf, sie wären alle schlecht u. schändlich, weiblichen u. männlichen Geschlechts, das mache keinen Unterschied, u. diese spätern Zeiten wären Zeiten der Ungewißheit. Die Herzogin hätte ihm doch geschrieben, sie würde in den Nachmittagsstunden kommen, u. wenn er wollte, könne er den Brief wohl verbrennen, nur daß er freilich damit auch weiter keinen Effect machen würde.

2. Juni, Donnerstag

Heute Morgen langte eine Epistel von der Bernstorff an mit der Nachricht, daß die Herzogin am Morgen ihrer Abreise, am 30. Mai, als schon alles gepackt u. die Pferde bis Cassel bestellt waren, von neuem erkrankt sei u. ihre Abreise sich nun aufs Unbestimmte hinausgeschoben habe. Als wir dieß dem Herzoge beim Diner verkündet u. zugleich die Rede davon war, daß der Arzt für ihn einen längern Aufenthalt verlange, fing er an zu toben, ließ sich aber doch durch die Gräfin Iris bald wieder beruhigen u. war den Nachmittag während der Partie nach dem Forsthause, die wir dießmal über Oberursel machten, ganz ruhig u. vergnügt. Oberursel ist ein nassauischer, rein katholischer Ort, hübsch gelegen u. durch die auf einem Hügel liegende, sehr schöne alte Kirche ganz malerisch gruppiert. [...] In Oberursel werden Perücken gefertigt, die sehr gesucht sein sollen u. dem Ort die Hauptnahrung geben.

3. Juni, Freitag

Der Herzog war am Morgen, als er ausging, um Brunnen zu trinken, sehr verdrießlich, nahm sich aber zusammen, als er die Damen sah u. versuchte zu lachen. Nach dem 2ten Glase aber steigerte sich der Unmuth plötzlich dermaßen, daß er anfing zu toben u. wie ein Rasender war. Er schwang den Stock, sprang in allerlei Fechterstellungen herum u. schrie, er sei von Schweinen u. nicht von Menschen umgeben, u. wenn er hier einen umbringen sollte, so möge ihm Gott der Allmächtige vergeben. Da kein Zureden half, so verließen ihn die Damen, u. wir brachten ihn allein nach Hause. Die meisten Brunnentrinker hatten sich glücklicherweise verloren, aber unangenehm war es, daß uns einer der Nachgebliebenen, der Hofmarschall Mairing aus Berlin, beobachtete u. uns überall hin folgte. Später führte Hellfeld den Dr. Trapp zu ihm aufs Zimmer, der ihm erklärte, wenn er's so machen wolle, thäte er besser, die Kur lieber ganz aufzugeben. Darauf erwiederte der Herzog, das ginge nicht, was man einmal angefangen hätte, müßte man auch durchführen, u. da doch verschiedene Aerzte ihm die Kur angerathen hätten, so wolle er sie auch fortbrauchen. Er war den übrigen Theil des Tages ziemlich kleinlaut, u. am Abend vor Schlafengehn erklärte ihm die Gräfin Richthofen, daß sie ihn auf seinen Brunnenpromenaden nicht wieder begleiten könne, wenn er nicht verspräche, sich fortan ruhiger zu betragen. Er erwiederte, ja, wenn's ginge, wenn's möglich wäre; die Zeit brächte das so mit sich, u. es wäre blos eine Brunnenkrisis gewesen.

4. Juni, Sonnabend

Hellfeld reiste heute nach Kreutznach, um Quartier zu machen. Wir wollen Heute über 8 Tage nach dahin abgehen. [...] Der Herzog war den ganzen Tag über auffallend ruhig.

5. Juni, Sonntag

Wir fuhren am Nachmittag nach Frankfurt, spatzierten den Main ab-
wärts unter der Brücke der Neckarbahn durch u. tranken den Thée in
der Mainlust, wo wir ein schönes Zimmer für uns hatten mit Aussicht
auf den Garten u. den Main. Unten im Park wogte das Publikum u.
das Musikcorps des 29. Preuß. Infanterieregiments spielte auf. [...] In
der Promenade um Frankfurt herum prangt jezt eine unendliche Blü-
tenpracht u. durch die eisernen Gitter schaut man überall in die sau-
bersten Privatgärten, bei denen uns der besonders gepflegte Rasen
auffiel. Von Bettlern wird man zwischen Frankfurt u. Homburg fast
aufgefressen. Gegen 10 kam Hellfeld von Kreutznach zurück, wo er
behauptet, ein schönes u. geeignetes Quartier gefunden zu haben. Der
Herzog wird übrigens immer schwieriger. Sollte die Herzogin nicht
bald kommen, so fürchte ich, werden wir ihn nicht lange in Kreutznach halten.

7. Juni, Dienstag

[...] Hellfeld hatte den Schreck, von Schätzell mehrere Papiere zugesen-
det zu erhalten, die er dem Herzoge zur Unterschrift vorlegen sollte.
Wir waren bange vor einem großen Sturm, u. der Arzt verbot es sogar,
um den Herzog keiner Aufregung auszusetzen. Indessen wollte Hellfeld doch einen Versuch machen, der über Erwarten gelang. Nach dem
Diner ging ich mit Julchen auf die Promenade vor dem Salon, um die
Badekapelle zu hören, die sehr gut spielt. Wir fanden hier die ganze
hier anwesende schöne Welt theils promenierend, theils unter dem
Schatten der schönen Bäume gruppirt u. hörten meist Englisch sprechen. Früher war die Französische Bevölkerung hier überwiegend, jezt
ist es die Englische. Später fuhren wir nach dem Hirschpark u. tranken den Thée auf dem Forsthause. Der Herzog scheint wieder in ein
ruhiges Stadium überzugehen u. war beim Souper durchaus still u.
freundlich, da sonst in der Regel die Mahlzeiten unsre Hauptplagzei-
ten durch ihn sind, indem er sich fast regelmäßig bei jeder Speise in
Wuth spricht.

9. Juni, Donnerstag

Wir waren Heute nahe daran, bei der Brunnenpromenade mit dem
Herzoge wieder schlimme Scenen zu erleben. Er fing schon an, in ein
Stiefmütterchenbeet einzuhauen u. köpfte eine Camea, doch ließ er
sich endlich wieder beschwichtigen u. kam ziemlich wohlgelaunt nach

Hause. Um 11 Uhr fuhren wir über Friedrichsdorf nach Friedberg, bestellten hier das Diner in dem Gasthaus u. fuhren dann eine halbe Stunde weiter nach Nauheim. [...]

11. Juni, Sonnabend

Wir erfuhren heute Morgen, es sei Gestern Abend in der Gegend des Forsthauses in den Tannen ein Franzose erhängt gefunden worden. Er soll außerdem 3 Messerstiche u. einen Schuß in der Brust gehabt haben u. schon 6 Tage vermißt worden sein. Da wir gestern Abend zu Fuß die Tannen durchstreift hatten, wäre es leicht möglich gewesen, daß wir den Unglücklichen selbst gefunden hätten. Auf den Herzog machte diese Geschichte einen tiefen Eindruck. Er moralisirte erst eine Weile darüber mit ausgezeichneter Salbung u. wurde endlich so verstimmt u. unerträglich, daß wir Gott dankten, als die Brunnenpromenade beendet war. Um 12 reisten wir bei großer Hitze nach Frankfurt ab u. spatzierten dort so lange vor dem Taunusbahnhofe auf den Promenaden, bis der Zug abging. Es war schwierig, den Herzog durch die Passagierzimmer glücklich in's Coupé zu bringen, ohne Aufsehen mit ihm zu erregen, denn er war wegen des Erhängten immer noch in der übelsten Laune u. drohte jeden Augenblick loszugehen. Wir fuhren nach Frankf. bis Castel mit allen zahlreichen Aufenthalten gerade eine Stunde. Ich bin noch nie so schnell gefahren als auf dieser Tour. In Castel fanden wir Gerhard. In Mainz stiegen wir im Engl. Hof ab, wo wir speisten, mit Ausnahme Julchens, die sich unterdessen mit Gerhard die Stadt etwas ansah. Nach Tafel machten wir noch einen Spaziergang über die Rheinbrücke, die den Herzog endlich wieder in bessere Laune versetzte. Komisch war es, wie freundlich er alle die militärischen Grüße erwiederte, die eigentlich Gerhard galten. Durch diese Huldigung der Soldaten ward er sichtlich erquickt. Wir fuhren dann mit schlechten Pferden weiter nach Kreutznach, wo wir nach 4 Stunden Abends 10½ anlangten.

12. Juni, Sonntag

Ich war heute früh beim Aufstehen sehr überrascht von dem herrlichen Blick aus meinem Fenster auf die Nahe u. ihre Berge. Kreutznach liegt sehr hübsch u. das Haus des Herrn Cambert, Wirth des Berliner Hofes, das wir bewohnen, im anmuthigsten Stadttheil nahe am Kurhause. Mein Dachzimmer ist freilich fast unerträglich heiß. Wir machten am Nachmittag eine Tour nach dem Rheingrafenstein. [...]

18. Juni, Sonnabend

Wir schmorten heute in unerträglicher Hitze fast bis zum Ersticken, am meisten ich in meiner Dachspelunke. Nach Tafel saßen wir im Gartenhäuschen, um den Kaffée da zu trinken, als sich auch der Herzog einfand, sich zwischen uns setzte u. bis 6 Uhr halb schlafend, halb radotirend bei uns verblieb. Um 6 Uhr wurde Thée getrunken, worauf der Herzog mit den Uebrigen aufbrach, um auf der Binger Straße der Herzogin entgegenzugehn. Ich blieb zu Hause, um sie zu empfangen, im Fall sie den geraden Weg kommen sollte. Sie war indessen den Entgegengehenden begegnet u. langte hier schon bald nach 7 an mit der Massow, Dr. Hoffmann, der Beck, einer Jungfer u. 3 Lakaien. Die ganze Gesellschaft war verschwitzt, bestaubt u. ohne Freudigkeit. Die Herzogin hatte der Gräfin Iris den letzten Homburger Brief, der sie herzukommen antrieb, etwas übel genommen. Darüber gab es Verstimmungen u. Thränen. Mir tat die Gräfin leid. Sie hatte in ihrem Verkehr mit dem Herzoge Wunder der Tapferkeit geleistet u. sich redlich mit ihm abgeplagt, auch wahrscheinlich dafür alle Belobigung erwartet. Sie hatte geglaubt, die Herzogin würde durch den Arzt etwas verzärtelt, müßte sich herausreißen u. sich frisch auf den Weg machen, so würde es besser mit ihr werden. Zudem war es fragl., ob wir allein im Stande sein würden, den Herzog bei seiner zunehmenden Verstimmung zu bewegen, seine Cur ordentlich durchzuführen, u. diese Besorgniß mußte der Herzogin ausgesprochen werden. Sie mag aber in ihren Ausdrücken unglücklich gewesen sein, u. es war lauter Verwirrung u. trübseliges Wesen daraus erwachsen. Wenn die Damen Taback rauchen wollten, würden sie sich weit weniger untereinander verquängeliren.

19. Juni, Sonntag

Wir fanden uns früh im Garten zusammen, die Gräfin, Julchen u. ich. Es wurden Herzen gelüftet, u. der erquickliche Morgen hatte die Gemüther beruhigt. Indem wir eine Predigt zu lesen anfingen, fanden sich noch die Massow, Hellfeld u. endlich auch Hoffmann dazu. Um 10 Uhr machten der Herzog u. die Herzogin ganz allein einen Spatziergang zusammen, Julchen u. ich zogen uns auf mein Zimmer zurück, wo ich zeichnete, während sie schrieb, u. wir beide entsetzlich schwitzten. [...] Abends nach dem Souper gab es noch große Exquitorationen. Im Grunde sind alles Lumpereien. Gegen Julchen war die Herzogin außerordentlich freundlich u. gnädig, händigte ihr Reisegeld nach Obersalzbrunn ein u. beschenkte sie sehr überreichl. mit einem schönen Atlaskleide. Die arme Herzogin sieht etwas heruntergekommen aus u. hat ihrerseits eine Badereise gewiß viel nöthiger als der Herzog. Gott wolle sie ihr segnen. Sie will nach Kissingen u. Ischel, sobald wir hier fertig sind.

20. Juni, Montag

Julchens Abreisetag. [...] Das Herz war mir schwehr. Die Zeit unsres Beisammenseins für diese Reise war vorüber, u. wir hatten uns im Grunde wenig genossen u. fast nur in Gegenwart des tobenden Herzogs gesehen. Außerdem war ich für mich geblieben u. sie mit der Gräfin Iris. Von der andern Seite hatte ich doch immer das Bewußtsein ihrer Nähe gehabt u. freute mich, wenn ich sie auch nur in der Ferne sah. Um 10 Uhr bestiegen wir in Bingen ein großes, sehr comfortables Holländisches Dampfboot, was am 19ten früh 8 Uhr von Rotterdam abgefahren war u. heute noch bis Mannheim sollte. Auf dem Verdeck stand ein prächtiger Salon mit Glaswänden, wo man bei dem schlechten Wetter im Schutz sitzen u. doch alles sehen konnte. [...] Um 1 waren wir im Rheinischen Hof in Mainz, jezt der Witwe Hänlein gehörig. Wir ließen Gerhard kommen, speisten mit ihm u. spatzierten dann mit ihm nach den Anlagen, wo es recht schön ist. Gerhard führte uns an einen Platz, der früher der Richtplatz gewesen u. wo Schinder Hans hingerichtet sein soll.

Hierauf wurde der Dom in Augenschein genommen u. in den Kreutzgängen Frauenlobs Grabmal besucht. [...] Unweit des Domes steht das Denkmal Gutenbergs von Schwahnthaler, das mir außerordentlich gefallen hat. Um 6 brachten Julchen u. Gerhard mich noch aufs Dampfboot. Es war ein kleines Localboot, was zwischen Frankfurt u. Bingen fährt, der Delphin. Ich sah hernach die Beiden noch lange grüßend am Strande stehen, bis ich durch die Brücke war u. konnte kaum die Thränen bemeistern. Das Boot schoß wie ein Pfeil stromabwärts. Das Wetter hatte sich aufgeklärt, die Sonne schien freundlich in die Berge u. in die Wogen hinein, u. die Gegend färbte sich gar reitzend. Je weiter nach Bingen, je schöner wurden die Umgebungen. Prächtig das Städtchen Geisenheim mit seinen schönen beiden gothischen Türmen. Dann das seines Weines wegen so berühmte Rüdesheim. Um 8 Uhr saß ich in Bingen wieder in meinem Wagen u. langte um 10 Uhr in Kreuznach an. Es war mir schrecklich öde zu Muthe, als ich mich ins Bett legte.

21. Juni, Dienstag

Die Gräfin Richthofen schenkte mir ein niedliches, kleines Achatdöschen, worüber ich mich freute. Mittags war der Herzog still u. freundlich. Er ist doch wie neuerschaffen durch die Herzogin. Am Nachmittag fuhren wir auf die dem Prinzen Solms gehörige Meierei. [...] Der Herzog war, besonders so lange wir im Wagen saßen, so vergnügt wie ein Kind u. mit seiner ganzen Aufmerksamkeit bei der Gegend. Mir kam es öfter vor, daß ich mich nach meiner Frau umsah, weil ich auf Augenblicke vergessen hatte, daß sie weg war.

22. Juni, Mittwoch

Man freut sich immer, wenn ein Tag vorüber ist. Es ist dieß die genußloseste Reise, die ich in meinem Leben gemacht habe. [...]

23. Juni, Donnerstag

Graues Regenwetter. Ich schrieb an Gerhard. Nachmittag fuhren wir, der Herzog, Gräfin Iris u. ich, auf der Bingener Straße über Bragenheim, Langenlonsheim bis Laubenheim u. wieder zurück nach Langenlonsheim, wo wir den Thée tranken. Ich drückte unterwegs ein Wagenfenster ein, was dem Herzoge Veranlassung zu vielen Späßen gab. Er war überhaupt außerordentlich aufgeräumt u. guter Dinge. Seit die Herzogin hier ist, ist er wie neugeschaffen. Vielleicht zeigen sich auch jezt die guten Folgen seines Brunnentrinkens. [...]

25. Juni, Sonnabend

Mittags 12 Uhr Partie nach Bingen u. Rheinstein. Herzog, Herzogin, Gräfin Iris, die Massow, Schellow u. ich als Reisemarschall. Ich saß auf dem Bedienten Sitz, u. da die Herzogin den Wagen ganz aufschlagen ließ, hatte ich das Vergnügen, das halbe Wagenverdeck auf den Schoos zu bekommen. Glücklicherweise drohte der Sturm jeden Augenblick dem Herzoge den Hut zu entführen, so daß deshalb wieder zugeklappt werden mußte. In Bingen wurde dinirt, ohne daß am Orte des Weins eine Flasche guter Wein beliebt worden wäre. Die Herzogin wollte den Rheinstein hinauf reiten, u. ich schickte deshalb einen Kahn nach Asmannshausen, um den Esel zu bestellen, bezahlte die Rechnung u. vergaß unglücklicher Weise Nahrungsmittel zum Thée einladen zu lassen, da man auf dem Rheinstein nichts kriegt. Beim Einsteigen frug mich die Herzogin, ob ich auch an den Thée gedacht hätte. Dieß fuhr mir wir ein Donnerkeil in die Knochen, der Herzog saß schon im Wagen, u. es war zu spät. Indessen steckte mir der Wirth doch wenigstens Thée u. Zucker zu, u. das Uebrige, wenigstens Brot u. Butter, hoffte ich auf der Burg zu finden. Aber diese Vergeßlichkeit verdarb mir die ganze Partie. Der Esel kostete fürchterliches Geld, da seinetwegen, um ihn überzusetzen von Asmannshausen, noch ein besonderer Kahn genommen werden mußte. Alles in Allem kostete dieses Vergnügen 4 rth., die ganze Partie 22 rth ohne den Wagen. Dafür war es recht häßlich, denn niemand war ordentl. vergnügt. Wir krochen an 2 Stunden in der Burg herum. Eine hübsche Waffensammlung. Unter andern ein Handschuh von Götz von Berlichingen u. ein Schwert von ihm, Geschenk von der Familie Berlichingen. [...] Auf dem Rückwege hatten wir den Wind entgegen, weshalb ich rauchen konnte, das genußreichste auf der ganzen Fahrt.

26. Juni, Sonntag

Wieder ein Tag zu Ende. Die Homburger Zeit war schwehrer, aber so lang wie in Kreuznach sind mir die Tage noch nie geworden. Es ist eigentlich ein miserabler Aufenthalt. Ich lebe so einsam wie ein Eremit u. sehe nur Mittags u. Abends immer dieselbe Gesellschaft od. kutschiere mit ihnen herum. Mich verlangt es herzlich nach dem Tage der Abreise. Ich habe Heute den ganzen Vormittag verzeichnet. Es interessiert mich, Landschaften mit Wasserfarben zu erfinden, nach sehr flüchtigen Naturskitzen, die ich stehenden Fußes zeichne. Wohl möchte ich die Zeit haben, hier fleißiger nach der Natur zu zeichnen, ich würde aber nie zur rechten Zeit zum Essen zurück sein können, wenn ich es thun wollte. [...]

28. Juni, Dienstag

Formidable Hitze Heute von früh an. Ich schrieb an meinen Bruder u. an die Bernstorff. Nachmittags war Hellfeld de jour, u. ich war frei. Im Zimmer konnte ich es vor Hitze nicht aushalten. Ich ging nach den Promenaden am Salon, aß ein Glas schlechtes Eis, was aber doch kühlte, u. mischte mich unter die Spatziergänger. Entsetzlich viele skropholöse Gesichter mit Flechten, verschworenen Augen, halben Nasen u.s.w. Die Promenaden sind sehr schattig u. bei so heißem Wetter angenehm zu gehen. [...]

Wohlgethan, daß wieder ein Tag zu Ende ist. Ich bin hier zu geniert, muß in Strümpfen gehen, um die Herzogin unter mir nicht zu stören u. rauche aus Besorgniß, daß der Geruch auf die Treppe dringt, nur in meinem kleinen Schlafzimmer, was so eng ist, daß ich mich kaum drehen kann u. so heiß wie der Baal.

11. Juli, Freitag

Ich schnitt heute Morgen die kleinen Zeichnungen, die ich hier gemacht, sorgfältig aus meinem Zeichenbuche, verpackte sie in einen sauberen Umschlag von Actenpapier u. deliberirte, auf welche Weise ich sie der Herzogin am schicklichsten einhändigen könnte, als diese mich rufen ließ u. mir eine Partie vom Herzoge unterzeichneter Ausfertigungen u. Verordnungen übergab, um sie zu verpacken u. an Schätzell zu senden. Darunter auch ein Kabinettsbefehl des Herzogs, welcher Schätzell ermächtigte, in allen wichtigen Sachen dem Herzog selbst Vortrag zu machen, weil er die Besorgniß hat, Salmuth könnte die lange Abwesenheit der Herzogin zu allerlei Wiederspenstigkeiten benutzen. Ich benutzte übrigens diese Gelegenheit u. überreichte meine kleinen Bilder, welche ganz außerordentlich gnädig aufgenommen wurden. [...]

Tagebuch über die Reise
nach Föhr und Sylt
im Jahre 1862

Sonnabend, 14. Juni

Abreise[159] mit Helene[160] Nachmittags 3 Uhr. In Quedlinburg auf der Post Benno[161] von Neinstedt. Wir gehen über das Schloß, durch die Blumenzuchtgärten in den Brühl. Am Ausgang des Brühl Kirschen in der Kirschhütte. Am benachbarten Tische ein junger Judengalan mit seinen Damen. Benno zieht von hier gleich nach Neinstedt ab. Ich habe Mühe, mit Helene noch rechtzeitig die Post zu erreichen. In Halberstadt etwa einstündiger Aufenthalt. Wenn ich nicht wegen langen Außenbleibens meiner Gepäcknummer selbst in die Gepäckkammer gegangen wäre, so wären meine u. Helenens Koffer nach Köln expediert worden, u. wir hätten dafür die Koffer eines fremden Herrn bekommen. Die Nummern waren schon aufgeklebt.

In Oschersleben angelangt, erwarteten wir den Berliner Curierzug im Freien. Es war dunkle Nacht, etwa 11 Uhr. Als der Zug anlangte, kamen wir in ein überfülltes Coupé, schlafende, räkelnde Herrn. Ich kam in unangenehmen Wortwechsel wegen des Fensters, das sie schließen wollten. Es ward endlich halb geschlossen. Braunschweig passirten wir bald, dann hielt der Zug in Lehrte. Es war ein Aufenthalt von ein Paar Minuten. Ich nahm Abschied von Helene, die nach Tecklenburg wollte, stieg aus u. ging am Peron hin, zu sehen, ob mein Gepäck da sei. Der Zug dampfte ab. Da sah ich in der Dunkelheit eine kleine Gestalt auf mich zu kommen, sollte es Helene sein? Ja, wahrhaftig! Um Gottes willen, wo kommst du her? Sie war nach mir ausgestiegen, um sich ein besseres Coupé zu suchen, da war der Zug abgegangen mit ihren Sachen. Wir erfuhren, daß früh 6 ein andrer Zug von Harburg durchkommen sollte. Es mochte 2 Uhr sein. Ich hatte noch so viel Zeit, den Bahnhofinspector aufzusuchen u. Helene seiner Obhut anzuvertrauen. Er wies ihr ein Zimmer an u. besorgte Licht u. Wasser. Da kam mein Zug, u. ich fuhr ab. Meine Gesellschaft war friedfertig u. höflich. Man suchte zu schlafen.

Sonntag, 15. Juni

Als der Tag über der Lüneburger Heide anfing zu grauen, fing ich erst an, meiner Reise etwas froh zu werden. Die Gegend, die immer klarer hervortrat, war ganz nach meinem Geschmack. Weite Heideflächen, mit Wald u. Hügeln durchsetzt, viel Wasser. In Zelle Kaffée. Das ermunterte, wir rauchten. Ein Franzose, der kein Wort deutsch konnte u. mannigfachen Rathes bedurfte, hielt sich an mich; es war sonderbar, nach undenklich langer Zeit wieder französisch zu radebrechen. Als wir in Harburg anlangten, mochte es 7 Uhr sein. Heller Sonnenschein u. hübsche Ueberfahrt über die Elbe. Um 9 Uhr in Hamburg. Nach der Schweizerhalle im Altonaschen Bahnhof. Ich schlief mehrere Stunden auf meinem Zimmer. [...]

Ausgezeichnet schöner Moselwein beim Diner in der Schweizerhalle. Nachmittags ging der Husumer Zug ab. Beim Einsteigen zärtlicher u. rührender Abschied eines blutjungen, sehr schönen Judenweibes von ihrem Mann, der mit mir fuhr. Er sah wie ein gerührter Pavian aus. »Wenn ich nun nach Hause komme – sagte sie – u. sehe das Kind an –« der Schmerz erstickte alles weitere. Mir gegenüber saß ein wunderschöner Mann. Er war aufs Sorgfältigste gekleidet, alles gewählt u. schön bis auf die Sohlen seiner wunderbar feingearbeiteten Stiefel. Der Ausdruck seines gutmüthigen Gesichtes schien Freude über seine eigne Vollkommenheit auszudrücken. Sehr höflich gab er Auskunft über die Gegend. Nach 9 Uhr Abends in Husum im Hotel Thomas. Ich speiste zu Abend mit einem jungen jüdischen Reisenden namens Lion. Ich hätte den Juden nicht in ihm gesucht, er hatte das Wesen eines Edelmannes, u. wir unterhielten uns aufs Beste.

Montag, 16. Juni

Früh auf. Ungemeine Erquickung durch eine sehr gute Tasse Kaffée. Jahrmarkt, sehr schöne Sachen zu kaufen. Ich kaufe eine Pfeife u. Taback, spaziere dann den Deich entlang, bis der Blick die See u. die Insel Nordstrand erreicht. Frühstück im Hotel. Dann gehe ich mit Lion zu Fuß bis zum Dampfboot. Die übrigen Passagiere stellen sich auch ein. Ein jüdischer Kaufmann Mendelsohn aus Hamburg mit seiner jungen Frau u. Schwägerin, ein zudringlich eitler Mensch, doch von einer gewissen Bonhomie u. nicht uninteressant seiner Bereistheit wegen. Die Damen von angenehmem Aeußern u. ganz weltförmig aus Belfast in Irland. Außer diesen Juden fand sich noch ein alter freundlicher Herr aus Hamburg mit seiner Tochter ein u. ein preußischer Gutsbesitzer aus der Berliner Gegend namens Cosmar mit seiner Frau u. einer niedlichen kleinen Tochter. Das Aeußere dieses Mannes zog mich an, u. ich konnte nur bedauern, in ihm einen Demokraten u. Verehrer der Uhlichschen[162] Richtung zu finden. »Nehmen Sie es nicht übel – sagte mir Mendelsohn auf der Mitte der Fahrt – was haben Sie eigentlich für ein Metier?« – Ich bin Herzoglich Anhaltischer Faulpelz. – »Nehmen Sie's nur nicht übel!« – Durchaus nicht! – Ein auffallend hübsches Mädchen in Föhrscher Tracht, die sich mit einem Kinde herumschlepp-te, zog die Aufmerksamkeit auf sich, u. es war die Rede davon, wie sehr das Volk durch angemessene Kleidung gewinnen, durch unange-messene verlieren könne. Kapitän Lind kannte mich wieder von der Fahrt her, die ich mit der Herzogin vor 4 Jahren auf demselben Schiff gemacht. Er stellte mich seiner Frau vor, die sich in der Kajüte befand, u. mit dieser ward ich einig, bei ihr zu wohnen. Sie verlangte die Wo-che 5 Bankthaler. Die Fahrt war ruhig, von schönstem Wetter begün-stigt, u. die Gesellschaft amüsierte sich, die kleinen Halligen durch mein Rohr zu betrachten. Cosmars wollten direct nach Sylt. Alle Uebrigen stiegen mit mir in Föhr aus, wo der Landvogt Lindrup mich sogleich als alten Bekannten begrüßte. Meine Wohnung, welche alle Fenster nach dem Wasser hatte, gefiel mir. Ich richtete mich ein u. gab mich in der Erholung bei Schulz in Kost.

Dienstag, den 17. Juni

Besuch bei Capitain Hammer u. dem Landvogt. Den Badearzt Dr. Schjötte, an den ich einen Brief von Vorster[163] hatte, fand ich nicht zu Hause, wurde aber von seiner liebenswürdigen, sehr reizenden Frau freundlich empfangen. Sie versprach, mir den Mann zu schicken. Als Schütte zu mir kam u. Vorsters Brief gelesen hatte, erklärte er, wenn es so sei, dürfe ich nicht baden, doch rieth er mir zu bleiben, weil die Luft mir gutthun würde. Wyk war noch sehr leer.

An der Mittagstafel waren wir nur wenige Personen. Dr. Immanuel Schjötte mit seiner Frau präsidirten. Sie hatten einen allerliebsten Kna-ben, aus Kopenhagen, namens Möller, in Pension, der seiner Augen wegen badete. Außerdem die Juden u. ich. Die Tischunterhaltung war angenehm. Nach Tisch spielte uns der kleine Möller trefflich auf dem Klavier vor. Alles nach Gehör, da er seine Augen nicht brauchen konn-te, dann hatte ich mit Mendelsohn meine regelmäßige Parthie Billard, die Nachmittage promenirte ich bis 8 am Wasser u. kam gewöhnlich des Windes wegen sehr ermüdet nach Hause. Das Abendessen, aus

Milch u. Butterbrot bestehend, hatte ich von meiner Wirthin, wie auch
das ganz gleiche Frühstück, u. beides wurde mir zu meiner Freude
durch jenes hübsche Mädchen serviert, die ich schon auf dem Schiff
bewundert hatte. Sie hieß Inke, war von der Insel Amrum, ein kluges,
rüstiges, unverdrossenes Ding, das im Lindschen Hause diente. Das
Kind, das sie auf dem Schiff wartete, war Jenni Lind, Tochter meiner
Wirthin.

Mittwoch, 18. Juni
Ich hatte schon Gestern einen Schmerz in der Hüfte bemerkt, der heute
so heftig war, daß ich nicht auftreten konnte. Ich ließ den Doktor rufen,
der Einreibungen verordnete, die nichts helfen. Endlich bekam ich vor
Schlafengehen noch 6 Schröpfköpfe[164]. Noch nie hatte ich meinen
Hochzeitstag auf so traurige Weise begangen.

Donnerstag, 19. Juni
Es geht besser, doch fiebre ich etwas, muß mediziniren u. im Zimmer
bleiben. Ich zeichne den Wasserblick aus meinem Fenster.

Freitag, 20. Juni
Immer noch Stubenarrest. Madame Lind ist auch krank an einer Hals-
entzündung, ihre Kinder schreien im Hause herum, die arme Inke hat
viel zu schaffen.

Sonnabend, 21. Juni
Besser. Mein erster Ausgang ist an Tafel. Man speist sehr gut (Abon-
nementspreis 15 gr). Mendelsohn ist abgereist, seine Damen sind geblieben.

Sonntag, 22. Juni
Ich befinde mich ganz wohl. Schjötte macht seinen letzten Besuch.

Montag, 23. Juni
Versuch, nach Nieblum zu gelangen, doch ermüde ich zu sehr. Korn-
blumen von seltener Schönheit gesammelt für meinen Taback. Die
kleinsten Gänge strengen mich so an, daß ich des Tags bisweilen 2 Mal
die Wäsche wechseln muß. Die Luft ist zwar nicht wärmer als 13 oder
14 Grad, aber das Gehen im Winde u. auf Sandboden erhitzt.

Dienstag, 24. Juni

Ich schleppte mich heute glücklich nach Nieblum über die Boldixumer Kirche. Auf der Höhe der Insel sah ich die Sylter Dünen. Den Rückweg nahm ich am Strande. Es war schön am Wasser; ich ermüdete aber dergestalt, daß ich fast an der Möglichkeit verzweifelte, Wyk jemals wieder zu erreichen. Diese Ermüdungen verbittern mir den Aufenthalt.

Mittwoch, 25. Juni

Ich wanderte am Vormittag nach Nashörn, wo, wie ich aus meinem Fenster durchs Fernrohr sehen konnte, ein Steindamm gelegt wird. Starker Wind war mir entgegen, ich hatte mit Herzklopfen zu kämpfen u. kam endlich dergestalt erschöpft zurück, daß ich mich ein Stündchen schlafen legen mußte. Der Aufenthalt beköммt mir nicht, das Herzklopfen nimmt täglich zu, das Asthma nicht ab, die Kräfte schwinden immer mehr.

Donnerstag, 26. Juni

Zuwachs an Tischgästen, sehr elegante Leute, ein Kaufmann Möller aus Hamburg mit Frau, 2 sehr allerliebsten kleinen Knaben u. Gouvernante. Möller hatte seinem Aussehen nach das Gepräge eines Landedelmanns, für den ich ihn anfänglich hielt. Nach Tisch ließ ich mich bei der Cigarre in ein Gespräch mit ihm ein. »Ja – sagte er – so ist der Mensch! Ich habe in Hamburg Alles, was das Herz wünschen kann. Ich wohne an der Außen-Alster, bequem, geräumig, glänzend, schöner Park, Equipagen, Dienerschaft, eine Küche, man kann nicht besser leben, u. nun komme ich hierher u. miethe mich in einem Schifferhäuschen unter Strohdach ein u. speise kümmerlich in einer Restauration!« Wahrscheinlich bedarf Ihre Frau des Baades? »Nicht im Geringsten! Wir sind so gesund wie die Fische. Aber sehen Sie, die Abwechslung – das ist es! Der Mensch bedarf der Abwechslung. Wir haben nun unsre Freude dran, uns einmal zu behelfen – das heißt, meine Frau, denn was mich anbelangt: sobald mir telegraphirt wird, daß die ostindische Post angekommen ist, muß ich fort. Ich habe sie nur hergebracht.«

Es ist, als ob der eigenthümlich platte Ton der Juden auf alle Kaufleute überginge.

Freitag, 27. Juni

Ich entschloß mich heute, auf einige Zeit nach Sylt überzusiedeln, ging

Nachmittag mit dem Dampfboot ab als einziger Passagier. Sylt präsentirt sich durch eine Gruppe von 16-18 Hünengräbern, das Morsumkliff (berühmt durch seine Versteinerungen) u. ganz in der Ferne die weißen Dünen von List. In diesem einfachen auf dem Wasser schwimmenden Bilde liegt großer Reiz. Ein Stuhlwagen, der am Strande wartete, nahm mich auf, u. ich durchfuhr etwa in 2 Stunden die ganze Insel in ihrer größten Breite, in dieser Morsum u. Keitum u. andere passirend. Die Bauart der kleinen massiven Häuser ist zierlich. Alle Gebäude im besten Stande. Die kleinen Gärten mit sehr saubern Mauern von Feldsteinen eingefaßt, im Innern häufig mit Obstbäumen bepflanzt, die sorgfältig gepflegt werden, da sonst auf der Insel des scharfen Windes wegen Bäume nicht fortkommen.

Etwa nach 6 Uhr im Strandhotel zu Westerland angekommen. Der Salon ist schön. Die Logierzimmer abscheulich, eng wie Gefangenenzellen, fast ohne Meubles, eine Hühnersteige führt hinauf. Ich bestellte Abendessen u. ging dann nach der See, die ich schon vom Hotel aus branden hörte. In einer Viertelstunde hatte ich die Dünen erreicht. Als ich sie erstiegen: ein herrlicher Blick auf die donnernde Nordsee, deren ganzer Strand, so weit man sehen konnte, mit einem etwa hundert Schritt breiten Schaumgürtel eingefaßt war – der schönste u. imposanteste Wasseranblick, den ich je gehabt. Eine hölzerne Treppe u. hundert Stufen führten mich hinab an den Strand, an dem ich mich ein Stündchen erging. Dann ins Hotel zurück zum Essen, welches mundete, da ich heute um den Mittag gekommen war. Nach dem Essen vor der Hausthür eine Cigarre. Da kommt Cosmar vorüber, ladet mich ein, noch einen Gang an den Strand mit ihm zu machen. Hier treffen wir einen Hauptmann v. Frankenberg aus Schlesien, außer mir den einzigen Logirgast im Strandhotel. Tümmler spielen in der Brandung. Spät nach Hause. Ich lese vor Schlafengehen Capitain Spike von Cooper, was wegen der Seebilder am Platz. Das Bettzeug fühlt sich an wie Wachstafft, glatt, gelb. Ich friere im Bett wie ein Schneider – abscheuliche Nacht!

Sonnabend, 28. Juni

Beim Aufstehen überzeuge ich mich, daß die Laken neu u. ungewaschen sind, die Apretur steckt noch drin. Ich klingle das Mädchen. Wie kann man mir solches Bettzeug geben? »Ach, verzeihen Sie, ich habe das Bett nicht gemacht, die Madame selbst, sie versteht es noch nicht, sie ist ja noch so jung.« Ich sagte: Nun, wenn sie noch so jung ist, so verlange ich gewaschene Bettücher, oder ich ziehe heute aus. Ich bekam nun alles zu meiner Zufriedenheit. Nach der Milch, die ich statt des Kaffées genieße, an den Strand. Ich zeichnete etwas, wanderte dann Nordwärts, etwa $1\frac{1}{2}$ Meilen weit, immer am Wasser hin bis zu einem Wrack, das die Wellen überschäumten u. das ich zeichnete.

Ich verbrachte auf dieser Wanderung den ganzen Vormittag u. langte erst gegen 2 Uhr, trotz des kalten Wetters u. meines Schleichens in Schweiß gebadet, im Hotel an. Mußte gleich die Wäsche wechseln. Die Tischgesellschaft bestand aus Cosmars, Frankenberg u. mir. Einige kleine hüperaufgeklärte Bemerkungen Cosmars werden überhört. Er hatte durch mein u. Frankenbergs Schweigen Antwort genug u. hielt in der Folge an sich. Abgesehen von seiner politischen u. religiösen Freigeisterei ist er ein liebenswürdiger Mensch, u. wir vertrugen uns superbe. Nachmittags wieder Strand mit beiden Herren. Abends genieße ich, wie in Föhr, auf meinem Zimmer Milch u. Butterbrot.

Sonntag, 29. Juni

Früh Strandgang bis zum Wrack. Gezeichnet. Nachmittags wieder zum Strande mit den Herrn. Wir bekamen alle Apetit nach einer Tasse Kaffée u. stiegen die Düne hinauf nach einem oben von der Badeinspection angelegten Pavillon, Erholung genannt. Es war jedoch hier nichts als Bier zu bekommen, das ich nicht einmal trinken konnte, da ich plötzlich Herzklopfen kriegte. Ein junger, recht angenehmer Hamburger Kaufmann namens Johansen hatte sich uns angeschlossen. Dieser entdeckte plötzlich ein Schiff am Horizont (seltene Erscheinung in diesen Gewässern). Ich hatte mein Fernglas mit, durch das wir deutlich sehen konnten. Es war ein Dreimaster, eine Dänische Fregatte; man konnte den Danebrog sehr wohl unterscheiden. Bald zog er die Segel ein u. fing an zu dampfen, ein Schraubenschiff. Ein unbeschreiblich majestätischer Anblick. Leider hinderte mich das empörte Herz, des herrlichen Anblickes recht froh zu werden. Ich schlich nach Hause, um Mittel anzuwenden, legte kalte Compressen auf u. mich auf die Diele. Nichts wollte helfen, auch kein Wassertrinken, obgleich ich 2 ganze Karaffen austrank. Endlich hörte es gegen 11 Uhr von selbst auf, u. nun konnte ich mein Abendbrot zu mir nehmen. Es war ein sehr unangenehmer Abend u. Capitain Spike mein Trost.

Montag, 30. Juni

Der Seewind stößt so kalt auf mein schlecht schließendes Fenster u.

durchfegt das elende Zimmer, daß ich nach der Morgenseite umziehe. Das Zimmer ist zwar noch kleiner, aber wärmer, u. die Aussicht auf den Ort Westerland unterhaltender. Ich zeichne diese Aussicht, die Dünenhalle (das andere Hotel) in der Ferne. Theilnehmender Brief von Prinzeß Louise, der mir große Freude macht.

Dienstag, 1. Juli

Kalter Regentag. Viel im Zimmer gezeichnet. Sehr angenehm ist es mir, daß ich aus meinem Bett den Leuchtturm sehen kann mit seinem wundervollen Licht. Alle 5 Minuten verwandelt es sich auf einige Sekunden in eine herrlich rothe Sonne, verlischt auf einen Augenblick u. kommt dann wieder weiß hervor.

Mittwoch, 2. Juli

Morgens draußen auf der Düne nach der Natur gemalt. Ich war vergnügt bei gelingender Arbeit, doch vertrieb mich bald der Regen. Ich freue mich den ganzen Tag auf die späte Abendstunde vor Schlafengehen, wo ich Spike lese. Mein Bett ist anscheinend mit Kartoffeln, das Kopfkissen mit Hühnerschwänzen gestopft. Der Seewind, dem ich mich fast den ganzen Tag exponire, ermüdet übrigens so sehr, daß ich dennoch gut schlafe. Wache ich Nachts auf, so erfreut mich der Ton der fernen Brandung.

Donnerstag, 3. Juli

Morgens nach den nächsten Hühnengräbern in der Nähe des Leuchtturmes. Ich fange an zu zeichnen, werde bald vom Regen wieder weggetrieben. Das Wetter ist höchst unglücklich, naß u. selten in den Mittagsstunden über 12°. Nachmittags am Strande ein neuer Badegast, Legationsrath v. Wenzel aus Frankfurt. Er wandelt aufrecht durch den Sturm im fliegenden Regenmantel u. einen Klemmer im Auge.

Freitag, 4. Juli

In den Dünen herumgelaufen u. gezeichnet. Nachmittags nach Süden am Strande hin. Ein Paar Tausend Schritt vom Damenstrand trifft man auf die verkohlten Ueberreste eines Hochwaldes. In den Kohlestummeln, 1-1½ Fuß im Durchmesser, will man Birkenholz erkennen.

Sonnabend, 5. Juli

Besseres Wetter veranlaßt mich, an die Rückreise nach Föhr zu denken, um dort unter den Augen des Arztes kalte Waschungen mit Seewasser zu beginnen, die mir unter der Bedingung warmen Wetters verordnet waren. Ich ließ mir die Rechnung geben (der Wirth heißt Bock), die ich übermäßig hoch im Verhältniß zu dem fand, was ich gehabt hatte, für die 8 Tage meines Hierseins 20 Bankthaler. Frühstück u. Abendessen waren dreimal so hoch angesetzt als in Föhr, nämlich 3 Mark für 1 Mark. Ich fuhr Nachmittag 4 Uhr ab, nachdem ich noch mit Frankenberg einen Abschiedsgang am Strande gemacht hatte. In Keitum kam ich gegen 6 an, u. da ich hier ein Paar Tage bleiben wollte, um den Schriftsteller u. berühmten Mann der Insel, den Schulmeister Hansen[165], kennen zu lernen, so logirte ich mich in Grootens-Hotel ein (Wittwe Groote), unbequem genug wegen Meubles-Mangel, aber doch sehr reinlich u. viel besser als im Strandhotel.

Noch denselben Abend besuchte ich Hansen. Ich fand ein kleines, freundliches, altes Männchen mit runden Gesichtsformen u. struppigen Augenbrauen u. wurde freundlich empfangen. Er bewohnt ein ihm gehöriges, hoch am Rande des Kliffs nach dem Wattmeer zu gelegenes, malerisches u. überaus comfortables Häuschen. Die Zimmer niedrig, doch ziemlich geräumig, mit vielen Fenstern, welche ungefähr 3 Mal so breit als hoch sind; die Wände sind sauber mit holländischen Kacheln ausgelegt. Längs der Wände unter den Fenstern laufen lange Tische hin, auf welchen die Sammlungen ausgestellt sind, alles, was die Insel an Alterthümern u. Naturalien hergiebt. Besonders reich sind die Petrefacten aus dem Morsumkliff vertreten; auch interessierten mich Urnen u. Waffen aus den Hünengräbern, die hier Todtenhügel heißen. Jeder Hügel hat seinen Namen von dem Helden, der da bestattet worden: Boo-Hügel, Bröne-Hügel, Radbod-Hügel etc. Diese Todtenhügel, deren man auf den Heidehöhen der Insel sehr viele antrifft, stammen alle aus der Zeit der Odinsverehrung. Es wurde ein Keller von großen erratischen Granitblöcken roh zusammengefügt u. dahinein die Aschenurne nebst den Waffen des Todten gestellt. In diesen Keller führte in der Richtung von Südost ein bedeckter Steingang. Das Ganze wurde hoch mit Erde u. Steinen bedeckt, bis zu einer Höhe von 50-60 Fuß. Hansen besitzt ein schönes bronzenes Schwert, etwa von $1\frac{1}{2}$ Ellen Länge, jedoch ohne Griff, der vermuthlich von Holz war. Er hat es selbst ausgegraben, nebst mehreren ganz wohlerhaltenen Urnen.

Sehenswert sind auch Hansens Mappen mit seinen Handzeichnungen, Dünengegenden darstellend. Was hätte ich drum gegeben, gesund genug zu sein, um Hansens Anerbieten anzunehmen, mit mir einige Wanderungen in die Dünen von List u. Hörnum zu unternehmen; es war unmöglich, ich war zu matt u. so angegriffen, daß die kleinsten Spaziergänge schwere Arbeiten für mich wurden. Eine Tour nach dem rothen Kliff verabredeten wir jedoch für Morgen, man kommt dahin zu Wagen. Hansens Gärtchen hinter Wällen ist mit großer Liebe gepflegt, das heimeligste, was man sehen kann. Diese kleinen, den Seestürmen abgerungenen Plätzchen haben für mich den größten Reiz. Jeder Baum ist eine Errungenschaft.

Nachdem ich Alles gesehen, lud ich den Schulmeister auf Morgen Mittag zu Tisch u. zog mich dann ins Gasthaus zurück, um zu Abend zu speisen. Es findet hier auch des Abends eine Art Wirthstafel statt. Der Tisch ist besetzt mit kalten Speisen, Eiern, Butter u. Brot, Thee u. Milch stehen gleichfalls zur Disposition. Außer mir nahmen an diesen Soupers noch Theil ein Stockholmer Prediger, dessen Namen ich vergessen habe, u. ein Baron Rumor aus Holstein nebst Frau, beides Badegäste. Der Prediger hatte ein recht geistliches Wesen u. gefiel mir sehr gut. Er ist ein wunderbarer Läufer. Jeden Morgen geht er zu Fuß eine Meile weit nach Westerland, badet dort in der Nordsee u. kommt zu Tisch zurück. Daß er nicht den Tod von diesen Erhitzungen u. plötzlichen Abkühlungen hat, (das Wasser soll nicht über 10° haben) ist zu bewundern. Rumor dagegen badet hier im Keitumer Hafen in einer Badeanstalt im Watt. Er ist sehr zuvorkommend gegen mich, scheint aber ein etwas imbeciller Mensch zu sein. Die Wirthin, Madame Groote, Wittwe eines Schiffscapitains, ist eine joviale, gescheute u. rüstige alte Frau, die ihr Hauswesen im besten Stande hat.

Sonntag, 6. Juli

Des Morgens eine Ansicht von Keitum aufgenommen, es liegt sehr hübsch, etwa 50 Fuß steil über dem Wattenmeer. Alle Gärten sind mit Bäumen bestanden, von denen in Westerland nichts zu sehen ist. Zu Tisch kam Hansen u. unterhielt die ganze Gesellschaft sehr lehrreich über die Insel, die er genau kennt, sowohl ihre natürliche Beschaffenheit als ihre Geschichte. [...] Nach Tisch machten wir einen Spaziergang über den Hafen hinaus nordwärts an der See hin. Einen großen auf der Höhe über dem Wasser gelegenen Todtenhügel nannte er den Galgenhügel. [...] Auf dem Rückweg sahen wir die große massive Kirche, 1095 von einem englischen Baumeister zugleich mit den großen Kirchen in Nieblum u. Pellworm (welche alle drei ganz genau auf ein

u. demselben Längengrad liegen) erbaut. Ich war zu erhitzt, um hineinzugehen, schaute nur von außen durch die Fenster u. freute mich der Sauberkeit im Innern. Die Parthie nach dem rothen Kliff war auf Morgen verschoben.

Montag, 7. Juli

Sehr böses Wetter, Briefschreiben. Nachmittag klärt sich der Himmel auf. Ich fahre in einem offnen Stuhlwagen mit Hansen nach dem rothen Kliff. Von oben steigen wir zu Fuß fast steilrecht hinunter, nur in so weichem, sandartigem Gestein ausführbar. Unten skitzire ich diese eigenthümliche Bergformation. Wir gehen nach der Lister Seite am Strand hin, dann quer durch die Dünen bis an die Marsch des Wattmeers. Diese Dünen, weite Sandfelder, Sandschluchten, Kegel u. Höhen, sind das großartig wüsteste, was ich kenne. Auf der andern Seite erwartete uns der Wagen. In der Nähe des Leuchtturms[166] hielten wir bei einem frisch aufgeworfenen Hünengrabe, u. Hansen zeigte mir das Innere, wie oben beschrieben. Auf dem ganzen übrigen Rückwege hatten wir kalten Sturm u. Regen, kamen durchnäßt nach Hause. Ich trug einen derben Rheumatismus in den Schultern davon u. mußte Wolle auf den Leib ziehen.

Dienstag, 8. Juli

Sehr contract. Ich führte das rothe Kliff in Farben aus, besuchte Nachmittag noch Hansen, der mir seine Chronik der friesischen Utlande schenkte. Sehr beklagte er sich über die Danisirungsmaßregeln der Regierung u. die Unversöhnlichkeit der Dänen[167]. In Folge davon ziehen sich die Friesen eng auf sich selbst zusammen, die Dänischen Beamten stehen ganz isolirt da, wie Vogelscheuchen weicht man ihnen aus. Hansen wußte viele Details zu berichten. Wir nahmen herzlichen Abschied. Der Mann war mir lieb geworden, namentlich wegen der brennenden Liebe, die er zu seinem heimischen Stückchen Erde, zu seiner kleinen Insel, hat u. zu seinem friesischen Volksstamm. Seinen Landsleuten ihr friesisches Bewußtsein zu erhalten u. zu schärfen, ist die Aufgabe seines Lebens; er thut es mit Schrift u. Wort, dem Anschein nach nicht ohne Erfolg.

Mittwoch, 9. Juli

Früh 5 saß ich schon auf meinem Wagen u. fuhr durch üppige Weideflächen, durch Felder u. über Heidestrecken über Morsum nach dem östlichen Strande der Insel, wo das Dampfschiff lag. Die Fluth war noch wenig vorgeschritten, daher der Kahn bei einer Viertelstunde lang von ein Paar Leuten wie ein Schlitten über den Schlick (Schlamm) geschoben wurde, bis man ans Wasser kam. Da spülten die Bootsleute sich die nackten, beschlammten Beine ab, sprangen ein u. ruderten bis ans Schiff. Mein Mitpassagier war ein Capitain aus Amrum mit seiner Frau. Sehr nette Leute.

In [Wyk auf] Föhr angelangt, bezog ich ein Zimmer in Redlefsens-Hotel u. accordirte Alles in Allem 14 Bankthaler die Woche. Im Verhältniß zu dem, was hier gereicht wurde, hatte ich noch in keinem Hotel so wohlfeil gelebt, 1 rth, 15 gr täglich u. dafür Frühstück, Mittagessen (außer Suppe u. Dessert 4 Schüsseln), nachmittags Kaffée, Abends kalte Küche nebst Thée od. Milch, alles ausgezeichnet gut u. sehr reichlich. Mein Fenster ging auf die Terrasse, welche ins Meer gebaut ist; ich hatte daher die Gesellschaft, das Wasser u. eine Menge von Schiffen stets vor Augen. An Tafel waren meine nächsten Nachbarn ein Baron Kettelhodt mit Gemahlin u. Schwester aus Rudolstadt, sehr stattliche Leute, dann ein Kammerherr v. Oertzen aus Kopenhagen u. dessen Bruder, Mecklenburger Landedelmann mit Frau, einer Alvensleben aus Gattersleben. Der Kammerherr v. Oertzen kannte mich, da er bei den 10^t Husaren gestanden u. öfter zu Bällen u. Tafeln in Ballenstedt gewesen war, doch konnte ich mich seiner nicht erinnern, ein kleiner, geistreicher Mensch von den angenehmsten Gesellschaftsformen. Soliden Eindruck machte der Bruder. Kettelhodt war vom Schlag gerührt, konnte nur am Stock gehen u. mit großer Beschwerde sprechen. Seine Frau, eine Bärenhorst aus Dessau, einfach u. trocken, sonst eine gute Frau, wie ich hoffe. Entfernt von mir saß ein schöner Mann, dessen künstlerisches Aussehen mir auffiel. Ich hörte, es sei ein Baumeister Hahnemann aus Berlin. Nach Tisch suchte ich ihn auf u. fragte ihn, ob er vielleicht Söhne in Ballenstedt habe. Er freute sich, daß ich Auskunft über sie u. über das Brinkmeiersche Institut geben konnte. Seine Tochter, 18-20 Jahre alt, ein ganz hübsches Mädchen, musikalisch, sehr vorlaut u. naiv, that so bekannt, als wenn wir zusammen jung gewesen wären. Auch einen Herrn Griesbach, einen anscheinend reichen Fabrikanten aus Karlsruhe mit Tochter u. Söhnchen, lernte ich kennen u. Andere, die mich weniger interessirten u. deren Namen mir entfallen.

Donnerstag, 10. Juli

Jedermann, der auf der Terrasse ist, kann mir ins Zimmer sehen. Ich habe mir daher Vorsetzer von Schnupftüchern gemacht, die aber der Wind jeden Augenblick zerstört, da ich bei offnen Fenstern lebe. Ich mache täglich 2 Hauptpromenaden, meist am Strande hin nach Nieblum zu. Die übrige Zeit wird gezeichnet u. ab u. zu eine Parthie Billard mit Griesbach gespielt. Dieser attachirt sich sehr an mich, begleitet mich gern auf meinen Gängen u. kann kein Ende finden, den Aufenthalt zu rühmen. Allerdings hat er es auch besser als ich, da er mit Tochter u. Sohn zusammen eine Art von Häuslichkeit hat. Er sagt: »Ich bin all mein Lebtag so hipochondrisch u. düster gewesen; als ich aber hierher gekommen bin u. hab' die große Welle gesehen, bin ich ganz heiter worden.« Daß er jemals sehr hipochondrisch gewesen, kann man sich kaum denken, da er allerdings so auffallend heiter u. laut sein kann, daß der vornehmere Theil der Gesellschaft über ihn lächelt. Mir gefällt seine Jovialität, u. es that mir leid, daß ich nicht mit ihm schreien kann, aber meine Lunge giebt es nicht her. Indessen wird mir das Sprechen doch etwas leichter als vor einiger Zeit, u. ob ich mich gleich sehr matt fühle, so glaube ich doch, daß mir der Aufenthalt gut thut.

Freitag, 11. Juli

Ich habe lange mit Baron Kettelhodt zusammengesessen, der mir sehr leid thut. Ein großer, schöner, kerngesunder Mann, jünger als ich, ist ihm plötzlich die Zunge gelähmt, u. die Beine versagen den Dienst. Außerdem kennt er keine Beschwerden, er ist lebhaft, fühlt sich frisch – u. kann weder sprechen noch sich frei bewegen. Als er heute plötzlich aufstehen wollte, um seiner Frau entgegen zu gehen, fiel er der Länge lang hin. Seine Bemühungen, sich mir verständlich zu machen, treiben mir den Schweiß aus allen Poren. Bei Tisch kam die Rede auf den Hofdienst. Frau v. Kettelhodt ist Hofdame gewesen, sprach von der Beschwehrlichkeit dieser Stellung u. erzählte, ihr Mann habe seine Töchter für den Fall, daß sie Hofdamen werden sollten, enterbt. Oertzen behauptete, er heirathe bloß deswegen nicht, daß seine Töchter nicht etwa Hofdamen würden. Mein Benno ist jetzt im Examen. Ich habe ihn Gott befohlen; kann aber doch die Angst um ihn nicht loswerden; ich muß mir den Gedanken förmlich aus dem Sinn schlagen.

Sonnabend, 12. Juli

Den ganzen Tag Regen. Die einzige Bewegung ist das Billard. Unsre Gesellschaft hat gestern einen liebenswürdigen Zuwachs erhalten an einer englischen Familie. Ein Herr Spencer mit Frau u. drei Kindern, 2 prächtigen Jungens u. einem ganz allerliebsten, wunderbar reizenden kleinen Mädchen. Er sowohl als die Frau, die eine Schottin ist, haben sehr distinguirtes Wesen u. Aussehen, zogen augenblicklich die Aufmerksamkeit der ganzen Gesellschaft auf sich. Sie sind meine Tischnachbarn, u. wir unterhalten uns, so gut es gehen will, da keiner von uns der französischen Sprache mächtig ist. Einer oder der Andere bleibt plötzlich in der Rede stecken, weiß nicht aus u. ein, u. man endigt mit Gelächter. Ich bedaure zum ersten Mal, daß ich nicht englisch spreche, da mir diese Menschen so sehr sympatisch sind. Die Kinder sind von einer ungeheuren Wildheit u. Keckheit, ohne doch je unbequem zu werden. Gegen mich sind sie bescheiden, ehrerbietig u. zutraulich.

Sonntag, 13. Juli

Heute Morgen starke Ebbe. Ich ging mit ins Meer hinein u. fand einen großen Taschenkrebs, den ich vermittelst etwas Liquor, den ich auf ihn tröpfelte, tödtete. Ich brachte ihn nach Hause u. legte ihn in ein Komodenfach, um ihn mit nach Ballenstedt zu nehmen. Nach Bernhardinerkrebsen, welche am Badestrande vorkommen, suchte ich vergebens. Bei Weigelt sah ich ein schönes Aquarium mit einigen prächtigen Exemplaren von Seeanemonen u. andern Polipen, von denen einige, da sie mit kleinen Stückchen rohen Fleisches gefüttert wurden, sich sehr gefräßig zeigten. Weigelt lieh mir ein kleines Werk von Lewes, demselben, der Göthes Leben beschrieben hat, über Seepolipen. Dieses Büchelchen unterhält mich gut. Gegen Abend lief ein Brief von Anna ein. Sollten es Nachrichten von Benno sein? Ich setzte mich auf die Terrasse u. löste das Siegel mit gespannter Erwartung, mit Furcht u. Hoffnung. Eine schlimme Nachricht, das fühlte ich, würde mich krank gemacht haben. Aber, siehe da, das erste Wort hieß Triumph! Ich wußte genug u. dankte Gott, ehe ich weiter las. Zudem humpelte Kettelhodt heran u. setzte sich zu mir. »Es wird mir soeben gemeldet«, sagte ich, »daß mein jüngster Sohn das Examen bestanden hat.« Kettelhodt erhob sich, nahm sein Hütchen ab u. sagte: »Ich gratulire!« setzte sich wieder u. fing an, vom Wetter zu sprechen. Daß ich niemand auf der Insel hatte, der sich mit mir hätte freuen können, war bitter. Als jener mich verlassen, unternahm ich noch einen Gang am Wasser hin, Herz u. Muth gehoben von der fröhlichen Nachricht.

Montag, 14. Juli

Ich fand heute früh bei der Ebbe einen Seeschwamm, sehr ähnlich den Waschschwämmen, u. 2 große, lebendige Seesterne. Ich hatte dergleichen noch nie gesehen, nahm sie daher mit u. setzte sie ins Seewasser, um sie zu beobachten, was mir Vergnügen macht. Der Taschenkrebs haucht einen so starken Aethergeruch aus, daß mir mein Zimmer verleidet wird.

Dienstag, 15. Juli

Heute Nachmittag rief mich Fräulein Hahnemann von der Promenade ab, mit ihr u. ihrem Vater eine Kahnfahrt zu machen. Der Kahn, mit 2 Masten wie ein Schoner gebaut, flog bei frischem Winde dahin wie eine Möwe. Der Schaum spritzte über. Es war eine Lust. Ich hatte vergessen, das Fenster in meinem Zimmer zu öffnen, u. als ich zurückkam, empfing mich ein so entsetzlicher, aus Aether u. Fäulniß gemischter Gestank, daß mir der Athem stockte. Ich mußte meinen schönen Krebs wegwerfen. Die Seesterne trug ich wieder ins Wasser u. schenkte ihnen Leben u. Freiheit.

Mittwoch, 16. Juli

2 Damen vom Mecklenburger Adel, eine Frau v. Mecklenburg nebst Tochter, kennen gelernt. Beide Damen in tiefer Trauer wegen Verlustes des Mannes u. Vaters. Die Tochter ist sehr liebenswürdig. Mit ihnen u. Griesbachs eine Seefahrt im sogenannten Lustkutter. Diese Spazierfahrten auf bewegtem Wasser sind allerliebst.

Donnerstag, 17. Juli

Große Unruhe unter den Badegästen wegen Ausbleibens des Dampfschiffes. Freunde u. Verwandte werden erwartet, u. man weiß nicht, ob sie in die Luft geflogen od. ins Wasser gefallen sind. Namentlich ist Spencer in Sorgen, der seinen Schwager mit Familie erwartet, so wie Madame Möller ihren Mann, den sie zu ihrem Trost berufen, da das kleinere ihrer allerliebsten Kinder sich den Arm ausgefallen. Capitain Hammer sendet seinen Kutter nach Husum, um Nachricht über das Dampfschiff zu erhalten.

Freitag, 18. Juli

Die Besorgnisse wegen des Dampfers steigern sich. Jemand will in der Nacht Capitain Lind hier gesehen haben, u. man denkt an ein Unglück. Hammers Kutter ist nicht zurück. Nachmittags, gegen 4 Uhr, stürzt mich Spencer an: il vient, il vient! – qui donc? – le bateau a vapeur, j'ai vu la fumée! Wir gehen auf die Terrasse. Mit bloßen Augen nichts zu sehen; durchs Fernrohr aber erscheint weit hinter den Halligen ein schwacher Dampf. Nach einer guten Stunde ist die Sache außer Zweifel, die Flaggen werden aufgezogen. Nach 6 Uhr sieht man das Schiff auf Oeland zusteuern. Die Badegesellschaft, der Hauswirth u. sonst viel Volks versammelt sich am Strande. Gegen 7 Uhr braust das Schiff heran, die Musik fängt an zu spielen, Spencers Verwandten winken mit Tüchern von Bord, Möller schwenkt den Hut, die Frau am Strande weint. Bald legt der Dampfer an, u. heraus strömt es, an 40 Passagiere, unter ihnen ein Graf Holstein von Holsteinburg aus Seeland mit Familie, für welchen Quartier bei Redlefsen bestellt war. In seiner Gesellschaft befindet sich seiner Frauen Schwester, Fräulein Zartmann, reiche Erbin, welcher der Ruf großer Schönheit vorangeht u. die daher schon beim Aussteigen von Augen u. Lorgnetten verschlungen wird. Der Aufenthalt des Schiffes war nicht durch ein Unglück veranlaßt worden, damit aber keines geschähe, war eine Ausbesserung der Maschine nöthig gewesen, das war das Ganze.

Sonntag, 20. Juli

Konnte nicht schlafen u. machte sehr früh einen Gang durch den Königsgarten, über die Weiden nach Boldixum hin. Ein herrlicher Morgen. Bei der Zurückkunft schmeckte das Frühstück herrlich. Einige Abschiedsbesuche. Griesbach stellte sich schlimm an, daß ich fort will, ich würde ihm sehr fehlen, denn ich sei ein Mann, mit dem man über Alles sprechen könne, u. von seinem Alter; nun bleibe er unter lauter Jugend. Auch hätte er ein Fest geben wollen u. mich dazu einladen. Kettelhodt lobte mich, daß ich fortginge, es solle ihm ein Fingerzeig sein, auch aufzubrechen. Die Aerzte schickten einen hierher, nur um etwas zu verordnen, Erfolge aber wären nicht da, außer daß man sich bis in den Tod langweile. Auf der Terrasse ließ Graf Holstein ein allerliebstes Zelt aufschlagen, das er von Paris gebracht, das Hübscheste, was man in der Art sehen konnte. Er scheint Willens zu sein, sich mit seiner zahlreichen Gesellschaft hier aufs trefflichste zu amüsiren. Oertzen macht Fräulein Zartmann die Cour sehr auffällig; vielleicht wagt er's, Ernst zu machen, trotz der Besorgniß wegen seiner Töchter. Wir hatten heute Abend eine Fluth, wie ich sie hier noch nicht gesehen. Der Schaum der Brandung spritzte mir auf der Terrasse ins Gesicht. Alle Badegäste waren am Ufer.

Montag, 21. Juli
Tag der Abreise. Um 7 Uhr kam ich aufs Schiff, geleitet von meinem Wirth Redlefsen u. von dem guten Griesbach. Heftiges Herzklopfen u. starke Brustbeklemmung machten mir das Sprechen fast unmöglich. Schjötte war da, Capit. Hammer u. Weigelt, ich mußte sie fast unfreundlich abweisen. Ich setzte mich auf eine Bank u. ließ mir Zuckerwasser geben. Das Schiff war ein gut Stück in See, als das Herzklopfen nachließ, die Brust freier wurde. Zu meiner Freude entdeckte ich nun, daß ich mit guten Bekannten reise. Legationsrath v. Wenzel u. meine beiden jüdischen Damen Mendelsohn, mit denen ich gekommen. Die Fahrt war sehr angenehm. Die See ging so hoch, daß eine Welle sogar über Bord schlug. Da ich jedoch nicht krank davon wurde, so machte mir die Sache viel Vergnügen. Ich freute mich des Schaukelns wie ein Knabe. Wir reisten zusammen bis Altona, wo ich wieder in der Schweizerhalle blieb. Ich hatte dießmal einen schönen, geräumigen Salon u. freute mich nach anstrengender Reise der Behaglichkeit bei einer brausenden Théemaschine u. angenehmem Imbiß.

Dienstag, 22. Juli
Morgens 9 mit dem Dampfschiff nach Harburg; von da mit der Eisenbahn. Unterwegs Advocat Engelbrecht. Englische Judenfamilie. Abends nach 9 Uhr Ballenstedt.

»Der Tod Sr. Hoheit des Herzogs Alexander Carl zu Anhalt-Bernburg. 1863.«

Etwa seit 4 Wochen hatte das Befinden des Herzogs ernstliche Besorgniß eingeflößt. Zwar hatte Se. Hoheit an Schmerzen nicht zu leiden, überhaupt kein Gefühl des Krankseins, aber die Kräfte waren so verfallen, daß die Promenaden, bald auch die Ausfahrten eingestellt werden mußten, an den Füßen zeigte sich wässrige Geschwulst, der Apetit verschwand, u. wenn auch im Gesicht eine wesentliche Veränderung nicht zu bemerken war, so war doch die übrige Gestalt bis zum Skelett abgemagert. Die Herzogin war ganz nach Hoym gezogen. Die behandelnden Aerzte Vorster, Ziegler u. Heineke gaben den hohen Patienten vollständig auf.

Am 13ten [August] führte mein Dienst mich auf 8 Tage nach Hoym. 14 Tage früher war ich mit dem Herzog noch spazieren gegangen u. ausgefahren, jetzt fand ich ihn im Bett, unfähig, sich allein aufzurichten; er nahm fast keine Nahrung mehr zu sich. Ab u. zu ein Schluck Bier, Thée oder Wein, das war Alles. Die Geschwulst der Füße hatte sich verzogen, u. der Patient litt weder an Schmerzen noch an Unruhe, obgl. er 120 Pulsschläge hatte, wies auch die Meinung, als ob er krank sei, immer noch beharrlich von sich ab, er sei nur müde u. – setzte er ein Paar Mal hinzu – er liege wie in Abrahams Schoos.

Die Herzogin brachte viel Zeit am Krankenbett zu. Sie bereitete sich auf die Veränderung, die ihr bevorstand, bestmöglichst vor u. suchte sich in die Wege Gottes zu ergeben, die Er sie führen würde. Das Wetter war schön, es wurde auf der Freitreppe des Schlosses nach dem Garten zu gespeist. Nach Tisch des Abends las Vorster vor aus dem Ring'schen Werke über das Schicksal der Seele nach dem Tode, bisweilen bis gegen 11 Uhr. [...]

An den folgenden Tagen wurde die Herzogin von vielen Besuchern überlaufen, theilnehmende Herren aus allen Theilen des Landes, die sich nach dem Befinden des Herzogs erkundigten. Mein Zimmer ward wenig leer.

Am 19ten Aug. früh 9 Uhr traten die Aerzte Ziegler u. Vorster bei mir ein u. meldeten mir, daß die Symptome des Todes sich eingestellt hätten, der Herzog wahrschl. nur noch wenige Stunden zu leben haben würde. Vorster ging darauf zur Herzogin, sie vorzubereiten, ich schickte einen Reitknecht nach Ballenstedt, um den Minister Schaetzell herbei zu holen. Von selbst stellten sich die beiden Krosigks von Hohenerxleben u. Rathmannsdorf ein, auch Graf Asseburg.

Alles wurde jetzt zum Herzoge gelassen, welcher große Unruhe zeigte, aus dem Bett verlangte od. hinein, obgl. er drin lag. Sein flehentliches: »bitte! bitte!«, was er beständig wiederholte, klingt mir noch in den Ohren. Die Herzogin saß mit Handreichung am Bett. Zu den Häupten standen die beiden Aerzte mit Trost u. Zuspruch, ab u. zu den Sterbenden mit Eau de cologne, mit Wein, Bier, Wasser erquickend, je nachdem er es verlangte. Schätzell langte nach $1\frac{1}{2}$ Stunde an, bald kam auch die Bernstorff u. meine Frau, dann die Geistlichen Oberhofprediger Hoffmann u. Probst Scholz. Sie hielten sich Alle in den Nebenzimmern auf, ab u. zu ins Sterbezimmer eintretend. Als Hoffmann ans Bett trat, ging ein Freudenschein über das Gesicht des Herzogs. Er reichte seinem Beichtvater die Hand entgegen u. drückte sie. Wir Alle glaubten nicht, daß der Tod so nahe sei u. meinten, es könne noch bis zur Nacht od. bis zum nächsten Tage währen. Das ganze Hausgesinde wurde vorgelassen, um sich den Herzog noch einmal anzusehen. Er sah besser aus als je im Leben, edel, ehrwürdig, ja schön. Ich hatte in meinem Vorzimmer decken lassen u. versammelte die Fremden dort um 2 Uhr zum Diner. Die Herzogin speiste allein im Vorzimmer des Herzogs nur etwas Suppe; ging dann gleich wieder ans Krankenbett. Die Aerzte lösten sich ab, um mit uns etwas zu essen. $\frac{1}{2}$3 Uhr verkündete uns Vorster, die Unruhe habe sich gelegt, der Herzog läge still u. freundlich im Bett, athme so leicht wie ein Kind. Nach Tisch vertheilten sich die Herrn im Garten, um eine Cigarre zu rauchen. Auch Hellfeld, Cramer u. Weiß waren mittlerweile angekommen. Ich ging ab u. zu. Am Krankenbett waren die Damen, Kutteroff, Schätzell, die Aerzte, die Geistlichen. Nach 4 Uhr kündigte uns Vorster an, daß der Tod gleich eintreten würde. Wir fielen Alle auf die Knie, u. Hoffmann sprach die Sterbegebete. Der Kranke lag ganz ruhig, der Athem ging ohne Beschwerde aus u. ein. Gegen $\frac{3}{4}$ 5 stand er still. Der Tod hatte sich eingestellt ohne Kampf u. jegliche Verzerrung. Ich hätte nicht geglaubt, daß ein Mensch so sanft sterben könne.

Ich ging nun hinaus, den Tod zu verkündigen, die Glocken schlugen an, alles strömte herbei, die Leiche anzusehen, dann fuhr jeder in seinen

Ort; Schätzell nach Dessau, den Tod dort anzuzeigen. Die Bernstorff, meine Frau u. Scholz blieben. Ich ordnete die Leichenwache an, dann verbrachten wir den Abend still bei der Herzogin.

Die Leiche ist secirt worden. Es fand sich nicht nur in den Lungen, sondern auch an andern inneren Theilen eine weitverzweigte Tuberculose, welche sich am lebendigen Leibe durch keinerlei Symptome angekündigt hatte. Um die Bronchien hatten sich Drüsen von der Größe der Hühnereier gelegt. Einige derselben drückten auf die Speiseröhre, daher das beständige Verschlucken des Herzogs kommen mochte. Das Gehirn war normal. Nach der Section wurden die ausgewaschenen, mit Sublimat getränkten Eingeweide wieder in den Leib gelegt, der überflüssige Raum mit Hader ausgestopft , der gleichfalls mit Sublimat getränkt war, dann wieder zugenäht. Ebenso ward auch der Kopf mit dem Gehirn behandelt. Dann die Leiche in Leinwandstreifen eingewickelt u. in ein Sublimatbad gelegt, wo sie bis zum 31. Aug. verblieb. Sie ward dann in die Uniform gekleidet u. in den Sarg gelegt.

Am 1. September ward die Leiche von 2 Uhr Nachmittags bis 6 Uhr Abends öffentlich gezeigt. Das Wohnzimmer des Herzogs war verdunkelt u. schwarz ausgeschlagen. Auf einem durch drei Stufen erhöhten Katafalk stand der offne Sarg mit der Leiche. Der Sarg war mit dunkelblauem Sammet bezogen, mit silbernen Tressen u. Wappenschildern verziert. Zu Häupten stand das große Cruzifix aus der Ballenstedter Kirche u. an beiden Seiten 12 Grenadiere, welche jeder einen dreiarmigen silbernen Leuchter mit brennenden Wachskerzen trug. Rechts u. links stand auf der untersten Stufe des Katafalkes ein Kammerherr in Galauniform u. tiefer Trauer. Vom Portale bis ins Trauerzimmer war eine Reihe von 24 Füsilieren mit einem Lieutenant aufgestellt. Durch diese Gasse ward das Volk hereingelassen. Die Wache stehenden Kammerherrn waren Hellfeld, Cramer, ich u. Welk; alle halben Stunden lösten wir uns ab. Das war ein eigenthümlich feierlicher Dienst. Bei der Erstarrung des Todes fluthete das lebendige Leben des vorüberziehenden Volkes unablässig vorüber, ein Strom von Menschen, die alle still u. mit erschrockenen Gesichtern eintraten, die Augen nach der Leiche gewendet u. aus der gegenüberliegenden Thüre wieder verschwanden. Mein College Welk zählte in einer halben Stunde 700 Köpfe, die an uns vorüber gingen. Es war ein Gedränge, doch hörte man nichts als das Knarren der Stiefel. Ich hatte ganz das Gefühl, als sei ich an der Seite meines todten Herrn versteinert u. war auch von dem unbeweglichen Stehen so steif geworden, daß ich bei der Ablösung nur mit Mühe die

Stufe, auf der ich gestanden, wieder hinabsteigen konnte. Es war aber erbaulich, den Tod so zu bewachen.

Am 2. Sept. fand die Beisetzung der Leiche statt. Sehr früh am Morgen schon versammelten wir uns in Hoym, sämtliche Cavaliere u. Delegirte von fremden Höfen, Prinz Alexander v. Preußen u. Herzog Carl v. Holstein als Leidtragende, alle in großer Uniform. Es fand im Trauerzimmer bei geschlossenem Sarge ein lithurgischer Trauergottesdienst mit Gebet u. Einsegnung statt. Die im Nebenzimmer aufgestellte Ballenstedter Liedertafel sang die Responsorien u. einen Psalm. Es soll ein schöner Gottesdienst gewesen sein, aber ich hatte wenig Erbauung davon, denn es war so heiß im Zimmer, daß mir fast die Gedanken vergingen. Bald darauf setzte sich der Zug in Bewegung. 12 Unteroffiziere trugen den Sarg auf den neu u. geschmackvoll erbauten Trauerwagen, welcher mit einem Baldachin überdacht war, auf dessen Höhe ein geschlossener Helm mit hohen schwarzen Federn prangte. 6 große Rappen in schwarzen Decken zogen den Wagen, ein jeder von einem Stallknecht in Gala geführt. 12 Kammerherrn gingen zur Seite des Sarges, voran der Hofmarschall in schwarzem Trauermantel. Vor diesem der Hofjägermstr. v. Siegsfeld u. der Kammerherr v. Chemnitz zu Pferde. Die Spitze des Zuges bildete der Stallmeister mit 3 Reitknechten. Hinter dem Leichenwagen die Leidtragenden u. fremden Delegirten wie sonstige Fremde von Rang, der Magistrat, die Schützengilde von Hoym u. Ballenstedt, ein Detaschement Fisiliere, Bergleute, die herrschaftl. Equipagen, Volk. Es war ein ungeheurer Zug, der, vom schönsten Wetter begünstigt, sich unter dem Geläute der Glocken u. unter Vortritt von etwa 24 Jungfrauen, die Blumen streuten, langsam über den Schloßplatz, die Brücke u. auf die Aschersleber Chaussée hin bewegte bis etwa 100 Schritt über die Zuckerfabrik hinaus.

Hier wurde Halt gemacht, u. wir bestiegen die Wagen, d.h. die Cavaliere u. sonstigen Rangpersonen, die zum Einzuge in Bernburg befohlen waren. Das Hoymer Geleite löste sich auf, blieb aber doch neben u. hinter den Wagen größtentheils bei uns u. konnte bequem folgen, da Schritt gefahren wurde. Ich fuhr im ersten Vierspänner, zusammmen mit Weise u. Hellfeld, u. es unterhielt uns reichlich, an beiden Seiten das Volk zu sehen, das auf dem Wege, zum Theil auch auf dem Acker nebenher drängte. Die Blumenmädchen hielten aus mit ihren bunten Gaben bis an die Preuß. Gränze. Hier empfing uns der Landrath, der Magistrat u. die Geistlichkeit von Aschersleben wie auch eine Deputation der Offiziere des 10^t Husarenregiments, was in Aschersleben garnisonirt, in diesem Augenblick aber wegen des Manneuvers abwesend war. Vor Aschersleben stiegen wir aus, der Zug ordnete sich, u. wir passierten den Ort zu Fuße. Alle Fenster waren besetzt bis in die obersten Scheiben, auf den Straßen ein dichtes Gedränge. Das Ascherslebener Geleite verließ uns etwa 10 Minuten hinter der Stadt. Nun wurde der Weg freier, es folgten nicht mehr so viele Menschen, wir setzten uns u. nahmen etwas Butterbrot u. Wein zu uns, erlaubten uns auch eine Cigarre zu rauchen, was bei so langweiliger, heißer Fahrt immer die beste Erquickung ist. $\frac{1}{2}$7 Uhr kamen wir erst in der Gegend des Parforcehauses an.

Hier wurde Halt gemacht u. der Eintritt der Dunkelheit abgewartet. Es war Wohlthat, auszusteigen u. sich in freier Luft etwas auszutreten. Nach 7 Uhr setzten wir uns wieder in Bewegung u. fuhren unter Begleitung einer großen Menschenmenge langsam bis Waldau, einer Vorstadt Bernburgs, wo wieder Halt gemacht wurde u. der feierliche Einzug sich folgendermaßen ordnete:

1. 4 Fackelträger in Trauermänteln. 2. Ein Gendarmerieoffizier zu Pferde. 3. Eine halbe Compagnie Füsiliere. 4. Der Conduct Marschall (Landrath Bunge) nebst noch 2 Marschällen, ebenfalls in Trauermänteln. 5. Die Bernb. Schützencompagnie. 6. 2 Trauermarschälle. 7. Ein Reitknecht zu Pferde in Trauer-Gala. 8. Der Hofstallmeister zu Pferde. 9. 2 Hofjäger. 10. Der Leibjäger. 11. Der Hofjägermeister v. Siegsfeld u. Kammerherr v. Kemnitz zu Pferde. 12. Die Musik des Füsilierbataillons. 13. Der Leichenwagen gezogen von 6 mit schwarzen Decken belegten Rappen, jedes Pferd von einem Stallknecht geführt. Zu beiden Seiten des Leichenwagens a) 12 Hofcavaliere u. Vasallen. Die beiden ältesten Cavaliere trugen auf schwarzem Sammtkissen die Orden des h.s. Herrn, 4 Vasallen trugen die Zipfel des Leichentuchs, b) 12 Unteroffiziere, c) 24 Fackelträger in Trauermänteln. 14. Der Hofmarschall v. Kutteroff im Trauermantel mit dem beflorten Hofmarschallstabe u. zwei Trauermarschälle. 15. Die leidtragenden Herrschaften. 16. Die fremden Cavaliere u. Räthe. 17. Das Staatsministerium. 18. a) Die Mitglieder des Landtages, b) Vasallen. 19. Das Appelationsgericht. 20. Das Consistorium. 21. Die Regierung. 22. Der Bernburger Magistrat. 23. Die Geistlichkeit. 24. 2 Trauermarschälle. 25. Die übrigen Herzogl. Beamten, die Bürgerschaft u. sonstige sich anschließende Personen. 26. Eine halbe Compagnie Füsiliere. 27. Die Wagen der hohen Herrschaften u. der Herrn, die sich im Gefolge befanden. 28. 3 Gendarmen zu Pferde.

Um 8 Uhr setzte sich der so geordnete Zug in Bewegung. Es war vollständig Nacht geworden. Als wir das Neustädter Thor passiert hatten, der Trauermarsch begann, die großen gespenstisch verhangenen Pferde am Trauerwagen scheuten u. stiegen, Qualm, Fackelfeuer u. dichte Finsterniß uns umgab u. die Lichter der illuminirten Häuser durch den Rauch der Fackeln nur wie matte Funken glühten, hatte ich die Empfindung, als habe sich der Schlund der Hölle aufgethan, uns Alle sammt unserm todten Herrn zu verschlingen. Die Musik war herzzerreißend; wenn sie aufseufzte u. die große Trommel schluchzte, bäumten die Pferde, konnten kaum von den sechs Stall-Leuten bemeistert werden. Sehr langsam zogen wir vorwärts, der Trauerwagen dicht von Cavalieren u. Fackelträgern umdrängt. Wo sich der Qualm verzog, sah man alle Fenster dicht besetzt. Zu beiden Seiten der Straßen drängte das Volk Kopf an Kopf in einer einzigen ununterbrochenen Masse. Am Eingange des Marktes sang uns das Gymnasium an mit »Jesus meine Zuversicht«. Vom Portal der Saalbrücke strahlte uns ein großes Transparent entgegen: »Selig sind die Toten, die in dem Herrn sterben.« Die Passage durchs Brückenthor war sehr eng, ein Glück, daß keiner von uns über die Prellsteine stürzte. Nun gings den Kegelweg hinan. Die großen Pferde glitschten auf dem glatten Pflaster, indeß kamen wir glücklich hinauf u. erreichten nach etwa einstündigem Marsch das große Portal der Schloßkirche, vor welchem 2 mächtige Pechpfannen brannten.

Die Unteroffiziere hoben den Sarg vom Wagen. Wir Kammerherrn trugen ihn durchs Portal in die Kirche u. setzten ihn auf den vor dem Altar errichteten Katafalk. Die schwarz behangene Kirche war hell u. strahlend erleuchtet u. füllte sich im Schiff wie auf den Chören durch das Gefolge bis auf den letzten Winkel an, während die Orgel sich in sanften Harmonien erging. Die Cavaliere u. Vasallen umstanden den Sarg. Vor dem Altar standen drei Geistliche, der Oberhofprediger Hoffmann, der Oberprediger Herzog aus Hoym u. in Mitten Beider der Superintendent Walther. Neben u. hinter dem Altar stand die sämtliche Geistlichkeit des Landes, alle im Ornate. Ein Choral wurde von der Gemeinde gesungen. Darauf begann ein liturgischer Trauergottesdienst. Die Bernb. Singakademie sang die Responsorien trefflich u. schön. Eine kurze Ansprache u. Gebet des Superintendenten. Wieder ein Choral. Der Segen. Wir Cavaliere hoben nun den Sarg wieder auf u. trugen ihn durch einen mit Fackeln beleuchteten Gang der Gruft zu. Diese Gruft ist der alte Chor der Kirche, ein hochgewölbter schöner Raum. Die eisernen Thorflügel standen weit offen, u. heller Lichtglanz strömte heraus. Ich hatte mir einen Keller gedacht u. war aufs angenehmste überrascht durch eine zweite Kirche. Da standen die hohen Särge der fürstlichen Vorfahren alle in schönster Ordnung auf niedrigen Katafalken. Einer war leer. Da setzten wir unsern Herrn drauf. Der Superintendent sprach noch einen Segen, u. die Feierlichkeit war beendet – Gott sei Dank, ohne daß eine Unordnung od. ein Unfall vorgekommen wäre.

Der Gang durch die Stadt, das Stehen in der Kirche u. endlich das Tragen des schwehren Sarges hatten mich höchlich erschöpft. Ich hatte keinen trockenen Faden am Leibe u. eilte nun nach der Kugel, mich zu erquicken. Ein Paar Glas Portwein restaurirten mich vortrefflich. Ich aß ein Rebhuhn u. blieb dann noch bis Mitternacht im Wirthszimmer u. im Gespräch mit Stolzmann, welcher seitens des Grafen Stollberg geschickt war, dem Leichenbegängniß beizuwohnen.

Anhalt-Bernburg gehört nun der Geschichte an. Ob die Segnungen, die uns das Regiment des h.s. Herzogs gebracht, von Bestand sein werden, muß die Zukunft lehren. Ein schlimmes Vorzeichen ist es freilich, daß derjenige, auf dessen Rath u. durch den in den letzten zehn Jahren hier alle bessern Einrichtungen getroffen wurden, der Geheimrath v. Schaetzell, bereits entlassen ist.

Ziegenberghaus, erbaut 1767, lavierte Zeichnung 1836

Stubenberghaus bei Gernrode, erbaut 1754, Stahlstich von J. Umbach, nach einer
Zeichnung von Ludwig Rohbock

271

Jagdhaus Meiseberg, erbaut 1772, nach Brand 1847 originalgetreu wiederhergestellt, Lithographie um 1830

Jagdschlößchen Röhrkopf, erbaut 1770 als Jagdschloß à la meute

Wohnhaus Wilhelm v. Kügelgens (1842-1867) in der Kügelgenstraße
in Ballenstedt (Aufnahme 1994)

Grabstätte Wilhelm v. Kügelgens und seiner Angehörigen
auf dem Ballenstedter Friedhof (Aufnahme 1994)

Das Städtische Heimatmuseum am Schloßplatz in Ballenstedt, ehemals Palais des Hofmarschalls v. Seelhorst (Aufnahme 1994)

Gedenkraum für Wilhelm v. Kügelgen im Städtischen Heimatmuseum Ballenstedt (Aufnahme 1994)

Tagebuch 1864

28. August

Wir haben mit Ausnahme weniger Wochen einen sehr kalten Sommer gehabt. Seit 8 Tagen steigt das Thermometer nicht über 13°, geht Nachts auf 8 herunter. Ich heize des Morgens, bisweilen auch noch einmal des Abends. Unter solchen Umständen kann für meine Gesundheit nichts geschehen. An Bäder, auf die ich besonders gewiesen war, ist nicht zu denken. Krank bin ich durch u. durch u. habe keinen Begriff mehr, wie es einem Gesunden zu Muthe ist. Die Auflockerung der Schleimhäute in der Lunge hat sehr zugenommen, die Ungleichheit des Herzschlages desgleichen u. das Herzklopfen ist nicht vermindert. Am drückensten sind mir zwei neuere Uebel; seit letztvergangenem Winter eine Schwäche, die mich kaum aus der Stelle kommen läßt u. eine Gedanken- u. Ausdrucksweise sehr erschwerende Eingenommenheit des Kopfes, welche mir von den Schwindelanfällen in diesem Frühjahr zurückgeblieben ist. Auch ängstigt mich eine Geschwulst in der rechten Brust, die sich seit etwa 14 Tagen eingestellt hat, immer schmerzhafter wird u. verordneter Einreibung nicht weichen will. Die Athembeschwerde ist sehr im Zunehmen u. mancherlei andere Nebenübel machen mein Leben recht unbequem, als z.B. wachsende Augenschwäche, Bruchschäden u.s.w. Ich, der mein Lebelang gesund gewesen, mir Alles zumuthen konnte, sogar im vorigen Jahr noch, wo mein Asthma mich schon wesentlich incommodirte, doch noch zu Fuß von Alexisbad hierher ging, kann mich nur schwer in die Kröpelei finden, der ich jetzt unterliege.

Gestern ist der Erbprinz[168] von Dessau mit Familie hier eingetroffen, um einen längeren Aufenthalt zu machen. Sollte ich zum Dienst befohlen werden, muß ich ablehnen, kann nicht einmal meine Aufwartung machen, weil ich mich meines Brustübels halber vorderhand nicht anziehen kann. Auch meine arme Frau ist recht sehr leidend. Zwar im ganzen rüstiger als ich, wird sie doch fast jeden Abend (seit längerer Zeit) von einem furiosen Magenkrampf befallen, der etwa des Nachmittags um 6 anfängt u. oft fortdauert bis 3 Uhr in der Nacht. Es ist dieß ein schmerzhaftes Leiden, das an Schmerzhaftigkeit kaum seines Gleichen haben soll, für mich schwerer mit anzusehen als meine eigne Krankheit zu ertragen.

Viel Sorge macht mir Adolphs Zukunft, weil er sich nicht entschließen kann, die von Schaetzell angebotene Stelle anzunehmen, es mir aber immer unwahrscheinlicher wird, daß ich noch so lange lebe, um ihn als unbesoldeten Assessor noch 4 Jahre lang zu erhalten. Gerhards Verlöbniß mit einem unbekannten Mädchen[169] in fremdartiger Familie – das lastet auch. Dazu die Trauer um die verstorbenen Töchter, die fest an meinem Herzen haftet – Trauer hier fast in allen Häusern – man geht dem Winter mit schwerem Sinn entgegen; aber Gott wird's fügen. Gestern Abend ist die Valentiner[170] angekommen u. trank heute den Thée bei uns, erzählte viel kriegerisches aus Flensburg. – Benno kam mit 2 Zöglingen auf ein paar Stunden.

29. August

Ein schwerer Abend gestern. Julchen bis aufs Äußerste gemartert durch heftigsten Magenkrampf, ich sehr luftlos u. elend. Julchen quälte sich bis tief in die Nacht, während mich vor Schlafengehn eine Pfeife Stramonium erleichterte, dennoch schlief auch ich sehr schlecht bis gegen Morgen.

Schönes Wetter; wir haben seit langer Zeit etwas Wärme, jetzt eben 9 Uhr morgens 15° Wärme. Ein Brief von Emma Samson[171] verspricht uns Emmy Mühlen[172] schon am 2t oder 3t Sept. herzubringen, zur großen Freude von Anna, aber beunruhigend für Julchen, weil sie krank ist. [...]

30. August

Endlich einmal wieder ein warmer Tag bis 18°. Anna war mit Prinzeß Louise[173] in Alexisbad u. bei der Herzogin zum Thée. Mein Brustgeschwür ist noch nicht besser. [...] Ich habe heute begonnen, meine Gedanken über das Christenthum aufzuzeichnen als Vermächtniß für meine Kinder. Julchen ist unausgesetzt leidend an ihren Magenkrämpfen. Wir haben angefangen, des Abends Niebuhrs[174] Leben zu lesen, nachdem wir gestern alle die Ilias beendet.

31. August

Wunderschönes Wetter, klarer Himmel u. 21 Wärme. Ich ging mit Julchen ein warmes Bad nehmen. So lange sie im Wasser war, hat sie keinen Schmerz empfunden. Wir gingen durch Hoffmanns Garten u. fanden Adelheid Hengstenberg, die jetzt zu Besuch hier ist. [...] Nachmittags im Garten. Die Necker[175] kam u. erzählte vom Erbprinzen u.

dessen Gemahlin. [...] Prinzeß Louise soll begeistert für die Idee sein, mit Anna u. Emmy Mühlen zusammen bei Scholz[176] einen Cursus Religionsunterricht zu absolviren. Gegend Abend ist sie mit Anna hingefahren u. hat Scholz breit geschlagen. Julchen hatte fortwährende Schmerzen.

1. Sept. Donnerstag

Julchen die ganze Nacht unter den heftigsten Schmerzen. Heute früh Ziegler. Er fand Julchen sehr schlecht, krampfhaft unterdrückter Puls. Klistire von Baldrian u. Einreibung in die Herzgrube mit einer unbekannten Tinktur. Darauf scheint endlich jetzt Nachmittags 5 einige Beruhigung eingetreten. Das Kätzchen sprang ins Bett, schmiegte sich zärtlich an die Brust der Kranken, u. so sind sie beide miteinander eingeschlafen. Lange hat der Friede nicht gedauert, es ist Alles wieder beim Alten. Auch der Hund wälzt sich von halber Stunde zu halber Stunde auf der Erde vor Schmerz schreiend, hat wahrscheinlich einen Bandwurm. Mich drückt das Alles nieder.

2. Sept. Freitag

Früh 5 ist der kleine Brinkmeier[177] gestorben am Typhus. Ich fand die Mutter sehr erschüttert, es ist das vierte Kind. – Julchen liegt fest zu Bett noch immer unter großen Schmerzen, jetzt weniger des Magens als der Leber, aber es wendet sich zum Besseren. Abends nach 9 ist Emma Samson mit ihren Töchtern im großen Gasthof angelangt. Schaetzell schreit laut unter Adolphs Fenster: Lambert! ou es tu? – Wetter trübe, regnerisch.

3. Sept. Sonnabend

Den ganzen Tag mit Samsons. Die kleine Emmy Mühlen zieht bei uns ein, wird diese Nacht schon bei uns schlafen. Julchen sehr geplagt von Leberschmerzen, sie ist doch aufgestanden, bleibt jedoch im Zimmer. Anna sehr geschäftig mit den vielen Gästen.

4. Sept. Sonntag

Superintendent Walther predigt. Julchen ist heraufgekommen trotz noch immer andauernder Leberschmerzen. Nachmittag reist Emma Samson mit ihren Pflegetöchtern ab. Emmy bleibt sehr betrübt zurück. Wir lesen Abends Niebuhrs Leben. Es ist jedoch zu trocken zum Vorlesen. Es ist in diesem Charakter weder Witz noch Poesie noch Jugend. Ein guter Kopf, der unendliche Kenntnisse einspeichert, was andern Menschen gleichgültig sein kann, doch freut man sich über die einfache, ehrenhafte Gesinnung.

6. Sept. Dienstag

Seit vier Wochen bin ich durch schauderhafte Träume gequält worden; die letzte Nacht war besser, aber ich schlief überhaupt nur wenig. Ich fühle mich durch u. durch krank. Vormittags kam Benno aus Neinstedt, um Anna abzuholen. Er hat einen Antrag, als Hilfsprediger nach Coswig zu gehen – mit freilich nur 200 rth Gehalt. Es wäre indeß ein Anfang, – nur wird es ihm sehr schwer, Nathusius[178] gerade in diesem Augenblick zu verlassen, da Heinrich Ostern das Gymnasium beziehen soll u. Benno ihn gern bis Tertia gefördert hätte. Von der andern Seite könnte ihn das Consistorium, wenn er jetzt ablehnt, hernach lange zappeln lassen. $\frac{1}{2}$5 fuhren unsre Reisenden ab, Anna, Emmy u. Benno, zum morgenden Stiftungsfest nach Neinstedt.

7. Sept. Mittwoch

Julchen kann noch immer nicht ausgehen wegen der Schmerzen, die ihr das Gehen in der Lebergegend verursacht. Magenkrampf ist Gott sei Dank nicht wiedergekommen. Wir waren heute mit Adolph ganz allein, da die Mädchen in Neinstedt sind. Zufällig sprach ich heute Abend Walther. Er sagte mir, wenn Benno die Stelle in Coswig haben wolle, so wolle er sie ihm bis Ostern offen halten. Das ist sehr gütig. Ich habe Benno sogleich benachrichtigt.

8. Sept. Donnerstag

Der kleine zehnjährige Sohn des Lakai Hohmann ist gestern Abend beim Baden im Siebersteinsteich ertrunken. Heute Morgen fand man seine Kleider, am Nachmittag die Leiche. – Im Volk ist die Meinung, er habe sich mit Fleiß umgebracht, weil er in der Schule zurückgesetzt worden u. die Mutter übermäßig streng sei; dann würde er schwerlich die Kleider abgelegt haben. Gegen Abend sah ich von ferne den Kirchhof u. hervorragend Elisabeths weißes Kreuz – o Gott, mit welchen Gefühlen! Als ich zurückkam, fand ich die Neinstedter Reisenden, Anna u. Emmy schon vor. Es ist ihnen gut ergangen.

9. Sept. Freitag

Gestern Abend ist Wilhelm Ziegler[179] angekommen u. war heute den ganzen Morgen bei Adolph. Er ist ein gewaltiger Kerl geworden, breit u.

robust, hat auch den rothen Adlerorden mit Schwertern davon getragen. Ich besuchte Frau v. Salmuth[180], die in ihrem tiefen Schmerz um Eduard überaus rührend ist. Nachdem wir von Mitte August an täglich – mit Ausnahme der 30° – gefroren u. geheizt haben, heute bei bewölktem Himmel von früh an 18-20° Wärme. Abends gegen 7 Uhr Familienspaziergang über die Steinberge. Es war finster, als wir eben auf dem Kamm hingingen, nur die Mondsichel hing am Himmel. Da stand ein Unteroffizier am Wege, mit blanker Waffe in die Bäume hauend. Zur Seite weichend ging er dann hinter uns her, überholte uns wieder, blieb stehen u. abermal zurück u.s.w., immer mit gezogenem Hirschfänger gegen Steine u. Bäume schlagend. Es war ein räthselhaftes Beginnen, das mehr wie Wahnsinn als wie Trunk aussah, deshalb auch mehr Besorgniß einflößte. Endlich, da wir nach Ballenstedt einbogen, sprang der Kerl, der uns eine gute Vierthelstunde lang ganz stumm begleitet hatte, in ein frisch gemähtes Feld ab, in welchem er sich, laute Schreie ausstoßend, verlor. Mir fielen die Besessenen in den Gräbern ein.

10. Sept. Sonnabend

Heute Nachmittag fuhr Adolph Salmuth mich u. Adolph nach dem Mägdesprung beim schönsten Sommerwetter. Die Herzogin begegnete uns in 2 Equipagen; sie fuhr nach Ballenstedt, wo der Erbprinz ihr zu Ehren ein Concert veranstaltet hatte. Beim Dunkelwerden wetterleuchtete ringsum der ganze Himmel. Die Gewitter lassen dem schönen Wetter keinen Bestand.

11. Sept. Sonntag

Wilhelm Ziegler erzählte vom Uebergang nach Alsen. Es ist gewesen, als ginge die Welt unter. Auf die tiefste Stelle mit dem Schlage 2 Uhr ein Höllenlärm. Schnellfeuer der Geschütze u. Kleingewehre von beiden Ufern u. aus den Kähnen Sturmtrommeln, Lärmfeuer auf Alsen längst dem ganzen Strand, Commando u. Hurrageschrei. In 10 Minuten sind die Kähne drüben gewesen mit 2.000 Mann, welche sogleich wie die wilden Teufel u. ohne alle Ordnung vorgestürzt sind u. die ersten Schanzen genommen haben. Wilhelm freilich war am Strande liegengeblieben mit zerschossenem Bein. Brinkmeier war bei mir wegen Emmy. Er will wöchentlich 2 Stunden geben. Geschichte u. Literatur mit Deutsch. Benno kam von Neinstedt, um seine Zufriedenheit mit dem Coswiger Arangement auszusprechen. Adolph u. Emmy waren im Theater (Barbier von Sevilla) u. sehr zufrieden. Diese Dessausche Truppe wird außerordentlich gelobt.

13. Sept. Dienstag
So kalt, daß ich wieder heizen muß. Die Professor Brinkmeier erzählte mir, sie habe ihren Paul im Traume gesehen, verklärt u. strahlend. Er habe ihr gesagt, das Sterben habe gar nicht weh gethan u. nun sei es so schön. Sie war von diesem Traume sehr ergriffen. – Wir erwarten jetzt täglich Smend[181] mit Maria auf ihrer Hochzeitsreise, auch Tony[182] mit ihrer Mutter. Fast wünsche ich, daß jetzt Alles ausbleibt, ich fühle mich zu elend, u. Julchen geht es nicht besser.

14. Sept. Mittwoch
Ein schöner Herbsttag. Ich lag mit dem Kater im Heu u. sonnte mich, dabei überraschte mich Ziegler. Er will durchaus nichts Schlimmes an meiner Brustverhärtung finden – möge er sich nicht täuschen; mich inkommodiert das Ding nicht wenig. Die Valentiner speiste mit uns. Nachmittags kam auf einmal Tony Finger in den Garten geflattert mit ihrem Mann. Sie sind schon ein Paar Tage lang in Alexisbad u. heute hereingekommen, uns zu besuchen. Uebermorgen soll es wieder nach Halle zurückgehen. Ich fand Tony recht verändert, sie ist unverhältnismäßig breit geworden in Schultern u. Taille, das Gesicht scharf, hat die jugendliche Rundung verloren.
[...] Es war ledern, daß Tony von ihrer weiten Reise gar nichts zu erzählen wußte. Gegen Abend kam auch die Herzogin, wahrscheinlich aus Neugierde, um zu sehen, wie Adolph u. Tony sich zusammen ausnähmen, die sie für einander bestimmt hat. Adolph war aber den ganzen Tag auf der Jagd u. kam erst gegen 10 Uhr Abends nach Hause, als bereits Alles zu Ende war.

17. Sept. Sonnabend
Ich leide sehr an unregelmäßig aufgeregtem Herzschlag mit Schwindel. Ich nahm heute ein Bad dagegen, fruchtlos. Warmer Tag 17-18° bei bedecktem Himmel. Brief von Adelheid mit Beschreibung von Mias Hochzeit. Den ganzen Nachmittag im Garten bis zum Dunkelwerden. Den Abend bringt die Valentiner bei uns zu.

18. Sept. Sonntag
Nachmittag mit Scholz wegen Emmys Religionsstunden. Er will von

Michaelis bis Ostern wöchentlich 2 Stunden geben, Preise will er nicht nennen. Emma soll ihm ein beliebiges Geschenk machen. – Später kam Schätzell, der von 8-tägiger Krankheit erstanden, dann die Herzogin von Holstein mit Prinzeß Louise. Das Wetter litt es, daß wir bis 6 Uhr draußen saßen.

[Vom 19.-26. September keine Eintragungen]

27. Sept.

Es sind nun 8 Tage, daß mir das linke Auge getrübt ist. Ich sehe damit alles wie verschleiert. Der Knoten in der Brust hat sich auch nicht verändert. Heute nachmittag besuchte uns die alte Frau v. Unzer[183]. [...]

27. Octbr.

Ich blieb 2 Tage in Halle, consultirte Volkmann[184] wegen des Brustknotens. Ich soll Merkurialsalbe auflegen, wird sehr langwierig werden, soll aber nichts Bösartiges sein. Dann Gräfe: es ist ein Blutstropfen auf der Retina ausgetreten (ein schlagartiger Vorgang). Schlimmer, als es ist, wird es nicht werden, wahrscheinlich auch nicht besser, doch soll ein Versuch gemacht werden, das ausgetretene Blut zu resorbiren, Blutegel an die Schläfen, Nichtgebrauch des Auges, sehr ruhiges Verhalten. – Am 22^t kam ich zurück, krank, schwindlig, übel; quäle mich auch bis heute mit Uebelkeiten wie ein Seekranker.

Da ich hierauf schwer krank geworden, mußte die Fortsetzung
des Tagebuchs unterbleiben.

Anmerkungen

[1] Friedrich Schlosser (1780-1851), ein Neffe von Goethes Schwager Johann Georg Schlosser.

[2] Die Tante Christine Charlotte, geb. Braun, war die Witwe von Kügelgens Onkel Joseph (1770-1821) und Mutter von K. s. Jugendliebe Lilla (1804-1858). Der Vetter Joseph war später Notar in Münstermaifeld.

[3] Friedrich Adolph Krummacher (1767-1845), von W. v. K. »Ätti« genannt, Dr. theol., 1793 Rektor des Gymnasiums in Mörs, 1800 Theologieprofessor in Duisburg, 1807 Pastor in Kettwig, 1812 Superintendent in Bernburg, 1824 Pastor zu St. Ansgari in Bremen. Unter den zahlreichen meist religiösen Schriften sind die »Parabeln« (1805) am bekanntesten geworden. Nach der Hochzeit am 18.6.1827 und der gemeinsamen Reise mit den Schwiegereltern nach Elberfeld begann für das junge Paar erst einen Monat nach der Vermählung das gemeinsame Leben.

[4] Um den Schrecken des Krieges zu entgehen, brachte Gerhard v. K. im Sommer 1813 seine Familie in Ballenstedt im Barduaschen Hause unter. Im Februar 1814 fand er ein neues Unterkommen in Hummelshain bei Jena im Hause des Forstmeisters Friedrich Freiherr v. Ziegesar. Dieser war mit Marie v. Berg, einer Kusine von W. v. K.s. Mutter, verheiratet. Die Kinder Hermann, Otto und Marie waren damals Wilhelms Spielgefährten. Nach dem Tode der Tante Marie 1821 vermählte sich der Onkel v. Z. 1824 mit Eleonore v. Berg, einer Stiefschwester seiner ersten Frau.

[5] Otto v. Loeben (1799-1873), von Pastor Roller erzogen, verh. 1826 mit Agnes Elisabeth v. Ehrenstein, Domprediger in Meißen, später Pfarrer in Rüsseina.

[6] Georg Friedrich Kersting (1785-1847), Maler, seit 1818 Leiter der Malerabteilung der Meißner Porzellanmanufaktur, dem Hause Kügelgen freundschaftlich verbunden.

[7] Kügelgens nahmen Marie Kriegel nach dem Tode ihrer Mutter bei sich auf. Sie blieb in der Familie acht Jahre bis 1822 (vgl. Jug. Er., S. 235 ff.).

[8] Henriette Courtan, die »Schwarze Tante« aus den Jug. Er. (vgl. dort S. 46 f.).

[9] König Anton von Sachsen trat im Mai 1827 die Nachfolge von König Friedrich August an.

[10] David Samuel Roller (1779-1850), seit 1812 Pfarrer in Lausa (heute Weixdorf), konfirmierte K. und war mit ihm durch lebenslange Freundschaft verbunden (vgl. Jug. Er., S. 248-280).

282

[11] Benno v. Zezschwitz (1818-1882), Sohn von Karl v. Z., einem alten Freunde des Kügelgenschen Hauses.

[12] Vielbesuchter Aussichtspunkt in der Sächsischen Schweiz. – Wilhelm Siegmund Teuschers Frau war mit Kügelgens Mutter befreundet.

[13] Im Okt. 1827 war Kügelgen mit Frau, Mutter und Schwester ein zweites Mal nach Estland aufgebrochen, um als Maler am Hofe des Zaren in St. Petersburg sein Glück zu machen. Die Familie fand wieder auf dem Gut Poll (ca. 120 km östlich von Reval) bei den mütterlichen Verwandten, den Stackelbergs, ein Unterkommen. Da K. als Maler in St. Petersburg keine Anstellung gefunden hatte, kehrte die Familie, vermehrt um die fast eineinhalbjährige Tochter Bertha, wieder nach Dresden zurück – diesmal auf dem Seeweg.

[14] Karl Johann v. Sengbusch aus Riga (1800-1893), später Hofrat und Inspektor am Pädagogischen Hauptinstitut in St. Petersburg (vgl. Zw. J. u. R., S. 179).

[15] Karl Gottlieb Peschel (1798-1879), mit K. und Richter seit ihrem gemeinsamen Romaufenthalt 1826 befreundet, 1846 Prof. an der Akademie in Dresden, Nazarener.

[16] Magnus Adolph Blüher (1802-1841), Pastor in Grünberg bei Hermsdorf. – Rudolph, etwa 12 Jahre alt, in Kost und Logis bei Pastor Blüher.

[17] Ernst v. Heynitz (1801-1861), verh. in zweiter Ehe mit Ernestine v. Brandenstein (1802-1834). – Pötschke war Hauslehrer des siebenjährigen Georg v. Heynitz. – In Hermsdorf wohnten zeitweilig auch Ernst v. Heynitz' Geschwister August (1804-1870) und Dora (1808-1891). – W. v. K. lebte mit seiner Familie seit 1830 in Hermsdorf (ca. 10 km nördlich von Dresden), wo er in einem der Räume des Schlosses ein geeignetes Quartier fand, um das große Altarbild (3,65 x 2,43 m) für die St. Olaikirche in Reval (Tallin) zu malen.

[18] Infolge der französischen Julirevolution brach am 25.8.1830 in Brüssel ein Aufstand aus, der zur Abspaltung der südlichen Niederlande und zur Proklamation eines neuen Staates, nämlich Belgiens, führte. Der niederländische König Wilhelm I. weigerte sich jedoch, den von den fünf Großmächten auf der Londoner Konferenz vom 6.10.1831 entworfenen Friedensvertrag anzunehmen und die Unabhängigkeit und Neutralität Belgiens anzuerkennen. Bei dem Versuch, die belgische Revolution militärisch niederzuschlagen, wurde er von französischen Truppen unterstützt. Erst 1839 erkannte König Wilhelm die Unabhängigkeit Belgiens an.

[19] Ibrahim Pascha, ägyptischer Feldherr und Vizekönig (1789-1848), vertrieb 1831 die Türken aus Syrien.

[20] Ferdinand Berthold (1800-1838), Maler und Zeichner, von Kindheit an kränklich. Bei ihm trafen sich regelmäßig die Freunde Richter, Kügelgen, Peschel, Oehme u.a.

[21] Adolf Gottlob Zimmermann (1799-1859), seit der Studienzeit mit K. befreundet, 1825-1830 in Rom, Nazarener, später in Dresden, Düsseldorf und Breslau.

[22] Karl Gustav Börner (1790-1865), Maler, begründete 1826 die noch heute bestehende Kunsthandlung.

[23] Karl v. Rumohr (1785-1843), Kunstkritiker und Kunsthistoriker in Dresden.

[24] Giovanni Volpato (1733-1803), bedeutender italienischer Kupferstecher, stach nach ital. Meistern, besonders nach Raffael.

[25] M. F. Schmaltz (1795-1860), rationalistischer Prediger, seit 1819 an der Neustädter Kirche in Dresden, 1833 zum Hauptpastor an St. Jakobi in Hamburg berufen.

[26] Thomas a Kempis (1380-1471), deutscher Mystiker.

[27] Gottschalk Diederich Baedeker (1778-1841), Verleger und Buchhändler in Essen, Freund des Ätti. Sein Sohn Karl war der Begründer der Reisebücher.

[28] F. A. Krummachers »Parabeln«, Bd. 1 1805, Bd. 2 1807, Bd. 3 1819. Die geplante Ausgabe mit Illustrationen von W. v. K. kam nicht zustande. Es haben sich nur zwei Zeichnungen erhalten.

[29] Nach der Niederwerfung des polnischen Aufstandes (1830-31) durch die russische Armee regierte deren Oberbefehlshaber Paskewitsch als russ. Statthalter in Kongreßpolen mit großer Härte. Er hob im Februar 1832 den poln. Reichstag, die selbständige Armee und die Verwaltung auf.

[30] König Louis Philippe von Orléans (1830-1848).

[31] Georg v. Heynitz (1825-1887), Sohn von Ernst v. Heynitz aus dessen erster Ehe (1824) mit der Freiin K. W. v. Rechenberg (gest. 1825).

[32] Philosophischer Roman gegen das Christentum, 1822. Jakob Friedrich Fries (1773-1843) war Professor der Philosophie in Jena.

[33] Constantin v. Kügelgen (1810-1880), Sohn des Onkels Karl v. K.

[34] Hermann Adam v. Kamp (1796-1867), Lehrer, Verfasser von Erzählungen für Kinder und Jugendliche, Lesebüchern, Lieder- und Gedichtsammlungen.

[35] Karl v. Zezschwitz (1777-1854), ein alter Freund des Kügelgenschen Hauses, Hofrat im Geh. Cabinet zu Dresden, seit 1822 Appellationsgerichtspräsident in Bautzen, Schwiegervater (seit 1834) von Kügelgens Vetter Constantin.

[36] Johann Albrecht Bengel (1687-1752), pietistischer Theologe in Württemberg.

[37] »Das Heimweh«, 3 Bde. 1794, von Joh. Heinrich Jung-Stilling (1740-1817), Jugendfreund Goethes, der »Heinrich Stillings Jugend« (1777) herausgab, vielseitiger Gelehrter, berühmter Augenarzt, Prof. für ökon. Wissenschaften.

[38] Es ging dabei um die Einführung des Rollerschen Gesangbuches.

[39] Ferdinand Heidler, Zeichner und Lithograph in Dresden.

[40] Das Altargemälde für die St. Olaikirche in Reval ist K.s. größtes Bild.

[41] Prof. Heinrich Ficinus, »Flora der Gegend um Dresden«, 2 Bde., Dresden

1821/23. F. wirkte an der Med.-Chirurg. Akademie sowie an der Tierarznei-
schule zu Dresden.

[42] Carl Gustav Carus (1789-1869), Prof. an der Med.-Chirurg. Akademie und
Arzt des Königl. Hauses, zugleich Schriftsteller und Maler.

[43] Bankiersfamilie in Dresden. Die Söhne Julius und Moritz des Bankiers
Michael Kaskel waren Jugendfreunde W. v. Kügelgens (vgl. Jug. Er., S. 161).

[44] Am 3.4.1833 hatten in Frankfurt Angehörige des nationalen Vaterlandsvereins
und der Burschenschaften die Wachen der Stadt gestürmt. Der Aufstand, der
ein Zeichen zu einer allgemeinen Erhebung in Frankfurt und in ganz Deutschland geben sollte, wurde vom Militär niedergeschlagen.

[45] Sally v. Zezschwitz (1814-1839), Tochter von Karl v. Z. (vgl. Anm. 35).

[46] Viktor Clauß, Konzertmeister der herzoglichen Hofkapelle.

[47] Carl Christian Kehrer (1758-1833), seit 1782 Hofmaler in Ballenstedt.

[48] Bewerbungsschreiben.

[49] Gustav Ludwig Hübel (1800-1881), Hof- und Justitienrat an der Landesregie-
rung. Seine Schwester Antonie war die (seit 1814) zweite Frau des Senators
Wilhelm Volkmann.

[50] Von W. v. K.s Bibelbildern »Die Geschichte des Reichs Gottes, nach der heiligen Schrift, in Bildern« sind vier Hefte mit je sieben Kupfertafeln »mit andeu-
tendem Text, hrsg. von Dr. F. A. Krummacher« erschienen (1831, 1833, 1835,
1845).

[51] Carl August Böttiger (1760-1835), vielseitiger Gelehrter, Hofrat, Direktor des
Antikenmuseums, Freund des Vaters.

[52] Ferdinand Hartmann (1774-1842), Historienmaler, 1810 Professor, 1824 Direktor der Kunstakademie, Vormund und Lehrer W. v. K.s nach dem Tode des
Vaters.

[53] Karl Graf Nesselrode (1780-1862), russischer Minister des Auswärtigen, seit
1829 Vizekanzler, 1844 Reichskanzler.

[54] Adolf Senff (1785-1863), studierte zunächst Theologie in Halle, war dann
Lehrer an der Bürgerschule in Leipzig, 1809-1812 Hauslehrer bei Kügelgens
in Dresden, nahm Malunterricht bei Gerhard v. K., lebte 1816-1848 als Maler
in Rom.

[55] Selbstporträt mit Reisemütze, 1814.

[56] Gottlob v. Kirchbach (1776-1838), Obristleutnant der Kavallerie, und seine
Frau Louise, geb. v. Zezschwitz.

[57] Ernst v. Heynitz' Schwiegervater.

[58] Der portugiesische König Pedro IV. hatte 1826 dem Land eine liberale Verfassung verliehen, zugunsten seiner Tochter auf den Thron verzichtet und seinen
Bruder Dom Miguel zum Regenten bestimmt. Dieser hob 1828 in einem

Staatsstreich die Verfassung auf und ließ sich zum König ausrufen. Daraufhin besetzte Dom Pedro mit engl. Hilfe 1832 Porto und eroberte im Juli 1833 nach dem Seesieg Sir Charles Napiers über die Miguelistische Flotte auch Lissabon. Pedro stellte die Verfassung von 1826 wieder her und übernahm die Regentschaft für seine Tochter.

[59] Johann Friedrich Reichardt (1752-1814), Komponist und Musikschriftsteller, bekannt vor allem durch seine Vertonungen Goethescher Gedichte.

[60] Gerhard Tersteegen (1697-1769), pietistischer Mystiker und Dichter.

[61] Philipp Jacob Spener (1635-1705), Hauptvertreter des lutherischen Pietismus, durch seine Reformbestrebungen von großem Einfluß auf das kirchliche Leben.

[62] Fintlaters, beliebte Ausflugsstätte auf der Neustädter Elbseite mit Blick auf Dresden, ursprünglich das 1811 errichtete Palais des Lords Fintlater. Auf dem Gelände ließ Prinz Albrecht von Preußen 1851-1854 das Schloß Albrechtsburg errichten, das noch heute besteht.

[63] Das letzte religiöse Werk Gerhard v. Kügelgens, im 2. Weltkrieg verbrannt.

[64] Johann Gottfried Scheibel (1783-1843), Führer der altlutherischen Bewegung gegen die Kirchliche Union in Preußen, 1832 aus Breslau vertrieben, fand zunächst Zuflucht in Dresden, später in Hermsdorf bei Ernst v. Heynitz.

[65] Just Friedrich v. Seelhorst (1770-1857), 1814-1837 Hofmarschall, verh. 1794 mit Albertine Schäfer.

[66] Herzog Alexius Friedrich Christian von Anhalt-Bernburg (1767-1834), regierte seit 1796.

[67] Friedrich Hoffmann (1796-1874), Hof-, später Oberhofprediger.

[68] Im Hause des 1830 verst. Oberhofpredigers Starke an der Allee wohnten außer der Witwe die Töchter Henriette (1795-1839), Louise (1803-1861) und Agnes (1805-1874) sowie der Sohn Friedrich (1809-1886), später Oberprediger und Konsistorialrat in Bernburg.

[69] Ludwig Freiherr v. Salmuth (1791-1863), Geh. Legationsrat, seit 1834 Mitglied des »Geheimen Conferenzrathes«.

[70] Kaspar Friedrich Gottschalk, Vorstand der Herzogl. Hofkammer.

[71] Ferdinand v. Alvensleben (1782-1862), Kammerherr.

[72] Anton v. Krosigk (1807-1844).

[73] Günter v. Weise (1797-1867).

[74] Friedrich (Fritz) Starke, vgl. Anm. 68.

[75] Morganatische Gemahlin (seit 1818) des Herzogs, geb. Ernestine Freiin v. Sonnenberg (1789-1845).

[76] Karl v. Siegsfeld (1780-1861), Oberhofmarschall.

[77] Hofrat Georg Ludwig Curtze (1781-1846), aus Pyrmont, 1810 Brunnenarzt des

im gleichen Jahre von Herzog Alexius eröffneten Alexisbades, für dessen Entwicklung er entscheidend gewirkt hat, seit 1823 zugleich Herzogl. Leibarzt in Ballenstedt.

[78] Dr. Ludwig Gottfried Hoffmann (1798-1850), Bruder des Hofpredigers Friedrich H., seit 1832 Arzt in Ballenstedt.

[79] Eugen Freiherr v. Gutschmid (1806-1855), seit 1830 Bernburgischer Offizier, nahm 1837 seinen Abschied und wirkte in Dresden als Schriftsteller und Kunstförderer.

[80] Friedrich Freiherr v. Lasperg, Kammerherr des Erbprinzen und (seit 1834) Herzogs Alexander Carl, gest. 1843.

[81] Erbprinz Alexander Carl (1805-1863). Wilhelm und sein Bruder Gerhard v. K. waren im Jahre 1813/14 seine Spielgefährten. Gerhard wurde vom Frühjahr 1816 bis Sommer 1818 mit ihm zusammen auf Schloß Ballenstedt erzogen. Der Geisteszustand des Erbprinzen veranlaßte den Herzog Alexius, im Jahre 1832 einen aus drei Mitgliedern bestehenden »Geheimen Conferenzrath« einzusetzen, der im Falle seines Ablebens die Regierungsgeschäfte für den Thronfolger führen sollte.

[82] Friederike Lutze (1798-1878), Tochter des Kantors an der Schloßkirche zu Bernburg Joh. Ernst Christ. Lutze.

[83] Pinsel aus Fischotternhaar zum flächigen Auftrag der Farben.

[84] Der Herzogl. Bernburgische Geh. Hofrat H. Reich lebte damals in Dresden, später bei seinem Sohne auf Asmusstedt bei Ballenstedt.

[85] Der Dresdner Spielgefährte Alfred Volkmann (1801-1877), damals Privatdozent für Physiologie in Leipzig, und Julius Volkmann (1804-1873), seit 1830 Advokat in Chemnitz, waren die Söhne des Senators Wilhelm Volkmann.

[86] Gustav Theodor Fechner (1801-1887), seit 1834 Prof. der Physik in Leipzig, verh. mit Clara Volkmann, der Tochter des Senators Wilhelm Volkmann, wandte sich nach einem Augenleiden der Psychophysik, der Psychologie und der Naturphilosophie zu. Wegen seiner wissenschaftlichen Verdienste errichteten die Leipziger ihm ein Denkmal und ernannten ihn zum Ehrenbürger.

[87] Christian Friedrich Grimmer (1798-1850), Komponist der »Deutschen Lieder und Balladen« (1832) und »Romanzen und Balladen im Volkston«.

[88] Dr. Friedrich August Pönitz, der frühere Hausarzt der Familie Kügelgen, Freund des Vaters.

[89] Ernst v. Heynitz, der Hermsdorf 1823 von dem Grafen Dohna erworben hatte, geriet schon bald in finanzielle Schwierigkeiten und mußte seinen Besitz 1837 wieder verkaufen. Seine Frau, schon damals todkrank, starb 1834.

[90] Alfred Volkmann, verh. 1828 mit Adele Härtel, Tochter des Buch- und Musikalienhändlers Gottlob Härtel.

[91] Dr. jur. Hermann Härtel (1803-1875), Bruder von Adele Härtel, war Chef des Verlages Breitkopf & Härtel und Schöpfer des »Römischen Hauses«. Der Bau wurde 1832/33 im Stil der ital. Hochrenaissance ausgeführt und bestand bis 1904. Karl Peschel schuf die Fresken in der Loggia.

[92] Clara Maria Volkmann (1809-1900), Tochter Wilhelm Volkmanns aus erster Ehe, verh. 1833 mit Gustav Theodor Fechner (vgl. Anm. 86).

[93] Arthur Volkmann (1817-1841), zweiter Sohn Wilhelm Volkmanns aus seiner zweiten Ehe mit Antonie Hübel.

[94] Bonaventura Genelli (1798-1868), klassizistischer Maler und Zeichner, schuf u.a. Umrißzeichnungen zu Dantes »Göttliche Komödie« (1840) und zu Homer (1844).

[95] Friedrich Preller (1804-1878), Historien- und Landschaftsmaler, seit 1832 Direktor der Weimarer Zeichenschule, malte für das »Römische Haus« in Leipzig sieben Wandgemälde mit Szenen aus der Odyssee.

[96] Zar Nikolaus I. regierte von 1825-1855.

[97] Theobald Schelle, studierter Theologe, Rektor der Stadtschule.

[98] »Alla-prima«-Technik: Das Bild wird in einem Arbeitsgang ohne Untermalung und Lasuren vollendet, indem die Farben »naß in naß«, deckend oder halbdeckend, in einer einzigen Malschicht hintereinander aufgetragen werden, ehe noch das Bindemittel zu erhärten beginnt. Die Primamalerei setzte sich im 19. Jahrhundert durch und wurde vor allem von den Impressionisten angewandt.

[99] Gebhard Anton v. Krosigk (1754-1840), Herr auf Hohenerxleben und Rathmannsdorf, war Anhaltischer Gesamtrat, d.h. vertrauter Rat aller drei Fürsten. Der Titel Gesamtrat erklärt sich daraus, daß die drei Einzelstaaten (Anhalt-Dessau, Anhalt-Bernburg und Anhalt-Köthen) damals gemeinsame Landstände hatten.

[100] Raffaelo Morghen (1758-1833), ital. Kupferstecher.

[101] Jean François Champollion (1790-1832), frz. Ägyptologe, Entzifferer der Hieroglyphen.

[102] Trützschler von Falkenstein, Major, Kommandeur der Garnison in Bernburg.

[103] Carl Ferdinand Gräfe (1787-1840), 1808 Leibarzt des Herzogs Alexius, seit 1810 Prof. der Chirurgie und Augenheilkunde an der neugegründeten Universität in Berlin, Vater des berühmten Ophtalmologen Albrecht v. Gräfe.

[104] Georg Philipp Ludolf (v.) Beckedorff (1778-1858), 1811-1818 Erzieher des Erbprinzen in Ballenstedt und väterlicher Freund des jungen Kügelgen, als dieser im Mai/Juni in Ballenstedt weilte (vgl. Jug. Er., S. 295 f.).

[105] Johann Anton Williard, Kupferstecher und Lithograph in Dresden.

[106] Beliebtes Ausflugsziel südöstlich von Ballenstedt, heute steht dort ein Forsthaus.

[107] Julchen fuhr mit ihren Kindern am 7. Mai zu ihren Eltern nach Bremen, Wilhelm am 26. Mai nach Dresden und Hermsdorf. Erst Anfang August war die Familie wieder vereint.

[108] Burgruine im Selketal nahe der Selkemühle. Nach der Burg Anhalt, erbaut von Otto dem Reichen, dem Vater Albrechts des Bären, nannte sich das Geschlecht der Askanier fortan.

[109] Leberecht Uhlich (1799-1872), seit 1828 Pastor in Pömmelte, später bekannt als der Begründer der »Lichtfreunde«. Das große Christusbild, das Kügelgen für die Kirche in Pömmelte malte, ist verschollen.

[110] In der Bibel Bezeichnung für einen Heiden, der zum Judentum übertritt (bei Luther: Judengenossen), hier etwa Abtrünniger.

[111] Louise Prinzessin v. Preußen (1799-1882), geb. Prinzessin von Anhalt-Bernburg, einzige Tochter des Herzogs Alexius, seit 1817 vermählt mit Prinz Friedrich von Preußen, einem Neffen von König Friedrich Wilhelm III.

[112] Herzogin Friederike von Anhalt-Bernburg (1811-1902), geb. Prinzessin von Schleswig-Holstein-Sonderburg-Glücksburg, seit 30.10.1834 vermählt mit Herzog Alexander Carl.

[113] Johannes Goßner (1773-1858), ursprünglich kath. Priester, trat 1826 zur evang. Kirche über, 1829 Pfarrer in Berlin, bedeutender Erweckungsprediger und Schriftsteller.

[114] Auguste v. Krohn (1814-1902), 1836 verh. mit Adolf v. Moltke, Bruder des Generalfeldmarschalls.

[115] »Preziosa«, Oper von Carl Maria v. Weber, am 14.3.1821, wenige Monate vor dem »Freischütz« mit großem Erfolg in Berlin uraufgeführt.

[116] Es handelt sich vermutlich um eine Ölskizze.

[117] Hermann v. Krause (1800-1834), ältester Sohn von Johann Wilhelm v. Krause, des Erbauers der Dorpater Universität, verh. mit Sonny v. K. (einer Tochter des Onkels Karl), Arzt in Reval.

[118] Louise Starke, Tochter des verstorbenen Oberhofpredigers (s. Anm. 68).

[119] Luigi Cherubini (1760-1842), schuf Opern und Kirchenmusik.

[120] Karl Gottlieb Bretschneider (1776-1848), rationalistischer Theologe, Superintendent in Gotha, Hrsg. der Werke Melanchthons.

[121] August Hahn (1772-1863), Theologe, 1827 Professor in Leipzig, erregte die Kritik vieler rationalistischer Pfarrer Sachsens, als er in seiner Schrift die Lehrer der Vernunftreligion für nicht mehr christlich erklärte.

[122] D. F. E. Auber (1782-1871), einer der bedeutendsten Vertreter der frz. »Opéra comique«. Höhepunkt seines Schaffens war »Fra Diavolo« (1830).

[123] Der letzte deutsche Kaiser Franz II. (1792-1806) – als Franz I. Kaiser von Österreich (1804-1835) – starb in Wien am 2. März 1835.

[124] Hoym, kleines Städtchen 9 km südöstlich von Ballenstedt. Das Schloß, von Fürst Victor Amadeus 1714-1721 erbaut, diente als Residenz der Nebenlinie Bernburg-Schaumburg-Hoym und fiel 1812 an die Linie Anhalt-Bernburg zurück. Hier lebte Herzog Alexander Carl von 1855 bis zu seinem Tode 1863, betreut von seinem Kammerherrn Wilhelm v. Kügelgen. Die Apotheke des Ortes besteht seit Anfang des 18. Jahrhunderts und trägt seit 1986 Kügelgens Namen.

[125] Prinzessin Marie von Holstein-Glücksburg (1810-1870), ältere Schwester der Herzogin Friederike von Anhalt-Bernburg, verh. 1837 mit dem Kammerherrn Friedrich Freiherr v. Lasperg (gest. 1843), in zweiter Ehe 1846 mit Peter Graf v. Hohenthal.

[126] Ludwig Graf v. Asseburg-Falkenstein (1796-1869), verh. in vierter Ehe mit Emma v. Alvensleben.

[127] Julius Krummacher (1807-1893), jüngster Sohn des Ätti, Pfarrer in Tecklenburg, und Adelheid v. K. hatten am 1.11.1835 in Dresden geheiratet und reisten über Ballenstedt nach Tecklenburg.

[128] August Tholuck (1799-1877), seit 1826 Professor der Theologie in Halle, Gegner des Rationalismus, zu seiner Zeit berühmter Prediger.

[129] »Der böse Geist Lumpacivagabundus«, Zauberposse mit Gesang von Johann Nestroy. Uraufführung 1833 in Wien.

[130] David Friedrich Strauß (1808-1874), Theologe und Philosoph. Sein Hauptwerk »Das Leben Jesu, kritisch bearbeitet«, 2 Bde. 1835/36, erregte großes Aufsehen und veranlaßte viele Gegenschriften. Indem er die Evangelien weder als Offenbarung noch als Geschichte ansah, sondern als Mythen, überwand er die supranaturalistischen (an Wundern festhaltenden) und rationalistischen Erklärungsversuche.

[131] August Neander (1789-1850), Theologe, seit 1813 Professor für Kirchengeschichte an der Berliner Universität.

[132] Christoph Friedrich v. Ammon (1766-1850), seit 1813 Oberhofprediger und Oberkonsistorialrat in Dresden, einer der Führer des Rationalismus.

[133] Johann Gottlob v. Quandt (1787-1859), Mäzen, Kunstkenner und Kunstsammler, beauftragte Karl Peschel mit der Ausmalung des Saales in seinem neuerbauten Schlößchen in Dittersbach (östlich von Dresden).

[134] August Richter (1801-1873), Porträt- und Historienmaler, seit 1830 a.o. Professor an der Akademie.

[135] Eduard Robert Bary (1813-1875), Historienmaler, später Professor an der Dresdner Akademie.

136 Carl Christian Vogel von Vogelstein (1788-1868), Porträtmaler, 1820 als Nachfolger von Gerhard v. Kügelgen zum Professor an die Dresdner Akademie berufen.

137 Bezieht sich auf Vogels 1834 entstandenes Bild: Pierre Jean David d'Angers modelliert die Büste Tiecks.

138 Ludwig Zoellner (1797-1860), einer der bedeutendsten Lithographen des 19. Jahrhunderts.

139 Christian Clausen Dahl (1788-1857), aus Norwegen, ließ sich 1818 in Dresden nieder, ab 1823 Hausgenosse C. D. Friedrichs, 1824 Professor der Dresdner Akademie.

140 C. D. Friedrich (1774-1840), Freund des Vaters, erlitt am 26.6.1835 einen Schlaganfall mit Lähmungserscheinungen an Armen und Beinen. Er konnte infolgedessen nur noch Sepien und Aquarelle malen.

141 Ernst Ferdinand Oehme (1797-1855), seit 1825 Hofmaler, 1846 Mitglied der Akademie in Dresden, mit L. Richter eng befreundet. Als Richter nach seinem Fortgang aus Meißen sich wieder in Dresden ansiedelte, bewohnten die beiden Künstlerfamilien ab 1838 ein gemeinsames Haus.

142 Theodor Hildebrandt (1804-1874), Schüler Wilhelm Schadows. Sein 1835 entstandenes Bild »Ermordung der Söhne Eduards IV.«, nach Shakespeares Drama »König Richard III.«, galt in den Augen der Zeitgenossen als Schlüsselwerk der neuen Düsseldorfer Konzeption.

143 Adolph Schrödter (1805-1875), Schüler W. Schadows, bevorzugte humoristische Themen. Das genannte Bild entstand 1834 und trug mit zum Erfolg vieler Ausstellungen bei, durch die die Düsseldorfer Malerschule in Deutschland bekannt wurde.

144 Älteste Tochter des Hofpredigers, verh. mit Sanitätsrat Hengstenberg in Bochum.

145 Im Auftrag des Leipziger Verlegers Georg Wigand durchwanderte L. Richter im Sommer 1836 den Harz und besuchte über 30 Orte.

146 Das Porträt L. Richters, im Besitze des Museums für Geschichte der Stadt Dresden, befindet sich heute im Museum zur Dresdner Frühromantik im Kügelgenhaus.

147 Julie v. Bernstorff (1801-1871), Hofdame und Vertraute der Herzogin, Freundin des Kügelgenschen Hauses.

148 Vom 20.3.-29.4.1850 tagte in Erfurt ein Zweikammerparlament der deutschen Staaten, das die deutsche Verfassungsfrage in kleindeutschem Sinn unter preußischer Führung regeln sollte. Am 13.4. nahm das Erfurter Unionsparlament die sog. Unionsverfassung an, deren Verwirklichung jedoch am Widerstand Österreichs scheiterte.

[149] Ludwig v. Salmuth (s. Anm. 69) war persönlicher Berater des Herzogs.

[150] Präsident v. Braun war Vorsitzender des »Geheimen Conferenzrathes« gewesen, der die Regierungsgeschäfte bis 24.7.1848 geleitet hatte.

[151] Geheimrat Karl Magnus Heinrich v. Krosigk (1789-1850), Vetter des Landrats Adolf v. Krosigk, seit 3.11.1848 Minister.

[152] Justizrat Hempel, zweiter Minister im Ministerium Krosigk, wurde nach dessen Tode am 14.12.1850 leitender Minister, bis er im April 1853 durch Max v. Schaetzell ersetzt wurde.

[153] Herzogin Louise (1789-1867) lebte seit 1850 ständig in Ballenstedt.

[154] Albrecht Freiherr v. Cramer (1807-1863), Kammerherr.

[155] Der hannoversche Hauptmann Friedrich Adolf Wilhelm v. (seit 1844) Kuteroff wurde 1844 Adjutant des Herzogs, 1855 Hausmarschall, 1862 Hofmarschall. Er starb 1866.

[156] Max v. Schaetzell (1804-1879), Regierungsrat in Danzig, seit 1851 im Bernburger Landesministerium, war von 1853-1863 alleiniger Minister.

[157] Allwill v. Schweinitz (1822-1893), seit 1851 verh. mit Ida v. Salmuth.

[158] Ferdinand v. Hellfeld (1811-1885), Kammerherr, 1856 Schloßhauptmann in Hoym, 1863 Oberschloßhauptmann von Ballenstedt.

[159] Im Juni/Juli 1862 unternahm Kügelgen eine zweite Badereise nach Föhr, diesmal nicht als Reisemarschall der Herzogin, sondern allein, ohne jede Begleitung. Ihm waren kalte Waschungen mit Seewasser zur Besserung seiner Gesundheit verordnet worden. Nach elftägigem Aufenthalt in Wyk wechselte Kügelgen nach Sylt über, blieb dort knapp zwei Wochen, um noch einmal in Wyk für zwölf Tage sein Quartier aufzuschlagen.

[160] Helene v. Kügelgen (1819-1889), Tochter des Onkels Karl, unverh., lebte meist bei ihrem Vetter Gerhard v. K. in Finn.

[161] Kügelgens jüngster Sohn Benno wirkte ab Mai 1862 als Pfarrgehilfe in Neinstedt (zwischen Gernrode u. Thale gelegen).

[162] Uhlich s. Anm. 109.

[163] Albert Vorster (1821-1886), Leibarzt des Herzogs, nach dessen Tod Direktor der Irrenanstalt Bethesda zu Lengerich.

[164] Anstelle von Blutegeln wurden Schröpfköpfe auf die vorher mit kleinen Messerchen eingeritzte Haut angesetzt. Dieses Verfahren diente der örtlichen Blutentziehung und führte zur Erleichterung bei Schmerzen und Entzündungen.

[165] Christian Peter Hansen (1803-1879), gilt als der bedeutendste Heimatforscher und Chronist der Insel Sylt. Seine geologischen, vorgeschichtlichen und volkskundlichen Sammlungen bildeten den Grundstock für die beiden Keitumer Museen.

[166] Der Leuchtturm nördlich von Wenningstedt wurde 1855 als »Kampener Leuchtturm« erbaut.

[167] Sylt stand etwa seit dem 9. Jahrhundert unter dänischem Einfluß; von einer Herrschaft kann kaum gesprochen werden, da die Inselfriesen stets ihre besonderen Rechte verteidigten. Die sogenannte »Danisierung« setzte zu Beginn des 19. Jahrhunderts ein, als die politische Vereinigung der Herzogtümer Schleswig und Holstein verstärkt erfordert wurde. Nach dem Krieg gegen Dänemark wurde Sylt 1866 der preußischen Provinz Schleswig-Holstein einverleibt.

[168] Erbprinz Friedrich von Anhalt-Dessau (1831-1904) folgte seinem Vater Leopold 1871 in der Regierung.

[169] Julie v. Voß, Tochter eines Gutsbesitzers aus Witaszyce, Reg.-Bezirk Posen, Kr. Pleschen.

[170] Sophie Valentiner, geb. v. Wardenburg, Arztwitwe aus Husum, im persönlichen Dienst der Herzogin Friederike und Freundin des Hauses Kügelgen, Mutter von Pauline und Mathilde.

[171] Emma v. Samson-Himmelstjerna, Tochter des Onkels Peter Zoege v. Manteuffel aus dessen zweiter Ehe mit Elisabeth v. Bock.

[172] Emmy v. zur Mühlen (1848-1888), Enkeltochter des Onkels Peter Zoege v. Manteuffel.

[173] Prinzessin Louise (1820-1894), jüngste Schwester der Herzogin Friederike, mit Anna eng befreundet, ab 1867 Äbtissin des adeligen Konvents zu Itzehoe.

[174] Barthold Georg Niebuhr (1776-1831), preußischer Diplomat und Geschichtsforscher.

[175] v. Necker, Hofdame.

[176] Friedrich Scholtz (1809-1886), seit 1851 Pastor an St. Nicolai in Ballenstedt, 1855-1875 Oberprediger an St. Nicolai und Propst.

[177] Sohn des Professors Dr. Carl Brinckmeier (1820-1891), des Begründers der höheren Schulen in Ballenstedt.

[178] Philipp v. Nathusius (1815-1872), Gründer der noch heute bestehenden Neinstedter Anstalten (ca. 7 km nordwestl. von Ballenstedt). Ihm ist die erste Veröffentlichung der »Jugenderinnerungen eines alten Mannes« (1870) zu verdanken.

[179] Wilhelm Ziegler, Sohn des Arztes.

[180] Ludwig Freiherr v. Salmuth (s. Anm. 69) war in zweiter Ehe (1828) verh. mit Eugenie de Villiers (1806-1881), einer Kusine der Frau Emilie v. Seelhorst (1798-1826). Mit den Kindern Ida, Agnes und Adolph waren Kügelgens Kinder befreundet.

181 Adelheids Tochter Maria (Mia, geb. 1839) und Pastor Julius Smend aus
     Burgsteinfurt.
182 Tony Finger aus Halle (1848-1904), Kügelgens jugendliche Freundin, mit der
     er korrespondierte und die er besucht hatte.
183 Mit der Familie Untzer hatte sich K. 1842 während seines Aufenthaltes in
     Münster angefreundet.
184 Richard (v.) Volkmann (1830-1889), Sohn des Jugendfreundes Alfred V.,
     seit 1863 Professor in Halle, Chirurg und Dichter (Pseudonym: Leander,
     »Träume an französischen Kaminen«).

Literaturhinweise

Kügelgen, Wilhelm v., Jugenderinnerungen eines alten Mannes,
Koehler & Amelang, Leipzig 1992 (= Jug.Er.)

Derselbe, Zwischen Jugend und Reife des Alten Mannes, 1820-1840, aus Briefen,
Tagebüchern und Gedichten gestaltet und neu hrsg. von Johannes Werner,
Koehler & Amelang, Leipzig 1925 (= Zw. J. u. R.)

Derselbe, Bürgerleben. Die Briefe an den Bruder Gerhard 1840-1867, hrsg. von
Walther Killy, C. H. Beck, München 1990

Knittel, Anton, Bruchstücke einer Konfession. Frömmigkeitsgeschichtliche
Anmerkungen zu Wilhelm von Kügelgens »Jugenderinnerungen eines alten
Mannes« (1870). In: Zeitschrift für Religions- und Geistesgeschichte 48, 1996,
H. 2, S. 138-151.

Schöner, Hans, Wilhelm v. Kügelgen. Sein Leben und seine Bilder, Selbstverlag,
Kiel 1992 (dort weitere Literaturangaben)

Schöner, Hans, Ballenstedt zur Kügelgen-Zeit, Selbstverlag, Kiel 1993

Stammtafeln

Wilhelm v. Kügelgen, * 20.XI.1802 in St. Petersburg, † 25.V.1867 in Ballenstedt, verh. 18.VI.1827 mit Julie Krummacher, * 23.X.1804 in Duisburg, † 22.V.1909 in Dessau.

I. *v. Kügelgen*

Eltern:
Gerhard, * 6.II.1772 in Bacharach a. Rhein, ermordet 27.III.1820 bei Loschwitz, Porträt- und Historienmaler, Prof. an der Kunstakademie in Dresden, verh. 1800 mit **Helene Marie (Lilla) Zoege v. Manteuffel**, * 24.XI.1774 zu Eigstfer (Livland), † 24.V.1842 in Ballenstedt.

Geschwister:
Gerhard, * 11.V.1806 in Dresden, † 28.XII.1883 in Reval, Verwalter des Stiftes Finn in Estland, verh. 1827 mit seiner Kusine Wilhelmine (Elmine) v. Kügelgen (1808-89), Tochter des Onkels Karl.
Adelheid, * 10.II.1808 in Dresden, † 11.XI.1874 in Osnabrück, verh. mit Pfarrer Julius Krummacher, Bruder von W. v. K.s Frau.

Kinder:
Bertha, * 14.IV.1828 zu Poll, † 26.I.1853 in Ballenstedt.
Anna, * 7.II.1831 in Hermsdorf, † 12.II.1919 in Dessau.
Gerhard, * 27.V.1833 in Hermsdorf, gefallen als Hauptmann bei Skalitz 28.VI.1866.
Adolph, * 9.V.1835 in Dresden, † 25.X.1899 in Rudolstadt als preuß. Geh. Oberregierungsrat und Vortragender Rat a.D., verh. 1893 mit Gabriele v. Blanckensee.
Benno, * 18.IV.1837 in Ballenstedt, † 2.VIII.1915 in Dessau als Pastor emer., verh. 1870 mit Marie Körner, † 1874 in Harzgerode.
Elisabeth, * 22.IX.1839 in Ballenstedt, † 27.XI.1862 daselbst.

II. *Krummacher*

W. v. K.s Frau:
Julie, geb. Krummacher (s. oben).

W. v. K.s Schwiegereltern:
(**Ätti**) **Friedrich Adolf**, * 1767 in Tecklenburg, † 4.IV.1845 in Bremen,
1800 Prof. der Theol. in Duisburg, 1812 Generalsuperintendent u. Oberhofprediger in Bernburg, 1824 Pfarrer in Bremen, D. theol., verh. mit **Eleonore Möller**
(1763-1844), Schwester des Konsistorialrats Möller in Münster.

W. v. K.s Schwäger und Schwägerinnen:
Friedrich Wilhelm, gen. Fritz, (1796-1868), seit 1834 Pfarrer in Elberfeld, 1847 an
der Dreifaltigkeitskirche in Berlin, 1853 Hofprediger u. Garnisonpfarrer in
Potsdam, D. theol., verh. mit Charlotte Pilgeram aus Frankfurt a. M.
Kinder:
Adolf (1824-84), Hofprediger in Halberstadt, dann Oberpfarrer in Barby, verh.
mit der Tochter des Gymnasialdirektors Dr. Schmid in Halberstadt.
Mathilde (1825-1898), verh. mit Oberst Karl v. Salisch (1804-70).
Bertha (1827-1918), † in Potsdam.
Maria (1831-1912), Schriftstellerin, † in Potsdam.
Eleonore (1834-1907), verh. mit Pastor Guidon.

Emil (1798-1886), Pfarrer in Duisburg, vorher in Langenberg i. Westf., verh. mit
Charlotte Hollmann.
Kinder:
Hermann (1828-1890), Konsistorialrat in Stettin.
Karl (1831-99), Superintendent in Elberfeld.
Clara (1833-1857).
Gottfried Daniel (1835-1917) Generalmajor.
Paul Emil (1841-1881) Dr. med.

Maria (1799-1880), verh. mit Gustav Ludwig Natorp († 1864), Pfarrer in
Düsseldorf.
Kinder:
Gustav * 1824, Dr. phil.
Adalbert (1826-1891), Konsistorialrat in Düsseldorf.
Agnes * 1828, verh. mit Bergrat Gustav Brassert in Halle.
Oskar (1833-1899), Oberlehrer.

Eduard (1803-91), Arzt in Bremen, verh. mit seiner Schwägerin Adelheid Natorp (1805-63).

Kinder:

Adolph (1837-69), Dr. med.

Laura (1839-1928), verh. mit Joh. Achelis.

Bertha (1840-1926).

Clara (1842-1919), verh. mit Konsul Fritz Achelis.

Adelheid, gen. Ea, (1847-1931).

Julius (1807-93), Pfarrer zu Tecklenburg, verh. mit Adelheid v. Kügelgen, W. v. K.s Schwester.

Kinder:

Martin (1836-1918), Dr. phil., Direktor des Lehrerinnen-Seminars in Kassel.

Maria (1839-1924), verh. mit Pfarrer Julius Smend.

Gottfried (1848-1902), Kaufmann.

Zeittafel

20.11.1802	Wilhelm v. Kügelgen in St. Petersburg geb., wo sein Vater Gerhard v. K. am Hofe des Zaren als Porträtmaler wirkt.
1805	Nach der Rückkehr nach Deutschland lebt die Familie seit Mai d.J. in Dresden. Hier verbringt K. seine Kindheit und Jugend. In seinem Elternhaus, dem heutigen »Kügelgenhaus« in der Hauptstraße 13, befindet sich seit 1981 das Museum zur Dresdner Frühromantik und die Nachbildung des Ateliers Gerhard v. Kügelgens.
1812/13	In der napoleonischen Kriegszeit weicht die Familie vor einer drohenden Einschließung Dresdens nach Ballenstedt und Hummelshain aus.
1817	Im März Konfirmandenunterricht bei Pastor Roller in Lausa (heute Weixdorf). Ab Juni Aufenthalt für ein Jahr in Bernburg im Hause des Superintendenten F. A. Krummacher, seines späteren Schwiegervaters, um das dortige Gymnasium zu besuchen.
1818	Ab Juni Schüler der Dresdner Kunstakademie.
1820	Am 27. März Ermordung des Vaters, schwere innere Erschütterung Kügelgens. F. A. Krummacher, von ihm »Ätti« genannt, nimmt ihn ab Dez. d.J. für einige Wochen in seinem Hause in Bernburg auf.
1822	Im Juli Reise mit der Mutter und den Geschwistern zu den Verwandten nach Estland. Aufenthalt zunächst auf dem Gut Kurküll, dann bei den Stackelbergs auf dem Gut Poll.
1823	Rückkehr nach Dresden im August. Wiederaufnahme der Studien.
1825-1826	In Rom, zusammen mit dem Vetter Timoleon Neff. Freundschaft u.a. mit Ludwig Richter und Carl Peschel.
1827	Heirat am 18.6. in Bremen. Im Okt. erneute Reise nach Estland zu den Verwandten auf dem Gut Poll.
1828	Geburt der ältesten Tochter Bertha am 14.4. Kügelgen bemüht sich in St. Petersburg vergeblich um eine Anstellung als Hofmaler.
1829	Auftrag für das Altarbild in der St. Olaikirche zu Reval. Im August Seereise mit dem Dampfboot von St. Petersburg nach Travemünde. Rückkehr nach Dresden.

1830	Ab April wohnt K. mit seiner Familie in Hermsdorf bei Dresden.
1831	Geburt der Tochter Anna am 7.2.
1833	Geburt des Sohnes Gerhard am 27.5. Berufung zum Hofmaler des Herzogs von Anhalt-Bernburg. Übersiedlung im Okt. nach Ballenstedt. Unterkunft zunächst im Großen Gasthof, dann Wohnung im Simonschen Haus in der Allee Nr. 30 (12.12.1833-25.6.1835).
1834	Tod des Herzogs Alexius am 24.3. Einzug des jungen Herzogspaares Alexander Carl und Friederike in Ballenstedt am 3.11.
1835	Geburt des Sohnes Adolph am 9.5. Umzug in das Machzumsche Haus in der Allee Nr. 45.
1837	Geburt des Sohnes Benno am 18.4.
1838	Die Mutter wohnt (bis zu ihrem Tod am 24.5.1842) in Ballenstedt in der Allee Nr. 38. Im Sept. – Nov. arbeitet K. als Porträtmaler in Bremen.
1839	Geburt der jüngsten Tochter Elisabeth am 22.9.
1841	Als Porträtmaler in Münster i.W. (bis März 1842).
1842	Im Dez. Umzug in das Weisesche Haus in der heutigen Kügelgenstraße.
1843	Am Anfang des Jahres Besuch des Brudes Gerhard aus Estland.
1846	Im März – August Mitarbeiter Timoleon Neffs bei der Ausmalung der Isaakskathedrale in St. Petersburg. Wiedersehen mit dem Bruder in Finn.
1848/49	Revolutionäre Unruhen und Krawalle in Bernburg und Ballenstedt. K. setzt sich für die Erhaltung der öffentlichen Ordnung ein.
1852	Jan. – Mai Porträtmaler in Bremen.
1853	Am 14.1. Ernennung zum Kammerherrn des Herzogs. Am 26. 1. stirbt die älteste Tochter Bertha an Schwindsucht. Mai – Juli mit dem Herzog zur Kur nach Bad Homburg und Bad Kreuznach.
1855	Beginn der Abfassung der »Jugenderinnerungen«. Übersiedlung des geisteskranken Herzogs im Nov. nach Schloß Hoym.
1862	Reise nach Wyk auf Föhr und nach Sylt im Juni – Juli. Am 17.11. stirbt die jüngste Tochter Elisabeth aufgrund schwerer Brandverletzungen.
1863	Tod des Herzogs in Schloß Hoym am 19.8.
1866	Am 28.6. fällt der älteste Sohn Gerhard als preußischer Hauptmann bei Skalitz im Kriege gegen Österreich.
1867	Nach schwerem Leiden stirbt Kügelgen am 25.5. in Ballenstedt.
1870	Philipp von Nathusius gibt die »Jugenderinnerungen eines alten Mannes« bei W. Hertz in Berlin heraus.

Register

301

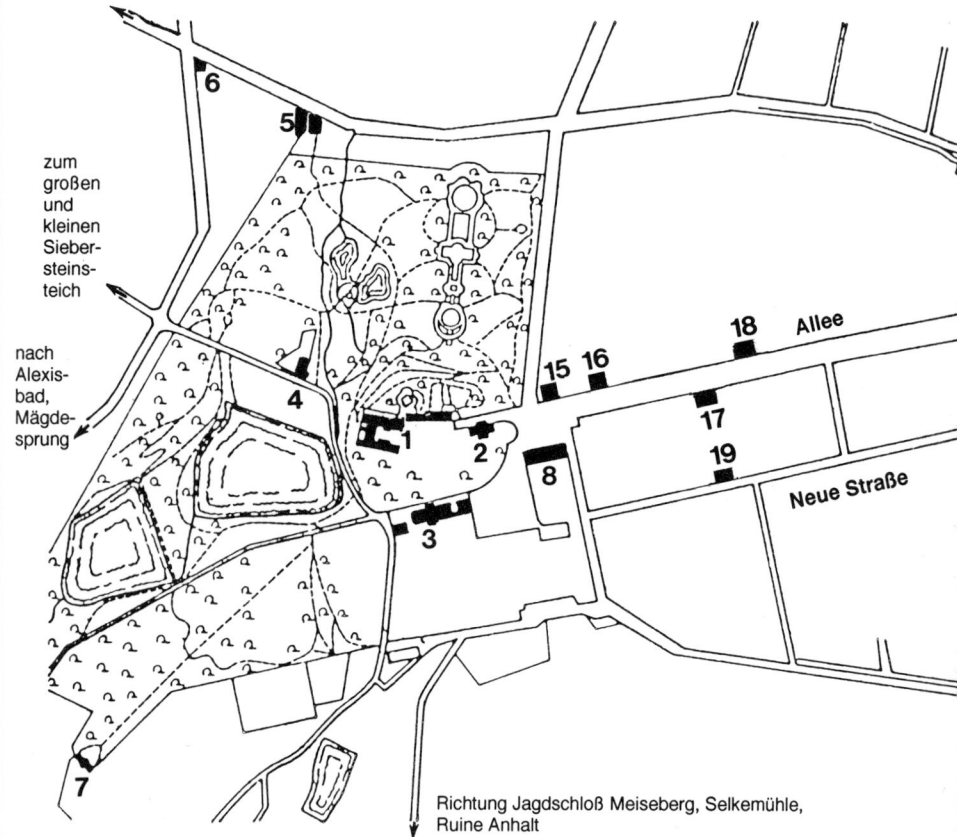

nach Gernrode, Thale,
Quedlinburg, Neinstedt, Halberstadt

zum
großen
und
kleinen
Sieber-
steins-
teich

nach
Alexis-
bad,
Mägde-
sprung

Allee

Neue Straße

Richtung Jagdschloß Meiseberg, Selkemühle,
Ruine Anhalt

1	Schloß	16	Haus des Kanzleirats Petri
2	Schloßtheater		(hier wohnte Ks. Mutter seit
3	Marstall		1838): seit 1852 Haus Bardua
4	Schloßmühle	17	Allee Nr. 30, Haus Simon
5	»Grünes Haus«	18	Allee Nr. 45, Haus Machzum
6	»Gelbes Haus«	19	Kügelgenhaus
7	Jagdschlößchen auf dem		
	Röhrkopf		

Kügelgens Wohnstätten in Ballenstedt

1   Schloß
2   Schloßtheater
3   Marstall
4   Schloßmühle
5   »Grünes Haus«
6   »Gelbes Haus«
7   Jagdschlößchen auf dem
    Röhrkopf
8   Großer Gasthof
9   Oberturm
10 Oberhof
11 Nikolaikirche
12 Rathaus
13 Marktturm
14 Unterturm
15 v. Seelhorstsches Palais
    (heute Museum)

16 Haus des Kanzleirats Petri
    (hier wohnte Ks. Mutter seit
    1838): seit 1852 Haus Bardua
17 Allee Nr. 30, Haus Simon
18 Allee Nr. 45, Haus Machzum
19 Kügelgenhaus

Kügelgens Wohnstätten in Ballenstedt

1   Großer Gasthof (**8**)
    17.10.1833 – 12.12.1833
2   Allee Nr. 30,
    (Simonsches Haus) (**17**)
    12.12.1833 – 25.06.1835
3   Allee Nr. 45,
    (Machzumsches Haus) (**18**)
    25.06.1835 – Dezember 1842
4   Neue Straße (gekauft 1846 von
    Oberforstmeister v. Weise) (**19**)
    seit Dezember 1842.

De

Pal
v. S
heut
Hein
mus

Sc